みんなのプロレス

斎藤文彦

Pro Wrestling For Everyone

Fumihiko Saito

序文 Preface

プロレスが大好きな人は、みんな〝プロレスラー〟である。プロレスが大好きで、プロレスといっしょに長い時間を過ごしていると、身のまわりで起こるありとあらゆるできごとが〝プロレス〟になってくる。プロレスは勝ち負けを争う試合の形をしているけれど、勝敗だけを競うものではない。〝勝ち〟のなかには勝ってあたりまえの〝勝ち〟もあれば、対戦相手やシチュエーションのおかげでなんとなく勝たせてもらうような〝勝ち〟もある。〝負け〟には実力どおりの〝負け〟もあるし、〝勝ち〟よりもずっとカッコいい〝負け〟だってある。ときと場合によっては、負けたくはないけれど負けておいたほうがいい勝負だったり、先に負けておくほうが賢いものごとの順番などもあるだろう。

試合に勝ったほうが必ずしもほんとうの勝利者とは限らないし、負けたほうが勝ったほうよりも具体的になにかが劣っているとも限らない。ちいさな〝勝ち負け〟は日常生活のなかで毎日のように起きることだから、きのうきょうの勝った負けたで一喜一憂しないほうがいい。それでもどうにもならないときには両者リングアウトとか時間切れドローとか、反則負けとか、さまざまな決着のつけ方を選択することができる。プロレスは、ぼくたちにそういうことを教えてくれる。

アメリカから日本にプロレスが輸入されたのは1951年（昭和26年）9月で、力道山と木村政彦がタッグを組んでベン＆マイクのシャープ兄弟と闘ったのが54年（昭和29年）2月。厳密にいうと、幕末の横浜ではアメリカ人レスラーと相撲とりによる異種格闘技戦がひんぱんにおこなわれていたし、明治から大正にかけてはアメリカに渡ってプロレスラーになった日本人も何人かいたが、力道山を主人公としたスポーツ・ビジネスとしてのプロレス、あるいはメディア・イベントとしてのプロレスがこの国で本格的にスタートを切ってからことしで57年になる。

もうすぐ60年を数える〝日本プロレス史〟のなかで、プロレスの人気はいまがいちばん低迷している。昭和30年代は力道山の全盛期と白黒テレビの時代で、昭和40年代は高度経済成長とカラーテレビの時代。力道山が発掘した大型新人として60年（昭和35年）にデビューしたジャイアント馬場とアントニオ猪木がそれぞれ全日本プロレスと新日本プロレスを設立したのは72年（昭和47年）で、馬場さんのプロレスは4チャンネル（日本テレビ）、猪木さんのプロレスは10チャンネル（テレビ朝日）の長寿番組となった。

プロレスにあまり興味のない人たちとプロレスについて会話を交わそうとすると、だいたいの場合「でも、いまテレビでやってないでしょ」というやりとりになる。じっさいには猪木さんのいなくなった新日本プロレスのテレビ番組『ワールドプロレスリング』はいまでも（少なくとも関東エリアでは）毎週土曜の深夜にオンエアされているし、馬場さんの死後、全日本プロレスから独立して誕生したプロレスリングNOAHの中継番組も毎週日曜の深夜に日本テレビが放映している。いずれも深夜の30分ワクというきわめて限られた時間ではあるけれど、地上波の民放キー局がちゃんと番組を制作している。衛星放送のスカイパーフェクTVにはプロレス・格闘技の専門チャンネルも存在する。

プロレスを専門的に報道するメディア、この地球上で日本だけに存在するプロレス・マスコミ（活字プロレスともいう）にはちょっとした変動が起きた。3誌（紙）あった専門誌のうち『週刊ファイト』（新大阪新聞社）が06年9月、『週刊ゴング』（日本スポーツ出版）が07年3月にそれぞれ休刊となり、現在は『週刊プロレス』（ベースボール・マガジン社）だけがなんとか生き残っている。休刊＝事実上の廃刊の理由はもちろん、発行部数の急激な落ち込みだ。駅売りのスポーツ新聞各紙はそれほど大きなスペースではないがほぼ毎日、プロレス・格闘技のニュースを報道している。

雑誌が売れないのはプロレスだけに限ったことではなく、専門誌も一般誌も読者の活字離れの現実に直面している。80年代後半から90年代にかけてはひとつのジャンルといわれた写真週刊誌も元祖だった『ＦＯＣＵＳ』（新潮社）をはじめ、そのほとんどがすでに廃刊となり、後発の『ＦＲＩＤＡＹ』（講談社）と『ＦＬＡＳＨ』（光文社）の2誌だけが残った。いわゆる男性誌のパイオニア的存在だった『月刊ＰＬＡＹＢＯＹ』（集英社）も年内に休刊。おとなのオピニオン雑誌『論座』（朝日新聞社）と『月刊現代』（講談社）も年内の休刊が決定し、映画ファンにとっては入門書であると同時に〝切り抜き〟用の雑誌だった『ロードショー』（集英社）も11月発売号を最後に休刊となる。世界に誇れる日本文化といわれるまんがも、雑誌の発行部数では『週刊少年マガジン』（講談社）が98年の４５０万部から現在は１８７万部に激減。ライバル誌の『週刊少年サンデー』（小学館）も80年代前半の２２０万部から現在はその半数に落ちた。

プロレス週刊誌が3誌のうち2誌まで姿を消してしまったのは、プロレスそのものがつまらなくなったためかといえば、たぶんそうではないだろう。現在、日本国内には80グループ以上のプロレス団体、プロダクション、プロモーションが存在し、それぞれが独自の活動をおこなっている。プロレスにはプロ野球や大相撲のような〝統一機構〟や〝協会〟がないから、じっさいにはどの団体がメジャーでどの団体がインディペンデントかを判別する基準のようなものもない。

プロレスのソフトウエアとしては昔ながらのオーソドックスなスタイルからデスマッチ系、格闘技系、バチバチ系、バラエティー系やお笑い系、連続ドラマ系までなんでもある。メジャーとインディー（あるいはマイナー）というカテゴリーにとらわれず、おもしろいかおもしろくないかの判断をあくまでも観客の感性にゆだね、いかなるプレゼンテーションもどんなプロレスラーのどんな闘いも否定しないところがプロレスというジャンルのいちばんフェアで民主的なところだろう。

ここ数年はプロレス界全体で年間約1300興行（公演）が開催され、毎週土曜、日曜には全国約10カ所でプロレスの試合がおこなわれている。興行数とじっさいに試合会場に足を運んでいる観客の数をひとつのデータととらえるならば、プロレスファン人口はそれほど減ってはいない。それなのにプロレスは〝過去形〟で語られているのである。もちろん、プロレスは過去のものではないし、リングの上でおこなわれている試合はいつだって新しい。

この本は全5章からなっている。Ｉ章－伝説は1－レジェンド、2－トリビュート／日本のリングから、3－トリビュート／世界のリングからの3本立て。1－レジェンドはスタン・ハンセン、ハルク・ホーガン、ブルーザー・ブロディ、テリー・ファンクといった伝説の男たちのストーリーだ。本文中のところどころに出てくる〝ぼく〟はフミ・サイトーという日本人のプロレス雑誌記者で、レジェンドたちと読者のみなさんとを結びつけるためにそこにいる〝黒子〟のようなものでストーリーそのものにはかかわらないので、あまり気にしないでください。トリビュート編では若くして旅立ってしまったスーパースターたち、もうこの世にはいない伝説の男たちの物語を集めた。

II章－個の1では〝個〟を生きるをテーマに〝ぼく〟がおはなしを聞くことができた日本人レス

ラーのストーリーを並べてみた。Ⅱ-2のサブゥーの魔法のじゅうたんは、サブゥーと偉大なる伯父ザ・シークの長編ストーリー。Ⅲ-アメリカは、Ⅲ-1マイ・ネーム・イズ・マクマホン、Ⅲ-2潜入編、Ⅲ-3Funakiの3部構成でアメリカン・プロレスを外側と内側から観察してみた。Ⅳ-友は、Ⅳ-1がロード・ウォリアーズ編で、Ⅳ-2がショーン・ウォルトマン&ウルフパック編。ウォリアーズもウォルトマンも〝ぼく〟が心から親しみを感じている友だちで、彼らの過去、現在、未来を〝ぼく〟なりにつづった。

Ⅴ-学びは、Ⅴ-1プロレスの源流を探して、Ⅴ-2〝少数派〟のプロレス、Ⅴ-3プロレスの外側の3つのテーマでプロレスの〝学び〟を探究してみた。東京・高円寺のUWFスネークピット・ジャパンは、イングランド・ランカシャー地方に伝わるキャッチ・アズ・キャッチ・キャンのレスリングを現在進行形で教えている世界でただひとつのプロレス道場。みちのくプロレスも格闘探偵団バトラーツもハヤブサがつくる歌も〝少数派〟かもしれないけれど、オンリー・ワンのプロレス。〝ぼく〟が学生時代に出逢った〝ファッキンさん〟ジェシー・ベンチュラはほんとうに偉くなって、ミネソタ州知事になってしまった。

ぼくは〝ぼく〟が〝ぼく〟の目で観て、感じたことをこの本でみなさんにお伝えします。ぼくはとびきりのプロレスファンだから、プロレスファンがいちばん知りたいことはなにかをちゃんと知っているつもりです。〝ぼく〟はぼく自身がいちばん観たかったものを観て、いちばん知りたかったことを〝ぼく〟なりに探ってきました。いちばん大切なことはシェアすることです。それは、プロレスはだれのものでもなく、みんなのものだからです。

Contents

Pro Wrestling
For Everyone

序文　1

Ⅰ　伝説

Ⅱ 個

1 〝個〟を生きる

Ⅲ　アメリカ

Ⅳ　友

V 学び

I

Legends

伝説

The willing suspension of disbelief

不信の自発的宙づり。

その作品を楽しむために、読者は

作品や作者に対する自分の不信を一時保留して、

作品や作者の信念にあわせなければならない。

（サミュエル・テイラー・コールリッジ）

The suspension of disbelief

信じない心、懐疑的な気持ち、

疑問に一時停止のボタンを押すこと。

ほんのしばらくのあいだ、疑いや先入観を捨てて

リングの上をながめてみること。

そうすると、プロレスと自分の関係が

はっきりとみえてくる。

（テリー・ファンク）

I—1

Lingual

レジェンドたちのプロレス語

スタン・ハンセン

Stan Hansen

1949年、テキサス州ボーガー出身。本名ジョン・スタンリー・ハンセン。ウエスト・テキサス州立大フットボール部に在籍後、73年にデビュー。新日本、全日本の2大メジャー団体の“エース外国人”として活躍。馬場・猪木世代からジャンボ鶴田&天龍源一郎、四天王世代までの日本人レスラーと対戦した。NWFヘビー級王座、AWA世界王座、三冠ヘビー級王座などを獲得。フェイバリット技は一撃必殺のウエスタン・ラリアット。日本でいちばん有名な“ガイジン”のひとり

ハンセンは牛乳ビンの底からこっちをにらんでいた

日本でいちばん有名なガイジン、あるいはいちばん有名なガイジンのひとりはスタン・ハンセンである。この国では〝すたんはんせん〟という単語がちゃんと外来語になっている。ウエスタン・ラリアット。テキサス・ロングホーン。テンガロンハット。カウボーイ・ブーツ。ブルロープとカウベル。〝ウィーッ〟。キーワードとキーフレーズをたくさん持っている。栗色のふさふさのまゆ毛とふさふさの口ヒゲが3点セットになっている。ふっくらとしたアゴのラインがまんなかでふたつに割れている。リングに上がるとき以外はいつも牛乳ビンの底みたいな眼鏡をかけている。

全日本プロレスの選手は取材のアポイントメントがとりにくい。YESかNOの返事をもらうまでに〝お百度〟を踏まされる。この敷居の高さみたいなものがメジャー団体とそうでないもののボーダーラインになっているのだろう。ためしに『週刊プロレス』誌のバックナンバーをひっぱり出してきてみたら、ぼくが最後にハンセンのインタビュー記事を書いたのは11年まえの1988年8月。ブルーザー・ブロディが死んだ直後におはなしを聞きにいったときだった。

全日本の広報部の動きはすばやかった。某日、午後2時。場所は銀座Tホテルのハンセンの自室。「全日本のスタッフは同席しませんので直接、部屋を訪ねてください」との連絡がきた。あっというまに取材のセッティングが完了したのは、ハンセン自身がジャイアント馬場さんとの思い出をマガジンに語ろうとしていること、そして全日本がハンセンにその機会を与えようとしていることが大きな理由だった。あのときがブロディで、こんどは馬場さん。ぼくはちょっと気が重くなった。

ハンセンが初めて日本にやって来たのは75年9月。ベトナム戦争がやっと終わり、パリで第1回先進国首脳会議（サミット）が開かれ、広島カープがリーグ初優勝を決め、紅茶キノコと〝およげたいやきくん〟がはやった年だった。テキサスのカウボーイはあのころからずっとテレビの登場人物なのだ。

ドアを開けてくれたハンセンはやっぱり牛乳ビンの底みたいな眼鏡をかけていた。着ているものは上がグレーの無地のTシャツで、下が洗いこんだ感じのブルーのデニム。部屋のなかでは、というよりもふだんはテンガロンハットをかぶっていない。テーブルの上には画面を開いた状態のノートパソコンがおごそかにディスプレーされていて、床にはおやつだったのであろうリッツ・クラッカーの空の箱がころがっていた。

「やっぱり、ユーか」

「ユーはどこのマガジンだっけ？」

「カード（名刺）を一枚、もらえるか」

日本でいちばん有名なガイジンとの対話はぼくの身元照会からはじまった。ハンセンは昔からジャパニーズ・レスリング・マガジンに載った自分の記事をひとつ残らず親しい日本人に英訳させ、それを目のまえで読んでもらっているらしい。そのきちょうめんさとか用心深さとかチェックの厳しさとかは、カーテンを閉めきったホテルの自室でぶ厚い眼鏡をかけてキーボードをカタカタやりながら毎日、アメリカの家族にメールを送ったりするハンセンのイメージとしっかり重なる。

「きょうは来てくれてありがとう。ドレッシングルームでマイクとテープレコーダーを突きつけられて、3分間でミスター・ババのことをしゃべってくれといわれてもねえ。いい機会だからきょうはゆっくり考えながら話すよ」

ぶ厚いレンズのそのまた向こう側にあるハンセンのブラウンの瞳はまっすぐにこちらを見据えていた。

ハンセンとぼくの物理的な距離は3メートルちょっと。ハンセンはちいさめのラップトップが置かれたテーブルのまえのアームチェアに腰かけ、ぼくはベッドサイドの足元の出口に近いところに低いスツールを置いてそこに座った。ハンセンはテープレコーダーの録音状態をさかんにチェックした。馬場さんのこと。ジャンボ鶴田のこと。そして全日本のこと。なぜかハンセンは遠くをみるような目をしていた。（99年3月）

アイ・アム・アン・オールド・スクール

スタン・ハンセンはいつもベースボール・キャップをかぶっている。必ず時間どおりに約束の場所に現れる。〝やあ〟と軽く右手を上げてから、もう片方の手をちょっとだけジーンズのポケットに突っ込んで、どうする、という感じでこちらをみている。ぶ厚いレンズがはいったメタルフレームの眼鏡のそのまた向こう側からのぞくブラウンの瞳はほがらかな笑みをたたえていた。

ハンセンとゆっくりおはなしをしたのは、ジャイアント馬場さんが亡くなったすぐあとだった。あれから一年ちょっとしかたっていないのに、こんどはジャンボ鶴田さんとの思い出を語ってもらうことになってしまった。外はぽつぽつと雨が降っていたし、ハンセンがあまり歩きたくないというので、そのままホテルのなかのレストランに向かった。きっとコーヒーは嫌いなのだろう。ハンセンは日本語で〝紅茶〟といってからステーキ丼とサラダ&スープのセットを注文した。

お友だち同士のお茶ではなくてあくまでもマガジンのインタビューだから、ハンセンはゆっくりと単語とそのいいまわしを選びながらおはなしを聞かせてくれる。ぼくはテープレコーダーをまわしながら、学校の授業中みたいにポイント、ポイントをノートに取っていく。ある一定のレベルのテンションのなかで会話が弾む。ハンセンが考え込んでしまうと、そこでおしゃべりが途切れる。議論のための議論のようなブラフ(虚勢、はったり)はまったく混ざらない。温かい紅茶とステーキ丼とスープとサラダとぼくが頼んだクラブハウス・サンドウィッチとアイスティーが並んだテーブルの上に、カッコよくいっちゃえば、シャープなリスペクトの空気が漂っていた。

「マイ・リアル・フィーリング(わたしのほんとうの気持ち)」

「ディス・イズ・ミー(それがわたしだ)」

「アイ・アム・ノット・イン・キャラクター(これは

キャラではないよ)」

ハンセンは眼鏡の向こうからこちらをにらみ、何度も何度もそう念を押した。

ジャンボ鶴田さんのことを話しているうちにハンセンは〝生〟と〝死〟と〝プロレス〟について語りはじめていた。鶴田さんとハンセンは同じ時代を生きてきた仲間だから、鶴田さんとのたくさんのメモリーを整理整とんすることは自分自身が歩んできた道をふり返ることと等しい。ハンセンは「また脱線してしまったな」と自嘲するけれど、〝生〟と〝死〟は脱線しない。

「レスリングにはビッグ・ナスティ・サムバディ(デカくて悪いヤツ)は必要なんだ」とハンセンは語る。

ベビーフェース=正統派がいて、ヒール=悪役がいる。ベビーフェースばかりではプロレスにならないし、ヒールだけでもどうにもならない。ジャンボ鶴田がいたから、スタン・ハンセンがそこにいた。

「アイ・アム・アン・オールド・スクール・ガイ(わたしは伝統を重んじる男だ)」

〝オールド・スクール〟の部分に力をこめてそう宣言すると、ハンセンは口をへの字に曲げ、それからゆっくりうなずいた。自分はオールドファッションな人間だから、レスリング・ビジネスのあれこれをしゃべることは好まない。しかし、そろそろそれを話す時機にきた。どうやらそういうことらしかった。ハンセンは「よおく聞いてくれ」といってからまじめな顔になった。「この国のレスリングには〝ガイジン〟が必要なんだ。ジャパニーズとジャパニーズの闘いは社会のフレームのなかの闘いでしかない。〝ガイジン〟は社会のフレームのなかにはいっていない。ジャパニーズと〝ガイジン〟のぶつかり合いはリングのなかにしかない。それがレスリングのサイコロジーなんだ」

そこまでいうと、ハンセンは「リングを下りるその日までわたしはヒールでありつづけたい」とつけ加えてほほ笑み、それからまたしばらく沈黙があって「わたしはこの国を25年間、みてきた。わたしはジャパンが、ジャパニーズ・ピープルが好きだ」とつづけた。

ハンセンは紅茶をおかわりした。ぼくが「なんか引退のインタビューみたいですね」というと、ハンセン

は「あとちょっとだけがんばるよ」といって笑った。（00年6月）

スタン・ハンセンの笑顔って、どうしてあんなに自然《ナチュラル》なんだろう

スタン・ハンセンは〝キッド・フロム・テキサス〟なんだそうだ。ハンセン自身が〝キッド〟だというのだから、満51歳になってもキッドはキッドなのだろう。〝テキサスから来た少年〟は外出するときはいつもちゃんとテンガロンハットをかぶり、ウエスタンシャツを着て、ブーツカットのジーンズに大きなメタルのバックルがついた革ベルトをしめている。

テンガロンハットもウエスタンシャツもバックル付の革ベルトもカウボーイ系キャラクターとしてのイメージを表現するためのギミックではなくて、どれもこれもほんとうのふだん着だ。イングリッシュのイントネーションを標準語にアジャストしたことなんてないのだろう。ハンセン、というよりも〝ハンセン家〟で使われている言語は〝サザン・ブラウ（南部なまり）〟と呼ばれる独特のランゲージである。

ハンセンがなんでも気軽にしゃべってくれるテキサスのおじさんかというと、それもまたちょっとちがう。プロレスに関することだったらいくらでも話してくれるけれど、プライベートなことは自分からはほとんど語ろうとしない。それでも会話のなかには奥さんのこと、長男ジョンと長女ペイジのこと、13歳の次男シェイバーと10歳の三男サミュエルのことがちょくちょく出てくるから、そのあたりのデータはデータとしてしっかり頭に入れておかなければならない。

ジョンとペイジはハンセンがいちどめの結婚でつくった子どもたちで、シェイバーとサミュエルは二度めの結婚でできた息子たちだ。ジョンとペイジの母親とハンセンは82年に離婚。それから4年間、ハンセンは〝ミスター・マム〟としてまだ幼かった子どもたちを

育て、86年に日本人女性Yさんと再婚。88年にシェイバー、91年にサミュエルが誕生した。もちろん、ハンセン自身はそのあいだずっと全日本プロレスのリングで闘いつづけた。

プロレスラー、スタン・ハンセンは26歳から51歳までの25年間を日本のリングで過ごした。〝テキサスから来た少年〟ハンセンは、日本とアメリカを何百回も行ったり来たりしながら2話のラブストーリーを体験した。でも、ハンセンがみんな＝プロレスファンとシェアしたのはそういう青春ドラマではなかった。

「スモール・ボイス・インサイド（ちいさな内なる声）」とつぶやいて、ハンセンは遠くをながめるような目で静かにほほ笑む。自分のなかで聞こえるちいさな声。正しいこと、まちがっていることを教えてくれるあの声。神様からのメッセージととらえてもいいし、〝ガット・フィーリング（おなかのなかの予感、なんとなくそういう予感）〟といってもいい。ハンセンはいつもその〝ちいさな内なる声〟に耳を傾けてきた。

こんどの〝スモール・ボイス・インサイド〟はハンセンにリングを下りることをすすめた。ハンセンとハンセン家の人びとが暮らすコロラド州ホッチキスという人口700人ほどのスモールタウンは、プロレスラーではないハンセンの帰りを待っている。プロレスをやめたあとのことはじつはまだなにも決めていないけれど、ティーンエイジになった息子たちがおとなになっていくところを見守っているあいだに時間のほうは勝手に過ぎていくのだろう。

次男シェイバーも三男サミュエルも秋はフットボール、冬はバスケットボール、春はベースボールと3つのスポーツに打ち込んでいる。ベースボールが大好きなシェイバーのポジションはピッチャーとショートストップで、打撃はスイッチヒッター。サミュエルはベースボールよりもフットボールのほうに本気になっている。ハンセンによれば、ふたりとも運動センスそのものは父親よりもずっと優れているという。

プロレスラーでなくなったハンセンは、〝テキサスから来た少年〟とはどうあるべきかを息子たちに教えていくつもりなのだろう。彼らはプロレスのことはまったく知らないし、父親が日本という国で過ごした時間とエナジーをまだよく理解していない。ハンセンは息子たちに〝自分だけの夢〞を持ってほしいと願っている。プロ・フットボールやメジャーリーグ・ベースボールをめざしたければそれもいいし、ちゃんと大学へ進んでくれればそれもまたいい。

満51歳のハンセンは、気がついたら人生の半分くらいをプロレスだけに費やしていた。日本のリングを選択させたのも、プロレスをやめる決心をさせたのもあの〝ちいさな内なる声〞だった。ハンセンは青春ドラマの第3章の準備にとりかかろうとしているのである。

（01年2月）

老舗・全日本プロレスの世界最強タッグはみんなの無形財産

全日本プロレスの『世界最強タッグ決定リーグ戦』開幕戦・後楽園ホール大会は、亡くなった〝昭和の名レスラー〞ミツ・ヒライさんへの追悼の10カウントのゴングからはじまった。ヒライさんの遺影を手にリングのまんなかに立ったのはヒライさんの息子で、リングネームをミツ・ヒライ・ジュニアに改めたばかりの平井伸和だった。

10カウントがゆっくりと打ち鳴らされ、暗転だった場内に照明が戻った瞬間、館内スピーカーからは日本テレビのスポーツ・テーマ曲が流れた。現在の全日本と日本テレビのあいだにはもうこれといったつながりはないが、プロレスファンの記憶のなかではこの音は長寿番組『全日本プロレス中継』と在りし日のジャイアント馬場さんがテレビの画面のなかを元気に動きまわっている映像のサントラ盤である。

その前身にあたる1977年の『世界オープン・タッグ選手権』からスタートした〝最強タッグ〞は、今大会で27回めの開催。第27回というよりは、27年の歴史という表現をあえて用いたい。〝最強タッグ〞が開幕すると、プロレスファンは一年の終わりが近づいていることをはっきりと実感する。

スタン・ハンセンPWF会長がリングに上がり、開会宣言を読みあげた。昨年の〝最強タッグ〟以来一年ぶりの来日となるハンセンは、現役時代とくらべるとずいぶんやせていた。スウェードのテンガロンハットもぶ厚い眼鏡もよそいきのボタンダウンのシャツもいままでと同じだけれど、顔がほっそりした分、ややトシをとったようにもみえる。

ハンセンは82年から99年まで18年連続で〝最強タッグ〟に出場し、ブルーザー・ブロディ（83年）、テッド・デビアス（85年）、テリー・ゴーディ（88年）、天龍源一郎（89年）の4人のタッグパートナーとともに通算4回の優勝を果たした。ダニー・スパイビー。ジョニー・エース。ゲーリー・オブライト。大森隆男。ボビー・ダンカンJr.。ベイダー。田上明。それから、もちろん馬場さん。その時代ごとのベスト・パートナーとコンビを結成した。馬場さんが亡くなった99年の大会を最後にハンセンは〝最強タッグ〟を卒業し、みずからも現役引退を選択した。

全日本の試合会場にはフツーのおじさん、おばさんっぽいお客さんがたくさんいる。40代後半から50代前半くらいの男性客がホール東側のオレンジ色のスタンド席上段で試合開始まえに助六寿司をパクついたりしている。リングサイド席にはネクタイをしたサラリーマンの姿も目立つ。ちいさな子どもづれのパパ。初老の母親と30代前半と思われる娘さんの親子。なかにはおじいちゃんから孫まで3世代いっしょに試合を観にくるファンもいる。年齢層はじつに幅広い。

プロレスは若い観客だけをターゲットにしたジャンルではない。全日本のリングにはプロレスラーと観客との心地よい距離がある。声を出してごひいきのレスラーを応援するのもいいし、カラー・アンド・エルボーのロックアップからはじまる試合そのものを楽しむのもいい。

技を楽しむ。芸を楽しむ。リングの音を楽しむ。プロレスとプロレスラーの雰囲気を楽しむ。プロレスと自分が共有してきた時間を楽しむ。時はたち、登場人物は変われど、変わってほしくないものを、変わってしまわないことを願いながら楽しむプロレス。子どものころ、駅のそばにあった洋食レストランみたいな香りがするプロレス。それが全日本である。

いちばん新しい〝最強タッグ〟の出場メンバーは全7チーム。新生・全日本の顔、武藤敬司は嵐と、老舗・全日本の顔である川田利明は荒谷望誉《のぶたか》とそれぞれコンビを組んだ。小島聡とカズ・ハヤシのチームは現在進行形の全日本ということになるのだろう。フリーのTAKAみちのくは元WWEスーパースターのディーロウ・ブラウンをパートナーに指名した。

常連のギガンテスは、どうやらハンセンやゴーディに代表される古典的なカウボーイのいでたちを継承したようだ。ギガンテスのパートナーのブキャナンも馬場さんが好きだったタイプの動けるスーパーヘビー級のガイジン。かつての〝最強タッグ〟とくらべると顔ぶれはたしかに小粒になったけれど、試合のクオリティーが落ちたのかといえばそうではない。

ドリー・ファンクJr&テリー・ファンクのザ・ファンクス、ザ・シーク&アブドーラ・ザ・ブッチャーの世代からジャンボ鶴田と天龍源一郎が切磋琢磨した80年代、そして90年代の四天王時代をへて、いまみんなの目のまえでまた〝最強タッグ〟がおこなわれている。老舗は老舗の味とその味を楽しんでくれるお客さんの信用を守りぬく義務を背負っているのである。

（03年11月）

全日本プロレスのサンタクロース

ホー、ホー、ホー。スタン・ハンセンは全日本プロレスのサンタクロースのおじさんである。クリスマスよりもちょっと早めに日本にやって来て、またすぐコロラドへ帰っていった。みんながなにを欲しがっているのかはわからないけれど、ハンセンはこの国のプロレスとこの国のプロレスファンになにかをプレゼントしたいと思っている。

サンタさんのハンセンにはたくさんの子どもたちがいる。28歳の長男ジョンは空軍を除隊したあと、勉強がしたくなって大学に入りなおした。中学か高校の歴史の先生になりたいのだという。26歳の長女ペイジは救急医療チームのメンバーとして毎日、救急車を運転している。ふたりともミシシッピに住んでいて、ペイジは一児の母。だから、ハンセンはおじいちゃんでもある。

コロラド州グランドジャンクションの家は4人家族。18歳になった上の子、シェイバーは秋はフットボール、冬はバスケットボール、春はベースボールに打ち込んでいる。いちばん好きなのはベースボールで、ポジションはショートストップ。ちいさいころからスウィッチ・ヒッターだ。下の子、サムは9年生(中学3年生)で、やっぱりベースボールが好き。ハンセンには世代のちがう2セットのファミリーがいる。

プロレスをやめてからドクター・アトキンスの〝革命的ダイエット〟にトライしたら、体重が60ポンドも減って、子どもたちから「お父さんはやせすぎ」といわれ、ちょっとだけウエートを増やした。アトキンス・ダイエットの基本はハイ・プロテイン&ロー・カーボハイドレイト。炭水化物をまったくといっていいほど口にしなくなった。

食べないものはブレッド、パスタ類、ライス、ポテト。アメリカの朝食の定番メニューのパンケーキ、フレンチ・トースト、ワッフル、砂糖がたっぷりかかったブレックファスト・ロール、ドーナッツもNG。ふつうのトーストだって食べなくなった。スパゲティー、ラザニア、キャセロールのたぐいもいっさい食べないし、ピザは上にのっているチーズとペッパロニとピザ・ソースだけをきれいにはがして口に入れる。はじめのうちは食べた気がしなかったけれど、慣れたらなんでもなくなった。

ひとつだけ後悔していることがあるとしたら、それは日本語をちゃんと習っておかなかったことだ。もう30年もアメリカと日本を行ったり来たりしているからふつうにそのへんを歩きまわっても不自由しないくらいの単語のボキャブラリーはあるけれど、ベーシックな文法をまったくといっていいほど知らないから会話らしい会話ができない。

王様がこの世を去って、オールジャパンという宮殿の様子が変わった。女王様はなんとかお城を守ろうとしたけれど、子どもたちは〝ノアの方舟《はこぶね》〟に乗って国を出ていった。家来も動物たちもみんな、方舟に乗っていってしまった。お城だけは残った。宮殿を建てた偉大な王様よりもずっと若い王様がやって来た。ハンセンは新しい王様の武藤敬司のことはあまりよく知らない。でも、古いお城には愛着がある。

正直にいってしまえば、三沢光晴とその仲間たちがつくった新しいお城も訪ねてみたい。友人たちから聞いたはなしでは、新しい宮殿は古い宮殿とそっくりの造りになっているらしい。小橋建太、田上明、秋山準らと会ってゆっくりはなしがしてみたいと思うときもあるけれど、それは天国にいる王様を裏切ることだという気もする。

日本のプロレスファンがいまでも自分のことをおぼえていてくれるという事実は新鮮な驚きだし、ほんとうにうれしい。プロレスをやめたときはプロレスのあれやこれやを懐かしく感じるようになるなんて考えてもみなかった。コロラドにいると〝スタン・ハンセン〟だった時間を忘れてしまう。

代々木第2体育館は日本武道館をちょっとちいさくしたような空間だった。円形のアリーナのちょうどまんなかにリングがあって、そのまわりをオーディエンスがぐるっととり囲んでいる。観客の目がリングに集中しやすい。ハンセンはリングの上から観客席のいちばん上のほうのセクションを見上げた。あの日、アリーナのなかにいた人たちはみんな自分の知り合いなのではないかという錯覚にかられた。

「一年にいちどはこうして日本に来たい」

ハンセンは、地球のうえに日本地図が描かれた全日本プロレスのロゴを自分のなかの大切な一部分というふうにとらえているのである。

(05年12月)

ハルク・ホーガン

Hulk Hogan

1953年、フロリダ州タンパ生まれ。本名テリー・ジーン・ボレア。77年にデビュー。79年、マディソン・スクウェア・ガーデンでのデビューをまえにビンス・マクマホン・シニアのアイディアでハルク・ホーガンに改名。83年、東京でアントニオ猪木を下し"第1回IWGPリーグ戦"優勝。84年、アイアン・シークを破りWWE世界ヘビー級王座獲得。イメージカラーはレッド&イエロー。3パンチからビッグ・ブーツ、助走つきレッグドロップが必殺フルコース。アメリカでいちばん有名なプロレスラー

ハルク・ホーガンがちょいとトーキョーまでツナの刺し身を食べにきた

ハルク・ホーガンがちょいとトーキョーまでツナの刺し身を食べにきた。12歳になる長男ニコラスが自分もどうしてもジャパンに行くんだといってきかないので、新学期はもうとっくにはじまっているけれど特別に数日間だけ学校を休ませていっしょに連れてきた。ニコラスはジャパニーズ・カーの大ファンでいつも家のなかでうわ言のようにトヨタRX7、ニッサンGTR、スープラ、マキシマなんてつぶやいているらしい。

キーウエストからタンパ、タンパからロサンゼルスと飛行機を乗り継いでいっきにトーキョーまで飛んできた。フロリダ半島の最南端キーウエストで友人のケビン・サリバンがはじめたジムのオープニング・パーティーに出席して、その足で自宅のあるタンパに寄って急いで荷物をピックアップしてLA行きの直行便に乗った。飛行機のなかで眠ろうと思ったら、ニコラスがしきりに話しかけてくるのでけっきょく一睡もできなかった。久しぶりに乗ったトーキョー行きのフライトは以前よりもちょっとだけ長く感じた。

お忍びの観光旅行だからエアポートにはだれも出迎えに来ないはずだったのに、到着ロビーに出たとたんプレスのカメラマンに包囲された。成田空港から都内まではタクシーに乗った。ホテルにチェックインしたら疲れがどっと出て、すぐにベッドにもぐり込んだ。

寝ぼけていたので時間は確認しなかったけれど、たしか午後11時ごろ武藤敬司から電話がはいった。「あした、ゆっくり話そう」といって電話を切ったら、こんどは時差ボケのニコラスが起きてしまった。時計をみたら午前2時をまわっていた。ホーガンはなんとかちょっとだけでも眠ろうと思って冷蔵庫から缶ビールとワインのミニボトルを出してきて、それをいっき飲みした。息子には「お父さんを起こさないように」と伝え、もういちどベッドにはいった。

退屈しきったニコラスがさかんにボディープレスで体当たりをかましてくるので午前5時にはまた目がさめた。ブレックファストを食べるまえにホテルからタクシーに乗って原宿へ向かい、表参道のジムで1時間だけワークアウトをしてきた。朝からちょっと汗をかいたら体も頭もすっきりした。

ホーガンが〝一番〟という漢字の刺しゅうがはいった黒のショートタイツをはいて新日本プロレスのリングに上がっていたのはもう20年もまえのことだ。一年の半分くらいを日本で過ごしていたから、トーキョーにアパートメントを借りようかと本気で考えたこともあった。いつも泊まっていた新宿のKプラザ・ホテルのバックドアから外に出て、信号を渡ってからまっすぐに2ブロック歩き、右に曲がったところに『猿の腰掛け』というホーガンのお気に入りの居酒屋があった。たしか、あそこからもう1ブロック歩くといつもカセットテープを安くしてくれる大きなカメラ屋があった。

「プロモーターはいったいだれなんだ?」

ホーガンは浦島太郎になっていた。アントニオ猪木がいないニュージャパン。ジャイアント馬場さんがいなくなったオールジャパン。長州力のワールド・ジャパン? 小川直也はなにをやろうとしているんだ。新しいカンパニーとやらはプロレスなのか、それともプロレスではないサムシングなのか? K-1ってなんなんだ? PRIDEってだれなんだ――?

「オレももう50歳だからさ」

ホーガンはほんとうは自分はどっちでもいいんだけどという顔をした。ジャパニーズ・マガジンをながめながらそれなりに現在進行形のレスリング・シーンを勉強したのだろう。高山善廣《よしひろ》の写真をみながら「いつも顔を腫らしているブロンドヘアのビッグボーイ。I like him」といって、それから親指を上にした。

とにかく、まずスシ・バーに足を運ばなければトーキョーに来たような気がしない。ホーガンの大好物はツナ(マグロ)とサーモンの刺し身。ツナは大トロではなくて、みるからにプロテインのかたまりみたいな赤身がいちばんおいしい。わさびもガリも大好きだし、刺し身のツマのラディッシュ(大根)も大好き。エッグと穴子がまんなかにはいった太巻きはフロリダのスシ・バーでは食べられない。

「タッグマッチだったらやりたくないな」

大きなツナの切り身を口に放り込みながら、ホーガンがまたぽつりぽつりとしゃべりはじめた。ニコラスもトーキョーが気に入ったみたいだし、かつてたくさんの時間を過ごした日本でもういちどプロレスそのものを楽しんでみるのもひとつの選択かもしれない。WWEとのコントラクト（契約）はあと数日で切れる。

ホーガンは4泊5日のトーキョー滞在のあいだに集められるだけの資料をかき集めて、それを片っぱしから読みあさった。もちろん日本語は読めないから、読みあさるというよりはプロレス雑誌やスポーツ新聞やタブロイド・ペーパーの1ページ、1ページをていねいにめくりながらそこにレイアウトされている写真とヘッドライン（見出し）を穴が開くほどにらんだ。

水曜にタンパを出て、トーキョーに着いたのが木曜の午後。金曜は一日じゅう千葉の幕張メッセで〝東京モーター・サロン2003〞をみて、夕方からホテルで某テレビ局の関係者と会った。いきなり、ものすごい額のファイトマネーを提示された。アメリカでテレビのCMに何本か出演するのとほぼ同じくらいのギャランティーだった。

土曜の夜、小川直也が訪ねてきた。一年まえ、〝レッスルマニア18〞の前日にトロントのホテルで会ったときよりもさらにシェイプアップしていて、顔つきがぐっとシャープになっているのがわかった。小川はあこがれのスーパースターのまえではただの〝プロレス少年〞になってしまう。ホーガンが「キミはニュー・カンパニーとは関係ないのかい？　グッド・マネーだろ」とたずねると、小川は「ぼくは興味ありません。ノー・グッド」とだけ答えた。

ホーガンが英語とカタコトのジャパニーズ、小川が日本語と身ぶり手ぶりを交えたブロークン・イングリッシュを使っての会話だから、あまり突っ込んだ議論にはならない。小川は、ホーガンの息子ニコラスのためにニッサンGTRのラジコン・カーをおみやげに買ってきた。ホーガンは、柔道のワールド・チャンピオンだった小川をアメリカに連れていって大きなビジネスにしたいと本気で考えている。

日曜の夕方、新団体W－1（レッスルワン）の関係者との2度めのミーティングがあった。ホテル内の1室を使っての会談は〝10対1〟のハンディキャップ・マッチみたいなシチュエーションになった。

プロの通訳の女性がホーガンのしゃべることをひと言ももらさずに日本語に訳そうとするので、ホーガンは「これはプロレスなんだ This is wrestling」といって、その通訳の女性を〝反則負け〟にして途中で退席させた。プロレスにはプロレスのランゲージというものがある。〝プロレス語〟がわからなかったら、はじめからビジネスにはならない。

プロデューサーらしき人物は「エンターテインメントです。ファンタジーです」を連発した。ホーガンは新しいカンパニーがいったいなにをプレゼンテーションしようとしているのか、またどうしてそこに〝ハルク・ホーガン〟が必要なのかをどうしても知りたかった。テーマのないイベント、ドラマのない闘いはプロレスとはいえない。プロデューサーらしき人物は「エンターテインメントなんです。ファンタジーなんです」というコメントをしきりにくり返した。

新しいレスリング・オフィスなのかと思ってしばらくはなしを聞いてみたら、どうやらW－1は製作費の高いTVショーだった。民放ネットワーク局のプライムタイム番組だからかなりの予算が用意されているらしい。単発のイベントのため、出場選手とラインナップは既存のプロレス団体から買ってくるのだという。

ホーガンは、デジャヴ（既視感）のような感覚のなかですべてを理解した。テレビ局のビッグマネーを湯水のように使い、視聴率を稼ぐためのTVショーとしてのプロレスをプロデュースしつづけた結果、アメリカのメジャー団体WCW（ワールド・チャンピオンシップ・レスリング）はあっというまに消えてなくなった。テレビの画面のなかに納まるように加工されたプロレスは、プロレスのようにみえてプロレスではない。プロレスのようにみえてじつはプロレスではないプロレスとそっくりの映像は、〝プロレス語〟を話すプロレスファンとプロレスラーから〝観るモチベーション〟と〝闘うモチベーション〟を奪ってしまう。

「あれから20年もたっちゃったなんて、信じられないよ。トゥエンティ・ファッキン・イヤーズだよ」

成田空港に向かう車のなかで、ホーガンは猪木と闘った『第1回IWGP』決勝戦のことを思い出していた。アックスボンバーを食らった猪木が場外に転落して頭を打ち、舌を出して失神した。あの日からホーガンは有名人になった。武藤には悪いことをしてしまったかもしれないけれど、やっぱりどう考えても知らない人たちの知らないリングに上がることはできない。それもプロレス、あれもプロレスといってしまえばそれまでのことなのかもしれないけれど、ホーガンにはホーガンが考えるところのプロレスがある。

「それにしても猪木さん、どうしてサップの肩にのっかってダーッなんかやったのかな」

六本木のブックストアでみつけたレスリング・マガジンのカラーグラビアには大みそかの〝イノキ・ボンバイエ〟のラストシーンの写真が載っていた。スーツ姿の猪木は、楽しそうにボブ・サップと戯れていた。ホーガンは外の景色をながめながら、ちょっとさびしそうな顔をした。

（03年1月）

いちばん有名なプロレスラーはハルク・ホーガンというむずかしい現実

ハルク・ホーガンとその家族を主人公としたTVシリーズ〝ホーガン・ノウズ・ベストHogan Knows Best〟（VH1）がはじまった。番組フォーマットは、連続ドラマやシチュエーション・コメディーを抜いていまやアメリカの〝お茶の間アワー〟の主流になりつつあるリアリティー・ショー。ホーガンの自宅に一日24時間シフトでテレビカメラがセッティングされ、ホーガン一家の日常生活がそのままテレビに映し出されている。

リアリティー・ショーの大ヒット作といえば、ヘヴィーメタルの大御所オジー・オズボーンとオズボーン家のライフスタイルを描き、エミー賞を受賞した〝オズボーンズ〟（ＭＴＶ）があまりにも有名だが、〝ホーガン・ノウズ・ベスト〟も〝オズボーンズ〟とまったく同じコンセプトのドラマのようでドラマではなく、ドキュメンタリーのようでドキュメンタリーではないハイテク時代のファンタジーといっていい。

番組タイトルの〝ホーガン・ノウズ・ベスト〟は50年代の名作ＴＶドラマ〝パパはなんでも知っている Father Knows Best〟の現代的オマージュで、日本語に訳すと〝ホーガンはなんでも知っている〟といった感じになるのだろう。

〝オズボーンズ〟では父オジー、母シャロン、長女ケリー、長男ジャックの4人家族の会話とアクションが番組の売りものだったが、〝ホーガン・ノウズ・ベスト〟も父ホーガン、母リンダ、長女ブルック、長男ニックのフツーのようでフツーではないやりとりが番組の基本モードに設定されている。

かつて〝悪魔の使者〟なるニックネームで恐れられたロックシンガーのオジー・オズボーンが〝オズボーンズ〟ではやさしく理解のあるお父さんを演じたように、〝ホーガン・ノウズ・ベスト〟ではプロレスラーのホーガンがティーンエイジの娘と息子の将来を案ずる50代の父親を熱演している。ホーガンとオジーは同世代のカルチャル・アイコンということになるのかもしれない。

ホーガン自身は番組の主役はあくまでもブルックとニックのふたりというふうに考えているようで、第1回放映分では16歳のブルックの初めてのデートが番組のまんなかにレイアウトされていた。

やっぱり、ホーガンはいまのいまでもアメリカでいちばん有名なプロレスラーなのだろう。〝ホーガン・ノウズ・ベスト〟の放映開始と同時にＡＰ通信、『ニューヨーク・タイムズ』紙、『スポーツ・イラストレーテッド』誌、『タイム』誌といったメジャーな活字メディアがいっせいにこのリアリティー・ショーの話題に飛びついた。

アメリカのマスメディアは、ホーガンの人物像を〝家族〟〝父親〟〝成功〟〝セレブリティー〟といったアメリカ的価値観を体現する生きた記号としてとらえている。〝理想のパパ〟ホーガンは子どもたちに外出時の門限の徹底、アルコールとドラッグの禁止、男女交際のオフリミットを命じ、〝理想の夫〟ホーガンはリンダ夫人をファミリーのボスとして尊敬している。テレビの画面のなかにやや誇張された〝理想のアメリカ〟がディスプレーされている。

それがどこまでリアリティーなのかはわからないが、番組の第2回放映分ではホーガンが長男ニックの部屋でコンドームを発見し、それが家族会議にかけられるというエピソードがオンエアされた。笑えるような、笑えないようなプライバシーの断片を視聴者に提供するのが日曜の夜10時のリアリティー・ショーである。

ホーガンは長女ブルックがブリトニー・スピアーズのようなスーパーアイドルに育ってくれることを心から願い、プロレスラー志望の長男ニックがＷＷＥのリングにデビューする日を楽しみにしている。すべてを手に入れたホーガンにもまだ夢のつづきがある。

ホーガン自身はＷＷＥと新たに20年契約を交わし、メディアのインタビューでは「71歳まで現役」を公言している。ホーガンとビンス・マクマホンは大ゲンカと和解を何度もくり返してきた。51歳のホーガンと60歳のビンスは「これからはずっと仲よくやっていこう」という〝20年間有効〟の約束を交わしたということなのだろう。

まだシングルマッチで闘っていないスーパースターはショーン・マイケルズと〝ストーンコールド〟スティーブ・オースチンのふたりだ。〝ハルク・ホーガン〟は、プロレスのリングでリアリティー・ショーの長編大作を演じようとしている。

（05年8月）

ブルック・ホーガンの短編映画『記者会見は踊る』

まるで短編映画みたいな午後のひとときだった。舞台は、5月だというのに真夏日のように暑いトーキョー。ハルク・ホーガンの愛娘ブルック・ホーガンがデビュー・アルバム〝アンディスカバード〟のプロモーション活動のため、生まれて初めて日本にやって来た。

メジャー・レーベル、ポニーキャニオンの本社ビル1階のイベント・ルームのまえではテレビ、スポーツ新聞、雑誌、インターネット、携帯ポータルサイトなどの各メディアが〝記者会見〟という名のプレミア・ショーの開演を待っていた。

取材受付のテーブルではCD、DVD、宣材写真、文字資料などがワンセットになったプレス・キットが報道陣に配布され、用意されたノートに記帳をすませた記者、カメラマンたちがイベント・ルームになだれ込んでいった。ステージの上ではレーベルの担当者らしき人物が写真撮影から質疑応答までの記者会見のおおまかな段どりを説明していた。

「撮影のほうはムービーさん、スチールさんという順番でよろしくー」

「プロモ映像の使用に関しましてはー各メディアさんとも30秒以内でー」

こういう〝メイキング〟のカットももちろんショーのワンシーンで、映像の一部として聞こえてくる日本語のアクセントはいわゆる〝業界人しゃべり〟だった。

記者席をまんなかにはさんで、それほど広くないステージのすぐまえと記者席の後ろのほうでマスコミ各社のカメラマンがケンカ腰で撮影ポジションを奪い合った。記者会見が踊りはじめた。

ショーの主役はあくまでもブルックだけれど、100人を超えるマスコミ関係者を〝動員〟したのはどうやらブルックの父ホーガンだった。記者会見のサプライズ・ゲストとして、レーベル・サイドはアントニオ猪木をブッキングしていた。

ブルックがショーのオープニングとしてデビュー・シングル〝アバウト・アス〟をカラオケで歌ったあと、ジミ・ヘンドリックスの〝ブードゥー・チャイルド〟をBGMにホーガンが登場してきた。ホーガンがそこに立った瞬間、フラッシュの洪水がステージに注がれた。

「また日本に来られたことをうれしく思う。I miss Japan so much」

「わたしを〝一番〟に育ててくれたのは日本のみなさんです。〝一番〟の座をブルックにバトンタッチします。I am passing the torch」

「わたしのときもそうでした。日本のファンがブルックを愛してくれれば、やがて世界じゅうが彼女を愛してくれるようになるでしょう」

ホーガンとブルックがステージに並ぶと、こんどはMCが「超多忙のなかをわざわざ応援にかけつけてくれた」猪木をステージに呼び込んだ。〝イノキ・ボンバイエ〟のテーマ曲に乗ってステージに上がってきた猪木は、大きな花束をブルックに手渡した。猪木、ホーガン、ブルックのスリーショットにまたしてもフラッシュの集中砲火が浴びせられた。

猪木がそこにいるだけでステージの上が民放テレビのワイドショー番組のような雰囲気になった。ブルックはカメラマンに向かってポーズをとりつづけたが、ホーガンはあからさまにシラけたような顔をした。

記者会見という名のプレミア・ショーは、フォト・セッションと質疑応答の2部構成になっていた。記者団とのQ&Aでは、ブルックの音楽のことよりもいまから23年まえの猪木対ホーガンの試合で起きた〝伝説の舌出し失神事件〟が話題になった。ブルックは「その試合のことは父から聞いたことがあります。でも、わたしが生まれるまえのことですから」とだけ答えた。

イベント・ルームのビデオカメラに写らない場所には、そこにいるはずのないエリック・ビショフが立っていた。ビショフはブルックの来日記者会見に便乗するようにして、みずからがプロデュースした〝ホーガン・ブランド〟のエナジー・ドリンクのセールスにやって来ていた。

ホーガンは、シンガーとしての道を歩みはじめたブルックの〝成長〟の場所として日本を選択した。ビショフは、ジャパン・マネーのにおいをかぎつけてホーガンに接近した。レーベルは猪木の〝マスコミ力〟を洋楽の新人アーティストの売り出しキャンペーンに利用し、猪木もまたこの記者会見を〝ぶら下がり取材〟のロケーションとして活用した。登場人物たちのそれぞれの思惑がからまりながら記者会見という名のプレミア・ショーは幕を閉じた。

猪木、ホーガン、ブルックのスリーショットをながめながら、ビショフは「あしたの朝、この国のすべての新聞にこの写真が載るんだ」とつぶやいた。短編映画『記者会見は踊る』はここでジ・エンドとなった。

（07年5月）

大長編ドラマ『ホーガン』新シリーズは〝孤独の章〟

ハルク・ホーガンにプライバシーはない。ホーガンがそこにいれば、家のなかでもTVスタジオでも裁判所でも一日24時間、ビデオカメラがまわっていて、なにからなにまで映像に残され、それがありとあらゆるメディアに公開される。

お父さんにプライバシーがないと、家族もまたプライバシーを失う。ホーガンと24年間、いっしょに暮らしたリンダ夫人はある日、ミセス・ホーガンであることをやめ、裁判所に離婚調停を申請した。長女ブルックはお父さんとお母さんのケンカに嫌気がさして、生まれて初めて独り暮らしをはじめた。ホーガンとリンダはふたりとも、まだ未成年の長男ニックとの同居を希望している。

ニックはニックで、人生最大の試練に直面している。2007年8月にフロリダ州内のハイウェイで自家用車を運転中に起こした交通事故の刑事裁判で懲役8カ月の実刑判決を受けた。ニック自身もこの事故で腕と肩を骨折したが、同乗していた友人のジョン・グラチアーノさんは頭がい骨骨折で意識不明の重体となり、現在も入院中。グラチアーノさんの両親はニック本人とニックの両親（ホーガンとリンダ前夫人）を相手に損害賠償を求める民事訴訟を起こした。

ニックを被告とした刑事裁判は08年5月9日、フロリダ州パイインラス郡裁判所で開かれ、フィリップ・フェデリコ裁判長は道路交通法違反、安全運転義務違反、業務上過失傷害、酒気帯び運転の罪状で17歳のニックに懲役8カ月、執行猶予5年、500時間の地域ボランティア、3年間の運転免許停止、5年間の飲酒禁止、酒気帯び運転違反者のための教習所での安全講習、罰金7000ドルの判決を言い渡した。

ホーガンとホーガンの家族は過去3年間、〝ホーガン・ノーズ・ベスト〟という自宅内にビデオカメラ数台を常駐させるスタイルのリアリティー・ショーで私生活のすべてをさらけ出してきたが、ニックが起こした交通事故とその裁判までの一部始終はリアリティー・ショーとはまたちがった形の〝連続ドラマ〟としてバラエティー映像化されてきた。

ふだんはそれほど大きな刑事事件を扱わないパインラス郡裁判所にはNBC、CBS、ABC、FOXの全米4大ネットワークとその系列局、CNN、FOXニュースをはじめとするケーブル局数社が集結し、開廷中の法廷を取材。ホーガン、リンダ前夫人らが意見陳述するシーンがビデオカメラに収められた。

証言台に立ったホーガンは「わたしたちの家族を描いたリアリティー・ショーはリアリティー・ショーではなく根本的には台本のあるドラマ。番組内で描かれたニックの〝自由奔放な性格〟は制作者サイドが求めたキャラクターであり、彼のほんとうの人格ではありません。テレビ番組のせいで世間が彼に偏見を持った。わたしが父親ということで、彼はずっとその偏見と誤解のなかで悩んできた」と息子を弁護した。

ホーガン、長女ブルック、リンダ前夫人の母親、リンダ前夫人の4人が弁護士席のすぐ後ろの長イスに並んで座っている動画はまるで〝法廷ドラマ〟のワンシーンのようだった。閉廷後、リンダ前夫人はホーガンといちども視線を合わせることなく、前夫のよこを素通りしていった。

リンダ前夫人は弁護士を通じてホーガンの過去10年間の納税書類の公開を求め、現在進行形の仕事の見込み収入を含めた変動型慰謝料を裁判所に請求。これに対してホーガン側の弁護士は家族所有の不動産の50パーセントの所有権、リンダ前夫人への慰謝料の定額化、子どもたちの養育費の定額化を希望した。

ホーガンとリンダ前夫人の〝ローズ家の戦争〟ももちろん、タブロイド・メディアのお気に入りの連続ドラマであることはいうまでもない。ホーガン自身は現在、長女ブルックの友人で、文字どおり親子ほどトシの離れた女性と交際中とされ、この新しい恋人とのツーショット・シーンがパパラッチに盗み撮りされた。

〝ホーガン・ノーズ・ベスト〟、現在放映中の〝アメリカン・グラディエーターズ〟につづくTVシリーズとして新番組〝ハルク・ホーガンズ・セレブリティー・レスリング・ショー〟（仮題＝エリック・ビショフ・プロデュース）の制作が決定した。

番組名のとおり、セレブリティー＝芸能人にプロレスをコーチして試合をさせる、というコンセプトのリアリティー・ショーで、ホーガンはこの番組でナビゲーターをつとめる。

リンダとの離婚、長男ニックの実刑判決、そして新しい恋人の出現といったエピソードの数かずは大長編ドラマ『ホーガン』の新チャプターの設定なのだろう。50代のホーガンは〝孤独の章〟をさまよっている。

（08年5月）

ブルーザー・ブロディ

Bruiser Brody

1946年、ペンシルベニア州ピッツバーグ生まれ。本名フランク・グディッシュ。ウエスト・テキサス州立大中退後、テキサスでスポーツ記者として活動。73年、オクラホマでデビュー。全日本と新日本の2団体を往復した大物外国人。得意技はビッグ・ブーツとランニング・ニードロップ。ニックネームは"超獣"。トレードマークは動物のような雄叫び、肩まで伸ばしたカーリーの長髪とアゴひげ、毛皮のブーツなど。日本での入場テーマ曲はレッド・ツェッペリンの"移民の歌"だった

ブロディが残した、いくつかの予言のようなもの

7月16日は、ブルーザー・ブロディの命日である。1988年7月16日、ブロディはプエルトリコのバヤモン・ルブリエル・スタジアムのドレッシングルームでレスラー仲間のホセ・ゴンザレスにナイフで腹部を刺されて死んだ。ずいぶん長い時間がたってしまった。88年を和暦でいえば〝昭和63年〟。ブロディは〝平成〟も〝90年代〟も目撃することなくこの世を去った。1946年6月14日生まれだったから、生きていれば満58歳。いまでも現役選手としてリングに上がっていたかどうかはわからない。

身長6フィート5インチ（約195センチ）、体重280ポンド（約127キロ）のスーパーヘビー級だったが、いわゆる怪物タイプではなくて、繊細でキメのこまかいレスリングを好んだ。活字メディアにおけるニックネームは〝超獣〟で、『ワールドプロレスリング』（テレビ朝日）の実況アナウンサーだった古舘伊知郎キャスターは、ブロディを〝インテリジェント・モンスター〟と形容していた。

「ほんとうのスターとは、持続して長いあいだ光を放つことのできる人間だけをいう。なにをやろうとしているかや、次の行動を読みとられてしまうような凡人はスターにはなれない。スターとは、ふつうの人間が考えつかないようなことをやってのける特別なパワーを持った人間のことをいうのだ」

ブロディはアイオワ大学、ウエスト・テキサス州立大を中退後、ワシントン・レッドスキンズ（ＮＦＬ）に入団。しかし、ヒザの故障でフットボールを断念し、ダラスの新聞社でスポーツ・コラムニストとして働いたあと、73年にプロレスラーとしてデビューした。ウエスト・テキサス州立大フットボール部の2年後輩で、のちに生涯のタッグ・パートナーとなるスタン・ハンセンとはデビュー後にアマリロで再会した。

デビュー当時は本名のフランク・グディッシュのままリングに上がっていたが、76年にＷＷＷＦ（現ＷＷ

E）をサーキットしたときにビンス・マクマホン・シニアからブルーザー・フランク・ブロディというリングネームをもらった。ブロディはこのBBというイニシャルに愛着を持っていた。

「プロレスはスポーツであって、大男のサーカスではない。複雑なスポーツだ。多少のエンターテインメント的要素は不可欠だ。目の肥えたファンのまえで試合をするということは、ルールの裏表をすべて知り尽くした観客の目のまえでチェスのゲームをするようなものだ。ただのレスリングごっこだったら、観客は逃げてしまうだろう」

新聞記者として働いた経験からなのだろう。いつもインタビュー取材には快く応じた。つねに自分のほうからいくつかのテーマを用意してきて、それをあれこれと論じ合うディスカッションを楽しんでいた。

「世界でいちばんタフなのはこの私だなんていわない。リングのなかでいかにクレバーな人間であるべきかという点を論じよう。プロレスのおもしろさはそこなんだ」

「殴り合いをやったら、ボクサーがいちばん強いに決まっている。レスラーの価値とはストラテジー（戦略）のうまさなのだ」

「ベターとベストのちがいは、知識とスピリットの差で決まる。それぞれの素質やコンディションにそれほどの差はない」

ブロディは、80年代に全日本プロレスと新日本プロレスを往復した数少ないアメリカ人レスラーのひとりだった。85年3月にそれまで6年間在籍した全日本を脱退して新日本に電撃移籍したが、同年12月には試合を一方的にボイコットして帰国。翌86年にいちどだけ新日本のリングに上がったが、再び追放処分となり、87年には全日本に復帰した。

79年1月から88年3月までの約10年間、通算27回の来日でシングルマッチでフォール負けを許したのは全日本での2回だけ（ジャイアント馬場とジャンボ鶴田）で、アントニオ猪木とはシングルマッチで6回対戦し、いちどもクリーンな決着はつかなかった。それだけ商品価値の高いガイジンだった。

「人間のハートなんていつグラグラいくかわからない。ハートでばかりものごとをとらえず、ヘッドを使うことだ」
「わたしはもう若くない。家族と仕事を守らなければならない。そして、なによりも私には守らなければならないプライドがある」
こんなコメントを残してから4カ月後、ブロディは非業の死をとげた。まるでみずからの運命を悟っていたかのように――。
（04年7月）

20世紀のプロレス史上もっともショッキングな事件

20世紀のプロレス史でもっともショッキングな事件といっていいだろう。88年7月16日、プエルトリコのバヤモン・ルブリエル・スタジアムのドレッシングルームでブルーザー・ブロディが刺殺された。犯人はプエルトリコWWCの共同オーナーのひとりで、レスラー仲間のインベーダー1号（ホセ・ゴンザレス）だった。

ブロディがサンファン空港に降り立ったのは事件の2日まえの7月14日の木曜の夜。翌日から3日間のツアーが組まれていた。日本をホームリングにしていたブロディにとってプエルトリコは日本の年間スケジュールのあいまに短期間のサーキットをおこなう〝第2のホームリング〟だった。

ブロディ（本名フランク・グディッシュ）は46年6月18日、ペンシルベニア州ピッツバーグ生まれ。生きていれば、ことし60歳だ。全盛期のブロディの試合をはっきりと記憶しているファンは30代から上の世代かもしれない。事件からすでに18年が経過している。

事件現場にいたレスラーたちのうちの何人かは引退し、また何人かはいまでも現役として活動している。プエルトリコのプロレスは、スペイン語をネイティブ・ランゲージとするプエルトリカンと英語しか話せないアメリカ人のふたつのカルチャーが融合する場所として知られている。現在もこの〝初期設定〟は変わっていない。

事件の前日、ブロディはゴンザレス、ビクター・キニョネスのふたりと車に同乗しツアー一日めの試合会場に向かった。ブロディとゴンザレスはごくふつうに会話を交わしていたという。車のなかではブロディが支払いを滞納していたとされるプエルトリコの税金のことが話題になったとされる。

ツアーに参加したアメリカ人レスラーは〝エル・カナリオ〟というホテルに宿泊していた。その日、ブロディはダッチ・マンテル、トニー・アトラスの2選手といっしょに地元のジム経営者が運転する車に乗ってバヤモン・ルブリエル・スタジアムに向かった。

3人がスタジアムに到着したのは午後7時過ぎ。事件現場となったベビーフェース側のドレッシングルームにはゴンザレス、カルロス・コロン（WWCオーナー）、ビクター・ヨヒカ（共同オーナー）、TNT（サヴィオ・ヴェガ）、ミグエル・ペレスJr、インベーダー2号（ロベルト・ソト）、ウラカン・コステロJr、マーク&クリスのヤングブラッド兄弟らがいた。

ブロディはこの日、ダニー・スパイビーとのシングルマッチ、インベーダー1号ことゴンザレスはインベーダー2号とのコンビでロン&チッキー・スターと〝コールマイナー・グラブ・マッチ〟で対戦する予定だった。

ゴンザレスが「アミーゴ、ちょっと来てくれないか」とブロディに話しかけ、ふたりはドレッシングルームの奥のシャワールームへと消えていった。ゴンザレスの右手にはタオルが巻かれていた。タオルの下には凶器となったナイフが隠されていたものと思われる。

それから数秒後、ブロディの悲鳴が聞こえた。血だらけになった腹部をみずからの手で押さえながらブロディがシャワールームから出てきた。足どりはしっかりしていて、場所を確認するようにしてゆっくりとドレッシングルームの床によこになったという。腹部と胸を3カ所、刺されていた。

アトラスはたまたまシャワールームのすぐ外側に立っていて、ブロディとゴンザレスの口論を耳にしていた。マンテルはスタジアムの観客の入りぐあいを確認しにいっていたためその場にはいなかった。WWCのボス、コロンもその時点では席を外していた。

マンテルがドレッシングルームに戻ってくると、クリス・ヤングブラッドが「ホセがブロディを刺した!」と叫んでいた。マンテルがその〝ホセ〟とはインベーダー1号＝ホセ・ゴンザレスだということを理解するまでに数分間の時間を要した。

フロアによこになったブロディを数人のレスラーが取り囲んでいた。会場警備の警察官数人がドレッシングルームに入室してきたが、なにもせずに出ていった。アトラスが警官のひとりになんとか状況を説明しようとしたが、その警官は英語がわからない様子だった。プエルトリコの試合会場では乱闘騒ぎは日常茶飯事だった。ゴンザレスはすでにその場から姿を消していた。

救急車はなかなかやって来なかった。キニョネスが地元ラジオ局に電話を入れ、ラジオ放送で島内の救急車を大至急搬送するように手配させた。緊急医療チームがようやくドレッシングルームに到着したのは、それからさらに約40分後だった。ブロディの意識ははっきりとしていて、急を聞いてかけつけたコロンに向かって静かな口調で「オレの家族をどうかテイクケアしてくれ」と頼んだという。

医療チームが数人がかりでもブロディの体を持ち上げることができなかったため、アトラスがブロディを抱き上げてストレッチャーに乗せた。

ホテルに帰ったマンテルがブロディの死を知ったのは翌朝の7時半だった。英語を話せるホテルのクラークに病院へ確認の電話を入れてもらうと、ブロディは集中治療室のベッドの上で午前5時40分に息をひきとったという。直接の死因は大量失血だった。

翌日、17日に予定されていた興行はキャンセルとなったが、ブロディの死については団体サイドからはなにも発表はなかった。マンテル、アトラス、スパイビー、ロン・スターらアメリカ人レスラーがホテルで待機しているとマンテルの部屋に地元の関係者から「島を出たほうがいい」と電話がはいった。プエルトリコをツアー中だったアメリカ人グループのほとんどは、その日のうちに荷物をまとめて飛行機に乗った。

ゴンザレスが殺人の容疑でプエルトリコ警察に逮捕されたのは事件から3日後の7月19日のことだった。ゴンザレスは12万ドルの保釈金の10パーセントにあたる1万2000ドルを払い、その日のうちに釈放された。凶器のナイフはついに発見されなかった。

8月8日に予定されていた初公判は9月に延期され、その後も11月、12月と先送りにされた。翌年1月23日にようやくはじまった公判では第一級殺人罪が業務上過失致死に軽減されたうえ、弁護側の主張する正当防衛が認められてゴンザレスは無罪となった。検察側の証人として裁判で証言するはずだったアメリカ人レスラーは、だれひとりとして公判には出廷しなかった。

事件の翌日、警察の事情聴取に応じたマンテルは公判での証言を約束したが、アラバマ州バーミングハムの自宅に検察からの通知書が郵送されてきたのはなぜか裁判の翌日の1月24日だった。

あの日、ブロディと行動をともにしていたマンテルとアトラスが事件の詳細について語りはじめ、そのコメントの数かずが〝ネット活字〟に変換されはじめたのは90年代の終わりになってからだった。

刺殺犯ゴンザレスはその後、WWCを退団しライバル団体IWA（ビクター・キニョネス代表）に移籍。現在でも団体プロデューサーをつとめている。救急車を呼んだとされるキニョネスは06年4月、46歳の若さでこの世を去った。

（06年8月）

テリー・ファンク
Terry Funk

〝ワン・モア・ナイト〟をワン・モア・ナイト

それはもう呪文のようなものなのだ。テリー・ファンクは、リングシューズのヒモを結び合わせるたびに〝ワン・モア・ナイト One More Night〟とつぶやく。ほんとうは体力も気力もとうの昔に使い果たしている。みんながさかんにプリーズ、プリーズというからついついその気になってしまうこともあるけれど、もうそれも長くはつづかない。〝みんな〟というのはＥＣＷのボーイズだったり、ポール・ヘイメンであったり、日本のテリー・チルドレンだったりする。

これからのことはあまり考えないようにしているらしい。60歳になってもまだリングに上がっている、なんてことはまずないだろう。でも、どういうタイミングでどういうことをすればいちばんいいジ・エンドになるのかもよくわからない。だから、ワン・モア・ナイトがワン・モア・ナイトになってくり返されていく。

テキサス州アマリロにプロレスが根づいてちょうど50年になる。テリーの父ドリー・ファンク・シニアがインディアナ州ハモンドからアマリロに移り住んだのが第二次世界大戦後の１９４９年。兄ドリーと弟テリーは幼くして〝東から来たテキサン〟になった。シニアはふたりの息子たちにレスリングを教え、アマリロが彼らをグレート・テキサンに育てた。70年代後半から80年代前半にかけてザ・ファンクス対ザ・シーク&アブドーラ・ザ・ブッチャーの〝スポーツ根性ドラマ〟を体感したジャパニーズ・ピープルもまた隔世的テキサンということになるのだろう。

〝テリー・ファンク〟は、日本人が連想するところのグッド・オールド・アメリカンのイメージにきわめて近い。アマリロには地平線のかなたまでつづく緑と青くて広い空と大きな太陽があって、テンガロンハットをかぶったテリーがいる。「ああ、プロレスらしいプロレスをやっておしまいにしてえなー」と考えたテリーは、アマリロのフェア・グラウンドで久しぶりにハウスショー(興行)をプロモートした。

プロレスらしいプロレスをやるためには、プロレスラーらしいプロレスラーたちを集めてこなければならない。ECWのみんながフィラデルフィアから大移動してきて、日本からはFMWのボーイズがやって来た。メインイベントでテリーと闘ってくれるのはWWE世界ヘビー級チャンピオンの〝ヒットマン〟ブレット・ハートだ。

テリーとブレットは、トシの離れたイトコのような関係らしい。テリーの父ドリーSrとブレットの父スチュー・ハートは無二の親友で、テリーにとってブレットは父親の友だちんちの子だった。NWA世界ヘビー級王者時代のドリーの大ファンだったブレットは、16歳の夏をアマリロの〝ボーイズ牧場〟で過ごした。

すっかり大人になったブレットは、テリーの最後の晴れ舞台の〝相手役〟としてアマリロに帰ってきた。テリーが53歳で、ブレットが39歳。イトコみたいな関係といっても、やっぱりちょっとだけ世代のギャップはある。テリーはブレットのことをいまどきのニューヨークのスーパースターととらえ、ブレットはテリーをリビング・レジェンド(生ける伝説)と定義する。

ワン・モア・ナイトはほんとうにすぐそこまで迫ってきている。アメリカでリングに上がるのはあと1試合だけと決めている。ECWのみんなはプリーズ、プリーズというけれど、みんなが期待してくれるような〝テリー・ファンク〟をいつまで演じられるかはわからない。〝ワン・モア・ナイト〟のおまじないには「神様、どうかあとワン・モア・ナイトだけお守りください」というお祈りの言葉が隠されている。

　アマリロ、テキサン、スピニング・トーホールドはテリーが日本人に教えてくれた英単語で、〝ワン・モア・ナイト〟はよれよれのテリーを目撃しつづけながらテリー・チルドレンが感じはじめている〝最終回〟の予感。〝ワン・モア・ナイト〟をワン・モア・ナイトは、どうしてもさよならがいえないときのさよならのヒントである。

（97年10月）

あ、テリー・ファンクが
レコード屋さんでサイン会やってる

「ディック・マードックが死んだって、ほんとうですか？」

　30代のまんなかくらいのサラリーマン風の男性は、ついさっきそれを知らされたばかりだというような顔でこっちをみていた。その人はたまたま新宿の大通りを歩いていて、レコード・ショップのショーウィンドーに貼られていた〝テリー・ファンク／サイン会&トークショー〟のポスターをみつけ、あわててお店に飛び込んできたのだという。

　もうマードックが地上《ここ》にはいないことを知らなかったその男性は、もちろん〝昔は大好きでよく観たもんだけれどいまはほとんど観ていない〟元プロレスファンだった。たまたまレコード屋さんのまえを歩いていて、そこで本物のテリーがサイン会をやっていたらやっぱり足が勝手に動いてしまい、気がついたらイベント会場の群集のなかにいたということらしい。

　そこにいて満面の笑みをたたえているのはたしかに〝テリー・ファンク〟の顔をしたおじさんなのである。おじさんとおじいさんの中間くらいといったほうがより正確かもしれない。テリー・チルドレンの年齢層はかなり幅広い。70年代後半から80年代前半にかけて10代から20代だったファンがそのまま15年くらいスライ

ドしているから、サイン会に集まった観客は20代後半から40代までの〝昭和キッズ世代〟だった。

テリーは、お行儀よく1列に並んで順番を待つ歴史の証人たちのひとりひとりと言葉を交わしながら、ゆっくりと色紙やポートレートにペンを走らせた。

「子どものころからあなたのファンでした」

「兄が大ファンなんです」

「会社を早びけして来ました」

みんながテリーになにかを伝えようとしていた。そして、テリーもまたみんなの声に耳を傾けていた。ビデオのカバーにサインを入れてもらった人。持参してきたTシャツの背中に〝テキサス・ブロンコ〟と書いてもらった人。テリーが頭に巻いていたバンダナと自分のバンダナを交換してくれとせがんだ人。テリーはそこにいて、瞳をキラキラさせている。

ヒデノリ、ノリタカ、タカユキ、ユキヒデ。テリーはジャパニーズ・ピープルのファーストネームでしりとりができる。この国でたくさんの友だちをつくり、数えきれないくらいのサインを書いた。サインのいちばん上のところには必ずサインをもらう本人の名がはいる。トモは男性で、トモコは女性。〝コ〟がつくファーストネームはガールズだとおぼえておけばだいたいまちがいないけれど、たまに〝ヒコ〟がつくボーイズもいる。トシ、ヒデ、ヨシ、タカなんかはフロントにもってきてもバックにもってきてもいい。

体のほうはすっかりポンコツだけれど、ハートはトシをとらない。テリーはテリーなりのペースで20世紀の終わりとか21世紀の訪れとか地球の動きみたいなものを理解している。プロレスはテリーの目のまえで〝電波のなかの生き物〟に姿を変えようとしている。

テリーは「オレが65歳になるころには」という仮定法をよく用いる。

「目にはみえないが、ここにもあそこにもウエーブ＝電波が飛びまわっているんだ」

新宿通りと明治通りがぶつかる交差点の角に立って、テリーは空をみあげた。セルフォン（携帯電話）はもう子どもでも持っているのかな。ジャパンでもPPV（ペイ・パー・ビュー＝契約式有料放映）がはじまったってほんとうかい。衛星放送のプロレス・格闘技専門チャンネル〝ファイティングTVサムライ！〟っていうのは一日24時間もどんな番組を流しているんだい。彼らはレスリング・ピープルなのかい。アメリカではインターネットでも動く画面のプロレスが観られるんだよ。テリーは、おじさんにはよくわからないけどという顔をして、もういちど瞳をキラキラさせた。

「オレが65歳になるころには、パソコンのキーを押すだけでレスリングのインデックスがポンと出てきて、世界じゅうの年代別のタイトルマッチなんかがすぐに映像ごと検索できるようになっているんだろうね。オレはカウチに座って、そいつをながめたいんだ」

テリーは明治通りと甲州街道がクロスするコーナーまで歩くと、ちょっと大げさに手を上げてタクシーを止めた。

（98年1月）

埋めては掘り起こし、埋めては掘り起こすプロレス

テリー・ファンクのブラウンの瞳はいつもやさしくキラキラと輝いている。61歳のテリーは、老眼鏡を隠さなくなった。グレーが混じったブルネットの髪を後ろだけちょっと長めに伸ばし、短いポニーテールに結んで、どこへ行くときもベースボール・キャップをかぶって歩いている。白髪が目立つのがいやで、あごヒゲだけは黒く染めている。

「裏庭にシャベルで穴を掘ってね、埋めちまうんだ。埋めちまえばそれまでだろ。でも、しばらくすると、どうしても気になって掘り返しちまうんだ。そのくり返し」

なんのことかと思ったら、プロレスのおはなしだった。もうおさらばしようと思って、深い穴を掘ってそのなかにプロレスを埋めた。どこに埋めたのかを忘れてしまえばよかったのかもしれないけれど、宝物を埋めた場所を忘れるはずがない。どうしても我慢できなくなると、テリーは裏庭の土を掘り返し、ボロボロになったプロレスを拾い上げて、抱きしめた。もう何度も何度もそんなことをくり返してきた。

いまから22年まえ、テリーは全日本プロレスのリングでいちど引退試合をおこなった。プロレスラーになったときから40歳の誕生日がくるまえにリングを下りるつもりだった。プロレスが嫌いになったことはいちどもない。体がいうことをきかなくなっただけだ。

もうこれっきりにしようと神に誓って引退しては、またカムバックを決意した。しばらくのんびりして体も心も元気になるとプロレスがやりたくなる。気がついたらこのトシになっていた、ということらしい。

「グッド・アンド・バッド。わたしはプロレスしか知らないし、ほかにやりたいこともない。心から好きなものがあるというのは幸せなことなのかもしれないいし、ほかになにもできないというのは不幸せなことなのかもしれない。なあ、どう思う？」

テリーの自伝本『モア・ザン・ジャスト・ハードコアMore Than Just Hardcore』がアメリカで出版された。タイトルはテリー自身が考えた。父ドリー・ファンク・シニアと家族のこと、テリーの少年時代、デビューから現在までのエピソードが一人称でつづられている。テリーはこの本のなかでプロレスそのものについて語っている。

「プロレスは変わった。時代が変わった。時代とともに自分も変わらなければならない。しかし、変わるにはどこに向かってどう変わるかを考えなければならない」

テリーは、プロレスとかかわっていくうえでいちばん大切なことは〝サスペンション・オブ・ディスビリーフ suspension of disbelief〟であると力説する。これはひじょうに日本語に訳しにくい表現である。

サスペンションはぶら下げること、ぶら下がっている状態、保留、延期、（特権・規則などの）一時的取り消し、（行為などの）一時的中止、停止、休止を意味する名詞で、動詞形はサスペンド suspend。ディスビリーフは（……を）信じないこと、（……に対する）不信、疑惑、懐疑、怪しむこと。

19世紀のイギリスの詩人・哲学者サミュエル・テイラー・コールリッジの〝ウィリング・サスペンション・オブ・ディスビリーフ willing suspension of disbelief〟という有名な言葉は、日本では一般的に〝（小説などの）虚構を信じること〟と訳されている。これ以外に翻訳のしようがなかったのかもしれない。

テリーの口ぐせの〝サスペンション・オブ・ディスビリーフ〟をやや強引に日常語としてのニュアンスに変換すると「信じない心、懐疑的な気持ち、疑問に一時停止のボタンを押すこと」となる。もっとわかりやすくいえば、ほんのしばらくのあいだ、疑いや先入観を捨ててリングの上をながめてみること。そうすると、いまそこにあるプロレスと自分の関係がはっきりとみえてくる。

大きなお皿いっぱいに盛られたスクランブル・エッグをおはしで器用に口に運びながら、テリーはビンス・マクマホンのこと、WWEのこと、WWEが考えるところのECWのこと、AJ・スタイルスのこと、中嶋勝彦のことなどをぽつりぽつりと語った。

「レスリング・イズ・レスリング。プロレスはプロレスだもん。プロレスとプロレスでないものをいっしょに並べて売ったらダメだよ。買うほうが混乱するだけだから」

テリーのなかでは40年間におよぶ山あり谷ありの現役生活がひとつの物語になってつながっている。ヒザの痛みはもう20年以上も治らないし階段の上り下りもできないけれど、リングに上がると体が動きはじめる。疑う気持ちに一時停止のボタンを押して――。

（05年8月）

ドリー・ファンクJr
Dory Funk Jr.

ドリーさんは「新しいファンが多いね」と目を細めた

ドリー・ファンクJrは「わたしのベスト・ツアー My best tour」と胸をはった。かつてジャイアント馬場さんは「プロレスラーに引退はない」と語ったが、ドリーさんもほんとうは馬場さんと同じ考えなのだろう。だから、いままでリタイアという単語を口にしたことはいちどもなかったし、そんな素ぶりをみせたこともなかった。

ドリーさんの〝引退ツアー〟をプロデュースしたのは西村修で、67歳になったドリーさんは西村に「引退試合をやるならぜひ全日本プロレスのリングで」といわれて初めて日本のファンのまえで現役生活にひとまず終止符を打つ決心をした。

デビューは1963年だから、そのキャリアは45年。西村はもちろんのこと、いま現役で活躍している世界じゅうのほとんどのプロレスラーが生まれるはるかまえからドリーさんはリングの上で闘っていた。

初来日は約40年まえの69年12月。その年の2月にジン・キニスキーを下しNWA世界ヘビー級王者となったドリーさんは、父親のドリー・ファンク・シニアとともに日本にやって来た。スーツ姿に革のテンガロンハットというカウボーイのよそいきのようないでたち、どちらもドリーというファーストネームを持つ〝シニア〟と〝ジュニア〟の親子の関係が昭和40年代の日本人のイマジネーションをくすぐった。

ドリーさんは馬場さんとアントニオ猪木のふたりの挑戦を受け、2試合とも60分フルタイムのドローで王座を防衛した。馬場さんも、オレンジ色のショートタイツをはいた猪木さんも28歳の世界チャンピオンに勝てなかった。ドリーさんは翌年（70年）も来日して馬場さん、猪木さんと再び60分時間切れの名勝負を演じた。ドリーさんは、勝たないけれど負けないチャンピオンだった。

NWA世界王座をキープしたのは69年2月から73年5月（ハーリー・レイスに敗れ王座から転落）までの通算4年3カ月。28歳から32歳までの4年間だから、アスリートとしてのピークはこの時代だったのだろう。もっとも、ドリーさんが日本のプロレス史の重要な登場人物のひとりとなるのはチャンピオンの座を退いたあとだった。

ミュンヘン・オリンピック出場後、プロレスに〝就職〟したジャンボ鶴田さんが日本でのデビュー戦をまえにテキサス州アマリロのファンク・ファミリーのもとで武者修行をした。

ジャンボさんは、ドリーさんとまったく同じフォームのダブルアーム・スープレックスと星条旗カラーのショートタイツをテキサスから持ち帰った。テキサスのファンク一家というオールドファッションな西部劇のようなコンセプトとアマリロという地名が日本のプロレスファンにとって近しいものになった。

兄ドリーと弟テリー・ファンクのタッグチームは、ファンク・ブラザースではなくてザ・ファンクスという固有名詞になった。沈着冷静でポーカーフェースの兄と激情型で涙もろい弟の名コンビという設定が日本人が好むところのハリウッドのバディーアクション映画のようでもあった。

日本におけるザ・ファンクスのいちばん有名な試合

とされるザ・シーク&アブドーラ・ザ・ブッチャーとの大流血戦がおこなわれたのはいまから31年まえ(77年12月5日=東京・蔵前国技館)だから、この一戦をリアルタイムで記憶しているのはおそらく40代以上のファンだろう。

どこにもそんなマニュアルはないけれど、ドリーさんのエルボー・スマッシュは昔から〝3発で1セット〟になっている。武藤敬司や渕正信だけでなく、荒谷望誉、平井伸和、土方隆司らがドリーさんのエルボー・スマッシュをきっちり3発もらい、まるで魔法にでもかかったかのようにバンプをとった。

西村のなかのアメリカン・プロレスへのあこがれはこういった〝レスリングの型〟にある。古典的なチェーン・レスリングを習得すれば、世界じゅうのどこででも初対面の相手とロックアップすることができる。「武藤さんはそういうことがわかってますからね。これが新日本だったら(ドリーさんの引退ツアーは)できなかったでしょうね」

西村はそう語ってから、ちょっと自慢げにウンとうなずいた。

ドリーさんは「わたしのベスト・ツアーだった」と前置きしてから「新しいファンが多いね A lot of new fans」と目を細めた。新しいファンとは70年代後半から80年代生まれのプロレスファン、ドリーさんからみると孫のような世代の新しい層の観客という意味である。「これからはコーチ」と話すドリーさんは、エルボー・スマッシュの秘密を日本語で「みっつ」と教えてくれた。

(08年3月)

ハーリー・レイス

Harley Race

〝NWA伝説〟はハーリーとともに

ミズーリ州エルドンは、カンザスシティーから約250マイル南下したところに位置する人口約7000人のスモールタウンだ。ハーリー・レイスは、3年まえにこの町にレスリング・スクール〝WLW（ワールド・リーグ・レスリング）〟を開校した。

元世界チャンピオンのレイスがオープンしたプロレスラー養成学校だから、正式名称にはどうしても〝ワールド〟を使いたかった。〝ワールド〟と〝レスリング〟はどちらもイニシャルがW。プロレス団体の略称といえばアルファベットの3文字と昔から決まっているから、WLWというありそうでなかったネーミングになった。団体名だけはWWEにも負けていない。

ハーリーのなかでは新人レスラーを育成することと団体を運営することは同一線上の仕事になっている。プロレスラーを育てて、リングに上げて試合をさせる。練習生は練習をするのが仕事だし、レスラーは試合をするのが仕事。ハーリーは、プロモーターとして地元での興行をなんとか軌道に乗せようとがんばっている。

ダウンタウン・エルドンのメインストリート沿いの雑居ビルの1階にあるレスリング・スクールの玄関口

には〝WLWワールド・リーグ・レスリング・ヘッドクォーター〟という大きな看板がかかっている。大きなガラスドアを開けるとロビーのようなスペースがあって、ハーリーの現役時代のリングコスチュームやトロフィーが展示され、壁という壁には古い新聞や雑誌の記事のスクラップ、興行用ポスターやポートレートなどがところ狭しとディスプレーされている。

「9月は12ショーくらい組めそうだ」

道場のいちばん奥にあるオフィスでハーリーはカレンダーとにらめっこをしていた。毎週金、土、日の3日間、興行日程が立てば1カ月に12試合くらいのペースでサーキットが組める。日本の大学に留学経験のある長男ジャスティンが団体の経営を手伝っている。WLWには〝卒業生レスラー〟が20人ほどいるが、ほとんどの選手はまだプロレスが本業になっていない。日本から来ている大森隆男がこのメンバーに混じってフルタイムで毎週、試合に出場している。

ハーリーは1959年に15歳でプロレスラーとしてデビューした。73年5月にドリー・ファンクJrを下して29歳で初めてNWA世界ヘビー級王座を手に入れるまで、同じ土地に一年以上住んだことはいちどもなかった。〝鉄人〟ルー・テーズ、〝マットの魔術師〟パット・オコーナー、〝野生児〟バディ・ロジャースらが腰に巻いたクラシックな黒革のNWAベルトは、このときの〝レイス政権〟を最後に封印された。世界チャンピオンになったら、こんどは一年を通じて世界じゅうを旅する生活が待っていた。

73年から84年までの約12年間でNWA世界王座を通算8回獲得した。ドリーから奪ったチャンピオンベルトはジャック・ブリスコに奪われた。でも、そのブリスコに勝ったテリー・ファンクからまたベルトを奪い返した。ダスティ・ローデスとリック・フレアーのふたりとはベルトを獲ったり獲られたりする関係だった。日本のリングではジャイアント馬場さんに何度か敗れ、そしてまた何度か勝った。

WLWのハウスショーは、オールドファッションな〝田舎のプロレス〟である。WWEは家でカウチポテトをしながらテレビで観る都会のプロレスで、地元のプロレスファンはテレビの画面のなかのニューヨークのプロレスとは別ワクでローカル団体のライブを欲している。地元のケーブル局パックスＴＶが、カンザスシティーとその近郊エリアで放映するためのＷＬＷのプロレス番組を週１回のレギュラー枠で制作している。

カラー・コメンテーターのハーリーが〝２００１年宇宙の旅〟のテーマ曲にのってリングサイドに現れると、それほど大きくない会場内からいっせいに〝ハーリー・コール〟が巻き起こる。やっぱり、ハーリーは地元ファンに愛されている。

15歳でプロレスラーになったハーリーは、36年間もスーツケースひとつで地球を歩いた。ホームタウンのカンザスシティーから出ていったときも荷物はスーツケースひとつだけだったし、プロレスをやめたときもやっぱりスーツケースひとつで帰ってきた。リングに上がらなくなったいまも、ハーリーは裸一貫のままなのである。


（02年8月）

タイガー・ジェット・シン

Tiger Jeet Singh

シンが〝神〟と〝信仰〟と〝マネー〟を語った

タイガー・ジェット・シンは新宿通りと明治通りがぶつかる交差点の伊勢丹デパート側の角に立っていた。1973年11月5日、シンはこの場所でアントニオ猪木を襲った。猪木は倍賞美津子夫人（当時）といっしょにデパートで買いものをして、大きなショッピングバッグを抱えてこの交差点に出てきたところだった。

〝新宿乱闘事件〟は、なんの予告編もなく発生した。マスコミのカメラマンが偶然、その場に居合わせたなんてハプニングも用意されていなかった。だから、シンと猪木の伝説のストリートファイトの物的証拠は動く映像としてもスチール写真としても残されていない。それがシンの〝単独犯行〟であったか、あるいはアングル（演出）と呼ばれるものであったかは、いまとなってはそれほど重要ではない。大悪役レスラーのシンは観客のいないところで猪木を襲撃し、その事実だけが日本マット事件史に刻まれた。

「そうだ、ここだ。この場所だ」

シンは満足そうな顔で何度もうなずいた。ワードローブはシルバーのシルク地のインドの民族衣装で、頭にはちゃんとターバンを巻いていて、右手にはサーベルを持っている。東京のどまんなかの新宿のメインストリートでも頭にターバンを巻いたインド人の大男はやっぱり好奇の目を引く。カラーグラビア用の写真撮影のためシンが青信号中の横断歩道のまんなかに座り込んだら、交差点の反対側の交番から警官が出てきて「それ（サーベル）はまずいです」とカメラマンとシンに注意を与えた。

シンは警察官に向かって「アイ・アム・タイガー・ジェット・シン！」とすごんだ。30代前半と思われるその警官は「それはわかりますけど」と前置きしてから「海外から要人（ブッシュ米大統領）が来日中のため特別警戒態勢ですので」と安全上の理由とやらを説明してくれた。「それはわかりますけど」はどうやら「あなたがタイガー・ジェット・シンだということはよくわかりますが」という意味だった。

シンは「ファック・ブッシュ（ブッシュなんかクソ食らえ）」と舌打ちした。シンが話すイングリッシュはものすごいインドなまりで、文法のほうもかなり怪しい。声は意外なほど甲高く、ボリュームが大きい。

新宿二丁目の喫茶店『タントラ』は、シンとその仲間たちの応接サロンになっていた。店長と思われるエプロン姿のおばちゃんが「なーに、記者会見？　奥のテーブルにする？」とフレンドリーな対応をみせた。浅野起州IWAジャパン・オーナーが携帯電話を耳にあてながら忙しそうに入り口のドアから出たりはいったりしている。ゴージャス松野とそのクライアントらしき人物がカウンター席でコーヒーを飲んでいた。

シンはあまりニッコリ笑ったりしない。自分が話したいことだけをあくまでも自分のペースでしゃべりつづける。こちらからなにか質問してもその質問には答えずにまったく別のことをしゃべりはじめるから、一問一答スタイルのインタビューにはならない。会話らしい会話ができない。でも、おしゃべりをつづけてくれるということは基本的にはきっと上機嫌なのだろう。たまに黒い瞳の奥に鈍い光が走る。

〝Tiger Jeet Singh〟と英語で印刷されたビジネスカードにはなぜかWWEと国連のふたつのロゴが仲よく並んでプリントされていた。WWEのロゴのすぐ下にはインターナショナル・アンバサダー（国際大使）なる肩書が示され、国連のロゴのよこにはNGO（非政府組織・民間海外協力団体）という文字が記されている。シンは「オレは国連のメンバーだ。プロボクサーではムハメド・アリ、プロレスラーでは世界でこのオレだけだ」と胸をはる。シンをもっとよく知るためのキーワードはムスリムMuslim（イスラム教徒）だ。

ふつうのなんでもないセンテンスのなかに〝神〟とか〝祈り〟とか〝信仰〟とかそういう宗教的な単語がいくつもちりばめられている。父であり、夫であること。そして、唯一最高神アラーへの信仰。シンは「神のまえでは栄光など無意味だ。欲望が人間を惑わす。マネーや宝石は墓へは持っていけない。神に祈りを」といって静かに目を閉じた。

両手の指先という指先、両手首にはゴールドやジュエリーの大きな指輪、ブレスレットなどがこれでもかというくらい光っている。高価な宝石類をこんなにたくさん身につけているという現実は信仰と矛盾しないのだろうか。「裏庭にはテニス・コートもゴルフコースもあるんだぜ」といいながら、シンはカナダ・トロントの自宅の写真をみせてくれた。目のまえにいるのは毎週金曜夜8時にテレビのなかで猪木と闘っていた〝インドの狂虎〟だった。（02年3月）

ジミー・スヌーカ
Jimmy Snuka

サンクスギビングの夜のひととき

〝スーパーフライ〟ジミー・スヌーカは、サンクスギビング・デー（感謝祭）の夜にトーキョーにやって来た。サンクスギビングは１６２０年にメイフラワー号で新大陸アメリカに渡った清教徒たちが最初の収穫を祝って神に感謝をささげたお祭りである。アメリカでは11月の第4木曜のサンクスギビング・デーにターキー＝七面鳥のごちそうを食べる。

ターキーを食べずにラスベガスからトーキョーまで飛んできたスヌーカは、ホテルにチェックインしてちょっとひと休みしてからお散歩がてら六本木に出てきた。南太平洋のフィジー島出身のスヌーカにとって、11月のトーキョーはちょっと肌寒い。11月の第4木曜の夜に家族といっしょにサンクスギビングの晩餐を楽しんだという記憶はほとんどない。

「34イヤーズ。ブラザー」

スヌーカは、オレは34年もこういう生活をつづけているんだよということを伝えようとしていた。センテンスのあとには必ず〝ブラザー〟がくっついている。〝兄弟分〟と訳してもいいし〝お前さん〟でもいい。

「聞いてもいいぞ。ジャスト・アスク」といって、スヌーカはニヤリと笑った。なにを聞いていいのかというと、それはスヌーカの年齢のことだった。一番弟子のジェイソン・レイはじっと黙ったまま師匠のすぐよこでかしこまった顔をして固まっていた。

「58イヤーズ・オールド。孫が3人いるんだ。春には4人めが誕生するんだ。ブラザー」

スヌーカは70年代から80年代にかけて一世を風びした伝説のレスラーである。シグナチャー・ムーブのダイビング・ボディープレス〝スーパーフライ〟がそのままニックネームになっている。ハルク・ホーガンよりもちょっとまえのWWEの主人公のひとりで、WWE王者時代のボブ・バックランドよりもはるかに観客動員力のあるエスニック系スーパースターだった。

ミック・フォーリーが学生時代に2日がかりでヒッチハイクをしながらマンハッタンまでたどり着き、マディソン・スクウェア・ガーデンでスヌーカ対マグニフィセント・ムラコの金網マッチを観戦したのは有名なエピソードだし、サブゥーもルーキー時代はスヌーカの髪形と虎模様のタイツを完全コピーしていた。

スヌーカはあまり多くの言葉を使わない。〝ラブ〟とか〝ブラザー〟とか、〝サイコロジー〟とか〝TCB〟とか、短い単語だけで会話を成立させる。TCBとはテイキング・ケア・オブ・ビジネスの略で「仕事をかたづける」「面倒をみる」といった意味になる。

FMWのリングではどんな衣装を着るつもりなのかたずねてみたら「タイガー・タイツさ。ブラザー」という答えが返ってきた。スヌーカは静かな笑みをたたえながら生ビールのはいった中ジョッキをゆっくりと口に運んだ。しばしの沈黙が訪れた。

師匠に生まれて初めてトーキョーまで連れてきてもらったジェイソンは、スヌーカのことを〝パップ〟と呼ぶ。ティーチャーとステューデントはブラザーではなくて父と息子の関係。スヌーカはジェイソンを〝マイ・ヤング・サン〟と位置づけ、ジェイソンはスヌーカを〝レスリングの父〟と崇める。ふたりのあいだでは会話らしい会話が交わされることはない。

別のテーブルにいたドレッド・ヘアのジェントルマンに向かってスヌーカがにっこり笑ってフレンドシップのシグナルを送った。それは目と目の会話といっていいレベルのノン・バーバル・コミュニケーション(言語によらない対話)だった。スヌーカがほほ笑みかけた相手は、ロックシンガーのジョー山中さんだった。

「試合のときは髪をほどくんですか?」

「水で濡らすんです。ブラザー」

「わたしもコンサートのときは髪をほどきます」

スヌーカと山中さんはおたがいの髪のことを語り合った。スヌーカは白人の母とフィジー人の父のあいだに生まれた混血で、山中さんはアフリカン・アメリカンとジャパニーズのハーフ。ふたりは20分ほどとりとめのないおしゃべりをして、それから握手をして別れた。

時計の針は午前5時をまわっていた。ジェイソンは数時間後に迫ってしまった試合のことを考えはじめ、かなりナーバスになっていた。すっかりリラックス・モードのスヌーカは「ドント・ウォリー、サン」と弟子をなだめ、それから静かに目を閉じた。

スヌーカの右手は、親指と人さし指と小指の3本を立てて南太平洋スタイルの〝アイ・ラブ・ユー〟のサインをつくっていた。テーブルにまた冷たいビールが運ばれてきた。

(01年11月)

テッド・デビアス
Ted DiBiase

〝ダビデの心〟を説くプロレスラー牧師

パンフレットの表紙にはＰＷＡとだけ記されている。テッド・デビアスが〝座長〟をつとめるＰＷＡ（パワー・レスリング・アライアンス）はインディー系のプロレス団体ではなくて、プロレスを通じて神からのメッセージ、聖書の教えを説くクリスチャン団体の正式名称である。デビアスの名刺には〝ハート・オブ・デビッド・ミニストリーズ＝ダビデの心〟なるグループ名とそのロゴが描かれている。神とめぐり逢ったとき、デビアスは自分とそっくりな罪多き男デビッド、つまりゴリアテを石弓で殺したダビデ（サムエル記17・4）の存在を知った。

ＰＷＡの〝地方公演〟はプロレスの試合と礼拝の2部構成になっている。メインイベントの試合終了のゴングがそのままデビアスのスピーチのイントロダクションになる。デビアスは〝悪徳プロモーター〟で、スキットの途中でデビアスの敵役としてニキタ・コロフが登場してくる。デビアスとニキタの会話が自己の解放、神への祈りへとつながっていく。

かつて、テッド・デビアスという本名のすぐ上には必ず〝ミリオンダラー・マン＝億万長者〟というニックネームがついていた。50年代から60年代前半にかけて一世を風びした名レスラー、〝アイアン〟マイク・デビアスの息子としてこの世に生を受けたデビアスは、ウエスト・テキサス州立大在学中だった1975年にプロレスラーとしてデビュー。80年代前半には〝次期NWA世界王者最有力候補〟として注目を集め、全日本プロレスのリングではスタン・ハンセンのタッグパートナーとして活躍した。

87年秋にWWEと専属契約後、新キャラクター〝ミリオンダラー・マン〟に変身し、ハルク・ホーガンのライバルとしてアメリカでもっとも一般的知名度の高い悪役レスラーのステータスを手に入れた。デビアスは通算23年間の現役生活のなかのピークにあたる10年間をビンス・マクマホンのリングで過ごした。

〝ミリオンダラー・マン〟としての成功はデビアスのそれまでの生活のすべてを変えてしまった。スーパースターになったデビアスは〝ミリオンダラー・マン〟ではない自分を忘れて、妻ではないたくさんの女性たちと関係を持ってしまった。デビアスはすべての罪を妻に告白し、ジーザス・クライストに救いを求めた。

真っ暗なリングの上にピンスポット照明が当たり、悪徳プロモーター役のデビアスが無名の若手レスラーの耳元でこうささやく。

「キミをマディソン・スクウェア・ガーデンのリングに上げてやろう。ミリオンダラーの契約書を用意したぞ」

無名の若手レスラーはこう答える。

「お金も、リムジンも、自家用ジェット機も欲しくありません」

〝億万長者〟は再びこうささやく。

「それでは契約金を10倍にしてやろう」

無名の若手レスラーはまた答える。

「彼＝神はミリオンダラー・マンのあなたでさえ持っていないあるものを持っているのです。それは〝パワー〟です」

デビアスは若手レスラーに〝白紙の契約書〟を手渡す。しかし、若手レスラーはこれを拒否する。気がつくと、その若者と同じ志を持つ若手レスラーたちがリングの周囲をとり囲んでいる。ここでニキタがマイクを手にリングに上がってくる。

〝億万長者〟はニキタに「一流レスラーのキミだったらわかるだろ。このバカどもにビジネスを教えてやってくれ」と同意を求める。

ニキタは語りはじめる。

「オレはマネーも、高級車も、大きな家も手に入れた。しかし、欲しかったものが手にはいって、オレは初めて気がついた。オレはなにも手に入れていなかったんだと。それがわかった瞬間、人生が変わった。ここにいる若者たちはみんな、お前が持っていないものを持っている。それは〝神のパワー〟だ」

ニキタは悪徳プロモーターのデビアスに対し信仰の力を説く。デビアスもまた〝神のパワー〟にめざめた自分自身をカミングアウトさせる。新約聖書の〝ヨハネ記3・16〟の朗読がはじまる。

デビアスが観客に問いかける。

「神の許しを請う人びとはリングのなかへ」

リングの周りをとり囲んだ若手レスラーたちといっしょに観客がいっせいにリングにかけ上がってくる。デビアスが神への祈りをささげ、プロレスを題材とした寸劇はここで終わる。

リングの上に神が降りてくる。デビアスとたくさんのダビデたちがもういちど救世主の言葉に耳を傾ける。

メリー・クリスマス――。

（01年12月）

スティーブ・ウィリアムス
Steve Williams

喉頭ガンをバックドロップでやっつけました

スティーブ・ウィリアムスはかすれた小声で「スロート・キャンサー Throat Cancer（喉頭ガン）」といいかけてからノドのあたりを左手で押さえて2、3回、軽く咳ばらいし、それから「……をやっつけた」といってにっこり笑った。顔はビッグ・スマイルだけれど、やっぱり声にはあまり力がない。

ガンの告知を受けたのは、2004年2月だった。病気のことは家族とごく親しい友人以外にはだれにも伝えず、3月には予定どおりIWAジャパンのシリーズに参加し、そのついでにという感じでK－1のリングでアレクセイ・イグナショフとMMAルールで闘った。体調はかなり悪くなっていた。

4月6日にテキサス州ヒューストンのMD・アンダーソン病院で手術を受けることになっていたが、体にメスを入れてしまったら復帰までに2年はかかるといわれ、ほかのオプションを求めた。ルイジアナ州シュリーブポートの自宅とヒューストンを往復しながら放射線療法を合計35回、化学療法を3回受け、ガンをひとまず退治した。

約3カ月間の入院生活で、体重が68ポンドも落ちた。

両肩、両腕の筋肉がしぼんで、大腿部の筋肉もずいぶん細くなった。215ポンドまで落ちた体重は、ここ1カ月くらいでようやく235ポンドまで戻ってきた。医師からは「髪がごっそり抜けるだろう」と警告されたが、結果的には後頭部のあたりがちょっとツルツルになっただけで、頭のてっぺんのほうはなんともなかった。ウィリアムスの回復力は専門医を驚かせた。

ウィリアムスは、IWAジャパンを〝マイ・カンパニー〟と呼ぶ。4カ月ぶりのロードには気の合う仲間たちが集った。アニマルはロード・ウォリアーズの片割れで、ロバート・ギブソンはロックンロール・エキスプレスの片割れ。マーティ・ジャネッティは、時代ごとにパートナーを代えながらザ・ロッカーズというユニットを20年もつづけてきた。

いずれもかつて一世を風靡したタッグチームのうちのひとりである。ウィリアムスのベスト・パートナーだったテリー・ゴーディは、もうここにはいない。アニマルの相棒ホークも天国に旅立ってしまった。みんな、ちょっとだけおじさんになった。

ウィリアムスにとってIジャはマイ・カンパニーだけれど、ビッグ・カンパニーかといわれれば、やっぱりそうではない。どちらかといえば、ファミリー・カンパニーということになる。選手、レフェリー、スタッフの一人ひとりがいくつもの仕事をこなしている。ウィリアムスにはシリーズ中、売店で自分のグッズを売るという仕事がある。

「リラックス・オンリーじゃノー・マネーよ。しっかりワーク、ワーク」

浅野起州社長のカタカナ英語は、なぜかアメリカ人にはよく通じる。ウィリアムスのオリジナル・デザインのTシャツは全部で5タイプ。値段はすべて2000円。ベースボール・キャップも2000円で、キーホルダーは800円。どこかでみたような写真がカラーコピーになったポートレートは1000円。どれを買ってもウィリアムス本人がその場でサインを入れてくれる。

アニマルもギブソンも、Iジャのしきたりにならって各会場で売店に立ち、オリジナル・ポートレートにサインを入れた。浅野社長が「あなたはインターミッション（休けい中）、あなたはアフター（試合後）」と外国人選手にこまかい指示を出す。シリーズ中に46回めの誕生日を迎えたギブソンには、浅野社長とスタッフがちいさなバースデー・ケーキを用意した。

「イッツ・オール・アップ・ヒア It's all up here」といって、ウィリアムスは人さし指を頭にあてる。病気そのものよりも、ガンという単語のイメージとそこから連想できるさまざまなできごとを頭のなかでどうとらえていくかが大切なんだ、とウィリアムスは訴える。闘って勝てる相手と考えるか。それとも、かなわない相手と考えるか。ウィリアムスは闘って、勝つことを選択した。

上半身の筋肉がかなり落ちてしまったので、しばらくのあいだはTシャツを着たまま試合をすることになる。ヒューストンのドクターは、ガン患者のウィリアムスが引退に同意、あるいはすでに引退したものと思い込んでいるらしい。

プロレスをこのままつづけるかどうかは、あくまでも自分自身の問題なのだという。ウィリアムスのニックネームは、やっぱり〝ドクター・デス＝殺人医師〟である。

（04年8月）

〝殺人医師〟から届いた358語のグリーティング

〝ドクター・デス〟スティーブ・ウィリアムスからメールが来た。もちろん、スティーブがいきなりぼくにお手紙をくれたのではなくて、ぼくが送信したメールへの長めのお返事。巨体でひげヅラのスティーブがパソコンのまえにちょこんと座って太い指でキーボードをたたいている姿を想像すると、なんだかユーモラスでかわいらしい。

スティーブは04年に喉頭ガンを発症し、声帯のほとんどを切除する手術を受けた。術後は抗ガン剤治療をつづけ、翌05年にキャンサー・フリー宣言してプロレスのリングに戻ってきた。もともとガラガラ声だったので、かすれた小声で「声が出ねえ」といわれてもそんなに違和感はなかった。そういえば、スティーブの全日本プロレス時代のツアー仲間のジョニー・エースは、試合中にスティーブのバックハンド・チョップをノドにもらって声帯に炎症を起こし、後天的なガラガラ声になった。

「ヘイ元気そうじゃないか、オレはもう3年もキャンサー・フリーだからガンと聞いてゾッとしたけれどオレたちは死ぬかガンをやっつけるかの選択を迫られどうやらそいつをキックアスすることができたらしいねグッドジョブ。オレはジャパンですばらしいキャリアを過ごすことができたからユーやジャパンのみんながなつかしいよ、しかしウワサによればいまのジャパンはあまりホットではないらしいね悲しいねオレたちはあんなにワークト・ソー・ハード」

きっとスティーブはいっきにこのメールを書き上げてくれたのだろう。日本語の句読点にあたるカンマとピリオドがまったくといっていいほど使われていなくて、ジャパンとジャパニーズ、Misawa や Kobashi といった固有名詞の最初の一文字がかろうじて大文字になっている以外、ほとんどの単語が小文字で打ってある。「オレの自伝がジャパンで出版されることを願っている、オレは18年間ジャパンのリングに上がりジャパンでたくさんの友人と出逢ったからオレのほんとうのストーリーをジャパンのファンのみんなとオールジャパンのブレークアップのいきさつでオレのことを誤解しているであろうＮＯＡＨの選手たちに知ってもらいたいと思っている」

スティーブは昨年、自伝『ハウ・ドクター・デス・ビケイム・ドクター・ライフ How Dr. Death Became Dr. Life』を出版した。タイトルをそれらしい日本語に訳すと〝ドクター・デスはいかにしてドクター・ライフとなったか〟といった感じになるのだろう。ハードカバー本の表紙には赤いショートタイツと白のリングシューズ姿のスティーブが三冠ヘビー級王座の3本のチャンピオンベルトを身にまとっている写真（腰にはインターナショナル王座、右肩にはＵＮヘビー級王座、左肩にはＰＷＦヘビー級王座）が使われている。

「オレが三沢を憎んでいるということになっているらしいがそんなのはウソだよ、オレはオールジャパンのリングで闘ったすべての選手たちを心からリスペクトしている、オレたちがジャパンのレスリング・ヒストリーを作ったんだ、オレはオレの引退試合の対戦相手にオレがいちばんリスペクトする大きなハートの小橋建太を指名したい、政治的な理由でそれが実現できないのであれば仕方ないがオレはそれを心から希望する」

ためしに数えてみたら、全部で358ワードの手紙のなかにカンマは2カ所、ピリオドは6カ所しかなかった。金太郎飴のようにどこで切ってもちゃんと読めるワンセンテンスがえんえんとつづく独特の文体からはスティーブのガラガラ声が聞こえてくるようだった。

「そういえばジョニー・エースはずいぶん出世したよな、このビジネスでも上から数えて何番めというところまでいっちまった、ヤング・キッズはみんな彼のことを偉い人物だと思ってるからオレもハッピーだよ」

スティーブは、ジョニー・エースことジョン・ローリナイティスWWE副社長のブッキングでケンタッキー州ルイビルのファーム団体OVW（オハイオ・バレイ・レスリング）の道場に何度か足を運び、臨時コーチとしてルーキーたちの練習を見た。

「ユーも健康には十分気をつけてテイクケアしてくれよ、オレたちはもうヤング・キッズではないからね、またメールをくれ、ステイ・イン・タッチ、ジャパンのみんなにオレからよろしくと伝えてくれ、小橋建太に会ったらオレのためにハイ・ファイブをしてくれ、オレは彼とすばらしい時間を共有した、彼は大きな人間だ he's a stud in my book」

手紙の最後には〝ゴッド・ブレス・ドク GOD BLESS DOC〟と記され、そこだけが大文字だった。ドクとはもちろん〝殺人医師〟のドクである。

（08年3月）

ニック・ボックウィンクル

Nick Bockwinkel

ニックさんはやっぱりワルツとタンゴとジルバのおはなしをしてくれた

「相手がワルツを踊るならワルツを、タンゴを踊るならタンゴを、ジルバを踊るならジルバを踊ればいい」といったのはニック・ボックウィンクルである。この名言にビビッと反応するのは〝昭和のプロレス〟を実体験した30代後半から上のプロレスファンということになるのかもしれない。

久しぶりに日本にやって来たニックさんは「足首が痛くて」ちょっとだけ右足をひきずりながら歩いてきた。ケネディ大統領やバディ・ロジャースやフレッド・ブラッシーのそれとまったく同じ形のポンパドゥールと呼ばれる60年代のジェントルマンのヘアスタイルは現役時代と変わらない。

ラスベガスに住むようになってから毎日のようにゴルフをやっているから、鼻のあたまだけは一年じゅううっすらとピンクに日焼けしているのだという。いちばん好きなふだん着はポロシャツで、お出かけするときは必ずカラーのついたドレスシャツ、スポーツジャケットかブレザーをはおる。

スティーブ・コリーノが大切そうに持ち運んでいるAWA世界ヘビー級王座のチャンピオンベルトを目にしたニックさんは「ずいぶんそっくりに作ったものだ」と感心した。ジャンボ鶴田、リック・マーテル、スタン・ハンセンらが腰に巻いたオリジナルのチャンピオンベルトはいまでもニックさんが所有している。どうしても欲しいという人がいたら譲ってしまおうと思ってネットオークションに出品したこともあったけれど、いまのところあの大きなチャンピオンベルトはニックさんの自宅の書斎に眠っている。

ダーリーン夫人は「あなたがいなくなったら、すべて処分します」と宣言しているらしい。水色、白、イエロー、のトランクス、黒、あずき色のリングシューズはガレージの物置でホコリをかぶっている。ガレージのなかをひっかきまわせばもっとおもしろいものがたくさん出てくるかもしれない。

ニックさんはブロンズでできた実物大のアンドレ・ザ・ジャイアントの右手の〝生型〟を持っている。ダーリーン夫人はそういうものにはまるで関心がない。ダーリーン夫人がプロレスファンではなかったおかげでニックさんはライフ・アフター・レスリングを手に入れることができた。

「ワルツにはワルツ、タンゴにはタンゴ、ジルバにはジルバ」のおはなしをまたニックさんにしてもらおうと思ったら、ニックさんは「それは父の教えなのです」といった。あの名言はニックさん自身のコメントではなく、ニックさんの父親で大恐慌の30年代から第二次世界大戦後の50年代まで活躍したウォーレン・ボックウィンクルの口ぐせだった。ニックさんが初めて父親からこの言葉を聞いたのは21歳のときだった。

「相手がワルツしか踊れないならワルツを踊ってやるしかない、相手がタンゴしか踊れないならこちらもタンゴを踊ってやるしかない、相手がジルバしか踊れないならこちらもジルバを踊ってやればいい」

オリジナルのコメントは〝和訳〟よりもやや長い。ニックさんは「プロレスは相手次第ではなくて、あくまでも自分次第」ということを父親から教わった。これと同じような意味でオールドタイマーがよく口にする、もっとくだけた表現では「ブルーム・スティック（ほうき）が相手でもレスリングができる」といういいまわしがある。ニックさんはいまでもちゃんとプロレスを観つづけている。若いレスラーたちの名前をなかなかおぼえられなくなったけれど、名前も知らないレスラーたちの試合でも試合そのものをエンジョイすることはできる。WWEがラスベガスにやって来ればアリーナのバックステージに足を運んでビンス・マクマホンやパット・パターソンと会話を交わすし、同世代のオールドタイマーたちとはいつも電話で連絡をとり合っている。

　プロレスをやめてひとつだけさびしくなったのは、スーツケースひとつで世界じゅうを旅できるというプロレスラーの特権を失ってしまったことかもしれない。「相手がワルツならワルツ、タンゴならタンゴ、ジルバならジルバ」はテキサスにはテキサスの友だちがいて、フロリダにはフロリダの友だちがいるという意味でもある。

　ニックさんは日本でつかのまのプロレスの空気を満喫したあと、たくさんの親せきが住むハワイへ向かった。ハワイではまだいちども会ったことのないひ孫と対面する。いつでもまた旅に出られるようにスーツケースのなかは整理整とんしてある。

（06年2月）

ブレット・ハート

Bret Hart

〝ヒットマン〟が公式HPで引退をアナウンスした

〝ヒットマン〟ブレット・ハートが正式に引退をアナウンスした。『カルガリー・サン』紙（2000年10月28日付）に掲載され、同日、ブレットの公式ウェブサイト上でも公開されたブレット自身の執筆によるコラムには〝フェアウェル・マイ・フレンズ（さらば、わが友人たち〟というタイトルがつけられていた。

すでに数カ月まえから引退の決意を固めていたのだろう。最後にリングに上がったのは1月のことだ。99年12月、ワシントンDCで開催されたPPV〝スターケード〟でのゴールドバーグとの試合中にブレットは頭部を負傷した。試合終了直後には頭の奥のほうに鈍痛があった。年内のスケジュールを消化してカナダ・カルガリーに帰ったブレットは、クリスマス休暇中に地元の大学病院で脳波の検査を受けた。

脳しんとうの後遺症による運動障害と診断され、ドクター・ストップがかかったのは年が明けた1月第1週のことだった。ブレットは医師の診断書をWCWに提出し、WCWは00年1月16日付でブレットが保持していたWCW世界ヘビー級王座をはく奪した。

WCWから文書による解雇通知が届いたのは10月20日だった。契約は02年11月20日まで有効だったが、WCWサイドは契約解除の権利を行使した。ブレットとWCWが交わした契約書の第8条E項には「選手が負傷および病気により90日間もしくはそれ以上の期間、試合を欠場した場合、WCWは同選手との契約を自動的に解除できる」と記されていた。

『カルガリー・サン』紙に毎週連載しているコラムのなかでブレットは「どうやらクビになったらしい」ことをニュース・アイテムとして伝え、「じっくり考えてから」翌週掲載分の同コラムでみずからの今後について正式にコメント発表することを読者に約束した。

ブレットは57年7月生まれの満43歳。カナダの名門レスリング・ファミリー、スチュー・ハート家の12人兄弟の六男として生まれた。8人のボーイズはみんなプロレスラーになり、4人のガールズはいずれもプロレスラーと結婚した。ブレットは父スチューが主宰するローカル団体〝スタンピード・レスリング〟で少年時代から〝パンフレット売り〟として働いた。

プロレスラーとしてのデビューはハイスクール卒業後の76年夏ということになっているが、十代の終わりごろのブレットは選手としてではなく、おもにレフェリーとして西カナダのサーキットに同行していた。プロレスは大好きだったけれど、ちゃんと大学にも通いたいと考えていた。けっきょく、一生の仕事としてプロレスを選択したのは21歳のときだった。

デビュー当時のブレットは、毎晩のようにダイナマイト・キッドと闘っていた。引退をアナウンスしたコラムのなかでブレットはキッドとの関係について述懐している。歓声が周りのすべての音をかき消したアリーナのまんなかで、なぜか自分の心臓の鼓動だけははっきりと聞きとれたこと。試合が終わったあと、ファンに発見されないようにタオルで顔を隠しながら車に乗り、キッドとふたりで病院にかけ込んだこと。そのころのファイトマネーがたった150ドルだったこと。

ブレットのプロレスラーとしての誇りは、だれにもケガをさせず、だれにもケガをさせられなかったことなのだという。84年7月に父スチューがカルガリーの興行テリトリーをビンス・マクマホンに売却し、ブレット自身もWWE所属になってからは14年間の在籍中、たった2回しか試合を休まなかった。カルガリーの雪のなかを週に3000マイルもドライブしていたブレットにとって、飛行機と飛行機を乗り継ぎながらの全米サーキットはちっともハードではなかった。

WWE世界ヘビー級王座を通算5回獲得した。エルサレムの〝嘆きの壁〟のまえでパレスチナの少年ファンに囲まれたこと。アイルランドでカトリックとプロテスタントの争いを目の当たりにしたこと。ヨーロッパ。アジア。アフリカ。〝ヒットマン〟ブレット・ハートはワールド・チャンピオンとして地球を何周もした。WWEを退団後、なんとなく移籍したWCWでの3年間はうつろいの時間だった。

「もしもキミが幸運にも愛する仕事、愛する生き方を発見できたとしたら、キミはやがてその愛する仕事に終止符を打つ勇気を持たなければならない」

ブレットのコラムはこんなセンテンスで終わっている。〝ヒットマン〟は静かに、そして永遠に〝銃〟をしまったのである。

(00年11月)

天国のドアをノックして、あわてて〝地上〟に帰ってきた

ブレット・ハートは天国のドアをノックしそうになって、天使たちがそのドアを開けるまえにあわてて地上に帰ってきた。まだそんなところを訪れる運命ではなかった。

ブレットは月曜の午後、カルガリーのボウ川のほとりのメモリアル・ドライブを自転車で走っていた。サイクリングは子どものころから大好きなホビーのひとつだった。自転車の前方のタイヤが草のくぼみの穴にぶつかって、バランスを崩したブレットはハンドルを飛び越えて頭から地面に落下した。

すぐに起き上がろうとしたら、そのときにはもう体が動かなくなっていた。ブレットはポケットにはいっていた携帯電話でまず救急車を呼び、それから元カミさんのジューリーさんにも電話を入れて、いまいる場所となにが起こったかを伝えた。

カルガリー市内のフットヒルズ病院に搬送されたブレットは、その日の深夜になってから医師に〝ストローク Stroke〟と診断された。ストロークを日本語に訳すと〝発作〟〝一撃〟で、ストローク・シンドロームは発作性症候群。医学英和辞典には「脳の急性血管変性、出血・栓塞形成・血栓症・破裂性動脈りゅうによる突発症状で、半身不随、半側不全マヒ、めまい、部分性知覚喪失、失語症、構音障害を特徴とする」というわかりにくい漢字だらけの医学専門用語が載っている。一般的には脳こうそくと呼ばれる疾患である。

病院内でもストロークの原因については医師たちの意見が分かれた。あるドクターは頭を打った瞬間に発作が起きたものと診断し、またあるドクターは自転車

で走行中に発作が起き、それが転倒につながったと診断した。ブレットほどのバンプ＝受け身の達人が自転車をこぎながら石につまずいて転び、頭を強く打つという状況は考えづらい。

ブレットの脳の右側にはブラッド・クラット（血栓）ができていて、それが左半身の運動機能をマヒさせていた。精密検査の結果、脊髄に障害はなく、脳挫傷もなかった。事故から1週間後の朝、左足がほんの少しだけ動いたが、午後になったらまた動きが止まった。何人かのドクターは「きっと歩けるようにはなりますよ」といってくれた。ブレットは病院のベッドで45歳の誕生日を迎えた。

ブレットは、宙を舞って地面にたたきつけられるまでの数秒間をはっきりと記憶していた。もし、あのまま天に昇っていたら天国のドアの向こう側には懐かしい人びとが待っていたかもしれない。11年まえに病気で亡くなった兄ディーン。食中毒で苦しみながら逝ってしまった甥っ子のマシューは14歳のままなのだろうか。きっとオーエンとデイビーボーイ・スミスは「こんなところでなにやってるんだ」とブレットを追い返そうとしただろう。母ヘレンさんも一年まえ、ブレットと同じストロークでこの世を去った。

いつまで病院にいることになるのかはまだわからない。ベッドによこになっている時間が長いし、病院のなかをうろうろするときは車イスに乗らなければならない。フィジカル・セラピー（リハビリ）は一日に3セッション。食事はちゃんと食べられる。

体そのものはけっこう元気だし、意識もはっきりしていて会話だってできるのに左半身がまだ動かない。ストロークでいままで自然に左半身に〝指令〟を出していた脳細胞が破裂した。だから、これからは脳のなかのほかの回路を使って左腕、左指、左足にメッセージを送る学習をしなければならない。フツーの人がフツーに生活していたら、脳みそが命令しなければ体が動かないなんてことはまず考えない。

事故から11日後の金曜の午後、ブレットは病院のベッドの上で右手だけを使って『カルガリー・サン』紙の連載コラム〝スラム！ レスリング・コラム〟の原稿を書いた。本文は「いままででいちばん苦労したコラムだ」という短いセンテンスではじまっていた。

ブレットは読者のひとりひとりに語りかけるようなタッチで、いまの気持ちを約400語のコラムにつづった。土曜の朝、ブレットの連載コラムが載ったタウン新聞が街じゅうのニューズ・スタンドに並んだ。

「いままでずっと素晴らしい人生を送ってきたじゃないか。こんなことでくじけるなよ、とわたしはわたし自身にいい聞かせながら入院生活を送っています」

コラムのいちばん最後のパラグラフは大文字で〝I SHALL RETURN〟という一人称の未来形で結ばれていた。

(02年7月)

ビンス・マクマホンとの戸惑いとためらいの再会

ブレット・ハートとWWEがDVDと単行本の出版契約を交わした。ブレットは3日間、コネティカット州スタンフォードに滞在し、WWE本社で契約の最終的な打ち合わせをおこない、ミーティングの最終日にビンス・マクマホンと会談した。

ブレットとWWEの契約は、2005年11月にリリースが決定しているブレットのドキュメンタリーDVD(3枚組)への出演と監修。ブレット自身が考えている作品タイトルは〝ザ・ブレット・ハート・ストーリー/ザ・ベスト・ゼア・イズ、ザ・ベスト・ゼア・ワズ、ザ・ベスト・ゼア・エバー・ウィル・ビー〟で、WWEが提案しているタイトルは〝スクルード/ザ・ブレット・ハート・ストーリー〟。〝スクルード〟とは〝ハメられた男〟というニュアンスだ。

00年10月に正式に引退を表明したブレットは、それから2年後の02年6月24日、地元カルガリーのボウ川のほとりのメモリアル・ドライブをサイクリング車で走行中、脳こうそくに襲われた。脳の右側にできた血栓が左半身の運動機能をマヒさせた。ビンスは入院中のブレットに何度か電話をかけたというが、ふたりは和解しなかった。

ブレットは、ビンスをぶん殴ってWWEをやめたただひとりのスーパースターである。97年11月9日、カナダのモントリオールでおこなわれた〝サバイバー・シリーズ〟でおこなわれた王者ブレット対挑戦者ショーン・マイケルズの世界タイトルマッチで、ビンスは〝謀略〟によってブレットからベルトを奪いとった。

マイケルズがブレットをシャープシューターの体勢にとらえた瞬間、リングサイドにいたビンスがレフェリーのアール・ヘブナーに試合をストップするよう命令し、強引に試合を終わらせた。ブレットはなにがなんだかわからないまま王座から転落した。

試合まえ、ブレットに「キミを裏切るようなことは絶対にしない」とコメントしたとされるヘブナーは、アリーナの裏門に待たせてあった車でそのまま逃走。バックステージに戻ってきたブレットはビンスのドレッシングルームに乗り込み、口論のあと、ボスのアゴを一発だけ殴った。これが有名な〝モントリオール事件〟のあらましということになる。

〝モントリオール事件〟に至るまでのディテールは、映画『レスリング・ウィズ・シャドウズ』にくわしく描かれている。WWE退団から1カ月後、ブレットはライバル団体WCWに移籍し、ビンスはビンスでノンフィクションをフィクションのドラマに修正し、テレビの画面のなかで〝悪のオーナー〟というキャラクターを演じるようになった。

リングを下りたブレットにとってたったひとつの心残りは、〝ヒットマン〟ブレット・ハートの試合映像が〝お蔵入り〟したままになっていることだった。ブレットは数年まえから親しい友人に「ベスト・アルバムを出しておきたい」ともらし、それが今回、ようやく現実となった。ブレットの映像アーカイブの版権と知的所有権はWWE、肖像権はブレット・サイドの弁護士が管理・保有しているから、両サイドが歩み寄らないと作品はプロデュースできない。

WWE本社ビルでおこなわれたミーティングで、ブレットは契約書に〝クリエイティブ・コントロール〟という条項を加えさせた。リリースが決定したDVDは〝名勝負集〟ではなく、試合映像と関係者のインタビューとを織り交ぜたドキュメンタリー作品になる。ブレットもビンスもカメラのまえで〝モントリオール事件〟の真相を語った。〝クリエイティブ・コントロール〟とは、ブレットに〝ダメ出し〟の権利を与えるものだ。

3日間におよぶ会議で、WWEはブレットにさまざまな企画をプレゼンテーションしたとされる。DVDのプロモーションをかねた〝マンデーナイト・ロウ〟と〝スマックダウン〟へのゲスト出演。特別レフェリーとしてのPPV出場。06年4月の〝レッスルマニア22〟前日に開催されるホール・オブ・フェーム(WWE殿堂)での表彰。ブレットはこれらのすべてのオファーを保留とし、DVDと単行本の契約書にだけサインをしてスタンフォードをあとにした。

ビンスとの再会シーンはビデオに収録され、その〝証拠写真〟はすぐにWWEオフィシャル・サイトにアップされた。ブレットが希望するDVDのタイトルは〝ザ・ベスト――〟で、WWEがこだわるテーマはあくまでも〝スクルード〟。〝モントリオール事件〟の解釈にはまだ温度差がある。

(05年8月)

「プロレスは信頼と尊敬の芸術《アート》」

〝ヒットマン〟ブレット・ハートは静かな笑みをたたえ、ほんとうにそこに立っていた。二度とWWEと交わることはないだろうといわれていた〝ヒットマン〟が〝ホール・オブ・フェーム〟授賞セレモニーの壇上に立った。プレゼンターとしてブレットを紹介したのはかつてのライバル、〝ストーンコールド〟スティーブ・オースチンだった。

ことしの〝ホール・オブ・フェーム〟でWWE殿堂入りを果たしたのはブラックジャック・マリガン&ブラックジャック・ランザのザ・ブラックジャックス、バーン・ガニア、〝センセーショナル〟シェリー・マーテル、トニー・アトラス、〝ミーン〟ジーン・オークランド、故エディ・ゲレロ、そしてブレット・ハートの8人。NFLシカゴ・ベアーズ出身で〝レッスルマニア2〟でバトルロイヤルに出場した〝冷蔵庫ペリー〟ことウィリアム・ペリーもセレブリティー枠でWWE殿堂入りした。

インダクティー・セレモニーの主役は、やはりエディとブレットのふたりだった。エディの殿堂入りのプレゼンターをつとめたのは故人の親友だったクリス・ベンワーとレイ・ミステリオ、甥チャボ・ゲレロの3人。会場のローズモント・シアターにはエディの母エルリンダさんをはじめ、チャボ・クラシック、マンドー、ヘクターの3人の兄、姉らが顔をそろえた。

チャボは「昨年のこの催しにはエディがいて、みなさんのスピーチを聞きながらいっしょに笑った」と語ったあと「人の悪いところではなく、いいところをみつけることのできる男だった」と故人の性格をふり返った。

「ぼくたちは家族みたいな関係で、いっしょに旅をし、いっしょに食事をし、おたがいの面倒をみて、困ったときはお金の貸し借りをした」(ベンワー)

「エディがいつかは殿堂入りすることはわかっていたけれど、こんなに早くその日が来てしまうとは。いっしょに笑い、泣いた。憎たらしいときもあったけど、愛してた」(ミステリオ)

ミステリオは、エディのお下がりだという白いスーツを着ていた。エディ夫人のヴィッキーさんは、故人の代わりに記念の盾を受けとり「ジーザス・クライストに感謝します」とクリスチャンらしいあいさつの言葉を述べたあと、エディが近所の子どもたちに水鉄砲をプレゼントし、自分がいちばん大きな水鉄砲を買ってきてその子どもたちと本気で〝決闘〟したはなしを披露した。エディは大きな少年だった。

ストーンコールドはこの日、ブレットの殿堂入りのプレゼンターを買って出た理由を「〝レッスルマニア13〟での彼との試合がオレのレスラー人生を変えた」と語り「そして、彼はどんなことがあっても試合を休まなかった。遅刻はよくしたけど」とつづけた。

4年まえに脳こうそくで倒れたブレットは、心配されていたよりもずっとしっかりとした足どりでステージに現れた。〝ブレット・コール〟の大合唱が起こったあと、それが〝サンキュー・ブレット〟というグリーティングのコールに変わった。

ブレットはどこまでも正直だった。

「WWEがわたしからなにを奪いとってしまったかをわたしは忘れることはないだろう。WWEはわたしになにを与えてくれたかをわたしは忘れることはないだろう」

やはり〝モントリオール事件〟に触れないわけにはいかなかった。

「WWEをああいう形で去ることにはなりましたが、殿堂入りのチャンスが与えられたときは、わたしは喜んでそれを受けることを心に決めていました」

リング上の不運な事故でこの世を去ってしまった弟オーエン・ハートについてもブレットはいくつかのエピソードを用意してきた。ハート家の12人兄弟の末っ子として生まれたオーエンは、根っからイタズラ坊主だった。

〝ワン・モア・マッチ（あと1試合）〟の大コールが起きると、ヒットマンは「それができればわたしもうれしいけど」とやんわりとそれを打ち消した。

「わたしは子どもたちのためにプロレスをつづけてきた。子どもたちの誕生日、ハロウィン、サンクスギビング、クリスマスにもわたしは家にいない父親だった。わたしはリングの上でほかの家の子どもたちを楽しませていた。わたしがレスラーだったことで最大の犠牲を背負わせてしまったのは自分の子どもたちだった」

「ピンク色は特別なカラーです。カナダの国旗は赤と白で、赤と白を混ぜるとピンクになります。ぼくの色です」

「23年間のレスラー生活で私がもっとも誇りにしていることは、わたしがただのいちども対戦相手にケガをさせなかったことです。プロレスとはおたがいを傷つけあうためのスポーツではないのです。おたがいをトラスト（信頼）し、リスペクト（尊敬）する芸術なんです」

ブレットは、レスラー生活のなかでいちばんハッピーだった時代を「ハート・ファウンデーションのころ」とふり返った。オーエン、デイビーボーイ・スミス、ブライアン・ピルマンらはもうここにはいない。ブレットはため息をつき、スピーチはここで終わった。

ブレットは〝レッスルマニア22〟は観戦せず、翌朝、シカゴを発った。（06年4月）

〝ストーンコールド〟スティーブ・オースチン
"Stone Cold" Steve Austin

コワイ顔でにらみながら ガッハッハと何度も笑った

朝食のメニューはスクランブル・エッグ、ベーコン、そしてなぜかチャーハン。もう一枚のお皿にはカッテージ・チーズが山盛り。飲みものは、ミネラルウォーターとオレンジジュースとコーヒー。まだなんとなく眠たそうな目をした〝ストーンコールド〟スティーブ・オースチンは、迷彩模様のベースボール・キャップを深めにかぶってバンケット・ルームにやって来た。

WWEスーパースターズとツアー・クルーは、わりと早起きなのだろう。午前9時30分を過ぎると、ほとんどのスタッフはすでにブレックファストを食べ終えていた。

いかにも朝のヒゲ剃りタイムを終えたばかりのディーン・マレンコが、すっきりした顔でそのへんを歩きまわっている。ディーンは今回の3日間の日本公演の担当ロード・エージェントだ。さいたまスーパーアリーナのショーが終わったあとは友人のケンドー・カシンといっしょに食事をして、そのあとはホテルに帰ってきて自分の部屋で新日本プロレスのTVショーを観ているうちに睡魔に襲われたのだという。

大きなバンケット・ルームのどまんなかのテーブルで食後のコーヒーを飲んでいたリック・フレアーは、武藤敬司の突然の訪問を喜んだ。フレアーとHHHはほんとうにつねに行動をともにしているようだ。HHHは、フレアーと武藤のやりとりをニコニコしながらすぐよこで聞いていた。武藤の英語は単語ばっかりで動詞の過去形をほとんど使わないブロークン・イングリッシュだけれど、それでもちゃんと会話はできるし、はなしは弾む。フレアーもシャワーを浴びたばかりなのだろう。トレードマークの脱色ブロンドがまだしっとりと濡れていた。

ストーンコールドが現れると、武藤はフレアーに「これからマガジンのインタビュー」と告げ、なごり惜しそうにテーブルを離れた。ストーンコールドが朝食を運んでいったのは、フレアーとHHHが座っていたところからはちょっと離れた出入り口のドアにいちばん近いテーブルだった。

ストーンコールドはサングラスを外して、いきなり武藤に〝遅刻〟をわびた。スキンヘッドのふたりは、申し合わせたように自分のキャラクター・グッズのベースボール・キャップをかぶっていた。

ストーンコールドのキャップには〝F〇CK　FEAR〟というキャッチフレーズが刺しゅうされている。〝フィアFEAR〟とは恐れ、恐怖、心配、不安（材料）、危惧、気がかり、（神に対する）畏怖、畏敬。直訳すれば〝恐怖心をファックしろ〟である。

武藤は約8年ぶりに再会したストーンコールドにヒザ、首のケガのぐあいをしきりにたずねた。リガメント（ジン帯）。カートリッジ（軟骨）。テンダン（腱）。

カーディオ・バスキュラー（循環器系）。アスリートの武藤は体の部位、臓器系のボキャブラリーだけは堪能だった。いつも使う単語はよく知っているということなのだろう。

ストーンコールドは、かつて新日本のリングで闘ったチョーノ（蝶野正洋）とハセ（馳浩）のことを知りたがった。武藤は「蝶野はニュージャパンのブッカーで、馳はセネター（代議士）でいまではすげえビッグショット（大物）になった」と答えた。ストーンコールドは「じゃあ、チョーノはオポジション（対抗勢力）なのか。友だちじゃねえのか」といってガッハッハと笑った。武藤もつられてワッハッハと笑った。

ビジネスはどうよ、なんてはなしになったら、武藤もストーンコールドも「ちょっと落ちてるね」と口をそろえた。武藤が「K－1とかPRIDEとか、シュート・ファイトが人気がある」といったら、ストーンコールドは「ふんっ、あんなもん」とはき捨てた。

武藤の「いつか全日本を助けてくださいYou help my company someday」という控えめなリクエストに、ストーンコールドは「When? いつだっていいぜ」と即答した。エニイ・ファッキン・タイムAny fuckin'timeという答えが返ってくるとは思わなかった武藤は「でも、ギャラが高えからなー」と困ったような顔をした。

コーヒーのお代わりを飲み終えたフレアーが「会えてうれしかったよ。アメリカに来たら電話をくれ」と武藤に握手を求め、ストーンコールドとは無言のまま握手を交わし、テーブルのよこを通っていった。

ストーンコールドのスローガン〝F◯CK FEAR〟のメッセージは、なにごともポジティブに、ちょっと命知らずに――である。武藤もコーヒーをお代わりした。

（04年3月）

やっぱり仲なおりした ストーンコールドとビンス

〝レッスルマニア〟が3カ月後に迫ってくると奇跡が

起きる、というジンクスがある。奇跡といっても、ビンス・マクマホンが鼻の脂をちょいとつけて、あっというまにできあがりのタネも仕掛けもある手品みたいな、きわめてビジネスライクなサプライズである。やっぱりというか、なるほどというか、修復不可能な大ゲンカをしたはずの〝ストーンコールド〟スティーブ・オースチンとビンスがいつのまにか仲なおりしていた。

月曜の夜はトロント、火曜の夜はモントリオールにいたビンスが、水曜（1月19日）のお昼過ぎにはもうロサンゼルスでスーツとネクタイ姿で記者会見を開いていた。いったいなにを発表したかったのかといえば、WWE映画社とストーンコールドの正式契約というおはなしだった。

毎週水曜と木曜はコネティカット州スタンフォードのWWE本社で取締役会、企画会議などの定例会がおこなわれる日だから、ビンスはわざわざスケジュールを動かしてアメリカ大陸を横断して西海岸までやって来たことになる。ロサンゼルスはことしの〝レッスルマニア21〟の開催地でもある。

ストーンコールドとビンスは記者会見後、一日がかりで〝メディア行脚〟をおこない〝ベスト・デム・スポーツ・ショー・ピリオド〟（FSN＝ケーブルTV）、ESPN（ラジオ）、〝ザ・レイト・レイト・ショー・ウィズ・クレイグ・ファーガソン〟（CBS＝ネットワークTV）の3本の人気トーク番組にたてつづけにゲスト出演した。

〝ベスト・デム・スポーツ・ショー・ピリオド〟の司会者、トム・アーノルドがビンスとストーンコールドに「あなたがたはバディーズ（仲よし）になったのですか？」に質問すると、ストーンコールドはビンスに「オレたちはバディーか、だとよ」と問いかけ、ビンスは「イエス」と答えた。

ビンスは〝ミスター・マクマホン〟を演じていた。司会者の「あなたはWWEのオーナーであるだけでなく、レスラーでもある。リングの上でじつの息子、娘とも闘いましたね」という質問には、ビンスは「それがアメリカン・ドリームだ」とだけ返答した。司会者は「あなたこそ現代のムグル Mogul＝権力者だ」とコメントした。

WWE映画社とストーンコールドは、ストーンコールドが主演する映画の3作契約を交わしたという。第1作のタイトルは〝ザ・コンデムド The Condemned〟で、くわしい内容はまだ明らかにされていないが、タイトルのコンデムドは有罪（とくに死刑）判決を宣告される、（建物などが）使用禁止となる、（財産などが）接収・没収されるといった意味だがら、ストーンコールドが演じるのはおそらく〝囚われの身〟のアクション・アドベンチャー・ヒーローだろう。

ビンスは「WWEスーパースターズこそホンモノのアクション・アドベンチャー・ヒーローですよ」と注釈をつけることも忘れなかった。ストーンコールドよりも先にアクション俳優に転向したザ・ロックについて質問が出ると、ビンスは「ひじょうにいい作品をつくりつづけている。そして、あとにつづく人びとに道を開いた」と解説し、ビッグ・スクリーンでのロックとストーンコールドの共演を示唆した。

ストーンコールドがすでに現役レスラーではないことは、すでにアメリカのメディアのコンセンサスになっている。ビンスが「ストーンコールドが月曜の夜の〝ロウ〟に現れてくれることを願う」とコメントすると、ストーンコールドは「じゃあ、飛行機代を出せ」とリアクションしてみせた。このあたりのやりとりは〝レッスルマニア21〟を意識したドラマの予告編とみていい。

リング復帰の可能性については、ストーンコールドは「オレたちのビジネスは、ネバー・セイ・ネバー Never Say Never（絶対にないということは絶対にない）」といういつもどおりのコメントでお茶を濁した。プロレスラーがプロレスの試合をやりたくないはずはないから、あとはストーンコールド自身のコンディションとタイミングとシチュエーションづくりということになる。

やっぱり、ビンスとストーンコールドは仲よくケンカする〝トムとジェリー〟のような関係だった。おたがいに意地っぱりだけど、ビンスのほうから電話をかければ「こっちから連絡なんかしない」と公言するストーンコールドもちゃんと話し合いには応じる。プロモーターの自我とプロレスラーの自我の不思議なかけ算なのである。

（05年2月）

I—2

Tribute

トリビュート／日本のリングから

ジャイアント馬場
Giant Baba

1938（昭和13）年1月23日、新潟県三条市出身。55年、三条実業高を中退し、読売ジャイアンツに入団。60年、プロレス転向。61年、アメリカへ長期遠征。在米中にNWA世界王座、WWWF世界王座、WWA世界王座に連続挑戦。72年、日本プロレスから独立して全日本プロレス設立。74年、ジャック・ブリスコを下し、日本人として初めてNWA世界王者となる。トレードマークは2メートル9センチの身長と16文キック。全盛期のニックネームは“東洋の巨人”だった。99年1月31日、大腸ガンで死去。享年61

ジャイアント馬場さんはファーストレディーを〃おーい〃と呼んでいた

ジャイアント馬場さん家《ち》では〃ミスター〃と〃ミセス〃がふたりでひと組のパズルになっていた。馬場さんがいるところにはいつも半径5メートル以内の距離に元子さんの姿があって、馬場さんもまた元子さんの目の届くエリアを行動テリトリーにしていた。馬場さんはプロレス界の〃王様〃で〃天皇〃で〃総理大臣〃で〃大統領〃だから、そのワイフの元子さんはやっぱりファーストレディーということになる。

トーキョーで馬場さんご夫妻を発見するのはそれほどむずかしいことではなかった。地方巡業に出ているときかシリーズ・オフでハワイへ行っているとき以外は、ミスター&ミセス馬場はいつもだいたい夕方になると永田町の〃Cホテル〃か虎ノ門の〃ホテルO〃のレストランのいちばん奥のほうのブースに座っていた。やっぱり目立ってしまうのだろう。馬場さんはそこにいるだけで周囲の視線を集め、その視線をさえぎりながらなんとかプライバシーをキープしようとするのが元子さんの仕事になっていた。

馬場さんは食事にたっぷりと時間をかける人だった。ちゃんとしたレストランではメインディッシュがテーブルに並ぶまでにそれなりの順序とプロセスがあるから、馬場さんはいつも〃本日のスープ〃をいちばん先にオーダーしておいて、それからゆっくりとメニューに目を通すという時間差攻撃を使っていた。〃東洋の巨人〃はあんまりおなかが空くと急に不機嫌になることがあった。

チキン&ヌードル。クラムチャウダー。コーンポタージュ。スプレット・ピー。スープの上には砕いたクラッカーをたくさんのっけて、水分をたっぷり吸いとったクラッカーの破片をスプーンで口に運ぶ。ベジタブル&ビーフはギリギリのところでセーフで、油っぽいミネストローネはパス。スープのあとは大きなサラダで、これは馬場さんが自分でちょっとずつドレッシングをかけながら義務みたいな感じでかたづける。元子さんは、だれが食べてもいいように温野菜の盛り合わせのプレートを必ずオーダーしておく。

いつもいっしょにいるとかえって呼び方に困るのかもしれない。馬場さんは〝おーい〟と〝かーちゃん〟と〝おねえさん〟と〝おばさん〟をそのときそのときのシチュエーションで使い分けながら、ファーストレディーに救いを求めた。どんなことがあっても〝モトコ〟なんて呼び捨てにしたことはなかったし、元子さんは元子さんでいつも馬場さんのことを〝ババさん〟とさんづけで呼んでいた。

馬場さんのなかにはみんなのための〝ジャイアント馬場〟と元子さんのための〝ババさん〟のふたりの馬場さんが住んでいた。みんなのための〝ジャイアント馬場〟は馬場さんとはこうあるべきという理想の馬場さん像で、元子さんのための〝ババさん〟はそうあるためにはどうすればいいのかに悩む馬場さん。元子さんにとっては、もちろんどちらも等身大の馬場さん。

ファーストレディーが〝NO〟といったら、馬場さん家ではそれは〝NO〟だった。

どこへ旅立ってしまったのかはわからないけれど、馬場さんはもうここにはいない。馬場さんは〝ジャイアント馬場〟のまま、ある日、みんなのまえからお隠れになった。そして、元子さんを〝おーい〟とか〝かーちゃん〟とか〝おばさん〟とか呼んでいた馬場さんは、元子さんだけの〝ババさん〟になった。

馬場さんがそこにいなくても、ミセス馬場がファーストレディーであることに変わりはない。馬場さんが全日本プロレスと全日本プロレスを愛してくれた人びとの〝お父さん〟だったとしたら、元子さんはやっぱりみんなの〝お母さん〟ということになる。子どもたちにとっては、お母さんがガックリと肩を落としているところを目撃するのがいちばんつらい。元子さんはおっかない母親である。

馬場家の密葬は、馬場家の人びとの意向とは関係なくテレビのワイドショーで実況中継された。モニターに映し出された元子さんは、馬場さんの遺影をしっかりと抱き、キッとした顔でそこに立っていた。ミセス馬場は、ミセス馬場とはどうあるべきかを自分に問いかけているのである。

（99年2月）

映画のワンシーンみたいなゴージャスなひととき

ジャイアント馬場さんはいつも壁側のブースに深く腰かけていた。テーブルの位置はだいたいお店のいちばん奥か、入り口のすぐそばのコーナー・スペース。大きなダイニング・テーブルよりも食卓を囲むくらいの広さの4、5人がけのテーブルを馬場さんは好んだ。

ロケーションは永田町のキャピタル東急ホテルか虎ノ門のホテル・オークラ。馬場さんファミリーにとってトーキョーの最高級ホテルは定食屋と喫茶店とラウンジを兼ねた、ゆっくりできる特別な空間だった。そこにはふだん着の馬場さんがいて、ファーストレディーの元子さんがいて、ふたりのパーソナル・マネジャーの和田京平さんがいた。できるだけ目立たないようにしているつもりでもやっぱり目立ってしまう。そこに〝ジャイアント馬場〟が座っていたら、その場所だけがいっぺんに現実性を失い、レストラン全体が馬場さんのいる風景になる。

馬場さんファミリーの食卓にフツーに座ることを許されていた数少ないマスコミ関係者のひとりが馬場さんから〝一休さん〟というニックネームをちょうだいしていた『週刊プロレス』の市瀬英俊記者で、ぼくは元子さんが「あの子も連れてきてもいいわよ」といったときだけ〝とんちの一休さん〟がいっしょに連れていく近所の不良だった。

まずスープが来て、アペタイザーがテーブルに並ぶ。サラダが来て、それからメインディッシュが運ばれてくる。まだおなかが空いていたら、ちいさめの料理をもう一品。もちろん、デザートもちゃんといただく。食事中は温かいコーヒーとアイスティーのリフィルが何度でも運ばれてきた。これが馬場さん家のいつもの晩ごはんの食べ方。馬場さんは、ディナーの席でゲストが遠慮することを極端に嫌った。

馬場さんは壁側のブースに陣どり、元子さんは馬場さんのすぐ左側、京平さんは馬場さんの斜め前か右サイドを定位置にしていた。たいていの場合、ぼくたちはレストランのまんなかのほうに背中を向け、上半身だけ〝気をつけ〟の姿勢で、馬場さんと向かい合っておはなしができるポジションに座った。

そこは〝率直な意見〟の交換の場だった。「怒らんから正直にいってみろ、思ったことを」が馬場さんの基本スタンスだったけれど、ちょっとやそっとの〝率直な意見〟では馬場さんはニコリともしなかった。プロデューサーの馬場さんはいつでも〝もっとましな意見〟を求めていた。

リング上の主人公がジャンボ鶴田から三沢光晴をリーダーとした〝四天王〟にスイッチしたあたりからだったのだろう。馬場さんのなかでなにがおもしろいプロレスでなにがおもしろくないプロレスかの定義みたいなものがかすかに揺らいだ瞬間が何度かあった。四天王世代による三冠ヘビー級選手権試合が日本武道館大会の〝進化する定番〟になると、馬場さんはテレビの解説席で「あんなにたくさんの技をやったことがないし、受けたこともないので、ボクにはもうわからん」という意味のコメントを口にするようになった。

馬場さんはこの国には〝他団体〟がいくつあるかとか、どこの団体にはどんな選手がいるとか、そういう動くデータには驚くくらい無関心だった。でも、馬場さんは全日本プロレスのリングがもっとおもしろくなるように〝他団体〟のことを知ろうとした。

老舗・全日本、というよりも馬場さんがひとりでプロデュースしてきた馬場さんのリングを〝開国〟〝門戸開放〟の方向に導いたキーパーソンのひとりはほかならぬ〝とんちの一休さん〟だった、とぼくはいまでも勝手にそう信じている。市瀬記者は、馬場さんと元子さんのご機嫌を損なうことなく、いくつもの大胆な提案を馬場さんにぶつけ、それを実現させた。

緊張しながら食事をしていると、いくら食べてもあまりおなかいっぱいにならない。映画のワンシーンみたいなシチュエーションだから、たまにゴージャスなゲストが〝カメオ出演〟したりする。おとなりのテーブルでプロ野球の野村克也監督と沙知代夫人が仲よくクラムチャウダー・スープを口に運んでいるのを目撃したことがある。

馬場さんの「そろそろ帰ろうか」がお別れの合図になっていた。元子さんはいつもやさしそうな目で馬場さんの顔をながめていた。（99年5月）

馬場さんの三回忌はプロレスの〝古典〟のオムニバス

ジャイアント馬場さんの三回忌は、馬場さんがこよなく愛したプロレスの〝古典〟のオムニバスだった。東京ドーム全体が巨大なタイムマシンとなって、5万人分のハートを馬場さんとその仲間たちが生きた時代へと運んでいってくれた。馬場さんとその仲間たちが生きた時代とは、5万人の観客がいまここにいる自分のそのまえの自分を生きたそれぞれの時代である。

ミル・マスカラスが〝スカイハイ〟のテーマ曲にのって颯爽と一塁側ダッグアウトから赤いじゅうたんの花道に飛び出していった。〝スカイハイ〟のイントロを耳にすると、30代以上のプロレスファンの脳裏には遠い遠い夏の日の記憶がよみがえってくる。これはもう条件反射みたいなものだ。

マスクの下のマスカラスが宙にも舞うような気分だったかどうかはわからないけれど、リングの上のマスカラスはほんとうに宙を舞っていた。フライング・クロスチョップ。プランチャ。ダイビング・ボディーアタック。マスカラスが空を飛ぶたびに東京ドームが歓喜のどよめきに揺れた。

試合を終えて花道をUターンしてきたマスカラスを一塁側のベンチで待っていたのはザ・デストロイヤーだった。マスカラスとデストロイヤーは70年代前半、全日本プロレスのリングで〝覆面世界一決定戦〟を争った宿命のライバル同士だった。63歳のマスカラスは大はしゃぎでデストロイヤーに抱きついた。

デストロイヤーはずっと昔から正体不明で年齢不詳。

力道山と闘った世代のプロレスラーだから、70歳以上であることはたしかだろう。でも、マスカラスもデストロイヤーも絶対にトシをとらない。正体を隠すためのマスクが〝仮面貴族〟と〝白覆面の魔王〟に永遠の生命を与えている。

〝スピニング・トーホールド〟のテーマ曲が鳴り響いた瞬間、観客の意識は70年代から80年代前半のお茶の間のワンシーンにタイムスリップした。マスカラスの〝スカイハイ〟が遠い夏の日の記憶だとしたら、テリー・ファンクの〝スピニング・トーホールド〟は毎週土曜の夜、ゴールデンタイムで放映されていた『全日本プロレス中継』を思い出させてくれる。素顔のテリーはやっぱりちょっとだけトシをとった。

テリーと比較すると、もともとやや現実ばなれしたキャラクターのアブドーラ・ザ・ブッチャーはビジュアル的にそれほど変わっていない。プロレスラーの入場テーマ曲そのものがまだ新しいコンセプトだった時代、多くの少年ファンがブッチャーのテーマ曲〝吹けよ風、呼べよ嵐〟のシングル盤をレコード屋さんに買いにいって、ピンクフロイドという偉大なるロックバンドと出逢った。

テリーのタッグパートナー、大仁田厚の入場シーンには大仁田の全日本所属時代のテーマ曲〝サンダーファイヤー〟が流れたが、残念ながら観客のほとんどはその音がなんなのかを知らなかった。〝サンダーファイヤー〟のすぐあとで〝ワイルド・シング〟がかかるとタイムマシンのスイッチが90年代にリセットされた。16年ぶりに〝生家〟の敷居をまたいだ大仁田は、うっとりした顔で何度も何度もバンザイをくり返した。

テリー&大仁田対ブッチャー&キマラのタッグマッチは、77年12月の『世界オープン・タッグ』のファンクス対ブッチャー&シークの〝再現フィルム〟になっていた。あれから24年もたっているのにキャスティングはほぼオリジナルのままだ。やっぱり、ブッチャーはテリーの右腕にフォークを突き刺した。

スタン・ハンセンの引退セレモニーの準備がはじまると、東京ドームのタイムマシンは〝現代〟に時空移動した。黒のテンガロンハット。黒のジャケット。ジャケットのインナーは薄いブルーのウエスタン・シャツで、ネクタイは締めていない。これがテキサスの男、ハンセンの最高にドレスアップした姿だった。

ドームのあちこちで男性ファンがハンセンの名を絶叫した。20代後半から30代のプロレスファンのほとんどは、少年時代からハンセンをリアルタイムで観て育った。ハンセンはみんなが観ているまえでゆっくりと中年のオジサンに変身していった。

馬場さんの三回忌は、故人を偲《しの》ぶ法事というよりは馬場さんと馬場さんの友人たちの同窓会だった。きっと、馬場さんは空の上から東京ドームのリングを見下ろしていた。馬場さんと馬場元子・全日本プロレス社長の二人三脚はこれからもずっとつづいていくのだろう。

（01年1月）

プロレス・マスコミの報道にみる〝性差表現〟の問題

『朝日新聞』に掲載された〝「性差」敏感な論議を〟というタイトルの記事に『報道と人権委員会』（PRC）による〝性差〟表現の問題点と集団的過熱取材に関する日本新聞協会の見解がとり上げられていた。小泉純一郎首相の〝涙はオンナの最大の武器〟発言で、性差意識批判の波紋が広がっている。

記事には同委員会委員の元共同通信社編集主幹（ジャーナリスト）、元最高裁判事（弁護士）、東大大学院教授（情報法・憲法学）による対談、朝日新聞社が定めている〝性差〟に関する表現の指針、朝日新聞社校閲部次長、大学講師らによるこの問題に関する報告リポートなどが載っていた。

日本のマスコミの報道言語、というよりも日本語には長年の男性社会の〝性差意識〟を反映した女性差別につながる言葉や表現が根強く残っているという。たとえば「女性ならではのきめのこまかさ」「男気あふれる」といったフレーズは男性の視点、あるいは男女の役割分担を固定観念でとらえたものと分析される。〝妻〟には〝夫〟があるが〝家内〟に〝家外〟はない。

また〝女房役〟や〝内助の功〟にも対称語はない。

プロレス・マスコミにもプロレス・マスコミなりの表現のガイドラインのようなものはある。10年ほどまえから〝外人レスラー〟は〝外国人レスラー〟に修正され、ジャーマン・スープレックス・ホールドに〝原爆固め〟、電流爆破デスマッチの爆破シーンに〝被ばく〟という表現は使われなくなった。ジェンダー的な視点ではないが、名称そのものが差別的表現となる〝小人プロレス〟については、現在は〝ミゼット・プロレス〟という言い換えが一般的になっている。

『朝日新聞』が定めている〝性差〟に関係する表現の指針はだいたいこんな感じになっている（抜粋）。性別（とくに女性であること）を必要以上に強調することや〝男＝主〟〝女＝従〟といった固定観念に基づく表現は、平等な社会の実現を妨げることにつながる。未亡人は〝故〇〇氏の妻〟とし、〝女流作家〟〝女流画家〟はとくに必要なとき以外は使わない。主人・亭主は〝夫〟、父兄は〝父母〟〝親たち〟〝保護者〟とする。新しい言葉、単語をつくることもできるが、いまある表現が中立化されればそれもいいのではないかという見解もある。

プロレス・マスコミにおける〝性差意識〟とその表現に関するキーパーソンは、馬場元子・全日本プロレス社長である。活字でも口語でもいちばんポピュラーな通称はいまのところ〝元子社長〟。〝真紀子外相〟〝沙知代被告〟のように姓ではなく名前が使われることに対しては、女性を一人前の存在として認めていないのではないか、社会的地位を認めていないのではないかとの指摘もあるが、広く知られた呼び名を〝見出し〟にする場合、とくに理由はなく男性は姓で、女性が名前で表現される場合が多いことは事実のようだ。

『報道と人権委員会』は〝女医〟〝女性行員〟といった単語はもう使わない、必要ならばその意味を文中で書くべきだ、とする。〝女社長〟〝女性プロデューサー〟といった肩書も男性社会のステレオタイプ、男性の視点に偏った表現ということになるのだろう。

日本の約50年のプロレス史は力道山、ジャイアント馬場、アントニオ猪木の3人のスーパースターによって創られてきた。完全なる男性社会である。70年代以降の30年間は全日本プロレス、新日本プロレスの2大メジャー団体がこの国のプロレス市場経済を支えてきた。元子社長は〝男の世界〟とされるプロレス界に事実上、初めて登場した〝女性オーナー〟といっていい。

プロレス・マスコミにも集団的過熱取材というコンセプトがあてはまるのだとしたら、元子社長を主役とする集団的取材は、全日本プロレスという老舗の看板がどういう運命をたどっていくかを基本テーマとした大河ドラマ的報道になっている。武藤敬司は日本のプロレス史上初めてのFA（フリーエージェント）となり、プロ野球選手の「意中の球団はあります」とひじょうによく似たアプローチで全日本移籍に動いた。

『朝日新聞』は「メディアの用語が一律一斉に変わればいいということではない」「差別語狩りではなく差別をなくすため」「差別的表現はことばの問題にとどまらず、書く側の視点の浅さを表すもの」というロジックでこの記事をしめくくっている。

馬場さんの〝未亡人〟ではなく、全日本プロレス社長を選択した元子社長の存在は、伝統的に〝男社会〟だったプロレス界の体質と意識を確実に変えつつある。〝プロレス〟も〝プロレスラー〟も男性名詞である必要はまったくない。

（02年2月）

ジャンボ鶴田

Jumbo Tsuruta

1951（昭和26）年3月25日、山梨県東山梨郡牧丘町出身。72年、ミュンヘン・オリンピック出場。同年、全日本プロレスに“就職”。84年2月、ニック・ボックウィンクルを下し日本人として初めてAWA世界王座獲得。89年4月、S・ハンセンを下しPWF、インター、UNの三冠を統一。必殺技は“鉄人”テーズ直伝のバックドロップ。99年に引退し、米オレゴン州のポートランド州立大客員教授に就任。00年5月13日、マニラの病院で死去。享年49。現役時代のニックネームは“若大将”と“存在自体が反則”だった

「ダイジョーブだよ、プロレスはなくならないから」

たしか、ジャンボ鶴田さんはカレーうどんの大盛りとごはんとお新香を注文した。オーナーのクガさんが「おーい、プロレスのジャンボさんが来てるぞ。お前、プロレス、好きなんだから、お前、持ってけ」というので、ぼくはカレーうどんとどんぶりに山盛りによそったライスと白菜のお新香とサービスの生野菜サラダをお盆にのせて、それをジャンボさんが座っているテーブルまで運んでいった。

ぼくはなんとかジャンボさんに話しかけようとして「サラダはサービスになっています」とかなんとかいったんだと思う。ジャンボさんは「ふーん」という顔をしながらお盆の上の食べもののレイアウトをちょっとだけ直してからまず最初にサラダにハシをつけ、レタスのかけらを口に放り込んでから「あ、ここのドレッシング、うまいね」といってニッコリ笑った。

ジャンボさんはAWA世界ヘビー級チャンピオンとしてアメリカ中西部のAWAエリアをサーキット中だった。ミネアポリス。シカゴ。ミルウォーキー。グリーンベイ。デンバー。ソルトレークシティー。サンフランシスコ。カナダのウィニペグ。モントリオール。ずいぶん広いエリアをジャンボさんは通訳もつけずにひとりで行ったり来たりしていた。

試合のない日はAWAのオフィスが用意した常駐のホテルがあるミネアポリスに戻ってきて、ダウンタウンのヘネピン通りと7thストリートの角にあるジャパニーズ・レストラン〝飛鳥ASUKA〟によく顔を出した。食事をしにくるというよりは、なんとなく時間をつぶしにくるみたいな感じだった。ぼくはミネアポリスの大学に通いながら、週に3日間くらいこの店でもぐりで皿洗いのアルバイトをしていた。

これはずっとあとになってからわかったことなのだけれど、学生という〝生き物〟はそうとは気づかずにずうずうしくてうざったくて世間知らずなことをやってもだいたい許されちゃうものなのである。ぼくはジャンボさんが〝飛鳥〟に来る日を楽しみにしていた。

ほんとうはそういうことはたいへん失礼なふるまいなのだが、ぼくはジャンボさんがお店にやって来るたびに「ここにいてもいいですか」といってジャンボさんが腰かけたブースのすぐよこにイスを持ってきて、約1メートルの距離から〝ジャンボ鶴田〟がメシを食うところをじっと観察した。とにかく、なんでもいいからおはなしがしたかった。

ただのプロレスファンの学生だったぼくは、学業と皿洗いを両立させながら月にいちどセントポール・シビックセンターでAWA定期戦があるときだけカメラマンに変身し、リングサイドから撮影した試合写真を創刊まもない『週刊プロレス』に送っていた。マスコミ志望というよりは〝追っかけ〟に近かった。

ジャンボさんはぼくの質問攻撃をすべてきれいに受け止めてくれて、(いまになって考えてみると)それらをひとつずつオーソドックスなカウンター・ムーブで切り返してきた。プロレスラーになろうと決心したのは中学時代だったこと。大学4年生でミュンヘン・オリンピックへ行こうと思って、入学と同時に計画的にアマチュア・レスリングに取り組んだこと。バスケットボールも好きだったけれど、オリンピック出場を実現させるほうが魅力的に感じたこと。学生時代の自分を語るジャンボさんはとってもフレンドリーだった。

ジャンボさんはAWA世界チャンピオンとして2度、アメリカをロング・サーキットした。すっかりひとり旅に慣れてくると、ミネアポリスのダウンタウンにもけっこうくわしくなっていた。ぼくはジャンボさんのあとをくっついて歩き、ジャンボさんが実家のお母さんのために毛皮のコートを買っているところなんかをすぐよこでみていた。ジャンボさんはいつも楽しそうに鼻歌をうたっていた。

「キミは大学を卒業したらどうするの?」

ぼくがちょっともじもじしてしまい、その質問に答えるまえにジャンボさんは「ダイジョーブだよ、プロレスはなくならないから」とつづけた。それはプロレスのおはなしではなくて、自分のことはじっくり考えて自分で決めなさいというジャンボさんからのやさしいアドバイスだった。ジャンボさんは33歳で、ぼくは22歳。あのときのお礼をいうまえに、ジャンボさんは遠くへいってしまった。God Bless Him.（00年5月）

カール・ゴッチ

Karl Gotch

1924年、ベルギーのアントワープ生まれ。48年、ロンドン・オリンピック出場。18歳（42年)、または22歳（46年）でドイツでプロレスラーとしてデビューしたとする資料もある。51年から約8年間、イングランド・ウィガンに滞在し『蛇の穴』と恐れられるビリー・ライレー・ジムでランカシャー式キャッチ・アズ・キャッチ・キャン・レスリングを習得。61年、初来日。72年、アントニオ猪木の新日本プロレス設立に協力。藤波辰爾、藤原喜明、佐山聡（初代タイガーマスク）から前田日明、高田延彦らのUWF世代、船木誠勝、鈴木みのるのパンクラス世代までがゴッチ・チルドレン

「わたしは神ではない」

〝神様〟が死んでしまったら、God Bless Him という哀悼の言葉はなんの意味も持たないかもしれない。〝レスリングの神様〟カール・ゴッチさんは2007年7月28日（現地時間）、入院先のフロリダ州タンパ市内の病院で亡くなった。82歳だった。

死因は大動脈りゅう。2週間ほどまえ、ケアテーカーの男性がゴッチさんのアパートを訪ねると、顔面蒼白のゴッチさんが背中に激しい痛みを訴えたため男性はすぐに救急車を呼んだ。ゴッチさんは搬送先の病院で緊急手術を受けたが、手術後は危篤状態がつづき、28日の午後9時45分ごろICU（集中治療室）のベッドで帰らぬ人となったという。

入院から死去までのくわしい経過については、残念ながら情報がひじょうに少ない。ここ10年ほどは元プロレスラーのジョー・マレンコとフロリダと日本を往復しながら生活している西村修だけがゴッチさんと連絡を取り合っていた。救急車を呼んだ男性は、1週間にいちどずつゴッチさんのアパートに洗濯ものを受け取りに来る介護士だった。

ゴッチさんの年齢を考えた場合、体調不良による入院はそれほどの驚きではないはずだが、その突然の死についてなかなか実感がわいてこないのはやはりゴッチさんが〝神様〟だったからだろう。それは根拠のない希望、あるいは一種の信仰のようなものだったのかもしれないが、ゴッチさんだけはいつまでも健康でずっと長生きしてくれるような漠然としたイメージがあった。

ゴッチさんは現役生活にピリオドを打ったあとも朝は明るくなると起床し、夜は暗くなると就寝するという〝神様〟のような生活をしていた。だれのためでもなく、自分のためだけに毎日3時間ほどのトレーニングをつづけ、一日3回の食事をとり、ほんのちょっとだけお酒をたしなみ、気が向くと葉巻に火をつけることもあった。

午後8時以降に電話をすると「どうしてこんなに遅

く電話をしてくるんだ」とゴッチさんは怒った。

〝ノー・ペイン、ノー・ゲインNo pain, No gain（苦しみなくして得るものはなし）〟。ゴッチさんの口にするなんでもないフレーズの数かずは、まさに神のお言葉のようだった。第二次世界大戦後、イギリス在住時代に身につけたという英語はものすごいドイツなまりのイングリッシュだったが、ゴッチさんはあえてそのアクセントを直そうとはしなかった。愛犬をあやすときは、なぜかドイツ語を話した。

その出身地については古い資料では〝ドイツのハンブルグ生まれ〟となっていることがほとんどだったが、ゴッチさん自身は「わたしはベルギーのアントワープ生まれ。ハンブルグは故郷ではない」と話していた。戦後、チャールズ・イスタスの名でベルギー代表としてロンドン・オリンピック（48年）に出場したが「金メダルは獲れなかった」ことを理由にオリンピックについてはあまり多くを語らなかった。

ゴッチさんに〝神様〟というニックネームをつけたのは昭和40年代の日本のプロレス・マスコミだったが、ゴッチさんは〝God〟という単語を耳にするたびに「わたしをゴッドと呼んでくれるな。わたしはろくな教育も受けていないただのオールド・マン」といって静かにほほ笑んだ。

ほんとうにすごい人は、自分のことをすごいなんていわない。ゴッチさんはそういう〝神様〟だった。

（07年8月）

〝神様のプロフィル〟

カール・ゴッチさんがいったいいつごろから〝プロレスの神様〟と呼ばれるようになったかはさだかではない。〝神様〟というニックネームで親しまれたプロレスラーは、もちろんゴッチさんのほかにはだれもいない。〝神様〟だったゴッチさんがこの世を去ってしまったという現実がなかなか実感できない。

〝神様〟の本名はカール・イスタス。1924年8月3日、ベルギーのアントワープ生まれで、エスニック・バックグラウンドはドイツ系ハンガリアン。レスリングをはじめたのは10歳のときで、片道1時間ずつの距離を毎日歩いて道場に通った。家が貧乏だったため、10歳までしか学校には通わなかった。

父親に連れられて、アメリカから遠征してきた世界チャンピオンのエド〝ストラングラー〟ルイスの試合を観たのがプロレスとの出逢いだった。ゴッチさんは「レスリングで生計を立てたいと考えるようになったのはキャンプを出たあと」と話していた。〝キャンプ〟とはナチス・ドイツの強制収容所を意味していた。

ゴッチさんは少年時代の数年間をドイツ・ハンブルグの強制収容所で過ごし、いったんベルギーに帰国後、もういちどドイツのカーラという町の収容所に連れていかれた。ベルギー生まれのゴッチさんがナチスのキャンプに収容されていた理由は判然としない。17歳だったゴッチさんは、強制労働で鉄道の線路を組み立てる仕事をしていたとき、機械にはさまれて左手の小指を失った。

ゴッチさんは45年4月、アメリカ軍によって強制収容所から解放された。〝神様のプロフィル〟はゴッチさん自身のコメントとじっさいの歴史年表とをにらめっこしながらそのタイムラインをあぶり出すしかない。

第二次世界大戦が終わったとき、ゴッチさんは21歳だった。ベルギーでフリースタイル、グレコローマンの2種目でナショナル・チャンピオンシップを獲得したのは45年から50年までの6年間だったというから、21歳から26歳まではまだアマチュア・レスリングに打ち込んでいたことになる。

ベルギー代表としてロンドン・オリンピック（48年）に出場したのは24歳のときで、資料によっては銀メダルを獲得したことになっているが、じっさいはフリースタイル＝ライトヘビー級10位、グレコローマン＝同8位という成績だった。オリンピック出場時、ゴッチさんはチャールズ・イスタスというドイツ名を名乗っていた。ゴッチさん自身はオリンピックの思い出についてはなぜかあまり多くを語らなかった。

プロレスラー、というよりもレスリングのプロになったのは50年ごろで、西ヨーロッパ（当時）をサーキット後、イングランド・ウィガンのビリー・ライレー・ジム〝スネークピット＝蛇の穴〟にたどり着き、51年から59年までの約8年間をウィガンで過ごした。〝蛇の穴〟の道場でゴッチさんとビル・ロビンソンの伝説のスパーリングがおこなわれたことは事実だが、このときゴッチさんは29歳で、ロビンソンはまだ15歳の少年。ふたりはトシの離れた兄弟、あるいは親せきのような関係だった。

イングランドに腰を落ち着けたゴッチさんは一年のうちの7、8カ月をウィガンで過ごし、あとの3カ月ほどをフランスで過ごしていたというが、この時代のパリ・マットの記録はほとんど残っていない。

ゴッチさんは、95年にエラ夫人が亡くなったとき「あの子は19歳、わたしは21歳。50年もいっしょに過ごした。わたしにとってはエラだけが最高の勲章、たったひとつのチャンピオンベルトだった」と語っていたから、ウィガン時代はすでにエラ夫人と結婚していたことになる。

ゴッチさんがそのトレードマークである関節技の奥義をマスターした場所がウィガンの〝蛇の穴〟であったことはほぼまちがいない。ただし、〝蛇の穴〟はいわゆるプロレスのジムではなくて、ランカシャー・スタイルのレスリングを教える田舎の町道場だった。

ここでゴッチさんはコーニッシュ／デボンジャー、カンバーランド／ウエストモーランドといったイングランドの〝文化遺産〟としてのキャッチ・アズ・キャッチ・キャンを学び、これを現代のレスリング技術にアダプトした。キャッチ・アズ・キャッチ・キャンの関節技は、アマチュア・レスリングが放棄してしまった〝失われたアート〟だった。

ゴッチさんは59年、イングランドからカナダ・モントリオールに渡った。初来日はそれから2年後の61年（昭和36年）。カール・クラウザーというリングネームを名乗ったのは『第3回ワールド大リーグ戦』に出場予定だったキャロル・クラウザーというレスラーの代打としてゴッチさんが日本にやって来たためだった。

〝神様〟とジャーマン・スープレックス・ホールドと

いうふたつの単語は、カール・ゴッチさんのニックネームや代名詞というよりはゴッチさんの実像を知るうえでの重要なキーワード、あるいはコンセプトそのものである。

〝プロレスの神様〟は〝ゴッド・オブ・プロレスリング〟という英語のフレーズを和訳したものではなくて、はじめから日本語だった。ジャーマン・スープレックス・ホールドという技の名称も英単語のカナ変換ではなくて、じつははじめからカタカナの和製英語だった。〝神様〟もジャーマン・スープレックス・ホールドも日本語から英語に変換され、ジャパニーズ・レスリングのボキャブラリーとしてアメリカのプロレス用語にアダプトされた。ジャーマン・スープレックス・ホールドの漢字表記が〝原爆固め〟だった時代にはこの単語が〝アトミック・スープレックス Atomic Suplex〟と英訳されていたこともある。

ゴッチさんが日本で〝プロレスの神様〟と呼ばれている人物としてアメリカの活字メディアに紹介されるようになったのはゴッチさんが現役を退いた80年代以降で、〝ゴッド・オブ・プロレスリング〟という表現もそのころやっと英訳された。そもそもアメリカ人は、それがどんなジャンルの〝神様〟であっても、生きている人間をあまり〝ゴッド〟と同一化はしない。そのため、このフレーズはしばしば〝ゴッド・オブ・ジャパニーズ・レスリング〟と意訳された。

ゴッチさんがプロレスラーとして活躍したのは第二次世界大戦後の50年ごろから70年代前半までの20数年間とされている。デビュー当時の記録、写真などはほとんど残っていない。59年にプロモーター、エディ・クインの招きでカナダ・モントリオールに移住し、それから2年後の61年にオハイオのプロモーター、アル・ハフトのブッキングでアメリカにやって来た。

それまでカール・クラウザーというリングネームを使っていたゴッチさんに〝ゴッチ名〟を与えたのはアル・ハフトで、〝20世紀のアメリカン・プロレスの父〟フランク・ゴッチとゴッチさんのイメージが重なるというのがその理由だった。ハフトも現役時代、ヤング・ゴッチというリングネームを名乗っていた。

62年8月31日、オハイオ州コロンバスのフェアグラウンズ・コロシアムのドレッシングルームで、ゴッチさんはレスラー仲間のビル・ミラーとともにNWA世界ヘビー級王者バディ・ロジャースに〝暴行〟を加え、ロジャースは右手を骨折したとされる。この事件はアメリカ・プロレス近代史の寓話のひとつで、その真相は解明されていない。ゴッチさん自身は「それがほんとうのケンカだったら（ロジャースが）指を折るくらいで終わるかな」と語っていた。

〝ロジャース暴行事件〟から2週間後（62年9月11日）、ゴッチさんはコロンバスでドン・レオ・ジョナサンを下しAWA世界ヘビー級王座を獲得した。ゴッチさんのいちばん有名なモノクロのパブリシティー写真でゴッチさんの腰に巻かれているチャンピオンベルトが、このときのオハイオ版世界王座のベルトだ。

ゴッチさんが日本のプロレスファンにとって〝神様〟でありつづけたいちばん大きな理由は、この国のプロレス史との永続的なかかわりとそのレスリング哲学の普遍性だろう。〝プロレスの父〟力道山はゴッチさんを「強けりゃいいってもんじゃない」と評したが、力道山死後の日本プロレスはそのゴッチさんを専任コーチとして日本に招いた。

ゴッチさんはアントニオ猪木にジャーマン・スープレックス・ホールドとまんじ固め、藤波辰爾にドラゴン・スープレックス・ホールドを伝授した。藤原喜明には実戦向けの関節技の数かずを教え、前田日明には12種類のスープレックスを託した。

佐山聡がプロレスとは異なる格闘技、シューティングを開発したときは「シュートはレスリング・ビジネスの隠語。卑しい単語だ。狙撃でもするつもりか」とそのネーミングに疑問を投げかけた。船木誠勝と鈴木みのるが藤原組を退団し新団体を設立したとき、パンクラスという団体名を考案したのもゴッチさんだった。

UFCが出現し、グレイシー柔術が世界的に注目を集めたころ、道着姿のホイス・グレイシーのガード・ポジションの映像を目にしたゴッチさんは「これはレスリングではない」とため息をついた。プロレスラーにとって最大の屈辱は両肩をキャンバスにつけたままよこになってじっとしていること。それがゴッチさんの信念だった。ゴッチさんは〝アイ・ラブ・レスリング〟というセンテンスを詩のように口ずさんでいた。（07年8月）

フレッド・ブラッシー

Fred Blassie

67年間も〝銀髪鬼〟を演じた20世紀の大悪役

フレッド・ブラッシーは〝フレッド・ブラッシー〟という大悪役キャラクターを67年間も演じつづけた。トレードマークはプラチナ・ブロンドと呼ばれたブリーチ染めの銀髪と〝噛みつき殺法〟で、大流血シーンをよりスリリングに演出するために純白のショートタイツとリングシューズを愛用していた。

1918年2月8日、ミズーリ州セントルイス生まれ。本名はフレッド・ケネス・ブラッシー。35年、17歳でプロレスラーとしてデビューした。セントルイス出身の同世代のレスラーには〝鉄人〟ルー・テーズがいた。史上最年少で世界ヘビー級王者になったテーズがいわゆる天才型アスリートだったとすると、レスリングそのものの実力ではブラッシーはどちらかといえば劣等生タイプだった。テーズに対するアンチテーゼとして、ブラッシーは若くしてヒールの道を志した。

アスリートとしてのピークにあたる20代と30代前半のほとんどをブラッシーはあまり売れないジャーニーマン（旅がらすレスラー）として過ごした。テレビが一般家庭に普及しはじめた50年代に入り、南部ジョージアでその人気に火がついた。ブラッシーはＴＶカメラに向かってマイクアピールをした最初の悪役レスラーのひとりになった。赤毛だった髪をブロンドに染めたのもこのころだ。

スーパースターとしてはきわめて遅咲きの部類にはいる。61年6月、ロサンゼルスでエドワード・カーペンティアを下しＷＷＡ世界ヘビー級王座を獲得。翌62年、同王座をめぐりロサンゼルスと東京で〝プロレスの父〟力道山と大流血マッチを演じたときはすでに44歳だった。

64年にはニューヨークのマディソン・スクウェア・ガーデンを舞台にＷＷＷＦ世界ヘビー級王者〝人間発電所〟ブルーノ・サンマルチノと幾多の死闘を展開した。71年8月27日、宿命のライバルであるジョン・トロスとのシングルマッチがロサンゼルス・コロシアムに2万5847人の大観衆を動員したときは53歳になっていた。トロスとの試合はカリフォルニア州のインドア・スポーツ観客動員記録を樹立し、この記録は現在でも更新されていない。73年、同州アスレティック・コミッションの引退勧告で現役生活にピリオドを打った。

日本のプロレス史とも深いかかわりを持った歴史上の登場人物だった。64年4月、日本プロレスの『第4回ワールド大リーグ戦』出場のため初来日したときは、ブラッシーの〝嚙みつき殺法〟をテレビで観ていた老人がショック死。大きな社会問題となった。

〝ショック死事件〟の原因とされた試合は力道山対ブラッシーのシングルマッチではなくて、力道山&豊登&グレート東郷対テーズ&ブラッシー&マイク・シャープの6人タッグマッチで、くだんの大流血シーンを演じたのはもともとそれを十八番とする日系レスラーの東郷だった。

65年の来日のさいは、東京駅の新幹線のホームで日本人女性の三耶子さんと出逢った。文通をつづけているうちに音信不通になってしまった三耶子さんを探すため、ブラッシーは3年後の68年にわざわざ日本まで〝理想の女性〟を探しにやって来た。ラストネームもわからない三耶子さんを発見してくれたのは日本プロレスのレフェリー（当時）、ジョー樋口さんだった。

ブラッシーは、オールド・ファッションなヒールだった。リング上やアリーナのなかだけではなく、そこにプロレスラーではない人間がひとりでもいれば、空港でもレストランでも〝24／7〟モード（トゥエンティフォー・セブン＝一日24時間×1週間に7日間）で大悪役キャラクターを演じつづけた。

伝説のコメディアン、アンディ・カウフマン（故人）が〝マイ・ブレックファスト・ウィズ・ブラッシー〟という短編映画をつくった。マスメディアのインタビュー取材を受けると、ブラッシーは決まって「オレの試合を観た日本人が25人も心臓マヒを起こして死んだ」と豪語した。ブラッシー自身がトシをとるごとにその数字も微妙に変化し、晩年は「オレの試合を観て100人死んだ」が決まり文句になっていた。

28歳年下の〝理想の女性〟三耶子さんとの結婚は、じつは銀髪鬼にとっては3度めのウェディングだった。現役引退後は、WWEで悪党マネジャーに転向。少年時代からブラッシーの大ファンだったというビンス・マクマホンは、父ビンス・シニアの遺言に従いブラッシーが亡くなるその日までファイトマネーを支払いつづけた。享年85。God Bless Classy Blassie.

（03年6月）

バンバン・ビガロ

Bam Bam Bigelow

〝脳みそにタトゥーを彫った男〟

バンバン・ビガロはよく「オレはビリーバーなんだ I'm a believer」と語っていた。この場合のビリーバーとは〝敬けんなクリスチャン〟という意味ではなくて、どちらかといえば運命論者的な、どこか漠然としたフィーリングだった。

「オレが乗った飛行機が墜落したとするだろ」

ビガロは大まじめだった。

「飛行機が山かどこかに落っこちるんだ。乗客、乗員とも全員死亡。でも、オレだけはなぜか助かっちまうんだ。オレはほんとうにそれを信じてる。アイム・ア・ビリーバー」

やっぱりビガロは大まじめだった。

スコット・ビグローは18歳のときに頭のてっぺんにタトゥーを彫った。行きつけのタトゥー・パーラーは地元のバイカーたちのたまり場で、腕や肩に大きな彫りものを入れたバイカー仲間はたくさんいたけれど、いきなり脳天にインクをぶち込んだのはビガロだけだった。まだ若かったビガロが〝炎の彫刻〟を完成させたタトゥー・パーラーの店内の壁には、ビガロの頭に栗色の髪があったころの写真がいまでも飾られている。

ビガロのホームタウンのニュージャージー州アズベ

リーパークとニューヨーク・ニューヨークの位置関係は、ちょうど東京と神奈川・湘南エリアの位置関係と同じと考えるとわかりやすい。アズベリーパークからニュージャージー・ターンパイクに乗ると、マンハッタンまではほんの1時間の距離だ。

ネプチューン・ハイスクール時代はアマチュア・レスリングでニュージャージー州選手権3位になったことがあるが、学校というところでスポーツをやるのはどうしても好きになれなかった。ハイスクールを卒業するまえにバイカーの仲間たちに誘われてバウンティー・ハンター（賞金稼ぎ）の仕事を手伝うようになった。

バウンティー・ハンターとは私立探偵の下請けのような〝商売〟で、逃亡中の犯人、執行猶予や仮釈放中に失踪した犯罪者をつかまえてくるビジネスだ。警察も二の足を踏むようなヤバイ場所に足を踏み入れ、ヤバイ人物を連行してくる仕事だから、その任務はかなりの危険をともなう。

撃たれたこともあったし、撃ってしまったこともあった。いったいどっちがグッド・ガイで、どっちがバッド・ガイなのかわからなくなることがよくあった。気がついたら、十代の終わりを塀のなかで迎えていた。

なにかちゃんとした仕事はないか、自分のためにもなって家族にも喜んでもらえる仕事はなんだろうと考えたらプロレスがあった。脳天に彫ったタトゥーはバイカー仲間に自慢するためでもバウンティー・ハンターとしてハクをつけるためでもなく、バンバン・ビガロに変身するための〝片道切符〟だった。

友だちはたくさんいたほうがいいけれど、だれがほんとうに友だちでだれが友だちじゃないかを識別するのがめんどくさい。ＷＷＥはまるで軍隊みたいなところで、〝兵士〟は一日24時間態勢で監視下に置かれ、〝上官〟の命令には絶対服従。ＥＣＷはベースボールにたとえると自給自足の貧乏クラブチームで、ＷＣＷは仲がいいはずのボーイズとボーイズがおたがいの足をひっぱり合う奇妙な空間だった。

北尾光司のデビュー戦の相手をつとめたあと、ビガロは日本に定住して大相撲へ入門することを本気で考えたことがあった。このスモウ・レスラー転向プランは、知人の「相撲の土俵では夕トゥーはご法度《はっと》」というアドバイスでNGになった。ビガロは「タトゥーがダメならしようがない」とあっさりとあきらめた。タトゥーをいじると運命が誤作動する。

ビガロはいつもCDウォークマンとミニ・スピーカーのセットをスーツケースのなかに入れて持ち歩いていた。ホテルの部屋に入ると、まずCDプレーヤーとスピーカーを窓のそばにセッティングし、やや大きめの音で音楽をかける。乾電池をたくさん使うのだろう。スピーカーのよこには買ってきたばかりの単三の乾電池のパックが無造作に積まれていた。U2、スーパートランプ、ジューダス・プリースト、マーシャル・タッカー・バンド、ACDCといった70年代後半から80年代のロックがビガロのお気に入りだった。

〝レッスルマニア11〟のメインイベントで元NFLニューヨーク・ジャイアンツのローレンス・テイラーと対戦したとき、ビガロは100万ドルのファイトマネーを手にした。たった1試合でミリオネアーになれたのはラッキーだったけれど、ビガロは試合が終わったあと「もうこんなことはやらない」とつぶやいた。〝旧ソ連〟のサルマン・ハシミコフのときもそうだったし、北尾のときもそうだった。ビガロは〝便利屋〟としてのポジションに嫌悪感を抱いていた。

ビガロの口ぐせは「オレはビリーバーI'm a believer」だったけれど、それはいい運命だけではなく、悪い運命も信じているという意味でもあった。人生にファースト・ハーフ（はじめの半分）とセカンド・ハーフ（あとの半分）があるとしたら、プロレスラーの〝バンバン・ビガロ〟はスコット・ビグローの人生のはじめの半分の登場人物でしかなかった。

15年間、バンプをとりつづけたことで380ポンドの巨体とそれを支える心とが別べつのことを考えるようになっていた。プロレスができない体になってしまったビガロにとって、はじめの半分に区切りをつけて、あとの半分をどうするべきかを決めるのはやっかいなことだった。

40歳のときにペンシルベニアではじめた〝ビガロズ・デリ〟というサンドウィッチと惣菜のお店は一年ももたなかった。腰が悪いから一日じゅう立ったままの接客はつらいし、見ず知らずのお客さんと世間話をしながらサンドウィッチを作り、愛想笑いをしながら6ドルばかりのキャッシュをいただいて、「サンクス」といいながらおつりの小銭を返すような仕事はビガロにはできなかった。

弁護士になったカミさんは、かつてのスーパースターがなんにもしないでゴロゴロしていることを許さなかった。そしてある日、ビガロは家を追い出された。いまから10年くらいまえにカミさんが「ロウ・スクールに通う」といい出したとき、学費を出したのはビガロだったが、えらくなったのはカミさんだけだった。

離婚してから4年間、3人の子どもたちとはいちども会うことができなかった。ずっと養育費を滞納していたから、それは仕方がないといえば仕方のないことだった。身軽になったビガロは、ハーレー・ダビッドソンに乗っかってニュージャージーからフロリダへ南下した。98年モデルのチョッパー・ハンドルのハーレーはビガロの巨体にはやさしかった。なにかあてがあったわけではなくて、ただなんとなくフロリダの海のそばで暮らしたかった。

05年10月、ビガロはフロリダ州ヘルナンド・カウンティの州道50号線でスリップ事故を起こし、後ろに乗っていたガールフレンドが全身打撲で重体となった。バイクの免許はとっくに失効していたし、ニュージャージー州のドライバーズ・ライセンスは〝免停中〟。酔っぱらい運転だったし、スピード違反もしていた。腰とヒザの痛みをやわらげるため、いつも強い鎮痛剤を服用していた。

弁護士を頼むお金がなかったため刑事裁判ではパブリック・ディフェンダー（国選弁護士）を用意してもらったが、ビガロは公判中に裁判所への出廷をブッチした。大ケガをしたガールフレンドの親族からは民事訴訟を起こされたが、それもブッチした。ありとあらゆるトラブルが束になって追いかけてきた。バンプをとらなければならないシチュエーションではバンプをとりつづけるしかない、ということらしかった。

それでも、気が向くとフロリダのインディー団体の試合会場に顔を出すこともあった。知り合いのボーイズをみつけると、ビガロはいつも人生のファースト・ハーフとセカンド・ハーフのことを話して聞かせたという。おそらく、ビガロは〝バンバン・ビガロ〟にはセカンド・ハーフがないことを悟っていたのだろう。

なんでもない金曜日の朝、ビガロは同居中だった新しいガールフレンドのアパートメントで眠ったまま息をひきとった。ベッドの上でその朝を迎えることをできたのは、それなりにピースフルでペインレスなエンディングだったのかもしれない。

語ることができなくなったビガロは、家族と友人たちに付き添われてホームタウンのニュージャージー州アズベリーパークへ帰っていった。ビガロが大好きだったアトランティック・オーシャンが一望できる大きな教会で暴走族ノリの盛大なお葬式が営まれたのは、ビガロが無言のまま旅立ってから1週間後の土曜のことだった。

アズベリーパークのお墓のまえには黒塗りのハーレーが列をなし、体じゅうにタトゥーを彫った油っぽいバイカーたちの集団が〝部族《トライブ》〟をあげて故人との別れを惜しんだ。

ビガロはこの町のバッドボーイズのヒーローだった。ビガロもまたアズベリーパークを心から愛した。現役生活の最後の数年間、ECWのリングで愛用していたオリジナルのフィニッシュ技にはグリーティング・フロム・アズベリーパーク（アズベリーパークからのごあいさつ）なんてネーミングがついていた。ビガロは〝バンバン・ビガロ〟のセカンド・ハーフを天国で過ごしているのだろう。God Bless Him。　（07年2月）

テリー・ゴーディ
Terry Gordy

レナード・スキナードの名曲〝フリーバード〟を愛した男

もしもあした、ぼくがここからいなくなってしまったら、君はぼくのことをおぼえていてくれるかい。行きたいところがたくさんあるんだ。旅に出なければならないんだ。愛する君よ、ぼくはここにとどまることはできないんだ。ぼくは〝自由な鳥〟だから。愛する君よ、君はぼくを変えることはできない。ぼくは、ぼくを変えることができない――。

テリー・ゴーディは伝説のロックバンド、レナード・スキナードの名曲〝フリーバード〟に歌われているとおりに地上から飛びたってしまった。月曜の朝、もうそこにはいないゴーディを発見したのは、ここ数年、ゴーディといっしょに暮らしていたフィアンセだった。〝自由な鳥〟は290ポンドの肉体だけをベッドの上に残していった。医学的な死因は心臓にできたブラッド・クラット（血栓）と診断された。

ゴーディが愛したディープサウス、チャタヌガはテネシー州とジョージア州のボーダーラインに位置する人口18万人の小都市。ゴーディが住んでいたサディーデイジーは、チャタヌガから25マイルほど北上した山のなかになる。チャタヌガ空港に発着する一日わずか数本の定期便は20人乗りのちいさなプロペラ機だけで、大都会に行くにはまずメンフィスまで出なければならない。乗り換え時間を含めると、チャタヌガからトーキョーまでの移動にはだいたい24時間かかる。

ゴーディは〝鉄人〟ルー・テーズからレスリングの手ほどきを受け、14歳で旅をはじめた。生涯の親友でふたつ年上のマイケル・ヘイズと出逢ったのは15歳のときで、ちょうどバンドでも組むような感覚で16歳の夏にタッグチーム〝ファビュラス・フリーバーズ〟を結成した。チーム名はもちろんスキナードの〝フリーバード〟からいただいた。ふたりともスキナードのサザン・ロックの音に心酔していた。

〝自由な鳥たち〟はテネシーからアラバマ、アラバマからジョージア、ジョージアからテキサスへと旅をつづけた。ダラスではフリーバーズと〝鉄の爪〟エリック兄弟の定番カードが伝説のドル箱カードになった。

プロレスも大好きだけれどやっぱりロックもやるといいいだしたヘイズがミニ・アルバム〝バッド・ストリートUSA〟を自主製作した。ヘイズはオリジナル曲の〝バッド・ストリートUSA〟をみずから作詞・作曲し、ボーカルを担当し、アルバムのメーキング映像とプロモーション・ビデオを撮った。フリーバーズの3人めのメンバーで、ゴーディとヘイズのベビーシッター的存在だったバディ・ロバーツもバック・コーラスとしてレコーディングに参加した。

〝怪童〟と漢字のニックネームがつけられたゴーディは1983年8月、22歳で日本の土を踏んだ。舞台はテリー・ファンクの最初の引退試合で、ゴーディはスタン・ハンセンのタッグパートナーとして初めて全日本プロレスのリングに上がった。ゴーディのレスリング・センスをたいへん気に入ったジャイアント馬場さんは〝怪童〟をすぐに全日本のレギュラー外国人選手枠に入れた。ゴーディ自身もファイトマネーの安定した日本での年間契約を希望し、これがフリーバーズの実質的なチーム解散につながった。

ディープサウスとトーキョーを往復するようになったゴーディは、一年のうちに約20週間を全日本のリングで過ごすようになった。ジャンボ鶴田を下して三冠ヘビー級チャンピオンになったこともあったし（90年6月）、スティーブ・ウィリアムスとのコンビでは2年連続で〝世界最強タッグ〟に優勝した。

ゴーディが、みんなのまえから急に姿を消してしまいそうな危なっかしさはずっとまえからあった。いつもビールとジャックダニエルをガンガンあおりながらひと晩じゅう外をほっつき歩いていたし、腰や肩、ヒザに痛みがあるときはペインキラーの錠剤をわしづかみで口に放り込んでいた。六本木のナイトクラブで脱水症状を起こしてぶっ倒れ、心臓が一時停止したことがあった。アメリカからトーキョーに向かう国際線のなかでぐあいが悪くなり、タンカに乗せられて飛行機から出てきて、そのまま成田空港から救急車で近くの病院に搬送されたこともあった。

ひょっとしたら、ゴーディは〝自由な鳥〟の運命みたいなものを悟っていたのかもしれない。永遠の眠りにつく6日まえ、ゴーディはチャタヌガからアラバマ州バーミングハムまで車を飛ばして親友ヘイズに会いにいった。ヘイズがプロデューサーをつとめるWWEのTVショー〝スマックダウン〟のバックステージで、ゴーディとヘイズはいっしょに過ごすことのできる最後の数分間をシェアした。ヘイズが「またいつでも遊びに来てくれよ」というと、ゴーディは「やめとくよ」と答えたという。

ゴーディが天国に旅立った7月16日は、ゴーディにとっては兄貴分のような存在だったブルーザー・ブロディの13回めの命日だった。〝自由な鳥〟の死は、ブロディとエリック兄弟の〝カース＝呪い〟かもしれないし、まったく関係ないかもしれない。

ゴーディがまだやんちゃ坊主だった18歳のときに誕生した長男レイは、偉大なる父がそうであったように22歳で初めてプロレスラーとして日本にやって来る。リングネームはテリー・レイ・ゴーディ・ジュニア。ちょっぴり親父っぽくなったゴーディは、三沢光晴とプロレスリングNOAHに大事な大事な息子の将来を託していった。

（01年7月）

デイビーボーイ・スミス
Davey Boy Smith

デイビーボーイの〝ベイビー〟
ハーリー・スミスは1985年生まれ

デイビーボーイ・スミスはよく「家にはちいさなベイビーボーイがいる」といっていた。その男の子の赤ちゃんが成長してプロレスラー、ハーリー・スミスになった。父親はデイビーボーイで、母親はダイアナ・ハートだ。

ダイアナさんは〝カルガリーのプロレスの父〟スチュー・ハートの四女で、ハート家の12人兄弟の下から2番め。ブレット・ハートの妹で、末っ子オーエン・ハートの姉。だから、ハーリーはスチューの孫で、ブレットやオーエンの甥っ子にあたる。

イングランドのマンチェスター生まれのデイビーボーイは14歳でプロレスラーになって、18歳のときにイトコのダイナマイト・キッドのブッキングでカナダ・カルガリーに移り住み、ハート家のお屋敷にホームステイするようになった。

デイビーボーイが21歳、ダイアナさんが20歳のときにふたりはおとぎばなしのような結婚式をあげた。長男ハーリーが生まれたのは、その翌年のことだった。

19歳のハーリーは、ハート家のいちばん新しいオフスプリング＝子孫としてプロレスラーとしての道を歩みはじめた。デイビーボーイが、初代タイガーマスクの引退で空位になったNWA世界ジュニアヘビー級王座をかけてザ・コブラと闘ったのは21歳の誕生日の数週間まえだったから（83年11月3日＝東京・蔵前国技館）、父親よりもちょっとだけ早く新日本プロレスのリングに上がったことになる。

それが正式なデビューといえるかどうかはわからないけれど、ハーリーは10歳のころからプロレスのリングに上がっている。ライバルは、イトコのテディ・ハートだという。テディは母ダイアナさんの姉でハート家の次女ジョージアさんの息子。〝3代め〟の闘いがもうはじまっている。

デイビーボーイとダイアナさんは17年間の結婚生活にピリオドを打ち、2000年に離婚。デイビーボーイはそれから2年後に心臓発作で突然、この世を去った（02年5月17日）。ハーリーは16歳で父親を失った。伯父オーエンがひじょうに不運なアクシデントでリング上で命を落とし、祖母ヘレンさん、祖父スチューも天国へと旅立っていった。ハーリーは多感な十代でいちばん身近な人たちの死を目撃したのだった。

ハーリーは、母ダイアナさんに「行ってきなさい」といわれて、WWE日本公演が開催されたさいたまスーパーアリーナまで出かけていった。なんとかバックステージまでたどり着ければ、知り合いはたくさんいる。駐車場からアリーナの裏口に向かったら、ちょうど関係者通用口のところにディレクターのジョニー・エースがいて、「おー、デイビーボーイ・ジュニア」と声をかけてくれて、すぐに〝オール・アクセス〟のバックステージ・パスを持ってきてくれた。

バックステージをうろうろしていたら、スーツ姿のシェーン・マクマホンがハーリーをみつけて「いつ（WWEに）来るんだよ」と話しかけてきた。スタッフが用意してくれたチケットはリングサイド1列め、曙が座っていた席のすぐとなりだった。

WWE日本公演の次の日は、高円寺のレスリング道場、UWFスネークピット・ジャパンにビル・ロビンソンを訪ねた。ハーリーが「デイビーボーイ・スミスの息子です」と自己紹介したら、ロビンソン先生は

〝イギリス人レスラー〟の訪問をとても喜んでくれた。

ロビンソン先生は、ひじょうに強いアクセントのクイーンズ・イングリッシュを話す。デイビーボーイもそうだった。イギリス人の血をひくハーリーにとって、ブリティッシュなまりは父親の香りなのだろう。ロビンソン先生はデイビーボーイが亡くなったことを知らなかった。

レスリング教室がはじまった。クイーンズ・イングリッシュの会話も楽しいけれど、やっぱりロビンソン先生とのコミュニケーションはキャッチ・アズ・キャッチ・キャンということになるのかもしれない。ハーリーはロビンソン先生との大切なひとときをカメラにおさめ、それをすぐに高円寺の駅前の〝1時間フォト〟に持っていってその日のうちに写真を現像した。

ハーリーをWWE日本公演とUWFスネークピット・ジャパンに連れていった〝黒子〟は、新日本の田山正雄レフェリーだった。

「だって、彼は5年くらいしたらとんでもないスーパースターになっちゃうでしょ」

きっと、そのとおりだろう。ハーリーはほんの数年後には〝レッスルマニア〟のメインイベントのリングに立っているかもしれない。

（05年3月）

オーエン・ハート
Owen Hart

〝カルガリーの天才児〟

なぞのマスクマン、ブルー・ブレーザーは空からリングに舞い降りるはずだった。魔の一瞬がどうやって襲いかかってきたのかはわかっていない。ブルーのマスクにフェザー（羽）のマントを身につけたスーパーヒーローが観客の目のまえでいきなり空から落下してきて、コーナーポストの金具に体ごと激突し、そのまま動かなくなった。

すぐにかけつけた救急隊員によってリング上で人工呼吸などの応急処置がほどこされたが、すでにマスクマンに意識はなく、それから数分後に現場に到着した医療レスキュー・チームの手ですぐにカンザスシティー市内のトゥルーマン・メモリアル病院に運び込まれたが、まもなく死亡が確認された。ブルーの衣装を着た男は、かつて〝カルガリーの天才児〟と呼ばれたオーエン・ハートだった。

〝天才〟のあとに〝児〟がつくられたのは、オーエンが12人兄弟の末っ子だったからだ。カルガリーの名門レスリング・ファミリー、ハート一家は男8人、女4人の大家族だ。7人のブラザーはいずれもプロレスラーで、4人の姉はプロレスラーと結婚した。オーエンは長女エリーの夫ジム・ナイドハート、四女ダイアナの夫デイビーボーイ・スミスととくに仲がよかった。オーエンが大学を中退して1986年5月にデビューしたとき、現役選手として活躍していたのは次男ブルース、三男キース、六男ブレットの3人。〝天才児〟オーエンは遅れてきたルーキーだった。

カナダ・カルガリーと日本とは〝プロレス地理学〟においてひじょうにディープな関係にある。オーエンがまだ中学生だったころ、実家の庭に置いてあったリングで初めてプロのレスリングを教えてくれたのは、当時カルガリーに在住していたミスター・ヒト（安達勝治）とミスター・サクラダ（桜田一男）のふたりだった。ダイナマイト・キッドとデイビーボーイからはいつも日本のはなしを聞かされた。80年代前半にはコブラ（ジョージ高野）、サニー・トゥー・リバース

（平田淳嗣）、ヒロ斎藤らが修行先のメキシコから北上してきてカルガリーに住みついていた。

80年代後半から90年代にかけてカルガリーは海外武者修行中の日本人レスラーたちのキャンプ地になった。獣神サンダー・ライガー、橋本真也、馳浩、佐々木健介、リッキー・フジらが安達家のベースメントに居候しながらカルガリー・エリアをサーキットした。デビュー当時のオーエンのライバルは、マスクマンのベトコン・エキスプレス1号（正体は馳）。〝カルガリーの天才児〟というコピーが日本語の活字になったのもちょうどこのころだった。

オーエンの13年間の現役生活は、8歳上の兄ブレットの背中をながめながらの持久走だったのだろう。WWEは、というよりもWWEの観客は〝ヒットマン〟ブレット・ハートの弟になぜか無関心だった。〝いいレスラー〟と〝人気のあるレスラー〟は必ずしもイコールではなかった。オーエンをメインイベンターのステータスにひっぱり上げたのはその天才的な運動神経ではなくて、兄ブレットを敵にまわしての裏切りのドラマだった。〝売れない弟〟のジェラシーというテーマは、オーエンを毎週月曜夜のソープオペラの重要な登場人物のひとりにした。黒とピンクのリングコスチュームは、ブレットだけのものではなくなった。

ブルー・ブレーザー（青い閃光）は、ほんの数週間まえにリニューアルされたばかりの復刻キャラクターだった。オーエンは無名時代に何度かマスクマンに変身したことがあった。こんどの青マントは、R指定路線が暴走し過ぎてしまった〝ロウ・イズ・ウォー〟のストーリーラインをほんのちょっとだけ軌道修正するために登場したお手軽な正義の味方だったらしい。

地上20メートルの高さから〝青い閃光〟がコーナーポストの金具の上に落ちてきたとき、ほとんどの観客はそれが演出ではなくてアクシデントなのだということに気づかなかった。実況ブースに座っていたジェリー・ローラーがあわててリングサイドにかけ寄った。空から舞い降りてくるはずだったオーエンは、なにかのまちがいで天に召されてしまった。〝天才児〟の最期はあまりにもあっけなかった。

（99年5月）

ザ・グラジエーター
The Gladiator

「こっち側から ブドーカンをみたのは初めて」

ザ・グラジエーターはすっかり興奮していた。叫びたいような、笑いだしたいような、あたり構わず体当たりでもかましたいような顔つきでバックステージに戻ってきた。〝ザ・グラジエーター（剣闘士）〟というリングネームはFMWのリングに上がっていたころと同じだけれど、ビジュアルはちょっとだけ変わった。目のまわりを覆っていた黒のメイクをやめてスッピンになった。頭のてっぺんをツンツンに刈っていた髪もきれいに伸ばしてストレートにした。

プロレスラーとしてのイメージをいじってみようと思ったわけではない。左ヒザのジン帯損傷、右足甲の骨折で家のなかでゴロゴロしているあいだに髪は勝手に伸びた。フロリダ州タンパの自宅にいるときはプロレスと接する時間が極端に短くなる。ハイスクール時代の同級生でワイフのデリーサさんは、プロレスがあまり好きではない。グラジ、というよりもマイク・アルフォンソは自宅では〝マンデーナイト・ロウ〟も〝マンデー・ナイトロ〟も観ないようにしていた。

テレビの画面のなかのプロレスとしてグラジが接してきたのは、毎週日曜の深夜に放送される『全日本プロレス中継30』だった。FMWの常連ガイジンだったころのグラジは一年に10回もアメリカと日本を往復する〝二重生活者〟だった。トーキョーの定宿は池袋のビジネスホテル〝S〟。JR山手線の乗り方も、地下鉄から地下鉄への乗り換え方もちゃんとおぼえた。仲間が3人以上いるときじゃないとタクシーは使わないようにしていた。

居酒屋のメニューもだいたい頭にはいっていた。なにを食べると安全で、なにを食べるとヤバイかのノウハウみたいなものも経験で身につけた。日曜の夜はホテルの近くのコンビニでサンドウィッチとミルクとミネラルウォーターのペットボトルを買ってきて、それを食べながらオールジャパンのTVショーをながめた。それがどうしてかはわからないけれど、土曜深夜の〝チャンネル10〟よりも日曜の疲れた時間帯の〝チャンネル4〟のほうに親しみを感じた。

「オレは証明したぞ。このリングで闘えるってことを。なあ、観ただろ、なあ」

アドレナリンがびゅんびゅん分泌した体と脳みそでバックステージに戻ってきたグラジは、さっきまでリング上で大暴れしていたときと同じテンションで必死になにかを訴えようとしていた。FMWと全日本とではバックステージをうろうろしているマスコミの顔ぶれも微妙にちがうようだ。とにかく、グラジは〝テレビのなかのスーパースター〟コバシとついにシングルマッチで闘った。グラジの目は、理解を求めていた。

それがどれほどの大事件なのかをちゃんとわかってくれる人がこの地球上に何人いるかはさだかではないけれど、グラジはコメントをとりにきた記者団に「ここにいるみんなはわかってくれるよね」と話しかけながらコバシとの19分9秒のファイトをふり返った。グラジは何年かまえにテレビで観た小橋建太対スティーブ・ウィリアムスのシングルマッチを意識しながらリング上の自分をイメージしていったのだという。

「それから、ブドーカンをこっち側からみるのは初めてだった。いいながめだった」

トーキョー・ガイジンだったグラジは、ローカルの友だちといっしょに何度か日本武道館にコンサートを観にきたことがあった。ブドーカンは、上からみるよりも下からみたほうがはるかに大きかった。オールジャパンのリングは大きくもちいさくもなかった。

グラジエーターというジャパングリッシュ（和製英語）のリングネームとのお付き合いがまたはじまるのだろう。ケガをして自宅にいるあいだ、ポール・ヘイメンがさかんに電話をくれた。ジョニー・エースから電話をもらったときは正直なところ、ちょっと驚いた。ECWはマイク・アッサムを欲しがり、オールジャパンはザ・グラジエーターを求めた。

定宿が池袋のチープなビジネスホテルから銀座のどまんなかの超一流ホテルに変わっても、スーツケースの中身はずっと同じ。3週間のサーキットには3週間分のツナの缶づめを持ってくればいい。（99年9月）

友人マイクに捧げる

そのニュースが日本に届いたときにはザ・グラジエーターはもうどこか遠くへ行ってしまったあとだった。このあいだのマイク・カーシュナーのときのように誤報であることを願ったけれど、どうやらそれはほんとうのことだった。

グラジエーターというリングネームはFMWがつけてくれた。“グラジ”とグラディエーター Gladiator が同じ単語だったと気がつくまでにちょっと時間がかかった。本名はマイク・アルフォンソ。アメリカではグラジではなくマイク・アッサムというリングネームを使っていた。

ルーキーのころ、なにか awesome（畏敬の念を起こさせる、恐ろしい、スゴい、すばらしい）なリングネームはないかなと考えていたら、師匠のスティーブ・カーンが「Awesome でいいじゃないか。キミはマイク・アッサムだ」と太鼓判を押してくれたのでそれがリングネームになった。カタカナ表記はアッサム、アーサム、オーサムといくつかあるが、発音的にはどれもまちがいではない。

グラジは17年間の現役生活のいちばんヘヴィーなと

ころを日本のリングで過ごした。トーキョー生活のパートナーはホーレス・ボウダー（マイク・ボレア）とスーパー・レザー（マイク・ペンゼル・カーシュナー）のふたりで、親しい友人たちはこの3人を〝トーキョー・マイクス〟と呼んでいた。

ドレッシングルームで「YO、マイク」と声をかけるとグラジ、ホーレス、レザーの3人が必ずいちどにふり返ってこっちをみた。3人がいっせいに返事をするのがおもしろくて、金村キンタローは外国人側の控え室のドアを開けては「YO、マイク」と声をかけた。父親と母親が兄妹のグラジとホーレスはイトコ同士で、レザーはほんのちょっとだけ年上の兄貴分だった。3人ともフロリダ在住で、一年に10回から12回、フロリダと日本を往復していた。

FMWは貧乏団体だったからファイトマネーはそれほど高くなかったし、宿泊先もチープなホテルだった。タクシーに乗るとムダなキャッシュを使ってしまうので、大田区西馬込のビジネスホテルに常駐していたときは都営浅草線とJR山手線と地下鉄日比谷線を乗り継ぎながら六本木まで出る方法をおぼえた。

オフの日に日本武道館にリンゴ・スターのコンサートを観にいったときは、道ゆく人びとに「ブーダカン、ドコデスカ？」とたずねながら飯田橋から九段下につながる大通りをてくてく歩いた。トーキョー生活のナビゲーターはいつもグラジだった。

定宿が西馬込から池袋に変わるとトーキョー・マイクスは散歩の達人になった。居酒屋の写真入りのメニューを学習し、深夜でもビールが買えるコンビニの位置を記憶した。

3人のなかでいちばん日本語がうまかったのがグラジで「ハイ、ソウデス」「ワカリマース」「ワカリマセーン」「ハラへった」といったボキャブラリーだけでベーシックな会話はできたし、たまに目黒のステーキ屋〝リベラ〟に行くときは「ヨークヤイテ」とお肉の焼き加減に注文をつけた。ビールを頼むときは単語の最後に母音のuをつけて〝ビーRU〟と発音すると日本語っぽくなった。

グラジ、というよりもマイクは土曜の夜をその夜に選んでしまった。いっしょに外出する約束をしていた友人たちは午後10時半にマイクの家にやって来た。ナイトクラビングにくり出す予定だった。

プロレスをやめたマイクは一年間、専門学校に通い、不動産ディーラーの免許を取得してコルドウェル・バンカーという住宅販売の会社で働いていた。離婚問題で悩んでいたという説もあるし、重い病気を抱えていたとする説もあるが、ほんとうのことは本人にしかわからない。

統計的なデータでは、自殺は週末に集中している。土曜と日曜をひとりで過ごしたくない、新しい一日がはじまるのがいやで、あしたが来なければいいと考えるのがその理由なのだという。ほとんどの場合においてその願望は2、3回の〝失敗〟をくり返したのちに、なかば偶然のように現実になってしまうものらしい。

マイクはどうして大きな苦痛をともなうであろう方法をあえて選択したのだろう。マイクを迎えにやって来た友人たちは、ベッドルームから出てこないマイクの様子をうかがうためにそのドアを開け、もうそこにはいないマイクの抜け殻を発見した。

だれがそんな日本語をマイクに教えたのかはわからないが、グラジはたまに「トテモ、スマラナイ」というフレーズを口にしていた。〝つまらない〟の〝ツ〟が発音ができなくて〝スマラナイ〟になっていた。いつも少年のようなビッグ・スマイルをたたえていた。

I miss him so much.

（07年3月）

ジョン・テンタ
John Tenta

おっとりサクセスストーリー

ジョン・テンタは、外国人力士がまだそれほどたくさんいなかった時代のホワイト・ボーイのお相撲さんだった。生まれはカナダのブリティッシュ・コロンビアで、ルイジアナ州立大レスリング部で活躍したあと、1985年に日本にやって来て大相撲・佐渡ヶ嶽部屋に入門。初土俵で琴天太、幕下に昇進したときに琴天山という四股名をもらった。佐渡ヶ嶽部屋の外国人力士としては、現在の大関・琴欧州の大先輩ということになる。

番付最高位は幕下43枚目。マワシをつけて相撲をとったのは一年ちょっとだった。左上腕にタイガーのタトゥーを彫っていたため、土俵に上がるときは白い包帯でこれを隠すことを義務づけられた。もともと髪が薄く、関取になっても大銀杏が結えるようにはならないだろうともいわれた。廃業の理由は「相撲社会になじめなかった」「衣食住の文化のちがい」「ホームシック」と報道されたが、じつはテンタ自身ははじめからプロレスラーになる足がかりをつくるために大相撲の門をたたいたのだった。

相撲をやめたテンタはカナダには帰らず、86年7月、全日本プロレスに入団した。ザ・グレート・カブキにレスリングのコーチを受け、デビュー戦ではいきなりジャイアント馬場さんとタッグを組んだ（87年5月1日＝東京・後楽園ホール）。相撲ではテンタよりも3年先輩の小錦が外国人力士として初めて大関になったのはちょうどそのころだった。

ルーキー時代のテンタは「いつかWWF（当時）のリングに上がるのが夢」と語っていたが、89年にはカナディアン・アースクェイクの新リングネームでWWFにデビューし、〝サマースラム〟（90年8月27日＝ペンシルベニア州フィラデルフィア、ザ・スペクトラム）のメインイベントでハルク・ホーガンと対戦したのはデビューからちょうど3年だったから、かなり順調なペースで出世コースを歩んだことになる。

2メートル近い長身、アンコ型の体つきはホーガンが闘う〝怪獣〟にはうってつけだった。アースクェイク＝地震というリングネームを考案したのはビンス・マクマホンで、得意技の助走つきヒップドロップはアースクェイク・ドロップと命名された。

テンタは意外な形で〝プロレス事件史〟の登場人物となった。WWFとSWS（消滅）の業務提携路線でWWFスーパースターとして久しぶりに来日したアースクェイクは、SWSのリングで北尾光司と対戦した（91年4月1日＝神戸ゴールドホール）。試合に勝ったのはアースクェイクだったが、敗れた北尾がマイクをつかみ、テンタに向かっていきなり「この八百長野郎！」と叫んだ。

状況がよくわからないテンタはきょとんとした顔でその場に立っていた。元横綱・双羽黒は元幕下・琴天山を格下ととらえていたが、プロレスの番付ではアースクェイクのほうが上になっていた。バックステージでこのやりとりをみていたホーガンとランディ・サベージはドレッシングルームのテーブルを片づけ、キレた北尾の〝襲撃〟に備えた。北尾はそれから3日後、SWSから解雇され、結果的にこの事件が原因でプロレスラーとしての道を閉ざされた。

アースクェイクからジ・アバランシュ、ザ・シャークと何度かリングネームを変えながら、テンタはホーガンのお気に入りのライバルとしてWWF、WCWの

2大メジャー団体を渡り歩いた。90年代後半にはホーガンのいないWWEで〝フリーク集団〟ヒューマン・オディティーズのメンバー、ゴルガとして怪物系マスクマンにも変身した。

04年5月、プロレスファンが集まるウエブサイトの掲示板でぼうこうガンであることを公表した。主治医から「あと一年から18カ月の余命」と告知されたこと、でん部に新しい腫瘍が発見されたこと、ガンが肺に転移したこと、リンパ腫の合併症を発症していること、一日4回の化学療法の様子などをテンタはみずからのブログにアップしつづけた。

闘病生活を送りながら自宅のあるフロリダ州サンフォードでレスリング・スクールの経営をつづけ、インディー団体IWF（インテンス・レスリング・フェデレーション）のプロモーターをつとめた。たまにどこかの掲示板に登場するときは〝I'm not afraid（こわくなんかない）〟というメッセージでファンを安心させた。日本で相撲をとり、日本でプロレスを学んでからいつのまにか20年もたっていた。テンタはおっとりしたまま42歳の若さで天国へ発っていった。

（06年6月）

ゲーリー・オブライト
Gary Albright

サモアン・ファミリーにみとられて

「彼は主に導かれ、彼よりも先にここから旅立っていった彼のお父さん、お母さんと再会を果たしていることでしょう」

ゲーリー・オブライトの義父アファ・アノアイがごく親しい友人、知人あてに送信したEメールはこんな一節でむすばれていた。ゲーリーは、ゲーリーが愛し、ゲーリーを愛したビッグ・ファミリーの腕のなかで静かに息をひきとった。

ゲーリーがフロリダ州ペンサコーラの自宅からペンシルベニア州アレンタウンに飛んできたのは1月6日、木曜の午後のことだった。義兄、というよりもブラザーのサムー（ワイルド・サモアン）が空港までゲーリーをピックアップしにきてくれた。ゲーリーは5年まえにサムーの妹モニカと結婚して長男サム、長女エンジェル、次男アリの3人の子どもを授かった。ファミリーのなかでサモアンの血をひいていないのはホワイト・ボーイのゲーリーだけだったが、ほかに近しい親せきのいないゲーリーはアノアイ家の人びとをほんとうの家族のように考えていた。

サムーの家に着くとゲーリーはすぐにアファに電話をかけ、翌日の午後、いっしょに昼食を食べる約束をした。その日の晩は、サムーとサムーの家族がゲーリーのためにサモアン・スタイルのごちそうをこしらえてくれ、みんなでよく食べ、よく飲み、時間を忘れておしゃべりをつづけた。

金曜の朝、目がさめるとゲーリーはまたアファに電話をかけた。シーフード・レストランでの昼食会に出席したのはゲーリー、サムー、アファ、アファ夫人、いとこのマシュー・スモールの5人だった。

義父アファがゲーリーに「いつまでいられるんだ」とたずねると、ゲーリーは「1週間くらいかな」と答えた。アファが「もうちょっといろ。家に泊まればいいだろ」というと、ゲーリーは「それもそうだな」と返事をして、それから席を立ってワイフに電話をかけにいった。ゲーリーは、モニカ夫人と子どもたちにアレンタウンに来るように伝えた。

アレンタウンからヘイゼンルトンまでの数時間のドライブは、アファが運転席、ゲーリーが助手席に座ってのおしゃべりタイムになった。ゲーリーは故郷のモンタナに引っ越そうかと考えていること、モンタナでレスリング・スクールを開き、選手を育てて、将来はそこに新団体をつくりたい、というようなことを熱心に話していたという。ふたりがアリーナに着いたのは午後4時過ぎだった。

ゲーリーが最後のリングに上がったのは午後9時15分。対戦相手はルシファー・グライム（本名ビリー・オーエンス）という無名のレスラーだった。試合開始のゴングから数分後、ルシファーのエースクラッシャーを受けたゲーリーの体から動きが止まった。試合中だというのにルシファーが「救急車！」と叫んだ。ドレッシングルームにいたボーイズがいっせいにリングのなかになだれ込んでいった。

CPR（心肺機能蘇生）のおぼえのあるレスラーがすぐに人工呼吸にトライした。サムーは、動かなくなったゲーリーの巨体を抱きかかえるようにして支えていた。アファは、アリーナの公衆電話からペンサコーラにいるモニカに電話を入れ、娘の夫にいまなにが起こっているかを伝えようとした。

どのくらいの時間が経過したのだろう。観客はだれもそこから一歩も動かなかった。救急医療チームがかけつけた。しかし、アファにはゲーリーがもうそこにはいないことがわかっていた。診断にあたった専門医によれば、死因は①冠状動脈硬化による急性心不全②急性肺動脈浮腫③糖尿病による低血糖。ゲーリーはリング上で息をひきとり、そのまま帰らぬ人となった。

アファがつづったEメールは、ゲーリーにあてたお別れの手紙だった。ゲーリーはもうそれを読むことができないから、アファは〝送信先〟を親しい友人、知人にしたのだろう。手紙の最後のセンテンスは「また会おう、愛する息子へ、父より」だった。（00年1月）

空中正三
Masami Soranaka

〝なぞの日本人格闘家〟空中正三ってだれ？

ここに一枚の写真がある。撮影されたのは、おそらく1990年の秋ぐらいだろう。ロケーションはフロリダ州タンパの『マレンコ道場』のガレージのよこで、写真に収まっているのは5人。右からウィリー・ウィルキンスJr.、石川雄規、まんなかにカール・ゴッチさん、デビー・マレンコ、そしていちばん左側に立っている人物が空中正三さんである。

空中さんはなぞに満ちた日本人格闘家だった。マサミ・ソラナカは本名で、国籍も日本。44年（昭和19年）、兵庫県芦屋市出身。高校時代は野球部に在籍し、卒業後は日野自動車に就職して自動車のセールスをしていたのだという。70年代の終わりごろに初めてプロレス・マスコミの活字になった空中さんのプロフィルは〝レスリングの神様〟ゴッチさんの娘婿だった。

空中さんとゴッチさんのひとり娘のジェニーさんが出逢った場所はハワイ。ゴッチさん一家は、ゴッチさん自身がプロレスをやめようとしていた67年ごろから70年代のはじめにかけてホノルルに在住していた。空中さんがそのころどうしてハワイにいたのかはわかっていない。

レフェリー兼プロレスラーの〝空中正三〟が初めて日本のプロレスファンのまえに登場したのは84年10月、旧UWFのリングということになっているけれど、じつはそれよりも何年かまえに空中さんは〝ミスター空中〟のリングネームでレフェリー兼外国人渉外係として新日本プロレスで働いていたことがある。

44年生まれだから、ハワイでのゴッチさん一家との初対面は空中さんがまだ20代だったころという計算になる。ジェニーさんと結婚した空中さんは、73年にゴッチ家の人びととともにフロリダに移り住んだ。空中さんがゴッチさんからレスリングの教えを受けたのもこの時期だったのだろう。空中さんのトレーニング・パートナーはまだ高校生だったジョー・マレンコで、ジョーの父ラリー〝ボリス〟マレンコさんはゴッチさんの数少ない友人のひとりだった。

空中さんが身も心もゴッチさんにささげようとしたレスリングの求道者だったかというと、どうやらそれもちがう。70年代後半、空中さんは実弟のヒロ佐々木(これまたなぞの日本人レスラー)を帯同し〝田吾作タイツ〟の悪役レスラーとしてプエルトリコをサーキットしていたことがあるし、日本とアメリカを往復する生活がはじまってからも地元フロリダではマレンコ派のインディー団体で〝ベトナム人レスラー〟VC・ミンを演じたりしていた。ゴッチ式のトレーニングはあくまでも趣味の領域だったのかもしれない。VC・ミンは、夜になるとタンパ市内のホテルのカクテル・ラウンジでバーテンダーをやっていた。

第2次UWFが91年1月に解散すると空中さんは新団体〝プロフェッショナル・レスリング藤原組〟のブッカーとなり、それまでUのリングに上がっていた『マレンコ道場』の選手たちはそのまま藤原組に移籍。『マレンコ道場』に留学していた石川豊彦(現・雄規)は帰国し、新弟子として藤原組に再入門した。また、石川とともに藤原組の門をたたいたウィリーはその後、日本人女性と結婚してトーキョーに住みついた。

92年6月10日、空中さんはタンパの病院で急死した。突然、激しい頭痛を訴えて入院、頭部の切開手術を受けたが、手術中に帰らぬ人となった。死因は脳腫瘍だった。一説によると、空中さんの体内にはハワイ在住時代に銃撃されたときの銃弾が2発、左肩と首のそばに埋まったままだったのだという。

空中さんの死は、もうひとりの登場人物のデビューを決定づけた。この当時、ラリー・マレンコさんの家にホームステイしていた島田裕二レフェリーだ。大学を卒業後、自費でフロリダへ行き、なんとなくプロレスのそばをうろうろしていた島田は、藤原組長の命を受けて帰国。空中さんの仕事をそのまま引き継いだ。偶然と必然の区別はなくなっていた。（99年6月）

ゴッチ先生と空中家と格闘探偵団バトラーツのファミリー・トゥリー

親せきの集まりみたいな一日だった。ファミリー・トゥリー（家系図）の太い枝と若い枝たちがめずらしくひとつの場所に集合した。太い枝のうちの一本だった空中正三さんは、7年まえにフロリダ州タンパの病院で脳腫瘍の手術中に急死した。大木の幹の部分にあたるのは、もちろん〝レスリングの神様〟カール・ゴッチさんである。

ゴッチさんのひとり娘で、故・空中さんの妻ジェニーさんがトーキョーに来るのはこれが10年ぶりだという。長女ニーナ・ヨシコは26歳。次男ジョゼフ・ヨシアキは12歳。次女マリア・コハルは10歳。三男マサミ・サブローは6歳。陸軍に入隊し、結婚し、獣医を志してメディカル・スクールに通っている長男エディ・ツヨシさん（27歳）は法事を欠席。空中さんが亡くなったときジェニーさんのおなかのなかにいたマサミ・サブローくんは、会うことができなかったお父さんの国に初めてやって来た。

「マサミが死んで、そのあとがラリー。それから母。3年くらいのあいだにね」

ジェニーさんは淡々と語った。空中さんがいなくなり、空中さんとはトシの離れた兄弟のように仲がよかったラリー・マレンコさんが白血病で倒れ、皮膚ガンの治療のため入退院をくり返していた母親エラさんも95年6月にこの世を去った。

ジョゼフ、マリア、マサミの3人は私立のカトリック・スクールに通わせている。5人の孫たちはおじいちゃんのことをあまりよく知らない。ジェニーさんとジェニーさんの父カール・ゴッチがほとんど会話らしい会話を交わさないから、グランド・ファーザーとグランド・チルドレンのふつうのつながりがない。

「父はああいうわからず屋だし、わたしもそんな父に似てて。だから、合わないの」

ゴッチさんは〝FOR SALE〟にしていたタンパの家をようやく売却し、オデッサよりももっと田舎のポートリッチーにちいさなアパートメントをみつけて勝手に引っ越した。「友だちはヒズ・ドッグだけ」とジェニーさんはつけ加えた。

藤原喜明組長の顔がみあたらないと思ったら、役者になった組長は時代劇の撮影のため京都に出かけているため、残念ながらこの日は不在。藤原組長の代わりに組長夫人が後楽園ホールにやって来た。23年まえ、藤原組長はゴッチさんの自宅ジムで約半年間、レスリングの修行を積んだ。〝洋食〟がどうしても苦手な藤原組長はカミさんをタンパまで同行させ、ゴッチさんの家のすぐそばにアパートメントを借りて、日本にいるときとまったく同じ環境を整えた。空中家との親せき付き合いはそのころからつづいている。

組長夫人は「(藤原は)タバコをやめたらぶくぶく太った」とぼやき、雑用係としてそのへんを走りまわっていた若手の日高郁人をみて「あら、前田(日明)さんがはいったころとそっくりな顔をしてるわ」とつぶやいた。組長夫人にとって、格闘探偵団バトラーツの景色は20数年まえの新日本プロレスのそれとどことなく似ているらしい。

リング上ではこれが3年ぶりの実戦というジョー・マレンコがゴッチさんとそっくりのレスリングをみせた。ジョーとは遠い異母兄弟にあたるカール・グレコは〝マレンコ〟を襲名し、カール・マレンコに改名した。石川雄規と池田大輔と島田裕二レフェリーは藤原組長の直弟子で、ゴッチさんの孫弟子。親指と人さし指でピストルの形をつくる〝シュート〟のポーズを試合で使った最初のレフェリーは空中さんだった。

親せきの集まりをコーディネートした石川はわりとおとなしくしていた。みんながちゃんとそこにいることだけを確認して、あとはただニコニコしていた。久しぶりに肌を合わせたジョーさんはやっぱり強かったし、何年ぶりかで会った空中さんの子どもたちはだれがだれだかわからないくらいみんな大きくなっていた。大きな枝はいくつかに分かれても、ファミリー・トゥリーはファミリー・トゥリー。まんなかには、やっぱりゴッチさんが立っている。

(99年6月)

エイドリアン・アドニス
Adrian Adonis

エイドリアンは海へ帰ったのか

エイドリアン・アドニスは悪ガキがそのままオトナになったようなクールなバッド・ガイだった。エイドリアンはイタリアとユーゴスラビアのあいだに位置するアドリア海（地中海の一部）から来た人という意味で、アドニスはギリシャ神話に出てくる女神アフロディテに愛された美少年アドニス。リングネームを考案したのはテリー・ファンクで、日本ではAdrian Adonisのスペルがローマ字読みのままカタカナに変換されてアドリアン・アドニスという表記になった。

本名はキース・アレン・フランク。1953年9月15日、ニューヨーク・ニューヨークのロウアー・イーストサイドで生まれた。ハイスクール時代からフットボールに熱中し、卒業後はCFL（カナディアン・フットボール・リーグ）のトライアウトを受けたが、ジャイアント馬場さんやタイガー・ジェット・シンをコーチしたことで知られるフレッド・アトキンスと出逢い、74年にカナダのバンクーバーでプロレスラーとしての道を歩みはじめた。

ルーキー時代は本名のままリングに上がっていたが、78年にテキサス州アマリロをサーキット中にエイドリアン・アドニスに改名した。「オレと闘い、5分間、リングのなかにいたら賞金1万ドル進呈」というひじょうにリスクの大きいシチュエーションのなかで腕自慢の酒場のバウンサー、地元の大学のフットボール選手、シロウトの観客らとキャッチ・アズ・キャッチ・キャン・ルールで試合をして話題になった。MMA（ミックスト・マーシャルアーツ）というコンセプトもジャンルもなかった時代のMMA的アイディアだった。

80年代前半、毎週金曜夜8時に『ワールドプロレスリング』（テレビ朝日）にチャンネルを合わせていたプロレスファンは、エイドリアンをレスリングがうまくて、動きがすばやくて、顔が憎たらしいガイジンとして記憶している。

ニューヨーカーとしてのキャラクターを強調するため、日本のリングでは〝NY〟の2文字が背中にプリントされたライダース系の黒の革ジャンと黒の革キャップをリングコスチュームとして愛用していた。

82年7月の初来日から85年あたりまでは年に数回ずつシリーズ興行にフル出場していたから、なんとなくいつも『ワールド——』の画面に映っているようなイメージだった。新日本プロレスでは〝カウボーイ〟ボブ・オートン、ディック・マードックらとのタッグチームで活躍した。

アメリカではジェシー〝ザ・ボディー〟ベンチュラとの定番コンビ、イースト・ウエスト・コネクションとしてAWA世界タッグ王座を保持したことがあったが、ハルク・ホーガンのブッキングでエイドリアンだけが新日本と年間契約を交わしたことでふたりの関係がギクシャクしてしまった。リング上では闘う関係だったが、エイドリアンとホーガンはプライベートでは仲がよかった。

たぶん、エイドリアンは物語の最終回をそれとなく予期していた。85年から88年の3年間はWWEに在籍し、新日本のリングから姿を消していたが、ラストシーンのそのまえに1シリーズだけ日本の観客に別れを告げにきた。薬物依存症とストレス性の過食症が原因で、全盛期は230ポンドだった体重が320ポンドに増加していた。

エイドリアン自身は「コカインとマリファナとアルコールの3つのうち、体に悪いからコカインとアルコールだけはやめた。マリファナはやめない」とヘンな改心を口にしていた。WWE在籍時代は体重増加のペナルティー（?）としてゲイのキャラクターを演じていたが、日本のファンのまえではやっぱり最後の最後まで黒の革ジャンを着た。

「WWEにはもう戻らない。ちいさなテリトリーでプロレスをエンジョイしたい」

「秋になったら、また来るよ」といい残して東カナダのサマー・ツアーに参加したエイドリアンは、88年7月4日、ニューファンドランドのルイスポート沖を移動中に交通事故に遭い、帰らぬ人となった。

ミニバンに同乗していたパット・ケリー、デーブ・マクギニーも死亡。運転していたマイク・ケリーだけが一命をとり止めた。事故の原因は、大鹿との衝突を避けるためマイク・ケリーが急ハンドルを切ったためと結論づけられた。後部座席に座っていたエイドリアンは車外に投げだされ、崖の上から湖に転落したのだという。

エイドリアンが急死してから2週間後、プエルトリコでブルーザー・ブロディの刺殺事件が起こり、エイドリアンの不在は新しいほうの悲劇にかき消された。

享年34だから、生きていたらまだ現役で活躍していたかもしれない。

（08年7月）

I—3

Tribute

トリビュート／世界のリングから

エディ・ゲレロ
Eddie Guerrero

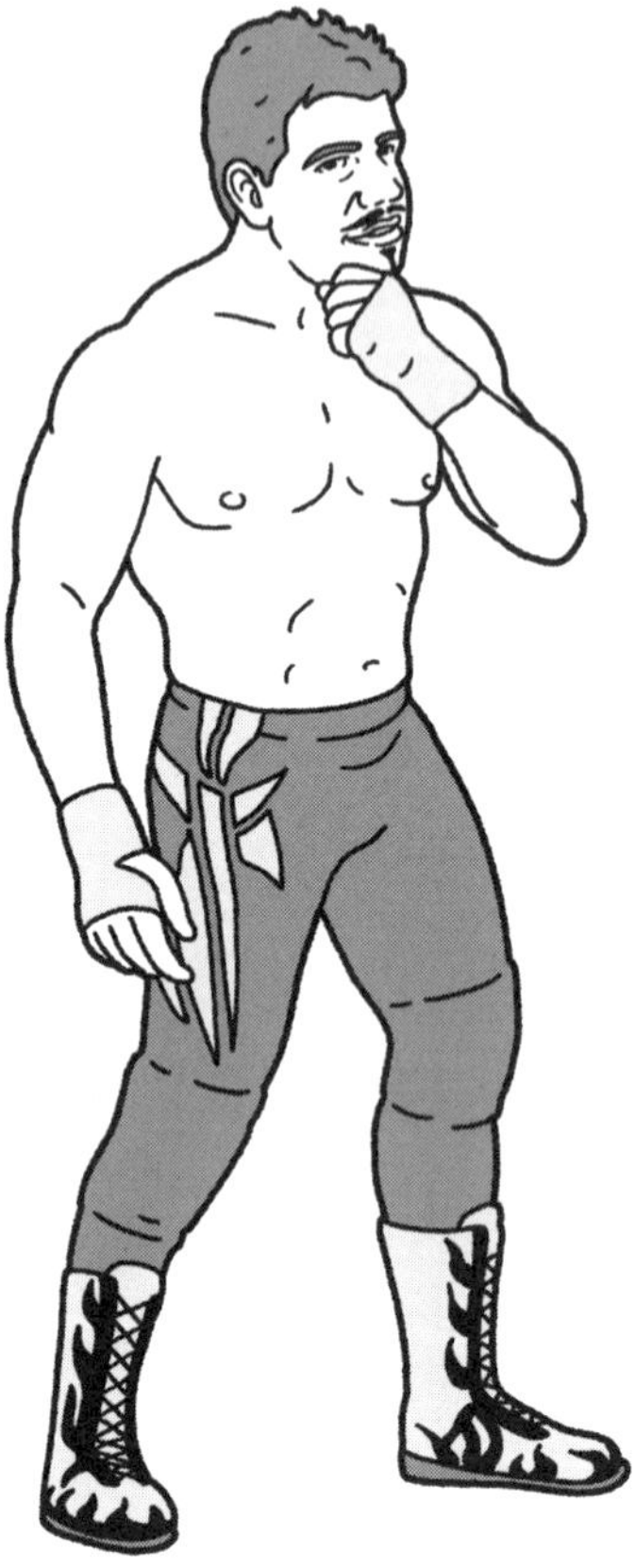

1968年、テキサス州エルパソ出身。本名エドアルド・ゴリー・ゲレロ・ルレーンズ。87年、メキシコでデビュー。90年代はマスクマンの“二代め”ブラックタイガーとして新日本プロレスで活躍。元ＩＷＧＰジュニアヘビー級王者。04年２月、ブロック・レズナーを下しWWＥヘビー級王座獲得。フェイバリット技はトップロープからのフロッグ・スプラッシュ。オリジナルのキャッチフレーズ“Lie, Cheat, and Steal（ウソあり、ズルあり、盗みあり）”でちょいワルのベビーフェースとして一世を風びした

Eddie was here but he left early.

いきなり〝時間切れ〟のゴングが鳴ってしまったのだろう。一年のうちの200日以上をずっとそうして過ごしてきたように、エディ・ゲレロはその日もホテルのベッドで朝を迎え、それからだれにも会うことなくたったひとりで地上《ここ》から去っていった。日曜の朝が、ずっと日曜の朝のままになった。

エディは、フロントに頼んでおいた午前7時のモーニングコールの電話に出なかった。いっしょに朝食を食べる約束をしていた甥のチャボ・ゲレロが部屋に電話を入れたが応答がなかったため、部屋のドアをノックしにいった。それでも返事がないため、チャボはホテルのセキュリティーを呼んで部屋のカギを開けてもらった。もうそこにはいないエディはベッドの上ではなく、バスルームに倒れていたという。

ちょっと長めのツアーの初日になるはずだった。日曜の夜、ミネソタ州ミネアポリスのターゲット・センターで〝マンデーナイト・ロウ〟と〝フライデーナイト・スマックダウン〟のダブルTVテーピングをおこなったあと、ロウ、スマックダウンの両ブランドの所属メンバーとツアー・クルーは1週間のヨーロッパ・ツアーに出発することになっていた。ヨーロッパから帰ったあと、エディとエディの家族はアリゾナに買った新しい家への引っ越しを予定していた。

WWEがすぐにオフィシャル・サイト上でエディの訃報《ふほう》を伝えたため、日曜のうちにアメリカじゅうのプロレスファンがこのニュースを知ることになった。〝ロウ〟と〝スマックダウン〟のテレビ撮りはプログラムを急きょ変更し、エディへのトリビュート・ショーとしておこなわれた。

アメリカのマスメディアが動きだしたのは月曜になってからだった。ニューヨークのAP通信（2005年11月14日付）が現役のWWEスーパースターの急死のニュースを配信し、アメリカ国内の新聞、テレビ、ラジオがこれを〝事件〟として報道した。日本では

『朝日新聞』（同11月15日付）が夕刊の社会面でこのニュースを伝えた。日本語に翻訳された記事には「薬物、アルコール中毒を克服して世界チャンピオンに」とあった。マスメディアは、38歳の元世界チャンピオンの〝突然死〟にいっせいに飛びついた。

エディは、名門レスリング・ファミリーの末っ子としてこの世に生を受けた。父親は戦前の30年代から60年代後半まで活躍した名レスラー、サルバドーレ〝ゴリー〟ゲレロ。長男チャボ、次男マンドー、三男ヘクターは70年代から80年代にかけてアメリカとメキシコで活躍したが、ひとりだけ年のはなれた末弟エディがデビューしたときは3人の兄たちはすでに現役を退いていた。

プロフィル上の出身地はメキシコになっているが、生まれはメキシコとアメリカの国境沿いの町、テキサス州エルパソ。家のなかではスペイン語、学校では英語を話す典型的なチカノ（メキシコ系アメリカ人）として育った。ハイスクール時代はアマチュア・レスリングで活躍し、スポーツ奨学金でニューメキシコ州の大学に進んだが、一年で中退して19歳でメキシコでプロレスラーになった。亡父ゴリーの現役時代のニックネームは〝レベルRebel（反逆者）〟で、エディはこの〝反逆者〟の血をひいていた。

エディの薬物依存、アルコール依存のプロブレムについては、その自叙伝『チーティング・デス・スティーリング・ライフ（死をごまかし、生を盗む）』にくわしく記されている。死のカウントを2・9ではね返したエディは、身も心もジーザス・クライストに捧げてボーン・アゲイン・クリスチャンになった。スーツケースのなかにはいつもバイブルがはいっていて、落ち込んでいる仲間がいるとドレッシングルームの隅っこでバイブルを読んで聞かせるようになった。

キャッチフレーズの〝ライ・チート・アンド・スティール（ウソあり、ズルあり、盗みあり）〟はあくまでもプロレスラーとしてのキャラクターで、敬けんなクリスチャンになったエディはウソをつかず、ズルもせず、友だちと家族の目を盗んで悪いことをすることもなかった。ＷＷＥヘビー級王座のチャンピオンベルトを失ったとき、エディは「プレッシャーから解放された」と親しい友人にもらした。
エディ、ここに在ませり、されど早や去りたまいぬ Eddie was here but he left early——。ファンからもレスラー仲間からもとことん愛されたエディは、ほかのみんなよりも早く神様から呼ばれたのだった。

（05年7月）

クリス・ベンワー
Chris Benoit

1967年、カナダ・モントリオール出身でエドモントン育ち。ダイナマイト・キッドにあこがれ、ハイスクールを卒業と同時に『スチュー・ハート道場』入門。86年、カルガリーでデビュー。同年、バッドニュース・アレンの紹介で新日本プロレスに留学。元IWGPジュニアヘビー級王者。00年1月、親友エディ・ゲレロらとともにWCWからWWEへ電撃移籍。04年3月、"レッスルマニア20"でHHHを下し世界ヘビー級王座獲得。得意技はダイビング・ヘッドバットとクリップラー・クロスフェース

ナイセスト・ガイの悲しすぎる〝反則死〟

いったいなにがクリス・ベンワーをそこまで追いつめてしまったのだろう。〝心中〟という日本語にはどことなくロマンチックな救いの響きのようなものが隠されているけれど、アメリカ英語では〝心中〟はシンプルに〝ダブル・スアサイド（二重自殺）〟という表現に変換される。〝無理心中〟という考え方はなく、そういう単語も存在しない。

クリス、妻ナンシーさん、7歳の息子ダニエルくんの3人がジョージア州フェイヨッテ郡の自宅で遺体となって発見されたのは2007年6月25日の午後2時30分ごろだった。フェイヨッテ郡保安当局からの知らせを受けたWWEは、午後4時の時点で同日の〝マンデーナイト・ロウ〟コーパスクリスティー大会を中止。予定を変更して〝追悼番組〟を急きょ制作し、同夜、オンエアした。

番組の放送終了から約1時間後、アトランタのWAGA-TVが警察のコメントとして「殺人事件として捜査中」であることを報道。翌26日、フェイヨッテ郡保安当局のボー・ターナー捜査官とスコット・バラード郡検事が記者会見を開き、遺体発見時の状況から事件がダブル・ホミサイド・スアサイド（二重殺人・自殺事件）と断定されたこと、クリスがナンシーさんとダニエルくんを殺し、自殺をとげたことを発表した。

このニュースはAP、ロイターのニューズワイヤーでその日のうちに全米のメディアに配信され、WWE公式ウエブサイトはクリスの〝トリビュート記事〟を画面から削除した。

クリスは、24日からの4日間のテキサス・ツアーを「急な家庭の事情」でキャンセルした。警察の発表によれば、3人の遺体は別べつの部屋で発見され、死亡推定時刻もそれぞれ異なっていた。

2階のリビングルームで遺体が発見されたナンシーさんの死因は手首、足首をテープで縛られた状態での絞殺で、死亡推定時刻は金曜未明から土曜の朝にかけて。子ども部屋で発見されたダニエルくんの死因は窒息死で、死亡推定時刻は土曜未明から日曜の朝にかけて。ふたりの遺体のすぐそばには聖書が置かれていた。

クリスの遺体は、ベースメントのウエートルームでトレーニング器具にロープをかけて首をつった状態で発見された。死亡推定時刻は26日、月曜の午前と断定された。遺書らしきものは発見されなかった。

WWE公式ウエブサイトにアップされた〝ベンワー・タイムライン〟と題された記事によれば、クリスは24日の午前3時53分から3時58分にかけて親しいレスラー仲間に5通のテキストメッセージ（携帯メール）を発信していた。

5通のメールのうちの4通はフェイヨッテビルの自宅の住所を伝えたもので、もう一通は「イヌはプールのほうにいる。ガレージのドアのカギは開いている」といった内容だった。クリスは声にならない声で必死に助けを求めていたのだろう。

WWEは24日、数回にわたりクリス本人とのコンタクトを図ったが、いずれも連絡が取れなかったため、翌25日の午後12時45分、フェイヨッテ郡保安当局にクリスの自宅の捜索を依頼。それから約2時間後、遺体発見とその状況が報告された。月曜の夜までは非業の死をとげたスーパースターだったクリスは、火曜の朝には〝殺人鬼〟になっていた。

ひとつだけはっきりしていることは、みんなからリスペクトされていたナイセスト・ガイのクリスはもうここにはいないという事実だけだ。クリスとナンシーさんはいまから7年まえに結婚し、その年にダニエルくんが誕生した。ダニエルくんは、ぜい弱X症候群（フラジャイルXシンドローム）というひじょうにめずらしい遺伝性の精神発達障害（場合によっては知的障害）を抱えていたという。

ぜい弱X症候群はX染色体の異常による疾患で、知的障害、情緒不安定、注意欠陥多動性障害、自閉症といった症状とともに顔、耳、手足の関節などの過成長をともなうのが特徴とされる。DNA診断は92年に実用化されたが、現在はまだ治療法のない21世紀の〝不治の病〟である。

事件の詳細が明らかにされるなかで、アメリカのマスメディアの論調はステロイドの過剰摂取による〝ロイドレイジ〟と呼ばれる暴力的行動傾向説に集中していった。

WWEは27日、公式ウエブサイト上でぜい弱X症候群について初めて言及。関係者のコメントをまじえ、子どもの病気がクリスとナンシーさん夫妻を苦しめていたことを報じ、ステロイドとの関連説を否定した。

それは正しくない選択だったかもしれないけれど、クリスは家族とみずからの人生の〝試合終了〟のゴングを鳴らしてしまったのだった。（07年7月）

〝検索〟のキーワードになってしまったクリス

どうやら、クリス・ベンワーは〝検索〟のキーワードになってしまったようだ。グーグルでもヤフーでも〝Chris Benoit〟が検索アイテムのトップ10にランクされ、ユーチューブにはクリスの事件を報じるありとあらゆるニュース番組の映像がアップされている。

『産経新聞』は7月4日付の朝刊（15版）、2面・総合の社説のすぐおとなりのスペースで〝米プロレスラー一家心中〟〝筋肉増強剤引き金か〟というタイトルでこの事件がアメリカ社会に与えた衝撃を報じた。

記事は事件を「日米で活躍した著名プロレスラー——中略——自宅で妻子を道連れに自殺する惨劇」としながらも、クリスのフルネームの下には〝さん〟という敬称がつけられていた。日本の巨大メディアがこのニュースを〝一家心中〟として報道した事実は大きい。日本人的な感覚ではこの事件はやっぱり〝一家心中〟あるいは〝無理心中〟なのである。

しかし、アメリカ人にとってこの事件は〝凶悪殺人事件〟であり、アメリカ社会はこれ以外の選択肢を持たない。アメリカのメディアのおおかたの論調はプロ、アマを問わずスポーツ界全体が抱える大きな問題として薬物依存、とりわけアナボリック・ステロイドの過剰摂取とその副作用が事件の背景にあったのではないかというものになっている。

クリスの自宅からは大量のステロイドが押収され、クリスにテストステロン（ステロイド）を処方していたとされるフィル・アスティン医師のジョージア州アトランタ郊外のクリニックがＦＢＩの家宅捜索を受け、アスティン医師も別の患者への違法な処方の疑いで別件逮捕された。

事件の真相、というよりも深層を探るためのもうひとつの手がかりは、クリスの息子ダニエルくんが抱えていたとされる、ぜい弱Ｘ症候群（フラジャイルＸシンドローム）というひじょうにめずらしい遺伝性の精神発達障害の疾患に関する情報だ。

ぜい弱Ｘ症候群という病名がメディアをかけめぐったのは事件発覚の翌日、6月26日の夕方だった。カナダ・ブリティッシュコロムビア州デルタのＡＭラジオ局〝オール・ニュース・ラジオ１１３０〟が、同市在住のぜい弱Ｘ症候群患者の12歳男児の母親パム・ウィンスロープさんの「同じ病気の子どもを持つ親としてクリスさんと何度か話し合ったことがある」というコメントを報道した。このニュースはあっというまにネット空間に放出された。

翌27日、ジェリー・マクディビットＷＷＥ顧問弁護士は「ダニエルくんはぜい弱Ｘ症候群患者だった」ことを団体サイドの公式見解として発表。マクディビット弁護士は情報ソースを「クリスの友人、親せきからの聞き取り調査による」とした。同日、ＡＢＣのニュース番組にゲスト出演したリンダ・マクマホンＣＥＯも、事件と「子どもさんの病気」をそれとなく関連づけた。

ところが、それから2日後の同27日、故ナンシー・ベンワーさんの両親、ポール＆モリーン・タファローニさんが弁護士を通じ「病気のことは知らない。孫は健康だった」とコメント。事件後の記者会見で「子どもの体に注射針の跡があった」と発表したフェイヨッテ郡検察当局のスコット・バラード地方検事も、ぜい弱Ｘ症候群については「現段階ではそのような診断記録は発見されていない」と一連の報道を否定した。

ＷＷＥがメディア向けに再び公式見解を発表したの

はそれから4日後の7月3日。ゲーリー・デービス広報担当は「われわれはフラジャイルXについての正確な情報を持っていない」としたが、なぜかマクディビット弁護士からのコメントは発表されなかった。

同日、スポーツ専門局ESPNは事件現場となったクリスの自宅の隣人で、3人の遺体の第一発見者でもあるホーリー・マクファーグさんを取材。事件後、パパラッチ・メディアを避けてボストンの知人宅に〝避難〟していたマクファーグさんは、代理人を通じて「事件の一年まえ、息子さんの病気についてナンシーさんとしゃべった」とコメントした。

ぜい弱X症候群というキーワードについて、カナダのメディアは肯定的な報道を展開し、ステロイドの発作的副作用といわれる〝ロイドレイジ〟を事件のカギとみるアメリカのメディアはやや否定的だ。パソコンでキーワードをいくら〝検索〟してみても、なにも答えは見つからない。

クリスは生前、親しいレスラー仲間に「もうだれの葬式にも行かない」「教会は大嫌いだ」と宣言していたという。純朴で、ストイックで、心やさしいナイセスト・ガイだったクリスを知るだれもが、ほんのちょっとの手がかりを探している。

（07年7月）

“The show must go on”と“Life goes on”の誤差

CNNの人気トークショー番組〝ラリー・キング・ライブ〟（7月9日オンエア分）のスタジオではジョン・シーナとクリス・ジェリコがラリー・キングと向かい合い、モニターの画面にはカナダ・カルガリーからの中継映像でブレット・ハートの顔が映っていた。

メイン・キャスターのL・キングはシーナを〝WWEチャンピオン〟、ジェリコを〝元WWEスーパースター〟、ブレットを〝引退したスーパースター〟と紹介した。WWEはカンパニーのスポークス・パーソンとしてシーナを番組にブッキングし、CNNは〝犯人〟をよく知る友人としてジェリコとブレットを番組ゲストに招いた。スタジオ・トークのテーマは〝クリス・ベンワー事件〟。事件の衝撃性がマスメディアによって〝二次加工〟されつつある。

クリスの自宅から大量のアナボリック・ステロイド（筋肉増強剤）が押収されたことで、アメリカのマスメディアはこの事件を〝ステロイド問題〟と関連づけている。事件後、捜査の管轄はジョージア州フェイヨッテ郡保安局からジョージア州警察、ジョージア州警察からFBI（連邦捜査局）へとシフトされた。

WWEは契約タレントがこの事件に関してメディアの取材を受けることを〝自主規制〟していたが、ステロイドの副作用を事件の核心とするコンセンサスが固まりつつあるなかでアメリカでいちばんメジャーなトークショー〝ラリー・キング・ライブ〟を反論の場として選択した。

シーナは「司法解剖の結果が出るまでは（クリスが）ステロイドを使っていたかどうかは証明できない」と前置きしたうえで、ステロイドと事件の関連性を否定。WWEのステロイド検査、ウェルネス・ポリシー（健康診断プログラム）について力説した。このコメントはシーナの個人的な発言というよりはWWEの公式見解だった。

ジェリコは「ぼくがもっとも尊敬し、目標としていたレスラー。新人時代からいつもアドバイスをしてくれたロール・モデル」、ブレットは「ほんとうの家族のような存在。まじめで、シャイで、もの静かで、みんなからリスペクトされたロッカールームのリーダー」と異口同音にクリスの人物像についてポジティブに語った。ふたりとも事件とステロイドの直接的な関連については否定的だったが、ブレットは現役時代にステロイドを使用していた事実を認めた。

L・キングの「ステロイドを使う理由は？」という質問には、ブレットは「周りにいるほかの選手たちの体つきを見て、自分も使わなければならないと感じた」とコメント。プロレスラーがエンターテイナーとしてよりもアスリートとしての競争意識を持っていることについて論じた。

同じ質問に対して、シーナは「ステロイドはアスリートにとってはショートカット（ズル）。私は一年に6回、ステロイド検査を受けている」、ジェリコは「ぼくはこんなにちいさい体でチャンピオンになれた。体の大きさはあまり関係ない」と返答した。〝WWEチャンピオン〟と〝元WWEスーパースター〟と〝引退したスーパースター〟のそれぞれのスタンスが微妙に分かれた。

番組後半にはテッド・デビアスとスティーブ・ブラックマンがトークに参加し、プロレスラーのライフスタイルについて討論をつづけた。シーナ、ジェリコよりもひと世代まえのWWEスーパースターであるデビアスは「問題はステロイドではなく、トップレベルのパフォーマーでありつづけるための精神的プレッシャーと生活習慣」と指摘した。

レスリング・ビジネスにほかのプロスポーツのような年金制度や保障制度、組合組織が存在しない現実については、シーナは「プロレスラーになろうと決心した時点でサラリーマン的な〝保険〟なんて考えなかった」と発言したが、ブレットは「いまになってみると、WWEには組合が必要だったと思う。WWEの社員のほうがレスラーよりもはるかにましなベネフィット（保障）を受けている」とコメント。ここでも〝WWEチャンピオン〟と〝引退したスーパースター〟の意見が衝突した。

それが50歳のブレットと30歳のシーナの感覚のちがいといってしまえばそれまでかもしれないが、ブレットは「レスリングができない体になり、失業し、貯金もなく、かつてスーパースターだった元プロレスラーが不満と不安を抱えながら生きている現実」について問題提起した。

視聴者からのメール、FAXによる質問がはじまったところで番組は時間切れになった。The show must go on と Life goes on の誤差だけが浮き彫りになった。クリスはみんなに〝宿題〟を残して旅立っていった。

（07年8月）

やっぱりクリスはやさしく、静かにほほ笑んでいる

もうずいぶんまえのことのような気もするし、ついこのあいだのできごとのようでもある。ジョージア州フェイヨッテ郡の郡保安当局が、〝クリス・ベンワー事件〟の捜査報告書と事件の捜査活動終結をアナウンスするプレスリリースを発表した。事件が起きたのは07年6月だから、捜査開始から報告書作製までに約8カ月の時間を要したことになる。プレスリリースは「6月22日（金曜日）から6月24日（日曜日）にかけてクリス・ベンワーが妻ナンシー、息子ダニエルを殺害し、自殺した」という郡保安当局の公式見解からはじまり「捜査本部は、事件発生時に家のなかに家族以外の個人あるいは複数人がいたことを示す証拠を発見していない。よって、事件はクリス・ベンワーの単独犯行と断定」とするイーソン・ハーパー警部のコメントでしめくくられている。

プレスリリースに記載されている内容はすでにマスメディアで報道ずみの情報と重複する部分が多く、これといった新しい報告はないが、全400ページにおよぶ捜査報告書のほうにはこれまで報じられることのなかった故ナンシー・ベンワーの家族、親しい友人、隣人らの供述調書が添付されている。

郡保安当局は、ベンワー家でアナボリック・ステロイド、HGH（ヒト成長ホルモン）とともに大量の抗うつ剤、鎮痛剤、睡眠導入剤、関節炎のための薬剤などが発見されたことも報告。捜査報告書はこれらの薬がクリスひとりのものではなく、いくつかはアトランタ在住のドクターがナンシーのために処方したものであったことを示唆している。

フェイヨッテ郡保安当局の捜査報告書発表とほぼ時を同じくして、カナダのCBC（カナディアン・ブロードキャスティング・コーポレーション＝カナダ放送協会）は人気番組〝ザ・フィフス・エステート〟で〝ア・ファイト・トゥ・ザ・デス〟と題したベンワー事件のドキュメンタリーをオンエアした。

番組にはクリスの父親のマイケル・ベンワーさん、ブレット・ハート、ダイナマイト・キッド、ダイナマイト・キッドの元妻ミッシェル・スマドゥーさんらのインタビュー映像が収録され、クリスと近かったそれぞれの人物がそれぞれのポジションから事件に関する〝理解〟と〝結論〟をコメントしている。

ハーバード大卒の元WWEスーパースターで、現在はスポーツ選手の脳しんとうとその後遺症について研究しているクリス・ノウィンスキーは、クリスがたび重なる（未診断の）脳しんとうが原因の脳障害を抱えていたとする新説を展開している。マイケル・ベンワーさんから提供されたクリスの脳の一部を解剖したウエスト・バージニア大学のジュリアン・ベイルス博士は、クリスの脳細胞が脳しんとうの結果、致命的なダメージを負い、ディメンシア（認知症）を発症していたことを指摘した。

マイケルさんは、クリスが事件発生時、心神耗弱あるいは心神喪失の状態にあり、責任能力はなかったと考え、息子をそこまで精神的に追いつめたのは〝WWEの過酷な労働環境〟だったと結論づけている。

クリスの「やあ、元気かい」のグリーティングは〝ハワユー・ドゥーイング How are you doing?〟ではなくて〝ワスハプニン What's happenin'?〟だった。いつもやさしい顔で静かにほほ笑み、アゴをちょこっと上にあげるのが〝やあ〟の合図になっていた。

まじめで、シャイで、ナイセスト・ガイだったクリスのなかでなにが起こっていたのかはだれにもわからない。クリスとナンシーの隣人、シュリーファー家のゴミ箱のなかからはクリスの日記とみられるノートが発見された。日記のなかでクリスは「もうすぐ会えるよ」と親友エディ・ゲレロへの手紙をつづっていた。

マイケルさんが大切に保管しているクリスの日記はノートの後半部分のほとんどが破り捨てられていたとされるが、クリスがいったいなにを残し、なにを捨てようとしたのかはいまとなってはわからない。エディ宛ての届かない手紙は、エディの死後、数週間後に書かれたものだった。

事件については現在でも衝動的犯行と計画的犯行の

ふたつの説があるが、クリス自身が自宅のゴミ箱ではなく、わざわざおとなりの家のゴミ箱に日記を捨てているという行動からは心神耗弱説にはやや無理がある。

カナダのベンワー家とフロリダのタファローニ家（ナンシーの実家）はケンカをやめ、クリスの遺産はカナダに住むクリスのふたりの子どもたちとタファローニ家が相続した。〝ワスハプニン What's happenin'?〟というフレーズだけが残った。

（08年2月）

ダブル・マーダー・スアサイド

クリス・ベンワーはほんとうに感じのいいナイス・ガイだった。子どものころからプロレスが大好きで、ダイナマイト・キッドに心からあこがれて、キッドのようになりたくてプロレスラーを志した。そして、その夢をちゃんとかなえた。

なにがクリスをそうさせたのかは、いまとなってはだれにもわからない。クリスのなかでなにかが壊れ、ブチ切れたのだろう。クリスは金曜の夜、妻ナンシーを絞殺し、土曜の朝、7歳の息子ダニエルくんを窒息死させ、土曜の深夜から日曜の朝（正確には日曜の午前4時以降）にかけて首をつってみずからの命を絶った。

事件が発覚するまでの2日間、クリスは〝消息不明〟になっていた。07年6月23日の土曜の午後、クリスは携帯電話からWWEのスタッフに連絡をとり、同夜、テキサス州ボーマントで開催される予定だったハウスショーを欠場することを伝えた。理由は「家族が急病のため」だった。

そのとき、クリスは「いまヒューストンの空港まで来ている」とスタッフに伝えたとされるが、その後の状況から判断すると、このときクリスはジョージア州フェイヨッテビルの自宅から電話をかけていた。

クリスは前日の金曜（6月22日）の夕方、フェイヨッテビルからアトランタ市内まで約1時間、車を運転し、主治医のフィル・アスティン医師のクリニックを訪ねた。カウンセリング治療を受け、抗うつ剤を処方してもらうためだった。

フェイヨッテ郡警察の発表によれば、クリスは金曜の夜、自宅2階のTVルームでナンシーを殺害したとされる。部屋のなかにはふたりが激しく争った形跡があり、遺体が発見されたとき、ナンシーは両手と両足首を梱包用テープで縛られ、首にはテレビの接続コードが巻かれた状態でうつぶせに倒れていたという。

ナンシーの背中から腰にかけては重いものを乗せられたような跡があり、警察はうつぶせに寝かせたナンシーの腰にクリスがヒザを押し当て、背後から首にテレビの接続ケーブルを巻きつけて絞殺したと断定。ナンシーの顔には、床に強くたたきつけられたときの打撲によるものとみられる少量の出血も認められた。

クリスは土曜の朝、1階の自室で眠っていたダニエルくんも殺害。遺体の首からノドにかけては（両手で）絞められたような跡はなく、ケイ動脈付近にのみ強く力をかけたようなマークが残っていたため、警察はクリスがプロレス技のチョークホールドのような体勢でダニエルくんを窒息死させたと断定した。第1の殺人から第2の殺人までに6時間から8時間のタイムラグがあった。

ダニエルくん殺害からクリス自身の自殺までにはさらに16時間から20時間の空白がある。クリスは土曜の深夜（日曜＝6月24日）、午前3時53分から同3時58分までの5分間に合計5通の携帯メールをふたりの友人に送信していた。

5通のうちの4通までは「家の住所はジョージア州フェイヨッテビル、130グリーン・メドー・レーン」という同一の内容で、もう一通は「犬はプールサイドにいる。ガレージ側のドアのカギは開いている」なるメッセージだった。クリスがメールを送信した相手はチャボ・ゲレロとECWレフェリーのスコット・アームストロングのふたりだった。

クリスはこのメールを送信したあと、ベースメントのホーム・ジムで首にタオルとワイヤー・ケーブルを巻きつけ、そのワイヤー・ケーブルをウエート器具（プルダウン・マシン）の穴に通し、両手を離してぶら下がった。ナンシー殺害から約30時間が経過していた。検死によればほぼ即死状態だったという。

WWEは土曜の夜のハウスショーを欠場したクリスのために、アトランタ発―ヒューストン行きの日曜朝のフライトを確保。Eチケットの予約番号を知らせるためにクリスとコンタクトを図ったが、クリスは電話には出なかったという。

日曜の夜、ヒューストンではPPV〝ヴェンジェンス〟が開催された。クリスはCM・パンクを相手に空位となっていたECW世界ヘビー級王座の新チャンピオン決定戦をおこなう予定だったが、すでにこの世にはいないクリスはこの日も無断欠場。メインイベントはCM・パンク対ジョニー・ナイトロの王座決定戦に変更され、ナイトロがパンクを下しECW世界王座を獲得した。

ビンス・マクマホンをはじめとするトップ・エグゼクティブ、TVショーのプロデューサー・グループが土曜未明のクリスからの5通の不可解なメールについて報告を受けたのは月曜（6月25日）の正午過ぎだった。ツアー・クルーはすでにヒューストンからコーパスクリスティーへ移動し、同夜オンエア分の〝マンデーナイト・ロウ〟のカメラ・リハーサルをはじめていた。

リチャード・ヘリングWWE広報担当・副社長は同日、午後12時30分の時点でジョージア州フェイヨッテ郡の郡保安当局に連絡を取り、クリスの自宅へのパトロールを要請した。フェイヨッテ郡保安当局からヘリング広報に電話がはいったのはそれから約3時間後の午後4時。クリス、ナンシー、ダニエルくんの3人が自宅で遺体で発見され、自宅は犯罪現場として緊急封鎖されたことが報告された。

この日、コーパスクリスティーから全米生中継されるはずだった〝ロウ〟の目玉企画は、数週間まえの同番組でリムジンに仕掛けられた時限爆弾によって〝暗殺〟されたビンスのお葬式だった。アリーナ内には葬式用の教会のセットが組まれ、番組の大半は葬式シーンに費やされる予定になっていた。〝ビンス殺人事件〟の真犯人はリンダ・マクマホンだった、といういちばん新しいストーリーラインも用意されていた。

午後4時過ぎにスタッフからクリスとクリスの家族についての報告を受けたビンスは、この時点で同日の興行のキャンセルを決定。午後6時ちょうどに会場のアメリカン・バンク・センターのチケット・オフィス前に〝本日のショーはキャンセルとなりました〟というお知らせを貼り出した。ビンスは同夜の〝ロウ〟の番組内容をクリスへのトリビュート・ショーに急きょ変更した。

この日の午後4時から午後6時までの2時間は奇妙なグレーゾーンになっている。〝ロウ〟の生中継がスタートする2時間まえの午後6時にフェイヨッテ郡保安当局からWWEサイドに2度めの連絡が入り、事件現場の状況から判断して外部からの侵入者による犯行の可能性はきわめて低いこと、クリスが妻と子どもを殺害して自殺をとげた可能性が高いことが報告されていたという。

ただし、この時点での最新情報がビンスとビンスの周辺に伝わっていたかどうかはいまひとつはっきりしない。午後8時ちょうどにスタートした〝ロウ〟の全米生中継は、連続ドラマのストーリー上は〝暗殺〟されたことになっているビンスが番組オープニングに登場し、リング上から「たいへん悲しいお知らせがあります。ミスター・クリス・ベンワー、ナンシー夫人、息子のダニエルくんが亡くなりました」とカメラに向かってアナウンス。同夜の番組は急きょ内容を変更して故人へのトリビュート特番とすることを発表した。

クリスとその家族の急死というショッキングなニュースにバックステージには動揺が走ったが、首脳部から選手グループとプロダクション・クルーに対しては「(詳細は）事故、事件の両面で現在調査中」とだけ伝えられ、観客のいないアリーナからの2時間のトリビュート特番はプランどおりオンエアされた。

しかし、セントラル・スタンダード時間帯・午後8時のコーパスクリスティーと東海岸スタンダード時間帯・午後9時のアトランタとでは事件に関するコンセンサスが激変していた。〝ロウ〟がクリスのトリビュート特番をオンエア中に、アトランタのニュース番組ではクリスとその家族の遺体発見のニュースを殺人事件として報道しはじめていた。

CNNは同夜の深夜ワクのニュースですでに〝ダブル・マーダー・スアサイド（二重殺人／自殺事件）〟という表現を使っていた。3人の遺体が発見された状況、その損傷と腐乱状態によりそれぞれの死亡推定時刻が割り出された。ナンシーとダニエルくんの遺体のそばには聖書が置かれ、クリスの遺体が発見されたジムのフロアには空になったワインのボトルが転がっていたが、遺書らしきものは見つからなかったという。

アメリカじゅうのマスメディアがこの事件に飛びついた。フェイヨッテビル郡保安当局は翌朝（6月26日＝火曜）、クリスの自宅前で記者会見を開き、事件のあらましとこれまでの捜査状況を報告。クリスのベッドルームからアナボリック・ステロイドをはじめとする数種類の薬物が押収されたことも併せて発表された。

結果的に殺人犯のトリビュート特番をオンエアしたことになるWWEはひじょうにスピーディーな対応をみせ、同夜オンエア分の〝ECW〟（サイファイ・チャンネル）の番組オープニングには再びビンスが登場。「昨夜、われわれは〝ロウ〟でクリス・ベンワーのトリビュート特番をオンエアしました。しかし、番組の放映終了から26時間が経過し、悲劇的な事件の全容がだんだんと明らかになってきました。ミスター・ベンワーは番組には登場しません。ファンのみなさん、本日のこの番組をどうかお楽しみください」というグリーティングの言葉を述べた。

WWEオフィシャル・サイトはクリスとナンシーに関連した写真、記事をすべて削除し、有料動画サイトのWWE24／7もWCW在籍時代の試合映像を含め、クリスの登場するコンテンツをひとつ残らず削除した。それはまるでクリス・ベンワーというスーパースターがこの世に存在しなかったかのような徹底ぶりだった。

ナンシーがプロレスのリングの登場人物としてデビューしたのは82年。ホームタウンはフロリダ州オーランドで、10代のころからエディ・グラハム・スポーツ・スタジアムのリングサイド席の常連ファンだった。

オーランド在住のカメラマン、ビル・オットンとナンシーは古くからの顔見知りで、カラーグラビアの試合写真の後ろのほうにリングサイド席に座っているナンシーが映りこんでいたりすると、オットンはその雑誌をよくナンシーにプレゼントしていた。

とびきりセクシーでとにかく目立つナンシーとアリーナ内で立ち話をしていたら、ケビン・サリバンがオットンに「あの子を紹介してくれ」といってきた。ナンシーは高校2年生のときにすでに年上のボーイフレンドのジム・ドゥアスという男性と結婚していた。

サリバンが「そんなの関係ねえ」といったかどうかはさだかではないが、気がついたらナンシー・ドゥアスはナンシー・サリバンという名前になっていた。ナンシーは18歳で、サリバンは34歳。トシの離れたカップルだった。ナンシーとサリバンの結婚は15年もつづいた。

ナンシーはサリバンのプロデュースでフォーリン・エンジェルというセクシー・キャラクターに変身し、NWAフロリダ／CWF（チャンピオンシップ・レスリング・フロム・フロリダ）でデビュー。80年代前半、サリバンは〝プリンス・オブ・ダークネス〟というニックネームの悪魔教の伝道師を演じ、ナンシーはその信徒的なキャラクターだった。

サリバンが89年に発足まもないWCWとプロデューサー契約すると、ナンシーも同団体と契約。ウーマンのリングネームでリック・フレアー派閥フォー・ホースメンのマネジャー的ポジションを与えられた。WCWとの契約が切れると、ナンシーはハードコア団体ECWに移籍。2・コールド・スコーピオ、サンドマンらのマネジャーをつとめた。サンドマンはいまでも「オレを有名にしてくれたのはナンシー」と語る。

ナンシーとクリスが恋人同士になったのは、ふたりがWCWに在籍していた97年だった。ナンシーは夫サリバンのブッキングでWCWに復帰し、クリスも新日本を経由しての2度めのWCWとの契約で、このときはフォー・ホースメンの新メンバーに抜てきされた。〝マンデー・ナイトロ〟の連続ドラマのストーリーとしてクリスとナンシーは不倫を演じた。

プロデューサーのサリバンは「ドラマに真実味を」という意向でクリスとナンシーをつねにカップルとして行動させた。クリスがピュアで正直者だったのか、ナンシーが情熱的だったのか、ずっといっしょにいるうちにほんとうに仲がよくなり、ナンシーとサリバンはついに離婚してクリスとナンシーは同居をはじめた。

クリスとナンシーの誕生日はどちらも5月21日で、64年生まれのナンシーが67年生まれのクリスよりちょうど3歳年上。誕生日が同じ日だったことがわかると、クリスは運命のようなものを感じてしまったらしい。

じつはクリスには20代でヨーロッパ遠征中に知り合ったドイツ人女性のマルティナという妻がいたから、ナンシーとの関係はドラマでもなんでもなくホンモノの不倫だった。クリスとマルティナ夫人のあいだにはデビッドくんという長男がいて、クリスとナンシーがいっしょに暮らしはじめた97年にはマルティナ夫人が長女メーガンちゃんを出産した。このあたりの時系列はちょっとややこしい。

クリスとナンシーのあいだにふたりの初めての子どもとなるダニエルくんが誕生したのは00年2月。クリスとナンシーは、ダニエルくんを抱っこしながら同年11月に正式に結婚。ジョージア州アトランタ郊外のピーチトゥリー・シティーに大きな一戸建ての新居を購入した。

ダニエルくんの誕生直前、クリスはWCWを脱退し、エディ・ゲレロ、ディーン・マレンコ、ペリー・サタンらとともにWWEに電撃移籍。まったく新しい環境でスーパースターとしての道を歩みはじめた。

しかし、結婚から3年後の03年5月、ナンシーは突然、アトランタの裁判所に協議離婚を申請した。裁判所はナンシーの「クリスは感情を抑制できず、家具や個人の所有物を破壊し、暴力による身体の危険の可能性を否定できない」との申し出を認め、クリスに対して「自宅に足を踏み入れないよう」差し止め命令を出した。

ナンシーはさらにダニエルくんの全面的な養育権を求めたが、クリスはこれに対してはあくまでもジョイント・カストディー（共同養育権保有）を主張。双方が弁護士を立てての係争が長期化しそうになると、3カ月後の同年8月、ナンシーはなぜかあっさりと離婚の申請を取り下げた。

ナンシーの友人のなかには「クリスは暴力をふるった」と断言する者もいたが、クリスの友人たちは「彼は絶対に暴力はふるわない」とこれに反論した。ナンシーが離婚申請そのものを取り下げたことで、ふたりの異なる主張が司法の場で正面からぶつかり合うことはなかった。

クリスが〝レッスルマニア20〟のメインイベントでHHH、ショーン・マイケルズとのトリプル・スレットを制し世界ヘビー級王座を獲得したのはこの不可解な裁判から一年後のことだった。クリスの十八番クリップラー・クロスフェースにHHHがタップアウトした瞬間、親友エディがリングにかけ上がりクリスを祝福。そのあと、黒のワンピースドレスを着たナンシーがダニエルくん、デビッドくんといっしょにリングに上がって新チャンピオンとなった夫と抱き合った。

ほんとうはナンシーもパフォーマーのひとりとしてその空間に立っていることを望んでいたのだろう。ふたりが結婚したとき、クリスはナンシーの引退を強く希望し、ナンシーはあくまでもクリスにハッピーになってもらうためにクリスのこの申し出に応じた。ナンシーは無名になっていく自分に不安を感じていた。

クリスにもクリスにしかわからない不安があった。親しい友だちが次つぎにこの世を去っていった。ルーキーのころからいつも近いところに立っていてくれたオーエン・ハートが事故死した。兄貴分のような存在だったデイビーボーイ・スミスもいなくなった。カルガリー時代のトレーニング仲間だったブライアン・ピルマンはオーバー・ドース＝薬物過剰摂取で命を落とした。

スチュー・ハートさんとヘレンさんのご夫婦も天国へ旅立ってしまったからもう会えない。大先輩のバッドニュース・アレン、新日本プロレス時代の旅のパートナーだったブラック・キャットももうここにはいない。

でも、いちばんダメージがあったのはエディが死んでしまったときだった（05年11月14日）。エディが死んでから3カ月後、近所に住んでいたジョニー・グランジも〝睡眠時無呼吸〟で眠ったまま帰らぬ人となった（06年2月16日）。

WCW在籍時代のサーキット仲間だったグランジは、クリスとナンシーがケンカをしていると家にあがりこんできてダニエルくんをあやしてくれる役だった。グランジが亡くなったとき、クリスは「もう友だちの葬式には行かない。教会は嫌いだ。宗教なんか大嫌いだ」と天を仰いだ。

それはステロイドの副作用のひとつだったのかもしれないし、ほんとうに心の病気にかかっていたのかもしれない。クリスは友人、知人をだんだんと遠ざけるようになり、ウィリアム・リーガルやフィット・フィンレーらアトランタ在住のレスラー仲間ともプライベートではあまり付き合わなくなったという。

いつもだれかにつけられているような感覚に襲われ、アトランタ空港から自宅までのフリーウェイの帰宅コースを何度も変え、自動車を買い替えた。携帯電話の番号を何度も変え、ピーチトゥリー・シティーの家を引き払い、フェイヨッテビルの森のなかの新居に引っ越した。

クリスはナンシーに午後6時以降に外出することを禁じ、ダニエルくんには家の外では遊ばせなかった。ナンシーは親しい友人に「わたしにもしものことがあったら、クリスだからね」と冗談とも本気ともつかない調子で話していた。

クリスはエドモントン在住の14歳の長男デビッド、10歳の長女メーガンを受け取り人とした生命保険に加入し、そのことをナンシーに告げずにいて、ナンシーがその保険証書を発見して大ゲンカになったこともあったという。7歳になるダニエルくんをどこの小学校に通わせるかもふたりにとっては大きな問題だった。

そして、最後の金曜の夜が訪れた。クリスはものすごい暴力的なマナーでナンシーの息の根を止めてしまった。それはロイドレイジ（ステロイドの副作用のひとつ）と呼ばれるコントロール不能な瞬間的な感情の爆発だったのかもしれないし、ひょっとしたらもっとディープで冷静な行動だったのかもしれない。

ナンシーを絞殺してからダニエルくんに抗うつ剤を与えて眠らせるまで、クリスはひと晩じゅう家のなかをうろうろしていた。やっぱり、計画的犯行ではなくて心の事故だったのだろう。クリスは考えに考えぬき、みずからの命を絶つことを決心し、両親がいなくなってしまう7歳の息子をここではないどこかへいっしょに連れていくことを決めた。

自殺を犯罪と定義づけているアメリカにもマーシー・キリング（慈悲殺＝安楽死など慈悲的動機からの殺人行為）という単語はある。ダニエルくんはフラジャイルX（ぜい弱X症候群）という染色体の異常による発達障害を抱えていたとされるが、クリス・サイドの遺族もナンシー・サイドの遺族もこの説を否定した。

妻を殺し、息子にも手をかけたクリスは、それからほぼ一日、家のなかを歩きまわり、夜が明けてしまうまえに自分で自分を殺した。だれにも教えていなかった新しい自宅の住所を何度も何度もメールで友人に伝えたのは、できるだけ早くすべてを発見してほしかったからだろう。

ナイセスト・ガイだったクリスはもういないのに、クリス・ベンワーのダブル・マーダー・スアサイドの物語はいまでもつづいている。

クリスにステロイドを処方していたフィル・アスティン医師は〝ドラッグ・ディーラー〟として逮捕され、アトランタの自宅兼クリニックがFBIの強制捜査を受けた。アスティン医師のオフィスからは顧客リストとそのカルテが押収されたが、アスティン医師の弁護士は捜査の初動段階でFBIの取り調べ方法に違法性があったことを指摘。裁判所もこれを認めたため、弁護士対FBIというマスメディアが喜びそうな新しい因縁ドラマも派生しつつある。

クリスの自宅から大量のステロイドがみつかったことで、WWEはマスメディアの大バッシングの先回りをするようにして外部機関による本格的なドーピング検査を導入。これと同時進行で契約タレントの健康管理プログラム〝ウェルネス・ポリシー〟にも取り組んでいる。毎日のようにテレビに出演するようになったクリスの父マイケル・ベンワーさんは「わが人生最大の後悔は、13歳だったクリスにウエート器具を買い与えたこと」と語り、「息子がダイナマイト・キッドにあこがれたのを応援してしまったのは私の責任」と自分を責めつづけている。

マイケルさんは、ハーバード大卒の元WWEスーパースターで現在は脳しんとう研究のエキスパートとして活動しているクリス・ノウィンスキーにクリスの脳の分析を依頼した。ウエスト・バージニア大学病院でおこなわれた解剖では、クリスの脳は連続性の脳しんとうでアルツハイマー症によく似た疾患を負っていたことが判明した。脳しんとうの後遺症の研究については、ほかのプロスポーツのインサイダー、保険会社などが興味ぶかく見守っているという。

また、マイケルさんは「安全ではない労働環境で契約スタッフ（ここではプロレスラー）を働かせ、ケガや病気などに対して適性な治療を施さず、労働組合も医療プログラムも存在しない」としてWWEを告訴する準備を進めている。マイケルさんは、息子クリスを不適切な労働条件の犠牲者、この事件そのものを〝人災〟というふうにとらえている。

WWEはWWEで、マイケルさんとクリスのふたりの子どもたちに対して200万ドルの示談金を用意し、その交換条件として今後いっさい訴訟を起こさないという〝覚書〟を交わそうとしたが、マイケルさんはこれを拒否した。マイケルさん側の大弁護団とWWE側の大弁護団による予審がはじまろうとしている。

クリスが残したとされるアトランタとエドモントンの不動産（家3戸とコンドミニアム）、預金、証券などの遺産はベンワー家とナンシーの実家であるタフォローニ家のあいだで分配され、合計300万ドルとされる遺産の50パーセントはクリスのふたりの子どもへ、あとの50パーセントはナンシーの両親が相続することで合意した。新人時代からこつこつと貯金をしていたクリスは、いつのまにかかなりの財産を築いていた。

マイケルさん自身は、スレーヤー法（殺人犯がその行為によって遺産相続などの利益を得ることを禁止し

ジョニー・バレンタイン
Johnny Valentine

た法律）を考慮し、息子の財産に関するいっさいの権利を放棄した。

　息子クリスの体と心にいったいなにが起こってたのかをファインド・アウトすることがマイケルさんのライフワークになった。記憶のなかのクリスにいくら話しかけても死んだナイス・ガイはもう戻ってはこないけれど、この事件からなにかを学ぶことはできるだろう。

　アメリカ英語ではダブル・マーダー・スアサイドで、日本語ではそれが無理心中となる。心中という日本的な単語にはちょっぴりロマンチックな響きもあるけれど、妻子を道づれにしての無理心中となるとそれはやっぱりとてつもなく重たい。

　ひとつだけ救いがあるとしたら、クリスの家族とナンシーの家族とがケンカを回避してくれたことだろう。クリスのふたりの子どもたち、デビッドくんとメーガンちゃんはこれからの自分たちの人生を自分たちの力で生きていくのである。


（08年2月）

フレアーに〝座席〟を譲った運命のフライト

ジョニー・バレンタインは20世紀を代表する伝説のプロレスラーのひとりである。世界チャンピオンにはなっていないから〝記録〟よりも〝記憶〟に残るタイプのスーパースターということになるのだろう。本名はジョン・セオドア・ウィスニスキーで、出身地についてはワシントン州シアトルとテキサス州ラボックのふたつの説がある。生年月日に関しても1925年、1928年、1929年の3つの説があったが、現在は28年9月22日生まれが正確なデータとされている。

プロフィルにもなぞの部分がいくつかあり、15歳のときに〝ポーランドの古豪〟スタニスラウス・ズビスコにスカウトされ、ズビスコとともにアメリカとヨーロッパを転々とし、第二次世界大戦後の47年春、巡業先のブエノスアイレスでデビューしたとされる。戦後のプロレス組織としては〝世界最高峰〟とされるNWA（ナショナル・レスリング・アライアンス）が発足したのが48年7月だから、バレンタインは20世紀後半のアメリカのレスリング・ビジネスの土台づくりをリアルタイムで体験したレスラーのひとりだった。

〝初代ネイチャーボーイ〟バディ・ロジャースの宿命のライバルであり、アントニオ猪木を一夜にしてスーパースターに変身させた超大物であり、無名時代のリック・フレアーのアドバイザー的存在でもあった。トランス状態を思わせるガラスのような青い瞳と〝毒針殺法〟として恐れられたエルボー攻撃がトレードマークで、ロープワークを使わないレスラーだった。日本では〝妖鬼〟なるニックネームがつけられた。

古い資料を調べてみたら、54年8月と58年1月にテキサス州ヒューストンで2度、テキサス・ヘビー級王座というタイトルを獲得していた。63年7月にはシカゴの新興団体IWA（インターナショナル・レスリング・アライアンス＝フレッド・コーラー派）が認定する世界王者にもなったが、IWAは翌64年に崩壊し、バレンタインが保持したタイトルも自然消滅した。

バレンタインはひとつのテリトリーに長期滞在することを好まないレスラーだった。60年代前半から70年代にかけての10数年間は〝NWA世界王座への第1コンテンダー〟として全米の各エリアでUSヘビー級王者、アメリカン・ヘビー級王者として活躍した。バレンタインの〝個人所有〟だったチャンピオンベルトは太平洋を渡って日本にもやって来た。

バレンタインが初めて日本で試合をしたのは66年10月。猪木が23歳の若さで設立した新団体、東京プロレスの旗揚げシリーズ第1戦で猪木と対戦し、場外カウントアウト負けでUSヘビー級王座を明け渡した。これとまったく同じ名称のタイトルはシカゴ、デトロイト、オハイオ、トロントなどにもあったため、バレンタインが日本に置いていったUS王座がいったいどのバージョンのベルトであったかははっきりしないが、〝超大物〟バレンタインとのシングルマッチがキャリア6年の若手レスラーだった猪木を時代の表舞台にひっぱり出したことはまぎれもない事実だった。

75年10月4日午後、バレンタインは〝運命のフライト〟に同乗していた。リック・フレアー、ミスター・レスリング（ティム・ウッズ）らを乗せたセスナ機がノースカロライナ州ウィルミントン近くの山中に墜落。同機を操縦していたパイロットは死亡し、バレンタインは背骨3カ所、両足首複雑骨折と脊髄損傷の重傷を負い、すぐ後ろの座席に座っていたフレアーも腰骨を骨折。T・ウッズだけが軽傷だった。

セスナ機に乗り込む数秒まえ、バレンタインは後輩のフレアーになんとなく後部座席を譲ったのだという。47歳のバレンタインはこの事故が原因で現役生活を断念した。26歳、キャリア2年のルーキーだったフレアーはリハビリを機に肉体改造に成功し、バレンタインが「この男のマネをしてみろ」と提案した〝ネイチャーボーイ〟としての道を歩みはじめることになる。

結果的にバレンタインにとって現役生活の最後のホームリングとなったノースカロライナ地区の75年当時の〝ドル箱カード〟は、バレンタイン対ワフー・マクダニエルの因縁マッチだった。バレンタインは十八番〝毒針エルボー〟をワフーの脳天に突き刺し、ワフーは専売特許のトマホーク・チョップをバレンタインの胸板にたたき込んだ。〝音〟の出るプロレスがノースカロライナ・スタイルの基本形になった。

リングに上がれなくなったバレンタインの代役としてワフーの新ライバルのポジションを手に入れたのは、ほかでもないフレアーだった。ワフーとフレアーのしばき合いは、売り出し中の若手ヒールだったフレアーにバックハンド・チョップというひょうたんから駒のようなトレードマーク・ムーブを与えた。フレアーはそれから30年以上、衝撃音の出るバックハンド・チョップを秘伝の技として愛用しつづけた。あの日、バレンタインがフレアーに座席を譲っていなかったら、歴史はちがったものになっていたかもしれない。

かつて〝妖鬼〟の異名をとったバレンタインは01年4月24日、テキサス州フォートワースの自宅で急性心不全でこの世を去った。享年72。

（01年4月）

クラッシャー・リソワスキー

“The Crusher” Reggie Lisowski

〝粉砕者〟クラッシャーの「どんなもんだいHow'bout da?」

クラッシャー・リソワスキーは、1950年代前半から80年代まで活躍したひじょうに息の長いスーパースターだった。プロレスラーのタイプとしてはストーンコールドが出現する30年以上まえのストーンコールドのようなタイプといえばわかりやすいかもしれない。

現役選手としてピークにあった時代の体のサイズは身長5フィート11インチ（約180センチ）、体重260ポンド（約118キロ）。身長はそれほど高くなかったが、アンティークの冷蔵庫のような丸みをおびたぶ厚い胸板と太くて短い首が特徴だった。

〝生傷男〟ディック・ザ・ブルーザーとの名コンビ、ブルーザー＆クラッシャーとして60年代から70年代にかけて一世を風びし、AWA世界タッグ王座を通算5回保持。シングルプレーヤーとしてもAWA世界ヘビー級王座を通算3回保持した。チームリーダーとされたブルーザーよりもじつはクラッシャーのほうが年齢で3歳、キャリアで6年ほど先輩だった。

1926年7月11日、ペンシルベニア州ピッツバーグ出身。第二次世界大戦後の49年、ウィスコンシン州ミルウォーキーのサウス・サイド、12番街とミッチェル通りの交差点にあったバー〝パリス・ボウルルーム〟でひそかにおこなわれていた〝地下プロレス〟で賞金マッチをやっていた、というおとぎばなしのようなエピソードがいまも語り継がれている。当時23歳だったクラッシャーは昼間はブリック・レイヤー（左官業）やファクトリー・ワーカー（工場労働者）として働き、夜は酒場でプロレスをやっていたということになっているが、真偽のほどはさだかではない。

ミルウォーキーからシカゴに流れ、シカゴのレインボー・ホールで試合をしていたところを大プロモーター、フレッド・コーラーにスカウトされ、全米中継のプロレス番組〝レスリング・フロム・マリゴールド・ガーデン〟（ドゥモン・ネットワーク）に出演するようになった。当時のリングネームは本名のレジー・リソワスキーで、髪の色はブルネット。星条旗のデザインをあしらったサテン地のジャケットを身につけ、ブルーカラー出身のベビーフェースとして売り出したが、あまり人気は出なかった。

髪をブリーチ・ブロンドに脱色し、日本でいうところのスポーツ刈りのような四角いクルーカットにイメージチェンジし、クラッシャー＝粉砕者という新リングネームでヒールに転向してからスーパースターの道を歩みはじめた。このあたりのプロセスは、サラサラの金髪だったスティーブ・オースチンが頭をツルツルに剃りあげてストーンコールドに変身し、ひとつの時代を代表するスーパースターへと変貌をとげていった過程とひじょうによく似ている。

ストーンコールドが90年代に〝ストーンコールド、かく語りき Coz, Stone Cold said so〟という定番のキャッチフレーズでファンの心をとらえたように、クラッシャーも〝どんなもんだい How' bout da?〟というキメの台詞で50年代から60年代のテレビ視聴者のハートをつかんだ。ザ・クラッシャーのザは〝The〟ではなく、クラッシャー自身のアクセントに忠実に〝Da〟になっていた。ストーンコールドのトレードマークは缶ビールのいっき飲みだが、クラッシャーのそれは瓶ビールのラッパ飲みだった。

クラッシャーとブルーザーがいちども仲間割れすることなく20年以上もコンビを継続することができたのは、ふたりがそれぞれのホームタウンに興行地盤を持つレスラー・プロモーターだったことと深く関係している。クラッシャーはミルウォーキーの大プロモーターで、ブルーザーはインディアナ州インディアナポリスで独立団体WWAを経営する社長レスラーだった。

クラッシャーの現役時代の最後のタイトルマッチは、バロン・フォン・ラシクとのコンビでザ・ロード・ウォリアーズと闘ったAWA世界タッグ選手権だった。58歳のクラッシャーが24歳のアニマル、27歳のホークと対戦した試合は、日本でも『世界のプロレス』（テレビ東京）というテレビ番組でオンエアされた。

ハルク・ホーガンのプロデュースで89年にWWEのウィスコンシン・ツアーで引退試合がおこなわれた。

05年10月23日、ミルウォーキー郊外の病院で脳腫瘍で死去。79歳だった。この世を去る直前までテレビでプロレスを観ていたという。（05年11月）

ワフー・マクダニエル
Wahoo McDaniel

まだ若造だったフレアーに〝逆水平チョップ〟を教えた男

〝ミスター・プロレス〟リック・フレアーのトレードマークになっているバックハンド・チョップと〝ウォーＷｏｏｏ〟という雄叫びのルーツは、ネイティブ・アメリカンの大御所ワフー・マクダニエルである。70年代半ば、売り出し中の若手ヒールだったフレアーは、ノースカロライナのリングで毎晩のようにワフーのトマホーク・チョップを1ダースばかり胸板に打ち込まれては〝ギャーッ〟と悲鳴をあげてバンプをとりまくった。フレアーはワフーと闘うことでスーパースターへの階段を一歩ずつかけ上がっていった。

ワフーが現役選手として活動したのは1962年から96年までの34年間。日本では国際プロレス（73年＝初来日）、全日本プロレス（76年、77年、79年、80年）、新日本プロレス（82年）の3団体のリングに登場した。これほどのビッグネームが通算6回しか来日していないのは、ワフーがアメリカでも指折りのファイトマネーの高いレスラーだったことと関係している。ジャイアント馬場にとってもアントニオ猪木にとってもワフーは使い勝手の悪い割高なガイジンだった。

38年6月19日、オクラホマ州バニース出身。本名はエドワード・ヒュー・マクダニエル。オクラホマ大フットボール部で活躍後、プロ入り。61年から68年まで8シーズン、旧AFLのヒューストン・オイラーズ、デンバー・ブロンコス、ニューヨーク・ジェッツ、マイアミ・ドルフィンズの4チームに在籍。66年のチーム創立と同時にレギュラー（ミドル・ラインバッカー）となったドルフィンズで人気プレーヤーの仲間入りを果たした。〝ワフー〟は本名ではなく愛称だが、プロ・フットボールの公式記録ブック『フットボール・エンサイクロペディア』にはいまでもこの〝ワフー〟がミドルネームとして記載されている。

プロレスラーとしてのデビューは62年1月。シカゴのプロモーター、フレッド・コーラーとジム・バーネットにスカウトされる形でフットボールのオフシーズンに試験的にプロレスのリングに上がった。62年から68年までの7年間はフットボールとプロレスの二足のわらじを履いた。

ワフーが純血のネイティブ・アメリカンだったかといえば、じつはそうではなかった。ワフーの体に流れているチャクトー・インディアン、チカソー・インディアンの血は全体の約5パーセントほどに過ぎなかったといわれている。つまり、ネイティブ・アメリカンよりも白人の血が占める割合のほうがはるかに大きかった。しかし、ワフーはアングロサクソンの〝テキサン〟よりもネイティブ・アメリカンの〝オーキー〟としてのバックグラウンドを重んじ、その5パーセントの血をひじょうに大切にした。

プロレスラーとしてのワフーは、対戦相手のヒールのキャラクターを最大限に輝かせてみせる典型的な〝受けのレスリング〟のベビーフェースだった。キーワードはシンパシー（共感、同情）。70年代前半はAWAのリングで新人時代のビリー・グラハムを〝スーパースター〟に変身させた。〝ヒール仕様〟のドリー・ファンクJrのNWA世界ヘビー級王座に挑戦し、90分時間切れのドローを演じたこともあったし、ハーリー・レイス、テリー・ファンクらがNWA世界王者だった時代には〝別格〟のチャレンジャーとして全米の主要テリトリーをサーキットしながらタイトルマッチ・ツアーをおこなった。

70年代にノースカロライナのNWAクロケット・プロをホームリングにするようになってからは、フレアーの胸板に〝伝家の宝刀〟トマホーク・チョップを打ち込む場面が定番シーンになった。ワフーは40代に手が届いたベテランのベビーフェースで、ワフーよりも12歳年下のフレアーは伝統的かつ古典的なヒール道を模索していた。80年代にワフーが第一線を退くと、いにしえのトマホーク・チョップはそのままフレアーの十八番として継承された。

ワフーはその後、引退宣言―復帰をくり返しながら58歳まで現役としての活動をつづけた。96年に心臓疾患、糖尿病、腎臓病の合併症でやむなくリングを下りてからは、腎臓移植手術のためのドナー（臓器提供者）を探していた。02年4月19日、入院先のテキサス州ヒューストンのサイフェア・メモリアル病院で帰らぬ人となった。ワフーは21世紀のリングにトマホーク・チョップを残していった。享年63。（02年4月）

アーニー・ラッド
Ernie Ladd

〝ビッグ・キャット〟と呼ばれた黒人エリート

〝ビッグ・キャット〟アーニー・ラッドはいくつもの人生をいちどに生きたプロレスラーだった。アフリカ系アメリカ人としてこの世に生を受け、エリート・アスリートのために用意されたアメリカン・ドリームへのアクセスとして大学に進んだ。プロ・フットボールで名声を勝ちとり、プロレスとめぐり逢った。ハイスクール時代からのスウィートハートのロスリンさんと一生をともに過ごし、4人の子どもをもうけ、16人の孫たちに恵まれた。そして、リングを下りたあとは政治と宗教にも深くかかわった。

ラッドは1938年、ルイジアナ州レイビル生まれ。幼少時代に家族とともにテキサス州オレンジに移り住み、ハイスクール時代にバスケットボールで活躍し、スポーツ奨学金をもらいルイジアナ州立グランブリング・ステート・カレッジに進学した。

グランブリング大は〝オール・ブラック・スクール〟と呼ばれる、選ばれし黒人だけが通う特別な大学だった。ラッドがこの大学に入学したのは58年。公民権法（64年）が施行される6年まえのことだ。

ラッドは同大学に入学後、「学食が食べ放題になる」

という理由でバスケットボールからフットボールに転向し、3年生のシーズン終了後、アマ・プロ規約がまだアバウトだった時代のドラフトにかかり、大学を中退して61年にサンディエゴ・チャージャーズ（AFL）に入団した。6フィート9インチ（約205センチ）、290ポンド（約130キロ）の〝巨人サイズ〟はバスケットボールよりもフットボール向きだった。

ラッドは61年から64年までチャージャーズに4シーズン在籍し、65年にヒューストン・オイラーズに移籍。その後、現役生活の最後の2シーズン（67年、68年）をカンザスシティー・チーフスで過ごした。プロレスとの出逢いはチャージャーズ在籍中の62年のオフ・シーズンで、〝銀髪鬼〟フレッド・ブラッシーの誘いでプロレスのリングに上がったのがはじまりだった。フットボールとプロレスの〝二足のわらじ〟はそれから約7年間つづいた。

いわゆるエリート・アスリートだったラッドが人権運動にめざめたのもチャージャーズ在籍中のことだった。64年、ルイジアナ州ニューオーリンズで開催されたAFLオールスター・ゲームに選出されたラッドは、人種差別を受けたことを理由に試合出場をボイコット。オールスター・メンバーに選ばれた全29選手中、21人の黒人プレーヤーたちもラッドのこの〝決定〟を支持した。

ラッドのチームメートだったアール・フェイソンが「黒人だから」という理由でタクシーの乗車を拒否された。ニューオーリンズのダウンタウン、バーボン・ストリートのナイトクラブには〝ニガー入店お断り〟の張り紙があった。スタジアムの観客席は〝白人セクション〟と〝黒人セクション〟に区分けされていた。

ラッドをリーダーとする黒人選手のボイコットで大会の開催そのものが危ぶまれるとAFLサイドはNAACP（全米黒人地位向上委員会）を〝交渉人〟に立ててラッドらとの和解を試み、大会開催地がニューオーリンズからヒューストンに変更され、選手グループがようやく試合出場に同意した。

ラッドをプロレスに導いたブラッシーは、フットボール・プレーヤーとしての〝ビッグ・キャット〟の知名度がビッグ・ビジネスに化けると考えた。ラッドはプロレスをやってみようと決心してから初めてプロレスの試合を観戦した〝後天的プロレスラー〟だったが、レスリング・ビジネスのサイコロジー＝観客心理をすばやく学習した。それは文字どおりの皮膚感覚だった。

全米各地のプロモーターは現役の花形フットボール・プレーヤーのラッドにベビーフェース的ポジションを求めたが、ラッド自身はベビーフェースを演じることを嫌悪した。

60年代のプロモーターは黒人レスラーをヒールとして使うことをためらい、タブー視していた。ラッドと同じ時代を生きたボボ・ブラジル、ベアキャット・ライト、アート・トーマスといった黒人のスーパースターたちはいずれも典型的なベビーフェースだった。ラッドは、アフリカン・アメリカンのベビーフェース対アフリカン・アメリカンのヒールという新しい図式をプロレスのリングに持ち込み、みずからはヒール役を買って出た。

プロ・フットボール時代の平均年俸は約6万ドルだったが、フルタイムのプロレスラーに転向した70年の年収は9万8000ドル、翌71年にはそれが15万ドルにハネ上がった。プロレスとはサイコロジーのビジネスなのだということをラッドはだれよりもよく知っていた。

ラッドは、どこにいるのかはわからないけれどいつも自分のそばにいる、目に見えない〝巨大な敵〟と闘っていた。自由と平等の国アメリカには差別はないことになってはいるけれど、それは頑丈なプロテクターを身にまとってどこかに隠れていて、チャンスさえあればラッドの〝巨人ボディー〟にタックルをぶちかましてきた。

ラッドとラッドと同じ時代を生きたアフリカ系アメリカ人のエリート・アスリートは、〝選ばれし者〟であることと（白人と）〝平等〟であることとの微妙なニュアンスのちがいにほんろうされた。フィールドのなかにも、ロッカルームにも、スタジアムの観客席にも明らかなレイシズム＝人種偏見がうごめいていた。

分離はすれど平等、黒人と白人を公共施設で分離するが、表向きの利用権は平等に与えるという〝分離平等政策（セパレート・バット・イコール separate but equal)〟を米最高裁が違憲とした〝ブラウン判決〟が確定したのは54年。〝ブラウン判決〟をきっかけに全米で公民権運動が巻き起こり、公民権法制定により人種差別撤廃の法令がようやく整備されたのはそれからさらに10年後の64年だった。ラッドはそんな時代のどまんなかを全速力で走りぬけた。

貧しい家庭で育ったラッドが学費を免除され大学の教育を受けることができたのも、カレッジ・フットボールの花形選手からプロ・フットボールのスーパースターへの道を歩むことができたのも、ラッド自身が〝選ばれし黒人〟の代表のような存在だったからだ。

〝平等〟と記されたピカピカのステッカーをはがしてみると、その下には〝差別〟という刻印が押してあった。それは、だれもがわかっていることなのにだれもが知らんぷりを決め込む、アメリカ社会の奥底に潜むダブル・スタンダードだった。

毒をもって毒を制すじゃないけれど、ラッドはこのダブル・スタンダードを巧みに利用してダブル・スタンダードそのものと闘いつづけた。

アメリカン・プロレスの基本はベビーフェース対ヒールの勧善懲悪ドラマだから、プロモーターたちはラッドに優秀な黒人のステレオタイプ＝ベビーフェースのポジションを与えようとしたが、ラッドはあえて優秀ではない黒人のステレオタイプ＝ヒールを演じることにとことんこだわった。観客のサイコロジーをつねにコントロールしているのはベビーフェースではなくヒールのほうだった。〝ビッグ・キャット〟は黒人の観客からも白人の観客からも平等にブーイングを浴びることを望んだ。

政治とのかかわりは、サンディエゴ・チャージャーズからヒューストン・オイラーズに移籍した64年のオフ・シーズンからはじまった。ラッドはヒューストンの大プロモーター、ポール・ボーシュからのちの第41代合衆国大統領ジョージ・H・W・ブッシュを紹介された。

66年、上院選に出馬したブッシュは、テキサス州の黒人有権者の〝票固め〟のためラッドを選挙運動のキャンペーン・パートナーに指名したが、「共和党は大嫌い」なラッドは〝パパ〟ブッシュのオファーを断った。ラッドのファンになったブッシュはその後、「ウチのドラ息子を頼む」といってまだ20代だったジョージ・W・ブッシュをラッドが運営する〝青少年育成プログラム〟で働かせた。ラッドと未来の合衆国第43代大統領は友だちになった。

ラッドは84年、46歳で現役を引退し、ホームタウンに近いルイジアナ州フランクリンでプロテスタントの牧師としての仕事をはじめた。フットボールとプロレスのどちらが好きだったかと質問されるたびに、ラッドはいつも「フットボールよりもレスリングからより多くのことを学んだ」と答えていた。

96年の大統領選ではかつて「大嫌い」だった共和党のボブ・ドール候補の選挙キャンペーンに参加した。このときの副大統領候補はラッドのチャージャーズ時代のチームメートで、プロ・フットボールを引退後、政界に進出したジャック・ケンプだった。00年の大統領選では〝親友〟ブッシュのキャンペーン・パートナーとしてアメリカじゅうをまわった。

03年に結腸ガンを発症し、その後、腫瘍が胃と骨髄にも転移。約4年間の闘病生活の末、07年3月10日、フランクリンの自宅で死去した。68歳だった。若いころはリベラル＝自由主義だったラッドが後年、コンサバティブ＝保守派に軌道修正したのもアメリカン・ドリーム的といえばアメリカン・ドリーム的だった。

プロレスのリングでラッドが必殺技として愛用していた〝ギロチン〟と呼ばれるレッグドロップは、やがて白人文化の象徴のようなハルク・ホーガンに引き継がれたのだった。

（07年4月）

カート・ヘニング

Curt Hennig

〝ミスター・パーフェクト〟と呼ばれた男

〝ミスター・パーフェクト〟カート・ヘニングは、だれにもグッバイを告げずに突然、この世を去った。土曜の午後、ホームタウンのミネソタ州ミネアポリスから直行便でフロリダ州タンパまでやって来て、その夜は悪友のナスティ・ボーイズ（ブライアン・ノッブス&ジェリー・サッグス）、グレッグ・バレンタイン、キューバン・アサシンらとナイトクラビングに出かけた。

日曜の夜はジミー・ハートがプロモートするインディペンデント・グループ、〝オールスター・レスリング〟の試合に出場することになっていた。この日は午前9時30分に宿泊先のホースステッド・スイート・ホテルのレストランで団体関係者と朝食をとる予定になっていたが、ヘニングは〝二日酔い〟を理由にこれをキャンセルした。

午後1時過ぎ、いっしょにジムに行く約束をしていたキューバン・アサシンがヘニングをホテルまでピックアップに来たが、予定の時刻を30分過ぎてもヘニングがロビーに現れず、部屋の電話にも携帯電話にも出ないため、アサシンはホテルのフロントに頼んでヘニングの部屋のカギを開けてもらった。

ヘニングはベッドによこになっていた。もうすでに呼吸はなかったという。すぐに救急車がかけつけたが、救急医療チームは到着とほぼ同時にヘニングの死亡を確認した。警察もホテルにやって来て現場検証をおこなったが、ホテルの部屋とその周辺からは事件、事故、あるいは自殺と考えられる物的・状況証拠はみつからなかった。

ヘニングは1958年3月28日、60年代から70年代にかけて活躍した名レスラー、ラリー〝ジ・アックス〟ヘニングの次男としてミネソタ州ロビンズデールに生まれた。父ラリーは長男ランディをプロレスラーにしようと考えたようだが、ランディはプロレスに興味を示さなかった。弟カートはハイスクールを卒業後、2年間だけ地元のジュニア・カレッジに通ったあと、21歳でプロレスラーとしてデビューした。

デビューは80年1月。その後、WWFを短期間サーキットしたあと、オレゴンのパシフィック・ノースウエスト地区（消滅）を約2年間サーキットし、83年に地元ミネアポリスのAWAエリアにUターンした。

いま20代半ばのアメリカのプロレスファンに「少年時代に目撃したグレーテスト・マッチは？」という質問をしたら、おそらく10人のうち9人までは迷わず〝ミスター・パーフェクト〟対〝ヒットマン〟ブレット・ハートのインターコンチネンタル選手権（91年8月26日＝〝サマースラム〟マディソン・スクウェア・ガーデン大会）と答えるだろう。

ヘニングはカーティス・マイケル・ヘニングという本名よりも〝ミスター・パーフェクト〟として観客に愛され、ヘニング自身もまたこのキャラクターどおりのライフスタイルを選択した。

〝完ぺきなアスリート〟に変身したのは、WWEと契約を交わした88年7月だった。WWEはヘニングの売り出し作戦として〝ミスター・パーフェクト〟がゴルフでホール・イン・ワンを打ち込むシーン、野球で場外ホームランをかっ飛ばすシーン、ボーリングで300点のパーフェクト・スコアを出すシーン、ダーツ競技でどまんなかのブルズ・アイにダーツを命中させるシーンなどをプロモーション・ビデオにして毎週のように全米中継のTVショーでオンエアした。

プロモーション・ビデオの最後のシーンでは〝ミスター・パーフェクト〟がカメラに向かってニッコリ笑い「アイ・アム・パーフェクト」とつぶやいた。まだ連続ドラマ〝ロウ〟も〝スマックダウン〟も存在しなかった時代の名作ビデオだった。

〝ミスター・パーフェクト〟としてのキャラクターがヘニングを現実ばなれしたスーパースターに変身させたのかといえば、そうではない。〝完ぺきなアスリート〟を自他ともに認めるヘニングは、レスラー仲間がうらやむほどのバンプ（受け身）の達人だった。

パーフェクトなバンプをとりつづけていた〝ミスター・パーフェクト〟が最初に体に異常を訴えたのは91年6月ごろだった。試合中のバンプが原因で尾てい骨を亀裂骨折し、椎間板ヘルニアも併発していた。

ヒットマンとの〝伝説の名勝負〟は、この負傷欠場からわずか3カ月後におこなわれた。〝サマースラム〟の大舞台でヒットマンとのタイトルマッチを実現させるため、ヘニングはドクターの警告を無視してニューヨークへ向かったのだった。

それはヘニングのお葬式というよりは、やっぱり〝ミスター・パーフェクト〟のお別れ会だった。44歳で天国へ旅立ったカートには妻リオニースさんとのあいだに4人の子どもがいた。長男のジョーは23歳で、いちばん下のハンクは12歳。まんなかのエイミーとケイティもまだティーンエイジだ。

父親似のジョーは、ヘニングのお気に入りだった背中に〝ミスター・パーフェクト〟と刺しゅうのはいった黒のジャケットを着て教会にやって来た。ミネソタ州アノーカのセント・ステファン教会には、まだヘニングの死を信じられない友人、知人たちがアメリカじゅうから集まった。だれも口に出してはいわないけれど、やっぱりだれもがこの悪い知らせがヘニングのいたずらであることを心のどこかで願っていた。

ヘニングはプラクティカル・ジョークの名人として知られていた。とにかく、いたずらをしてはよく友だちを困らせた。移動中の飛行機のなかでうっかりうとうとしていると、ほんの数秒のうちにヘニングにまゆ毛を剃り落とされてしまう。そのへんにベースボール・キャップを置いておくと、帽子のふちに瞬間接着剤がベットリ塗られていたりする。でも、どんなにタチの悪いいたずらをしてもなぜかヘニングは憎まれなかった。

プロレスラーを父に持つヘニングは、ハイスクール時代から地元ではちょっとした有名人だった。16歳のときにボーリング場の駐車場でのちのホーク・ウォリアーと殴り合いの大ゲンカをした。ホークのよこには親友のスコット・ノートンが仁王立ちしていた。

ヘニングが通ったロビンズデール・ハイスクールの同級生ではリック・ルード、トム・ジンク、ブレディ・ブーンの3人がプロレスラーになった。ルードは40歳でドラッグ中毒でこの世を去り、ブーンも5年まえにフロリダで交通事故死した。ジンクはもうリングに上がっていない。

58年生まれのヘニングは、少年時代にベトナム戦争をTVショーとして観て育った世代のアメリカ人だった。70年代はスローモーションの時代。雪国ミネソタでは戦争は遠い遠いところのニュースでしかなかった。ヘニングは十代からのガールフレンド、リオニースさんと結婚し、23年間、初心を貫いた。

教会の牧師さんは〝神様はパーフェクト〟というおはなしをした。神は4つの道でパーフェクトである。①神はパーフェクトにフェイスフル（忠実な、誠実な、貞節な、信義にあつい、約束を守る）。②神はパーフェクトなファーザー。③神はパーフェクトにジョイフル（喜びに満ちた、うれしい）。④神はパーフェクトにジェネラス（気前のよい、寛容な、度量の大きい、利己心のない）。

ヘニングは家族と友人と仕事に対してつねにフェイスフルだった。ふたりの息子、ふたりの娘を持つ父親であり、いたずら好きでジョイフル。プロレスラーとして持って生まれた才能を開花させ、その才能をほかのレスラー仲間たちとシェア（分け与える）した。そして、後輩たちの成功にジェネラスでありつづけた。

首と腰の負傷で一時、リングを離れていたヘニングは地元ミネアポリスの〝ブラッド・レイガンズ道場〟でドン・フライ、ブライアン・ジョンストン、ブロック・レズナーらにレスリングの手ほどきをした。ヘニングにとって〝教えること〟と〝与えること〟は無条件の喜びだったようだ。

〝ミスター・パーフェクト〟とのお別れにやって来たたくさんの友人、知人たちは「ジョークだよ。みんなビックリしたかい？」といってヘニングがひつぎから飛び出してくるシーンをなんとなく思い浮かべていた。

ヘニングの父ラリー・ヘニングは、参列者へのあいさつを「あいつにはよくだまされた」というコメントでしめくくった。〝ミスター・パーフェクト〟のおごりでヘニング家が親子三代いっしょにメキシコ旅行に出かけたときは、ホテルをチェックアウトする直前にヘニングがゆくえをくらました。だから、ホテル代はおじいちゃんがひとりで支払うはめになった。父ラリーも息子の不在をまだ信じられない様子だった。

最後の旅となったフロリダ・サーキットの2日ほどまえからヘニングはひどいしゃっくりとゲップに悩まされていたという。ヘニングの姉サンドラと妹スーザンは30代で軽い心臓病を患った。ヘニングは使い慣れたスポーツバッグをひとつ持って家を出たまま、だれにも告げずに永遠のジャーニーに旅立った。God Bless Mr. Perfect.

（03年3月）

スチュー・ハート

Stu Hart

〝カルガリーの親父〟が天国へ旅立った

〝カルガリーの親父〟スチュー・ハートさんが天国へ旅立った。カナダ・アルバータ州カルガリーという地名を〝プロレス用語〟にしたのは、だれがなんといおうとスチューさんである。ヘレン夫人とのあいだに12人の子どもをつくり、8人の息子がプロレスラーとなり、4人の娘がプロレスラーと結婚した。

1915年5月3日、サスカッチェワン州サスカトゥーン出身。少年時代からレスリングとフットボールに熱中し、20代前半はプロ・フットボール選手としてエドモントン・エスキモーズに在籍。第二次世界大戦中は海軍に入隊し、終戦まぎわの45年、カナダからヒッチハイクでニューヨークへ向かい、ニューヨークの大プロモーターだったトゥーツ・モントに直談判し、30歳でプロレスラーになった。

新人レスラーとして東海岸エリアをサーキット後、48年に地元カルガリーに新団体スタンピード・レスリングを設立した。ヘレン夫人とは前年（47年）のニューイヤーズ・イブに結婚。それから3年後の50年に長男スミス・ハートが誕生した。

カルガリーは、カウボーイとロデオの街だ。街というよりは〝町〟と表現したほうが正確かもしれない。毎年7月には町全体がウエスタン・ムード一色となり〝地上最大の野外ショー＝カルガリー・スタンピード〟が開かれる。アルバータ州最大の商業都市で、カナディアン・ロッキーのゲートウェイでもある。47年にレデュークで石油が発見され、カナダの代表的な石油産出地となった。

ハート家の12人兄弟を上から順番に列記するとこうなる。長男スミス。次男ブルース。三男キース。四男ウェイン。五男ディーン。長女エリー。次女ジョージア。六男ブレット。三女アリスン。七男ロース。四女ダイアナ。八男オーエン。末っ子オーエンは、父スチューが50歳のときに生まれた。

90年代を代表するスーパースターの〝ヒットマン〟ブレット・ハートは、上から数えて8番めで、下から数えると5番め。姉ジョージアと妹アリスンにはさまれ、やさしい〝六男坊〟として育った。ハイスクールを卒業と同時にデビューした兄たちとはちがい、ヒットマン自身は、もともとはプロレスラー志望ではなかった。

スタンピード・レスリングは、48年の団体発足から84年の解散まで約37年間、西カナダ最大の興行テリトリーとして独自の道を歩んだ。スチューさんがまだ現役レスラーだった50年代には〝ホイッパー〟ビリー・ワトソン、スカイ・ハイ・リー、ジョージ・ゴーディエンコといった名選手がここから巣立っていった。

60年代から70年代にかけてはビル・ロビンソン、アブドーラ・ザ・ブッチャー、アーチー・ゴーディ（モンゴリアン・ストンパー）、スウィート・ダディ・シキらアメリカ国籍ではない大物スターたちがカルガリーに長期滞在し、ノース・アメリカン・ヘビー級王者として活躍した。

ダイナマイト・キッド、デイビーボーイ・スミスらが登場するのは70年代の終わりから80年代にかけてで、レスラー志望ではなかったヒットマンも78年に正式にデビュー。スチューさんの道場〝ダンジエン＝地下牢〟のコーチで、カルガリー在住だったミスター・ヒト（安達勝治）のラインから数多くの日本人レスラーたちがこのカルガリーを武者修行の地に選んだ。

スチューさんは、84年9月にスタンピード・レスリングの株式とカルガリーの興行権をビンス・マクマホンに売却し、69歳でプロモーター業を引退。若手選手だったキッド、デイビーボーイ、ブレット、ジム・ナイドハートらはWWF（当時）所属となった。

悲劇のプロローグは、WWEのリングで起きたオーエンの突然の事故死だった（99年6月）。悲劇には〝余波〟が待っていた。WWEを相手どった訴訟は、証人として裁判に出廷したハート家の人びとの心をバラバラにした。オーエンの死から2年後の01年9月、スチューさんと53年間いっしょに暮らしたヘレン夫人がこの世を去った（享年76）。そして、02年7月、こんどは元気だったブレットが脳こうそくで倒れた。

3カ月まえに88歳の誕生日をお祝いしたばかりのスチューさんは、木曜の昼下がりに入院先のロッキービュー総合病院のベッドで静かに息を引きとった。持病の糖尿病と関節炎、転倒によるヒジのケガの感染症と肺炎の合併症だった。スチューさんの死を家族のみんなに知らせたのは、ブレットだった。（03年11月）

II

Individuality

個

プロレスラーがロードに出たら、

家族の一大事でも家へは帰れない

(ザ・シーク)

プロレスLOVEは恋愛のまたその先にある。

プロレスには“こういう欠点”もあるんだけど、

それでも結婚してくれますかという感覚。

そうやって結ばれたふたりなら強いよ

(武藤敬司)

Ⅱ—1

Persona

“個”を生きる

前田日明

Akira Maeda

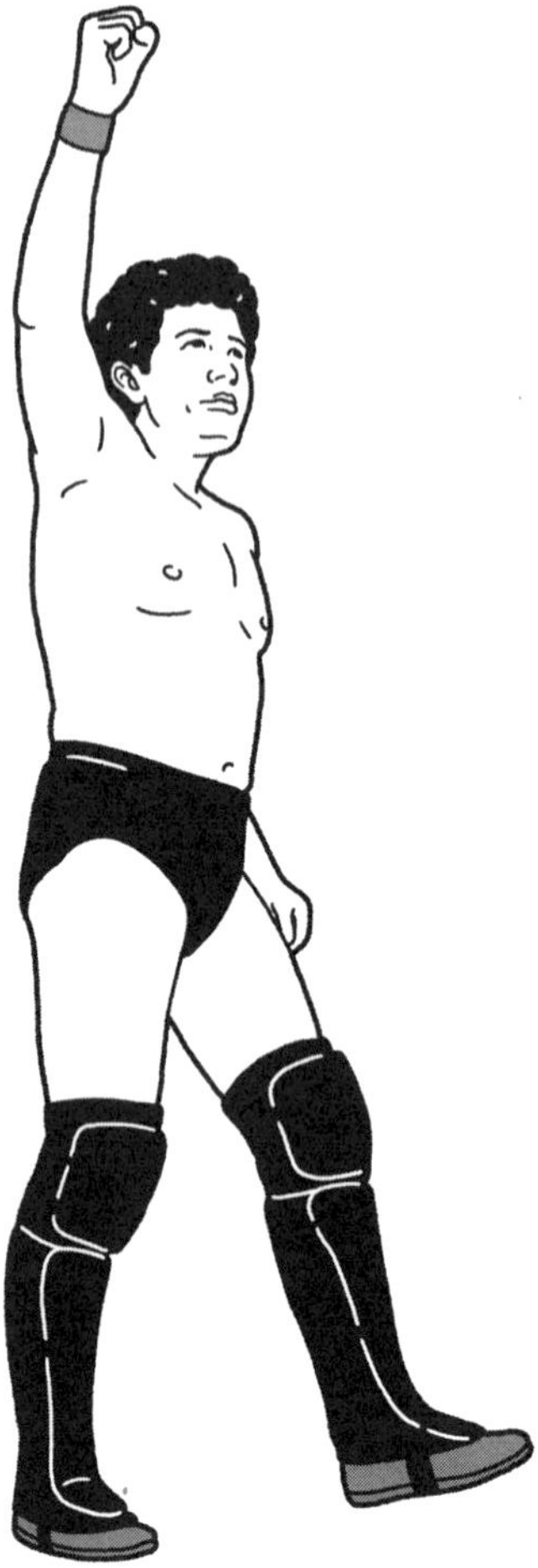

1959（昭和34）年1月24日、大阪市出身。高校卒業後、77年に新日本プロレス入門。84年、新団体ＵＷＦに移籍。同団体倒産後、85年12月に業務提携という形で新日本に復帰。88年5月、第二次ＵＷＦを設立するが、91年に同団体を解散。91年5月、リングス設立。リングスはそのソフトウエアを格闘技色の濃いプロレスから総合格闘技に移行。99年、"人類最強の男"カレリンを相手に引退試合。02年、興行成績の不振からリングスは活動休止。現在は評論家として活動するかたわら、格闘技イベントのプロデュースも手がけている

ずっと探し求めてきた〝まちがいのない物差し〟

前田日明の口ぐせは〝いろいろな意味で〟と〝でしょ?〟である。あるひとつの単語やコメント、あるいはシチュエーションにはいつでも必ずいろいろな意味がこめられていて、スポークスパーソンの前田はセンテンスのあとに形容詞のつかない〝でしょ?〟をくっつけて周囲の人びとの同意、理解を求める。

いろいろな意味で日本でいちばんグレードの高いニュース・メディアである『ニュースステーション』(テレビ朝日)の画面のなかで、前田は引退試合の対戦相手に〝人類最強の男〟アレキサンダー・カレリンを指名した理由を「いろいろな意味で、まちがいのない物差しで試合をしたかった、最後はね」と語った。

ここでいう〝まちがいのない物差し〟とは、前田自身のコメントを引用すれば「100年たっても200年たっても汚されることのないもの」。100年たっても200年たっても汚されることのないサムシングとは、具体的な数値やデータとして残されるカレリンの実力とそのステータスということになるのだろう。

〝前田日明〟というよりも、そこにいる等身大の前田は〝前田日明〟のイメージが汚されることをなによりも嫌う。サッカーのJリーグの外国人監督の多くは、この国のマスメディアで報道される情報化された〝自分〟と〝自分のチーム〟をいっさい読まない、観ないという。プロ野球の選手たちはいったいどのくらい本気で毎朝、スポーツ新聞を読んでいるのだろうか。ニュースとしての活字の寿命は極端に短い。

前田はそれが雑誌でも新聞でも単行本でもミニコミ誌でも、活字になった〝前田日明〟をすべて読破しているのだろう。三島由紀夫、カール・セーガン、ユング、ホーキンスらとは活字をとおしてよく知っている友人みたいな関係になった。前田のなかには無邪気なくらいの活字信仰のようなものがあって、活字バージョンの〝前田日明〟は汚されてしまう危険性とつねに闘っている、ということらしい。しかし、独り歩きしている活字をコントロールすることはできない。

プロレスラーとしても格闘家としても、またプロデューサーとしても前田はつねにメジャーな道を歩んできた。プロレスラー時代はヨーロッパ・ヘビー級王座、WWFインターナショナル王座、IWGPタッグ王座の3本のチャンピオンベルトを腰に巻いた。いまとなってては想像もできないようなことだが、前田はニューヨークのマディソン・スクウェア・ガーデンのリングでコブラツイストをやったことだってある。

〝大巨人〟アンドレ・ザ・ジャイアントを戦意喪失に追い込んだ。劇画の登場人物だった〝熊殺し〟ウィリー・ウィリアムスを現実の世界に引き戻した。〝オランダの首領〟クリス・ドールマンといっしょに格闘技の新ジャンル、フリーファイトをこしらえた。総合格闘技に到達する以前の前田は、前田と前田の仲間たちが完成させつつあった競技を〝プロフェッショナル・レスリング〟と呼称した時期があった。〝前田日明〟のたどってきた道はいろいろな道で活字になった。

カレリンとの「100年たっても200年たっても汚されることのない闘い」を終えてドレッシングルームに帰ってきた前田のすぐそばには『前田日明物語』の登場人物たちが集っていた。古田信幸リング・アナウンサーの声はあいかわらず馬鹿デカかったけれど、そこにいる物理的な古田さんはちょっとだけおじさんになった。メディカル・アドバイザーの野呂田秀夫先生がいる。リング・ドクターの安藤義治先生がいる。前田は汗だくで〝前田日明〟を語っていた。

映像作品となって『ニュースステーション』に登場した〝前田日明〟の肩書はやっぱり〝プロレスラー〟ではなくて〝格闘家〟になっていた。VTRといっしょに画面からこぼれてきたナレーションの導入部分は「そのルーツはプロレスだが……」だった。久米宏キャスターはプロレス、格闘技に関するコメントをめったに発してくれない。〝前田日明〟が探し求めてきたものはまちがいのない、汚されることのない物差し。でも、そこにいる現実の前田はコメントの最後に〝でしょ?〟をつけてしまうのだ。

(99年3月)

時空を超えて無限大に つらなる輪《リングス》のひとつめの輪

いまそこにいる前田日明をよおく観ておこうと考えた人びとが集まっていた。定番の赤い〝審議委員ジャケット〟を着た前田が第1試合からリングサイドの本部席にでんと陣どっていて、観客はつねに前田の視線といっしょにリング上の闘いを目撃していく。これがリングスのいちばん基本的な観戦モードである。

イベント名は〝ワールド・タイトル・シリーズ〜グランド・ファイナル〜〟。前田自身のコメントを借りれば「第一次リングスの最後の興行」となってしまった今大会のメインイベントには無差別級王座決定トーナメント決勝戦という大きなドラマの〝完結編〟が用意されていた。もう現役選手ではない前田がロープをくぐってリングに上がるたびに男性ファンから「マエダーッ！」という訴えかけるような声援が響いた。

80年代に青春時代をおくった日本じゅうのプロレスファンは、前田がいつかはアントニオ猪木をやっつけてくれるものと固く信じていた。UWFファンはプロレスに対してちょっとナイーブだった。けっきょく、前田とその仲間たちは新日本プロレスと袂を分かった。厳密にいうと〝プロレスラー前田日明〟は〝プロレスラー長州力〟の顔面を蹴って新日本から解雇された。解雇という単語のどこか事務的なニュアンスが妙に新鮮だった。いまだったらちょうど〝田中真紀子外相更迭〟みたいなフラットな響きだった。

第二次UWFが発足したのは1988年4月。大ブームのなかでの前田による〝解散宣言〟がそれから2年9カ月後の91年1月。プロフェッショナル・レスリング藤原組、UWFインターナショナル、リングスの3団体に分裂した〝U系〟のなかで旗揚げ興行がいちばん最後になったのは91年4月にスタートを切ったファイティング・ネットワーク・リングスで、当時の所属選手（リングス・ジャパン）は前田ひとりだった。

〝リング＝闘いの舞台〟の複数形にあたるリングスという団体名は、世界じゅうの格闘技をひとつのネットワークで結ぶという壮大なテーマを表現していた。前田プロデューサーは、ありとあらゆる格闘技のコンテンツとエッセンスを統一ルールのもとに自分のリングに集結させるという劇画のようなコンセプトをほんとうに実現させてしまった。

横浜文化体育館には前田のことが大好きなオトナの観客が集まっていた。UWF時代からの前田信者。リングスをずっと見守ってきた前田シンパ。そして、それぞれの時代ごとの前田ウォッチャー。〝前田日明〟というフィルターをとおしてプロレスと自分との関係をずっと考えつづけてきた純粋なプロレスファンもたくさんいる。前田が10年がかりで構築したリングスの総合格闘技が結果的にはプロレスとはまったく異なるジャンルに姿を変えてしまっても、前田ウォッチャーは前田ウォッチャーであることをやめない。

「みなさん、安心してください。自分がいつも試合をするところはリングスです」

高阪剛がマイクをつかんで観客に語りかけた。キーワードは〝安心〟だった。

「リングスのおかげで格闘家として成功することができました。前田さんに深く感謝します。また試合があるときは、われわれリングス・ロシアが兵隊のように飛んできます。また呼んでください」

〝魔術師〟ヴォルク・ハンがマイクを手に戦友・前田の功績をねぎらった。センチメンタルな空気がリングを支配した。アリーナ正面のステージ上にはファイティング・ネットワーク・リングスのロゴを中心に日本、オランダ、ロシア、グルジア、リトアニア、ブルガリア、アメリカ、オーストラリア、イギリス、ブラジルの10カ国の国旗がディスプレーされていた。

「えー、リングスは今回の大会をもちまして一時、興行活動を休止します。えー、興行形態を刷新し、またみなさんのまえに戻ってきます」

きわめて短いセンテンスでまとめられた前田からのメッセージはどこかそっけなかった。髪は後ろのほうがややボサボサで、真っ赤な〝審議委員ジャケット〟の下は黒のルースフィットのパンツ、足元は革靴ではなくて黒地のスニーカーをはいていた。もうちょっとビジュアルにも気をくばってほしいような気もするけれど、この無頓着さが前田らしさなのかもしれない。
前田は群れない。〝前田日明〟のそばから仲間や弟子たちが去っていって、長編ドラマの最終回にはいつも独りぼっちになってしまう。孤独になればなるほど前田はもっともっと前田らしくなっていく。どこまでも未完成なヒーロー、前田の〝放浪の章〟がはじまろうとしている――。

（02年3月）

船木誠勝

Masakatsu Funaki

天才格闘家は現実としての勝利よりも〝自殺〟を選んだ

着流し、兵児帯《へこおび》、日本刀《ドス》、草履、そして短く刈り込んだ髪は高倉健の東映ヤクザ映画『昭和残侠伝』シリーズのイメージだった。高倉健演じる〝花田秀次郎〟は渡世の義理よりもすぐそばにいる男たちとの友情を大切にする正義の味方っぽいヤクザだった。〝花田秀次郎〟のよこにはいつも池部良演じる〝風間重吉〟が立っていた。出入りが終わった瞬間、ボロきれのようになった船木誠勝の体をしっかりと支えていたのは、やっぱり鈴木みのるだった。鈴木が演じる〝風間重吉〟は短パンではなくよそいきの茶色のトラウザーをはいて、首からは銀のネックレスを下げていた。

「格闘技に答えはありませんでした。永遠に闘いつづけることだと思います」

船木が出した結論は、どうやらこのふたつだった。〝試合〟としての格闘技のなかには船木が探していたサムシングはついにみつからなかった。それを発見するために永遠に闘いつづけることが船木のモットーである〝あしたからまた生きる〟につながる。

ヒクソン・グレイシーとの闘いで船木が体験した現実的な敗北は、天才格闘家・船木のイメージを失墜させるものではない。そこにあるリアリティーとしてのヒクソンに勝つことはたしかに大切だったかもしれないけれど、それよりも船木はヒクソンを実験台にして〝生〟と〝死〟というテーマと向き合おうとしていた。ヒクソンの肉体と接触することで、その向こう側にある未確認ゾーンをちょっとだけのぞきにいった。

序盤戦のコーナーサイドでの相撲スタイルの攻防で、ヒクソンは左四つの体勢で密着しながらショートレンジのパンチとヒザ蹴りを交互に打ってきた。船木にとってこの場面でのこの展開は何度も何度も頭のなかでシミュレーションしてきたとおりのものだった。しかし、ここで計算外のアクシデントが起きた。ほんの何分の1秒かのコンタクトのあいだに船木の右ヒザがグニャッと曲がって壊れた。

船木自身の証言によれば、それから数秒後には「あれ、ちょっとおかしいな、踏んばりがきかないな」という物理的状況が確認できたという。ヒクソンがキャンバスに寝そべり、船木がスタンディングのポジションからヒクソンの足を蹴りつづけるといったシーンがそれから数十秒間くり返された。このままでは勝負はつかないが、この場面もまたシミュレーション可能な範囲内のこまかいやりとりだった。

ヒクソンはどこまでも冷静沈着にケンカに勝つためのセオリーどおりに動いてきた。ボディー・ムーブメントにまったくムダがなく、相手の一瞬のスキも逃さない。船木の蹴り足が止まった瞬間、ヒクソンはすっくと立ち上がり、あっというまにタックルにはいり、右ヒザを船木の顔面にぶち込んでからいっきにしゃがみ込むようにしてグラウンドの体勢へ引きずり込み、次の瞬間にはしっかりと上になっていた。

ここで船木は〝自殺〟を選択した。マウント・ポジションを取られたところでタップアウトするチャンスはあったが、船木はその場によこになったまま天から降ってくる顔面パンチをもらいつづけた。体を斜めにずらされたかと思ったら、こんどは背後からヒクソンの左腕が首にからみついてきた。

チョークスリーパーが完全に決まったとき、船木の顔つきは船木が大好きな刑事ドラマ『太陽にほえろ』で〝ジーパン刑事〟松田優作がきわめて理不尽な殺され方をする場面の「なんじゃこりゃーっ」になっていた。船木自身が試合後、「死ぬんじゃないかと思った」とコメントしているとおり、船木は失いかけた意識のなかで〝死〟に近いなにかをはっきりと体感した。

船木は理想のプロレス団体としてパンクラスを創り、プロレスを知らない弟子たちを育て、31歳の若さで格闘家としての実戦にピリオドを打った。ブルース・リーは世界的な映画スターになるずっとまえにジークンドーという総合格闘技を創案し、映像を残し、さっさとこの世を去った。船木は〝死なないブルース・リー〟の道を歩むことになるのだろう。（00年6月）

鈴木みのる

Minoru Suzuki

〝世界一性格が悪い男〟の性格

鈴木みのるはおしゃべりの名手かもしれない。プロレスの試合の〝組み立て〟と関係があるかどうかはわからないが、それが長いおはなしであっても短いおはなしであっても、ひとつのストーリーのなかに序盤戦、中盤戦、終盤戦のそれぞれのキーワードが用意されている。運動神経がいいだけではなくて、頭の回転がものすごい速い。だから、鈴木との対話にはテープレコーダーをまわしながらキーワードとその前後のコメントを書きとめておくという二段構えの作業が要求される。

ニックネームは〝世界一性格の悪い男〟ということになっているけれど、鈴木には鈴木だけのオリジナルの礼儀作法と目のまえにいる相手に対するリスペクトの表し方がある。プロレスラーとしての20年のキャリアは、とにかくがむしゃらに突っ走った最初の5年間、パンクラスのリングに立っていた10年間、そして、いろいろな場所＝リングでのいろいろな人たちとの出逢いのなかで〝鈴木みのる〟に新しい命が吹き込まれた2003年以降の5年間の、3つの異なる物語から成り立っている。

パンクラスＭＩＳＳＩＯＮというユニットの名称と

新しいロゴは鈴木が考えた。ミッションとは重大任務、使命、伝道、布教活動といったニュアンスで、パンクラスのオリジナル・ロゴのバツ印のまんなかにMISSIONという英文字をレイアウトした。パンクラスから飛び出すミッション(任務・使命)という鈴木自身のテーマを表現したかった。

いつのまにか新しいプロレスファン、新しいマスコミの記者たちが増えていた。インタビュー取材を受けると、若いリポーターから「パンクラスに入門しようと思ったのはどうしてですか?」なんて質問されることがある。新日本プロレスでデビューしたこと、UWFにいたこと、プロフェッショナル・レスリング藤原組という団体があったことがあまり知られていなかったりする。でも、それはそれで仕方がない。

5年まえ、プロ格闘家の鈴木は引退という現実に直面していた。鈴木はパンクラスではないプロレスのリングに活動の場を移すことを希望し、尾崎允実《まさみ》社長は総合格闘技からの引退とその後の〝プロレス転向〟というプロセスを勧めた。

パンクラスのリングで闘う自分もプロレスのリングで闘う自分もまったく同じ〝鈴木みのる〟だから、鈴木のなかでは「オレのプロレス道から外れたつもりはない」。〝真撃〟という格闘技イベントがプロデュースされ、橋本真也との対戦が実現しかけたことがあった。新日本プロレスとパンクラスの団体対抗戦が企画されたときは、鈴木は佐々木健介とのシングルマッチを切望した。

ある日、獣神サンダー・ライガーから「お前、引退するんだって?」と電話がかかってきた。健介との再会が実現しなかったことを「それも運命」とあきらめた鈴木は、パンクラスのリングでライガーと試合をしてから引退しようと決心した。身のまわりで起こるさまざまなできごとが〝物語〟の最終回を暗示しているみたいだった。でも、物語はそこで終わらず、終わりだと思ったところからまた新しいドラマがはじまった。「人との出逢い、そのときそのときに出逢ったレスラーたちがオレを解放してくれたんです」と鈴木は5年まえの自分をふり返る。タッグパートナーであり、鈴木のよき理解者である高山善廣は「オレがなんとか帳尻を合わせますから」といって、鈴木が心地よく好き勝手に暴れる空間を用意してくれた。

タッグマッチでしか当たったことはないけれど、三沢光晴のエルボーを食らった瞬間、脳みそがぶっ飛ぶような衝撃をおぼえて気を失いそうになった。それまでさんざんバカにしたり、足蹴にしたり、顔を踏んづけたりして三沢をなんとか怒らせておいただけの甲斐はあった。

新日本育ちの鈴木は、ストンピングをしないプロレス、倒れた相手を蹴るという行為をしないプロレスリングＮＯＡＨのスタイルにジャイアント馬場さんの〝王道〟を目撃した思いがした。

全日本プロレスのリングに上がるようになったときは、和田京平レフェリーから「馬場さんが生きていたら、お前なんか絶対にウチのリングには上がれない」とクギを刺された。

「それはオレがロックアップをしないからでしょうね」と分析しながら「でも、それは殺し文句であると同時にオレにとっては最高のホメ言葉ですよ」と鈴木はほほ笑む。

プロレスラーとしての鈴木の財産は新日本もＮＯＡＨも全日本も体感して、闘魂三銃士のプロレスも四天王のプロレスも知っていること。いまいちばん興味を持っているのは、諏訪魔という〝未完の怪物〟である。

（08年5月）

TAJIRI

Tajiri

アメリカ人がイメージする日本人《ジャパニーズ》

TAJIRIこと田尻義博はアメリカ人がイメージするところのステレオタイプな日本人である。いわゆるアベレージなジャパニーズ・ピープルというよりは、映像的に誇張されたジャパニーズ・キャラクターといったほうがより正確かもしれない。

WWEのTVショーの登場人物であるウィリアム・リーガル・コミッショナーとその〝お茶くみ係〟のTAJIRIのコンビは、70年代のヒット映画『ピンクパンサー』シリーズの主人公クルーゾー警部と執事ケイトー（加藤）がそのモチーフになっている。クルーゾー警部もリーガルもクイーンズ・イングリッシュを話す英国紳士で、TAJIRIもケイトーも英語があまり得意ではないなぞの東洋人。

あのブルース・リーも無名時代にTVシリーズ『グリーン・ホーネット』の登場人物として名探偵ホーネットの助手兼運転手で武道の達人ケイトー（やっぱり加藤）という日本人キャラクターを演じていた。WWEは本物の日本人レスラー、TAJIRIをいちばん新しい〝ケイトー〟に仕立てあげた。発案者は〝田尻義博〟をよく知るポール・ヘイメンだった。

クルーゾー警部とケイトーの関係がそうであったよ

うに、リーガルとＴＡＪＩＲＩの設定上のポジションは基本的にはボスと子分の関係。リーガルはいつも鼻に抜けるようなブリティッシュ・アクセントの英語をまくし立て、ＴＡＪＩＲＩはＴＡＪＩＲＩでボスの問いかけに日本語で返事をし、相づちを打ったりする。

会話にならないはずの変てこなやりとりがちゃんと会話になり、それがきっちりと2時間ドラマのワンシーンになっている。エリザベス女王陛下の額縁入りのポートレートがうやうやしく飾られているコミッショナー事務局がＴＶマッチとＴＶマッチの〝のりしろ〟的なショート・スキットの舞台となる。

ストーンコールドが「悩みを聞いてくれ」とＴＡＪＩＲＩに相談事をもちかけたりする。アンダーテイカーが「タイトルマッチをやらせろ」と怒鳴り込んできたりする。ＴＡＪＩＲＩがすました顔でそこに立っていれば、スーパースターたちのほうで勝手になぞの東洋人をいじってくれる。

プロレスラーとしてのＴＡＪＩＲＩのキャラクターは、もちろん伝統的かつ古典的なジャパニーズ・レスラーということになる。文化的ステレオタイプといってしまえばそれまでのことだけれど、たいていのアメリカ人は日本人という日本人は幼少のころからなんらかのマーシャルアーツ（格闘技）を学んでいると思い込んでいる。映画やＴＶドラマに出てくるジャパニーズで柔道や空手を使わない登場人物はまずいない。

熊本県出身のＴＡＪＩＲＩは高校卒業と同時に上京し、トーキョーでキックボクシングと空手を本格的に学んだ。プロレスラーとしてのデビュー（１９９４年9月）は24歳と比較的遅く、日本国内ではＩＷＡジャパンと大日本プロレスに所属した。大日本を退団後、フリーの立場でメキシコに渡り、99年にＥＣＷと専属契約を交わして同団体所属となった。

ＴＡＪＩＲＩをメキシコからアメリカにブッキングしたのはＥＣファッキンＷのオーナー・プロデューサーのポール・Ｅことポール・ヘイメンだった。ヘイメンはＴＡＪＩＲＩの身体能力の高さ、パフォーマーとしてのポテンシャルの高さにほれ込んだ。ヘイメンに発掘されたＴＡＪＩＲＩはここで初めて本名の田尻義博から〝怪奇派〟TAJIRIに変身した。

ECWが事実上倒産し、〝浪人〟になったTAJIRIをニューヨークに導いてくれたのもやっぱりヘイメンだった。ヘイメンはヘイメンでTVショーのカラー・コメンテーターとしてWWEに再就職し、ECW所属だったボーイズのうちの何人かもヘイメンの口利きでWWEに〝途中採用〟となった。TAJIRIの〝ケイトー〟とリーガルの〝クルーゾー警部〟のコンビがヒット商品となることをヘイメンは確信していた。

リーガル・コミッショナーのお茶くみ係を演じるときのTAJIRIはしきりに頭をペコペコ下げながらボスの命令どおりに動きまわる腰の低いジャパニーズで、リングに上がるときのTAJIRIは不気味なマーシャルアーツの使い手。大切なのは〝陰〟と〝陽〟の微妙なアクセントの使い分け。田尻義博は一日24時間、TAJIRIとはどうあるべきかを考えつづけている。

（01年8月）

武藤敬司
Keiji Muto

アーティストはプロレスの試合を〝作品〟と位置づける

武藤敬司の第一声は「伝統ってのは大切じゃないですか」だった。じっさいに手にとってじっくりながめてみると、三冠ヘビー級王座の3本のチャンピオンベルトはみごとなくらいボロボロの骨とう品だ。「かなりボロッちいベルトなんですね」と話しかけると、武藤は「ボロッちいという言い方は失礼でしょ。あれ、重いんだよ」と答えた。

インターナショナル・ヘビー級王座、PWFヘビー級王座、UNヘビー級王座の三冠。インターナショナル・タッグ王座とPWF世界タッグ王座。合計5本の古めかしいチャンピオンベルトたちは、ずっしりとヘビーな黒革のアタッシュケースに収められて全日本プロレスの事務所から写真撮影用のスタジオに運ばれてきた。プロレス世界史年表にその名を刻むアンティークといっていいあの3本のベルトはいつも武藤と行動をともにしているのではなくて、全日本のオフィスが大切に保管・保護しているのだという。

ほんのちょっとまえだったら、新日本プロレス所属の武藤が全日本プロレスのリングで三冠チャンピオンになるなんて考えられないことだった。奇跡といってしまえば一種の奇跡だし、この国のレスリング・ビジネスをとり巻く政治的状況が一変したといえば、たしかにそういうことにもなる。武藤は三冠のなかの最古のベルトにあたるインターナショナル王座を「力道山からのラインのベルト」と形容した。

〝プロレスの父〟力道山が〝鉄人〟ルー・テーズを下してインターナショナル王座を初めて日本にもたらしたのは1958年8月。現在、武藤の腰に巻かれているベルトは力道山の死後、65年11月にジャイアント馬場が〝復活インタ王者〟になったときに新調されたものので、馬場さん、ボボ・ブラジル、ジン・キニスキー、大木金太郎、ブルーザー・ブロディ、ジャンボ鶴田ら偉大なるチャンピオンたちの汗が染み込んでいる。

UN王座はアントニオ猪木がロサンゼルスのオリン

ピック・オーデトリアムでジョン・トロスから奪い、72年3月に日本に持ち帰った〝大関〟クラスのベルトで、旧日本プロレス時代は坂口征二、高千穂明久（のちのザ・グレート・カブキ）らが保持。70年代後半から80年代にかけては全日本のリングでジャンボ鶴田と天龍源一郎がこれを継承した。武藤はこういったヒストリーをひととおり頭に入れている。

全日本プロレスのリングに上がってみて初めてわかったことは、全日本プロレスの試合会場には全日本プロレスしか観たことのない、全日本プロレスにしか興味を示さない固定層のファンがたくさんいるという事実だった。きっと、敬けんな全日本ファンは王道・全日本プロレスにもしものことがあったら、その時点でプロレスから離れていってしまう人びとなのだろう。

「オレはあの人たちのハートをつかむよ」と武藤は鼻の穴をふくらませる。

チャンピオンとはファンからもボーイズからも慕われる存在である、というのが武藤の持論だ。若手時代、フロリダで武者修行時代をおくった武藤は、NWA世界ヘビー級チャンピオン時代のリック・フレアーのオーラをいやというほどみせつけられた。フレアーが年に数回、サーキットにやって来るとフロリダの〝プロレス経済〟そのものが変わった。

選手たちのファイトマネーはハウス（興行収益）からのパーセンテージ計算で支払われるから、チャンピオンのフレアーがひとりで大観衆を動員するだけで前座レスラーのギャラまでいつもの何倍にもハネ上がった。だから、ボーイズはいつもフレアーの来訪を心待ちにしていた。「オレがベルトを（腰に）巻くのって、そういうことなんじゃない？」と武藤は目を輝かせた。

あれはオレの〝作品〟。これもオレの〝作品〟。武藤はプロレスの試合を〝作品〟と位置づける。若いころは体力にも技術にも自信があって、なんでもやってやろう、なんでもみせてやろうと思っていた。でもいまは「それができねえんだ」という。

「足の一本くらいくれてやる」なんてタンカを切ってみたいけれど、持病のヒザのぐあいはほんとうにそういう状態になりつつある。シャイニング・ウィザードという単純明快な新技はひょんなことからひらめいた。

「だから、やっぱり表現でしょ。あれって、意外と美しい技じゃないですか」

全日本プロレスのリングには全日本プロレスのリングでしか味わえないフリーダムがある。王道・全日本のリングで王道のプロレスをぶっ壊すような試合をやってみたいという野心のようなものもちょっぴりある。馬場元子社長には頼りにされているような気がする。

「三冠のベルトもオレに巻かれて喜んでるよね」といって、武藤は屈託ない笑顔を浮かべた。（01年11月）

「プロレスは社会の縮図だもんね」

武藤敬司は脱ぎかけたジャケットを右手に持って「これ……どっち（がいい）？」と、写真を撮る場合、スーツを着たままのほうがベターなのか、それとも脱いだほうがベターなのかを確認しようとしていた。武藤とのコミュニケーションは、武藤が発する短い日本語のセンテンスとパントマイムのような無言の動作とを同時に理解することからはじまる。

インタビュー取材のテーマは〝天才研究〟。だれもが認めるいわゆる天才レスラーの武藤から〝天才論〟を聞いて、そのあとで中西学とのタイトルマッチの展望やこの国のレスリング・ビジネスの近未来などについて語ってもらうつもりだった。

「オレらの子どものころってさ、実家の便所でさ、新聞や雑誌を四角く切ったものをトイレットペーパーの代わりに使ってたじゃん」

いったいなんのおはなしのイントロダクションかと思ったら、武藤と武藤と同世代の日本人の多くがいかに子どものころから新聞や雑誌、あるいは活字というものに親しんできたかというたとえばなしだった。

武藤はパソコンをまったくといっていいほどいじらないので「インターネットのことはほとんどわからない」。でも、同じジャパニーズ・ピープルでもネット世代とそうでない世代とではいろいろな常識や感覚にズレがあることもわかっている。

あたりまえといえばあたりまえのアプローチではあるけれど、プロレスのビジネスとはお客さんに会場へ足を運んでもらい、じっさいに試合を観てもらうこと。試合を楽しんでもらい、リピーターになってもらうこと。「プロレスにはまだまだ潜在的な力があるし、潜在的なファンもたくさんいる」と武藤は考える。

「一軍のバスに乗れる人数っていうのはある程度、決まってるもんなんだよ。プロ野球なんかさ、毎年毎年100人の新人がはいってきて、100人の現役選手がクビになっちゃう。それと比べたらプロレスでは選手たちが〝徒党〟を組めるし、生き残りやすいほうじゃない？」

武藤は「プロレス村という村社会のなかでの新陳代謝だけどね」と前置きしてからプロ野球選手とプロレスラーの雇用形態を比較した。プロレスのビジネスにはプロ野球のような統一機構もコミッショナー制度も労働組合もないけれど、〝一軍〟の人数やスペースが限られたものであることにちがいはない。

「だから、そこには競争原理がないとダメ。レスリングの実力もポリティックス＝政治面もひっくるめて競争。差別・区別はしないけれど、競争率は変えたくない」というのが武藤の持論だ。しかし、「(現在の全日本は)そんなにたくさん選手を抱えられない」という現実もある。

全日本プロレス社長の武藤が新日本プロレスの〝看板〟であるIWGPヘビー級王座を保持しているというシチュエーションにはふたつの効果がある、と武藤はとらえている。

ひとつめは〝武藤敬司〟の一選手としてのモチベーションで、もうひとつはチャンピオンベルトが生み出す経済効果。全日本という団体の社長であると同時に現役選手であることはずっと変わらないから、チャンピオンベルトを腰に巻いているうちは「お客さんの(イマジネーションの)一歩上をいくプロレスをみせること。それがプロレスラーとしての本能であり、オレの仕事。自分に対しても、お客さんに対しても」。

次期挑戦者の中西については「(チャレンジャーになったことで)商品価値が上がったでしょ」と評価し

ている。武藤の感覚ではそれが「オレがベルトを巻いた効果」であり「全日本のリングに上がった選手はみんなそう。鈴木みのるも佐々木健介もみんなMVPじゃん」なのだという。

いまのプロレスでいちばん困ることは「勝ち負けがどうでもいいものになってること」と「(勝ち負けの)リスクがあいまいになっていること」と武藤は分析する。いちばんわかりやすい例でいうと、いまから13年まえに新日本プロレスでおこなわれた新日本プロレス対Uインターの全面対抗戦としておこなわれた武藤対高田延彦のシングルマッチが当事者=選手たちにとってリスクの大きい試合ということになるのだろう。

「中邑真輔とのタイトルマッチだっておたがいにリスクは大きかった。どっちが勝つか予想できないところがファンの心をくすぐった」

武藤は中西との試合にもこれと同じような感覚を抱いている。

「恋愛と同じ。いや、恋愛のそのまた先。ずっと恋愛してて、じつは(プロレスには)こういう欠点もあるんだけど、それでも結婚してくれますか、という感覚。そうやって結ばれたふたりなら強いよ」

プロレスに疑問を感じているファンはみんなこう考えればいい。「プロレスは社会の縮図だもん」と武藤は胸をはる。

(08年7月)

小川直也
Naoya Ogawa

プロレス少年のハートでホーガンを追っかけた

小川直也はクラウン・プラザ・ホテルのロビーのカウチに腰かけて、あこがれのスーパースターの帰りをじっと待っていた。土曜の午後に成田を出発して、ミネアポリス経由のノースウエスト便で同日午後4時にカナダ・トロントに到着した。〝日本時間〟だと日曜の午前6時。移動にかかった時間はトランジットを含めて14時間ちょっとだった。

トロント滞在は土曜と日曜の2日間で、帰国は月曜の早朝。日付変更線をまたいで火曜の午後に日本に戻ると、その足で都内の仕事に向かうのだという。カナダでの滞在時間は約38時間。日曜の夜は〝レッスルマニア18〟観戦だから、自由に動ける時間は土曜の夜と日曜の午前中しかない。小川はハルク・ホーガンに会うためにトロントまで飛んできた。

WWEスーパースターズの宿泊先のホテルは予想どおりの厳重な警備態勢で、ロビーには10メートルごとに警備員が立っていた。宿泊客以外はエレベーターに乗れないし、ロビーの館内フォンからは階上の部屋に電話がかけられないようになっていた。

数百人のファンでごった返しているのは〝L〟のロビーで、選手とスタッフの出入り口はそれより1階下の〝LL（ローアー・レベル）〟のフロア。〝L〟と〝LL〟を結ぶエスカレーター付近には数人の警備員が配置されていて、ファンの通行を規制している。小川はホテルの地下駐車場から地下エレベーターに抜けるルートを使ってLLロビーに〝侵入〟した。

取材用のIDカードもゲスト用のパスも持っていないし、WWEのオフィスやホーガンの代理人と正式なアポイントメントをとっておいたわけではないから、とにかくホテルのロビーでじっとスーパースターの帰りを待つしかない。アプローチ的には〝追っかけ少年ファン〟のそれである。

やっぱり、そこにいるのがプロレスラーのサムバディだということは一目瞭然なのだろう。190センチを超す長身で、短く刈り込んだクルーカットにイエローの革ジャンを着たジャパニーズが〝立ち入り禁止エリア〟のロビーのカウチにひとりでポツンと座っていても、警備員たちはなにもいってこない。

LLロビーのすぐ外側の通用口のまえに黒塗りの大型リムジンが停まるたびに、なかから数人のWWEスーパースターズが出てきた。選手たちの移動にも前座クラスからメインイベンターまでの序列のようなものがあるのだろう。マット&ジェフのハーディー・ボーイズ、ババとディーボンのダッドリー兄弟、ロブ・ヴァン・ダムらがロビーを通過していった。しばらくすると、カート・ヘニングとXパック(ショーン・ウォルトマン)が小川のそばを通って〝貸し切りエレベーター〟に乗り込んだ。Xパックは「いつもマガジンで拝見しています」と小川に話しかけ、握手を求めた。

〝JR〟ことジム・ロス副社長とジョニー・エースが小川を発見して話しかけてきた。JRは小川が柔道の元世界チャンピオンだということをちゃんと知っていて、わかりやすい英語で小川本人に「(WWEとの契約を希望しているなら)プロフィルとビデオテープを会社に送ってください」と伝えた。またしばらくすると、こんどはシェーン・マクマホンが現れた。小川は控えめにほほ笑み、シェーンにもあいさつをした。

アスリートらしくジャージーの上下を着たカート・アングルがやって来た。ふだん着のロックが向こうから歩いてきた。こういうときは積極的に記念撮影をお願いしておいたほうがいい。小川は「アメリカ人って、みんなフレンドリーですね」といって恥ずかしそうに笑った。いつもリング上でブチ切れキャラクターを演じている小川は、じつは意外とシャイなのだ。

ホーガンは「12時半に戻ってくる」といい残してホテルを出ていった。プライムタイムから深夜にかけてトロントの地元テレビ局数社のトーク番組にハシゴでゲスト出演するらしい。ホーガンに「そこで待っていろ」といわれたらそうするしかない。しようがないからカウチでうとうと居眠りをしていたら、すぐそばを通ったクリス・ジェリコが「オガワーッ、ウェイク・アップ!」と大声で小川をたたき起した。〝統一世界チャンピオン〟はにっこり笑いながら初対面の小川の顔を上からのぞき込んだ。

ホーガンは予定よりも1時間遅れて午前1時半ごろホテルに帰ってきた。小川は気をつけの姿勢で、しっかりと両手でホーガンに握手を求めた。会話を交わすことができたのは約2分間だった。小川は7時間待ちつづけて、やっとあこがれの人との一瞬を共有した。

（02年3月）

小橋建太
Kenta Kobashi

『小橋建太』という青春ムービーをもっとよく知るためのヒント

小橋建太は『プロレスラー小橋建太』という大長編青春ムービーを生きている。〝第1部＝プロローグ〟はプロレスラー志望の無名の若者が王道・全日本プロレスに入門を果たすまでのエピソードで、〝第2部＝四天王編〟は新人時代から三冠ヘビー級王座をめぐる

〝四天王〟の闘い、そして全日本退団まで。〝第3部＝NOAH編〟はプロレスリングNOAH誕生からケガによる長期欠場—リハビリ生活—リング復帰という現在進行形のドラマになっている。

青春ムービー〝第1部〟の舞台は、小橋がまだ十代だった80年代後半。高校を卒業した小橋は地元の大企業、京セラに就職した。プロフィル上の表記は〝サラリーマン〟となっているが、ブルーカラー系の工場ワーカーといったほうがより現実に近い。

ある日、小橋は新聞のスポーツ欄に載っていたマイク・タイソンのちいさな記事を目にする。ニューヨークのスラム街から少年刑務所を〝通過〟し、わずか3年で統一世界ヘビー級王者にまでノシ上がったプロボクサー、タイソンの半生に小橋は強い共感をおぼえた。オトナになりかけていた無名の若者は、少年時代からの夢だったプロレスラーへの道を知らず知らずのうちにあきらめかけていた。

体が大きいからという理由で、会社ではラグビー部に入れられた。練習はまじめにやったし、試合にも出た。でも、ラグビーはそれほど好きになれなかったし、いまでもルールさえよくわからない。すぐにでも会社をやめてプロレスラーになりたかったけれど、19歳だった小橋は自動車と自動車教習所の分割ローンを抱えていた。ローンを払い終えると22歳になってしまう。〝大卒〟じゃないから、それからだとちょっと遅い。

とにかく、お金を貯めることを考えた。残業と夜勤ができる鹿児島の工場と京都の本社工場を行ったり来たりするようになった。ラグビー部の練習のためだといって、会社の上司に頼みこんで工場の屋上に〝仮設ウエートルーム〟を建ててもらった。もちろん、プロレスラーになるための体づくりが目的だった。会社をやめて東京に出て、全日本プロレスに入門するまでのストーリーを小橋は自分なりに頭のなかに描いた。

けっきょく、予定よりもずっと早く会社をやめてしまった。全日本プロレスに履歴書を送ったら「あなたは不合格です」という返事が封書で届いた。〝不採用〟になった理由がどうしてもわからなかった小橋は全日本の事務所に直接、問い合わせの電話を入れてみた。

電話口に出たスタッフは、アマチュア・スポーツでの実績がまったくないこと、年齢がすでに20歳を過ぎていることの2点が〝不採用〟の理由だといった。小橋は「わかりました」といって電話を切った。

〝履歴書〟〝入団〟〝寮生活〟〝先輩と後輩〟〝付き人〟エトセトラ、エトセトラ。やっぱり、青春ムービーには青春ムービーっぽいキーワードがたくさん出てくる。全日本から「滋賀・大津大会に来てください」と連絡をもらった小橋は、試合会場で馬場さんの面接を受け、そこでやっと入門を許可された。

デビュー戦で身につけたブルーのタイツは三沢光晴がメキシコ修行時代に使っていたロングタイツのショーツの部分で、ルーキー時代に愛用していた赤のタイツは馬場さんの「お前は赤がいい」というアドバイスでなんとなくそうなった。〝四天王〟時代のトレードマークの蛍光オレンジのタイツは、馬場さんの友人の松山千春さんのアイディアだった。『プロレス選手名鑑』の小橋のページをみると〝好きな有名人〟の項はたしかに〝松山千春〟になっている。

〝第3部＝NOAH編〟は、小橋とその仲間たちがグリーンのキャンバスに織りなす〝馬場さんのいないプロレス空間〟。小橋は全日本退団—独立からプロレスリングNOAH誕生までの充電期間を持病のヒザの治療にあてた。蛍光オレンジのショートタイツを捨てて、プロレスラーになって初めて黒をイメージカラーにした。約一年ぶりに復帰した試合で再び左ヒザを負傷し、また5カ月も棒に振った。ここ一年余りのあいだに大きなヒザの切開手術を5回も経験した。

もっともっとたくさんプロレスができるように、もっともっとみんなの心に残るような闘いができるように、小橋は青春ムービー『プロレスラー小橋建太』を等身大で生きている。〝第3部〟のシナリオはまだ完成していない。建太のケンは健康の〝健〟から建設的、創建の〝建〟に変わった——。

(02年7月)

橋本真也

Shinya Hashimoto

「橋本ワールドをお楽しみください」

後楽園ホールのある〝青いビル〟の1階ロビーのエレベーター前で、オッキー沖田リング・アナウンサーが大きな声で呼び込みをしていた。

「当日券はまだ若干数、残っておりまーす。お早めにお買い求めくださーい」

「橋本ワールドをお楽しみくださーい」

「単行本『橋本真也のプロレス大百科』、本日先行発売でーす。付録には〝特製めんこ〟がついていまーす」

極厚1・5ミリの〝特製めんこ〟とはいったいどんなものだろうと思って『橋本真也のプロレス大百科』を手にとってみたら、80年代初期の伝説のプロレス劇画『プロレススーパースター列伝』の作者・原田久仁信さんの新作イラストが各章の扉ページに使われているのがすぐ目にはいった。

巻末特別付録にまだカットされていない状態の全9枚つづり（1シート）のめんこがついていて、昭和育ちの男の子だったらだれでもいちどくらいは遊んだことがあるブ厚いボール紙のめんこには、いかにも昭和テイストのやわらかいタッチの似顔絵で〝破壊王〟〝OH砲〟〝炎武連夢〟〝新超獣〟などZERO－ON

Eマットのおもな登場人物たちのキャラクターが描かれていた。

めんこの裏側の余白のスペースでは橋本のイラストが「みんなの大好きなレスラーたちがカッコいいめんこになったぞ。指を切らないように上手に切り取ってね。遊び方はキミの自由だ！」と語りかけている。

売店には袋づめの〝ブロマイド〟が売られていた。これもまたきわめて昭和チックな駄菓子屋さんやお祭りの露店の定番アイテムの復刻版。きっと、橋本は少年時代に円谷プロの怪獣もの、仮面ライダーなどの〝ブロマイド〟に胸をおどらせたのだろう。値段はカラー写真2枚入りで100円。袋を開けるまで中身がわからないようになっているのも昔の〝ブロマイド〟のままだ。

木曜の夜の後楽園ホールには、プロレスらしいプロレスの楽しみ方をよく知っている二十代後半以上のマニア層が集まっていた。選手入場シーンでは場内の照明が落とされ、70年代後半のディスコっぽいカクテル光線がリングを照らす。入場テーマ曲はどうやらダンス・ミックス系が基本だ。

プロレスらしいプロレスには常連ガイジンの存在も欠かすことはできない。スティーブ・コリーノのイエローのショートタイツのお尻には誇らしげにZERO－ONEのロゴが刺しゅうされている。よっぽど、このリングの空気になじんでいるのだろう。コリーノをリーダー格とするガイジン組は、習ったばかりのジャンケンポンで8人タッグマッチの先頭バッターを決めた。

葛西純の〝入団テスト・マッチ〟としておこなわれた葛西対坂井亘のシングルマッチは、葛西が少年時代に目撃した藤波辰爾対前田日明の名勝負（86年6月12日＝大阪城ホール）のオマージュになっていた。序盤戦、コーナーサイドで坂田の縦回転式ニールキックを顔面に食らった葛西は、まるで鋭利なナイフでスライスされたように右目のすぐ上をざっくりと割った。

大谷晋二郎&田中将斗対藤原喜明&臼田勝実もタッグマッチに私服姿のアレクサンダー大塚が乱入してきた。自然発生的なブーイングと〝帰れコール〟が巻き起こった。ZERO－ONEの常連層の観客は、ZERO－ONEの登場人物とそうではないサムシングをきっちりと識別している。

メインイベントは、よどみも迷いもない正真正銘の〝橋本ワールド〟だった。橋本はこの日、5・5〝～冬木弘道プロデュース～理不尽ロードファイナル〟川崎球場大会でノーロープ有刺鉄線電流爆破デスマッチで対戦した金村キンタローとタッグを組んだ。

対戦相手のザ・プレデターとジョン・ヘンデンリッチは、いかにもZERO－ONEの常連らしい、体が大きくて、視覚的にわかりやすい怪獣系スーパーヘビー級ガイジン。プレデターがトレードマークのチェーンを振りまわしながらリングサイドを一周すると、観客はタイムマシンに乗せられて少年ファンに戻ったような気持ちになってあわててその場から逃げ出した。

試合終了後、プロ格闘家・横井広孝がリングに上がってきて橋本への挑戦を表明した。横井は小学6年生のときに闘魂三銃士の試合を観てプロレスファンになったのだという。橋本の返答は「正々堂々としてて、伝わりました」だった。リングの左下コーナーに目にはみえない〝つづく〟のテロップが出た。（03年6月）

ウルティモ・ドラゴン
Ultimo Dragon

〝アサイ・ムーンサルト〟のアサイが来たぞ

ウィークデーの夜中の1時過ぎに「ちょっと近くを通ったので」といってウルティモ・ドラゴンがひょっこり『週刊プロレス』編集部に遊びにきた。もちろん、マスクはかぶっていない。着ているものは無地のグレーのTシャツとふつうのジーンズで、短めの髪はムースをつけててっぺんのほうをパリパリに立たせてある。マスクをかぶっているときだったら〝ドラゴン〟とか〝校長〟とか呼べるけれど、素顔だとこれといったニックネームがないので〝アサイ選手〟という中途半端な感じの敬称になる。

左ヒジのケガでずっと試合を休んでいるが、引退を考えたことはない。メキシコのレスリング・スクール〝闘龍門〟校長。闘龍門ジャパンのエグゼクティブ・プロデューサー。そして、ウルティモ・ドラゴン。〝アサイ選手〟のなかではこの3つの仕事がつねにシンクロナイズしながらひとつのアイデンティティーになっている。

リングに上がっていなくても日本とメキシコの二重生活モードはずっとつづいていて、片道約9時間のダイレクト・フライトで東京―メキシコ間を一年に12往復している。1カ月にいちどのペースではなくて、滞在期間はそれぞれのロケーションで2週間程度。だから、もう10年以上、時差ボケがいちども治っていない。

神戸校での養成コースを終えたばかりの練習生7人がまたメキシコ校に編入してきた。気がついたら、闘龍門は総勢50名超の大所帯にふくれ上がっていた。

闘龍門ジャパンは旗揚げから5年で年間150興行をおこなうプロレス団体に急成長した。たくさんの教え子たちが育ったし、団体経営に関しては〝闘う営業マン〟岡村隆志社長にすでに全権を任せてある。ライフワークとしてスタートした闘龍門がひとつの完成品になると、〝アサイ選手〟はウルティモ・ドラゴンの未来形について考えるようになった。

左ヒジと左手の神経のマヒは完全に治ることはない

かもしれないけれど、それでも現役生活にピリオドを打つまえにWWEのリングには上がっておきたい。ニューヨークのマディソン・スクウェア・ガーデンで試合をするのは少年時代からの夢だったし、WCWとWWEの2大メジャー団体を長期サーキットした日本人レスラーはまだひとりもいない。

〝アサイ選手〟はメキシコ—東京間のフライトをロサンゼルス経由の便に変更してWWEのPPV〝アンフォギブン〟をちょこっとのぞきにいってみた。WWEのバックステージはウルティモ・ドラゴンを最大級のリスペクトで迎えてくれた。ジム・ロス副社長は「あの〝アサイ・ムーンサルト〟のアサイか?!」と驚き、その突然の来訪を喜んだ。アメリカではラ・ケブラーダに〝アサイ・ムーンサルト〟と開発者のラストネームがつけられている。ビンス・マクマホンは伝説のルチャドール、ウルティモ・ドラゴンを〝アルティメット・ドラゴン〟とアメリカ式に発音した。

ジョニー・エース人事部長が、素顔のウルティモ・ドラゴンをミーティングルームに案内した。WCW在籍時代にサーキット仲間だったディーン・マレンコはすでに引退してWWEでエージェントに転向している。日本のプロレスの〝海賊版ビデオ〟をいつも勉強しているポール・Eことポール・ヘイメンは〝アサイ・ムーンサルト〟のアサイとの対面に大はしゃぎした。

WWEのバックステージは、予想していたとおりのハイテンション空間だった。JR副社長とのミーティングでは〝白紙〟のタレント契約書を手渡され、専属契約を交わした場合のベース年俸とインセンティブ契約の内容も提示された。人事部長兼プロデューサーのJ・エースは「いつから試合ができるのか」と具体的なプランを相談したがっていた。

素顔のアサイは、どうせアメリカン・プロレスをやるんだったら生まれて初めてヒールをやってみたいと考える。ウルティモ・ドラゴンのマスクやコスチュームにはこだわらないし、ブルース・リーの映画『グリーン・ホーネット』のケイトーみたいな黒のアイマスクで試合をやりたいという控えめな希望もある。

ウルティモ・ドラゴンがWWE所属になったら、闘龍門は〝校長〟のいない学校になる。現役選手としての最後の数年間はWWEの連続ドラマの登場人物として過ごすのも悪くない。〝アサイ選手〟の時差ボケはこれからもずっとつづくのである。（02年10月）

少年の気持ちでNYをめざした

マスクをかぶってウルティモ・ドラゴンに変身しているときもマスクを外して素顔でそのへんを歩きまわっているときも、闘龍門の選手、スタッフ、そして選手の家族は浅井嘉浩を〝校長〟と呼ぶ。闘龍門はプロレス団体であり、プロレスラー養成スクールだ。学校でいちばんえらいのは校長先生である。

東京・品川のPホテル内の中華料理店で開かれた〝ウルティモ・ドラゴン校長を送る会〟は、父兄参加の謝恩会みたいなパーティーだった。ちょっと古いいいまわしを用いるとすれば〝追いコン（追い出しコンパ）〟ということになるのだろう。

ウルティモ校長、岡村隆志社長、約40人のレスラーとスタッフ、そして選手の父兄会がひとつのユニットになって闘龍門ファミリーを形づくっている。ウルティモ校長の後見人、三遊亭楽太郎師匠は「PTAがついてるプロレス団体はここだけ」といって乾杯の音頭をとった。

マグナムTOKYO、CIMA、SUWA、ドン・フジイの一期生グループは、下級生グループよりもちょっとだけオトナっぽい。TARUはお出かけ用のワードローブもリングコスチュームみたいなオフ・ホワイトの学ラン・スーツだった。

ウルティモ校長がWWEのリングで着用する新型マスクのプロトタイプは、日本製とアメリカ製の2パターンができあがっていた。どちらもメタリック系シルバー・グレーが基本カラーで、顔のまんなかから上がウレタン樹脂で加工されている。プロレスの覆面というよりも、どちらかといえばSPAWNとかX－MANといったアメコミのスーパーヒーローのビジュアルをイメージさせる造形になっている。

WWEとの契約期間は3年。闘龍門から配布されたプレスリリースには「5・18PPV〝ジャッジメント・デー〟シャーロット大会でデビュー」と記載されている。ウルティモ校長は、もう6カ月以上もまえからWWEと辛抱づよくネゴシエーションをつづけてきた。

ウルティモ校長と契約交渉にあたったWWEサイドのエージェントは、JRことジム・ロス副社長だった。JRが「アサイと交渉中だ」を口にしたとたん、バックステージはそのウワサで持ちきりになった。

アメリカではラ・ケブラーダが〝アサイ・ムーンサルト〟という名称で知られている。ウルティモ校長を観たことがなくても、アサイ・ムーンサルトならだれでも知っている。

日本人レスラー、あるいは日本語の単語がそのままアメリカで正式名称になっているプロレスの技はアサイ・ムーンサルトとフジワラ・アームバー（藤原喜明のわき固め）とエンズイギリ（延髄斬り）の3つだけだ。発明者のラストネームがその技の代名詞としてアダプトされている。

ウルティモ校長は、まるで少年のような気持ちでWWEで活躍する自分の姿をあれこれと頭のなかで想い描いている。ことし37歳になるウルティモ校長が現役を引退するまえにどうしてもWWEのリングに上がっておきたかった理由はかんたんだった。

それは〝ウルティモ・ドラゴン〟がまだいちどもニューヨークの格闘技の殿堂、マディソン・スクウェア・ガーデンで試合をしたことがないからだ。昭和41年生まれの浅井少年にとって、ガーデンはあこがれのリングである。

古くはジャイアント馬場、アントニオ猪木からジャンボ鶴田、藤波辰爾、80年代前半は初代タイガーマスク、マサ・サイトー、キラー・カーンなどごくひと握りの日本人レスラーしかNYのひのき舞台を体験していない。近年ではTAKAみちのく、ショー・フナキ、TAJIRIら〝定住組〟が何度かここで試合をした。

アメコミのスーパーヒーローっぽいマスクをかぶるウルティモ校長は、生まれて初めてヒールを演じようと考えている。ベビーフェースのマスクマンなんてちっともおもしろくない、というのがウルティモ校長の持論だ。

もちろん、ヒールのマスクマンというアイディアはあくまでもウルティモ校長の希望で、キャラクター設定についてはまだ最終決定が下されていないし、ロウ・ブランドとスマックダウン・ブランドのどちらの所属になるかもまだ決まっていない。

来年3月の〝レッスルマニア20〟の開催地はNYのガーデン。ウルティモ校長がアメリカじゅうをサーキットしているあいだに闘龍門は年間170興行をおこなう。いちばん先に学校を卒業したのは校長だった。

（03年5月）

〝プロレス少年〟がガーデンのリングに立った

メキシコシティーからニューヨークまでは直行便で4時間のフライトだ。〝スマックダウン〟のTVテーピングは火曜の夜だが、契約書や就労ビザの書類の整理などのため日曜の夜のうちにニューヨークに移動し、月曜の午前中からエージェントとミーティングをおこなった。ウルティモ・ドラゴンがメキシコとアメリカを往復するようになってからあっというまに5週間が経過した。

担当エージェントのハワード・フィンケルからはニューヨーク・ニューヨーク（ニューヨーク・シティー内）での移動はレンタカーではなくタクシーを利用するように念を押された。宿泊先はタイムズ・スクウェアのどまんなかにあるダブル・トゥリー・ホテル。たしかに、マンハッタンだったら東京みたいにホテルから出たところでタクシーが拾える。

サーキットがはじまってからアラバマ州モービルとフロリダ州ペンサコーラ、カリフォルニアのサンディエゴとアナハイム、それからまたフロリダ、テキサスをまわった。基本的なスケジュールは4デイズ・オン・3デイズ・オフ。土曜の朝、家を出て、翌週水曜の午後にまたメキシコシティーに帰ってくる。

ここまでの4週間は、TVショーには映らないダーク・マッチでリハーサル的な試合をつづけてきた。〝スマックダウン〟でのデビュー戦の舞台がいきなりあこがれのマディソン・スクウェア・ガーデンだなんて、ちょっとはなしができ過ぎているような感じもしないではない。

せっかくニューヨークまで来たのだから、ハワードにいわれたとおりタクシーに乗って、ガーデンへ月曜夜の〝ロウ〟を観にいったら、みんなから「おい、きょうはちがうぞ」とからかわれた。

6月第4週のTVテーピングは、ガーデン2連戦。ロウ・ブランド、スマックダウン・ブランドの両リーグがニューヨーク・エリアに滞在しながら数日間のサーキットをおこなった。ロウ・ブランドのメンバーのなかには顔見知りもいるし、初対面のボーイズもたくさんいる。

ほとんどのボーイズはドラゴン、というよりもアサイ・ムーンサルトの浅井嘉浩が闘龍門という団体のボスだということを知っているようだ。

「ここ(WWE)をクビになったらトーリュ―モーンで使ってくれないかな」と何人もの選手に話しかけられた。どのボーイズも本気とも冗談ともつかない顔つきだった。だれもウルティモ・ドラゴンのことをただの〝新入り〟とは考えていないようだ。

バックステージのムードは、いつもピリピリしている。ここまでの数試合のダーク・マッチは、どうやらエグゼクティブ・グループのための〝閲覧マッチ〟だった。ビンス・マクマホンからは「あまり観客を意識せずに試合だけに集中してくれればいい」とアドバイスされた。

生まれて初めてヒールをやってみようと思って用意しておいたアメコミのスーパーヒーロー風の黒のマスクと黒のロングタイツは、プロデューサーのジョニー・エースにやんわりと却下された。黒いコスチュームを使っている選手はほかにもたくさんいる、そんな衣装ではワン・オブ・ゼムになってしまうというのがその理由だった。

リングコスチュームはとにかく派手にしてくれ。マントはちゃんとつけたままにしておいてくれ。そういう格好ができるレスラーはキミだけなんだから。エースもディーン・マレンコもジム・ロスも、エージェントは異口同音のリクエストを出してくる。WWEが浅井に求めていたのは、いままでどおりのウルティモ・ドラゴンだった。

試合が終わってバックステージに戻ってくると、エージェントがぐるりと浅井のまわりを包囲する。日本式の鎌固めを改良した新技ドラゴン・ブリッジは「わかりにくい」と酷評された。エル・ヌド（結び目固め）の変形を使ってみたら「アメリカの観客は関節技を理解しないからダメ」と注意された。

生中継バージョンの〝ロウ〟は、2時間の番組が秒刻みでプログラミングされている。浅井は、バックステージ・パスをつけずにそのへんを歩きまわっていたエリック・ビショフが通路で警備員に呼び止められているところを目撃してしまった。「この人でもこうなんだ」と緊張をおぼえた。

「あしたは録画だからちょっとくらい失敗しても大丈夫だよ」とディーンが声をかけてくれた。〝スマックダウン〟でのデビュー戦は24時間後に迫っていた。

マディソン・スクウェア・ガーデンの関係者エントランスは警備が厳重なことで知られているが、銀のラメにスパンコールが散りばめられたマスクをかぶり、大きなスーツケースを引っぱって通用門をくぐってみたら、IDカード（通行証）の提示も求められず意外なほどあっさりビルのなかにはいれた。

ウルティモ・ドラゴンは、会場入りするまえに地下鉄ペン・ステーション駅がある34丁目の交差点から8番街方面に向かって歩き、円柱形のガーデンのまわりをゆっくりと一周してみた。

ホテルから一歩外へ出た瞬間からWWEスーパースターはWWEスーパースターのマスクをかぶる。火曜の朝だというのに、ホテルのすぐ外側では100人くらいのファンが〝出待ち〟をしていた。

タイムズ・スクウェアのホテルのまえからタクシー

に乗り、34丁目に着いたとたん、またファンに囲まれた。ニューヨーク・ニューヨークでは、ホテルからガーデンまでが長い花道になっているみたいだった。

〝スマックダウン〟の録画撮りがスタートするのは夜8時だけれど、タレントの集合時間はお昼の12時。試合がはじまるまでほぼまる一日、アリーナのなかに缶づめにされる。待ち時間が長いとかえってナーバスになる。

子どものころからあこがれていたガーデンのアリーナ内にはすでに〝スマックダウン〟のセットが設営されていた。TVテーピング用のビデオ・スクリーン、ゲート下のシルバーのこぶし、入場ランプがきれいにセッティングされていると、そこがどこであろうとテレビのなかの景色になる。

いまのWWEの観客は10代後半から20代前半の若い層が主流で、昔ながらのベビーフェースとヒールのコンセプトは完全に壊れている。クリーンカットのベビーフェースはまったくウケない。どの試合もまるでヒールとヒールが闘っているようだ。エージェントのディーンがそんなことを話してくれた。

たしかに、ストーンコールドは絶対的なベビーフェースなのに、リングに上がってくると観客に向かって中指を突き立てる。

「でも、キミはそのままでいい」といってディーンは深くうなずき、目でほほ笑んだ。

いままで16年、プロレスをやってきてこんな経験は初めてだった。心臓がドキドキして、足がガクガク震えた。マディソン・スクウェア・ガーデンの魔法にかけられたみたいだった。観客の顔はちゃんとみえているのに、自分がどこにいるのかわからなくなった。

全6試合のうちの第5試合だから、日本的な感覚でいえばセミファイナルということになるのだろう。バックステージでTV解説者のタズからアサイ・ムーンサルトについて質問され、「浅井はぼくの本名です」と答えたような気がする。

番組プロデューサーからは「7分くらいでまとめてくれ」と指示された。TVマッチの〝7分〟とは、入場シーンと試合を合わせて全部で7分以内を意味するらしい。

対戦相手のシャノン・ムーアがどんなタイプのレスラーで、どんな技のレパートリーを持っているかを予習しておく余裕もなかった。エージェントから「関節技はダメ」といわれてしまったので、まだ開発中のため実戦ではいちどもトライしたことのない新技を使ってみることにした。

リング・アナウンサーは、ニューカマーのウルティモ・ドラゴンを〝フロム・ナゴヤ・ジャパン〟と紹介した。入場ランプを歩いていくと、ボンッという衝撃音とともにオレンジ色の大きな炎が舞い上がった。アリーナが揺れた。大歓声はちゃんと聞こえていた。でも、そのあとからあまり記憶がない。

かんたんな技を2、3回、失敗してしまった。フィニッシュに使おうと思っていた新型DDTはなんとか着地に成功し、予定の〝7分〟が終わった。試合が終わったあと、リングサイドで試合を観ていた友人のレイ・ミステリオが握手を求めてきた。

バックステージでエージェントのディーンに「きょうの試合は最悪だった」と伝えたら、ディーンは「きょうは録画だから（映像は）編集できる。心配するな。すぐに慣れる」といって、また深くうなずいた。

時計がまた動きだした。浅井嘉浩は長かった一日の情景を思い出していた。そうだ、マスクを脱ぐその日までこのリングにいよう。〝レッスルマニア〟で〝マスクはぎマッチ〟はできないかな。浅井は、わくわくしながら深夜のマンハッタンを歩いた。（03年7月）

〝伊達直人〟みたいなサーキット生活

顔が半分くらい隠れるような感じにヒップホップ系のキャップを深くかぶった素顔のウルティモ・ドラゴンが、キャップのひさしの下からちょっとだけ目をのぞかせてにっこりと笑った。黒のキャップにえりのない麻のオープン・シャツ。パンツはルースフィットのデニム。足元は革のサンダルだ。ゴールドのネックレスが鈍く光っている。

ウエストコーストっぽいダボっとした着こなしなのだろう。よくみれば日本人、というか東洋人だけれど、国籍不明のようでもある。バックステージの景色になじんでいて、それがマスクをかぶっていないウルティモ・ドラゴンだとはだれにもわかるはずがない、という顔でそこに立っていた。

「わからないようにしてるんですよ」といって、浅井嘉浩はまたほほ笑んだ。まるで昭和の名作アニメーション『タイガーマスク』の〝伊達直人〟みたいだ。この日は試合が組まれていなかった浅井は、わりとのんきにそのへんを歩きまわっていた。

浅井はバックステージとアリーナを遮断している黒いカーテンをめくって、入場ランプ側のいちばん隅っこのほうからアリーナ全体を見渡せるところに出た。フロアからながめるアリーナは、ちょうど日本武道館くらいのサイズだった。

「ちょっとちいさいですよね。オレのなかの〝サマースラム〟っていうのは、野球場とかそういうところでやってるイメージなんですけどね」

浅井は、遠くをみるような目をしていた。WWEは遠いところだとばかり思っていたらわりと近くにあって、じっさいに近くまで来てみたら、こんどはいきなり遠くなった。〝スマックダウン〟のTVテーピングではなかなか試合が組んでもらえない。闘龍門のウルティモ・ドラゴン校長も、WWEのなかでは100人以上いる所属選手のうちのひとりでしかない。

「こっち（WWE）では闘龍門なんてだれも知らないし、オレがそういう団体をやってることもみんな知らない」

浅井が入場ランプのすぐ裏側にポツンと立っていると、音響スタッフのひとりが「このへん、パイロ（花火）に気をつけてくださいね」と伝えにきた。1時間後には〝サマースラム〟がはじまろうとしていた。

〝日本人トリオ〟は、ショー・フナキが運転する車でアリーナから数ブロックのレストラン〝フーターズ〟にやって来た。やっぱり、WWEスーパースターズはどこへ行っても注目の的なのだろう。混みあったレストランの入り口で席を待っているあいだに、ふたりを発見したファンがＴＡＪＩＲＩとフナキにサインをもらいに集まってきた。

浅井、ＴＡＪＩＲＩ、フナキの3人の日本人レスラーはいつもいっしょに行動しているわけではなくて、国内線のコネクションやスケジュールのちがいによって別べつの移動になることもよくあるのだという。

浅井は生オイスターとバッファロー・ウイングとミネラルウォーター、フナキはチーズバーガーとアイスティーをオーダーし、ＴＡＪＩＲＩはまずビールを注文した。

食事をしているあいだも、ファンがサインをもらいにひっきりなしにテーブルにやって来る。フナキには「スマックダウン・ナンバーワン・アナウンサーと書いてください」と頼むファンが多い。ＴＡＪＩＲＩがビールを飲んでいると、男性ファンのグループが「一杯おごらせてください」なんていいながら近づいてくる。

ウルティモ・ドラゴンの素顔はアメリカではあまり知られていないのだろう。浅井はずっと〝伊達直人〟を決め込んでいる。

浅井は、闘龍門のことをしきりに心配していた。校長がそこにいないと、やっぱりレスラーとレスラーの人間関係がどこかギクシャクしてくるらしい。ボーイズはボーイズだ。闘龍門ジャパンのなかにいくつも派閥があって、まったく顔ぶれの異なるＴ２Ｐグループがある。こんどは闘龍門Ｘがスタートした。これからも選手の数は増えつづけていく。あまりにも大所帯になってしまったため、浅井校長でも顔と名前がなんとなく一致しない新人が何人でもいる。

いまはＷＷＥだけに集中するべきだということはわかっているけれど、現実と現実がかさなって知らなかった現実が目のまえに現れる。ほんの一日だけでも日本に帰らなければならないことだってある。ウルティモ・ドラゴンは、バンプのとれない体でリングに上がっている。浅井はふたつのライフワークをなんとか同時進行させている。

(03年9月)

魂に羽が生えた〝自由レスラー〟

ウルティモ・ドラゴンは〝ウルティモ・ドラゴン〟という大長編ドラマの監督・主演である。浅井嘉浩がメキシコで日本人ルチャドールとしてデビューしたのは20年もまえのことだが、プロレス少年の冒険ストーリーはそれよりもずっとまえからはじまっている。高校時代の浅井は、毎週のように地元・名古屋から東京に〝巡業〟に来ていた。当時、流行していたマジソン・バッグに着替えを入れておいて、電車のなかで制服姿の高校生からふだん着の男の子に変身し、あたりまえのような顔で東京駅の改札をかんたんにスルーしていた。

後楽園ホールの1階のエレベーターのまえで顔見知りのプロレスファンを集めてアサイ・ムーンサルトの原型となるバック宙を披露することもあったし、初代タイガーマスクが泊まっているホテルの部屋をノックして、試合用のタイツをおねだりしたこともあった。

ドリーとテリーのザ・ファンクスは、浅井少年の運動神経に驚いて「アメリカに連れて帰ろうか」とまじめに話しあった。

高校を卒業して世田谷の新日本プロレス道場に入寮したときは、浅井はメキシコに渡りルチャドールになる将来の設計をすでに頭のなかに描いていた。同じ時期に合宿所に住んでいた船木誠勝が夜中にドタンバタンと物音を耳にして、道場をのぞきにいってみたら、浅井がセカンドロープに乗ってターンバックルを相手にパンチ攻撃の練習をしていたという有名なエピソードもある。

浅井はデビュー20周年記念のパーティーを東京ドームホテルで開いた。バンケット・ルーム〝シンシア〟での立食スタイルのパーティーは、おそらく80年代前半の新日本の〝ＩＷＧＰ前夜祭〟のオマージュだったのだろう。浅井は自分が子どものころにはいりたくても入れてもらえなかったセレブリティーな空間をあえて一般のファンに開放した。

パーティーの会場には大長編ドラマ〝ウルティモ・

ドラゴン〟のチャプターごとの登場人物たちが顔をそろえていた。船木は新日本合宿所時代の年下の先輩で、邪道・外道はユニバーサル時代の後輩。新日本の田山正雄レフェリーは、ルチャドールを志してメキシコを放浪した時代、浅井の家に居候していた。

浅井は「オレは弟子はとらない主義」といっていたが、いつのまにか弟子がついていきて、それが闘龍門というルチャドール養成スクールに化けた。97年の開校以来、闘龍門は約70人の日本人レスラーを世に送り出した。メキシコから逆上陸した闘龍門ジャパンは04年に新団体ドラゴンゲートに姿を変え、闘龍門Xとしてスタートした後発グループも、エルドラドに枝分かれした。メキシコにはまだ日本のファンが知らない日本人ルチャドールがたくさんいる。

たくさんの弟子たちとの出逢いと別れも〝ウルティモ・ドラゴン〟の物語のなかの1エピソードになっている。「オレの人生、たまに神様がイタズラするんですよ」と語る浅井はWCW在籍時代、レスラー生命にかかわる右ヒジのケガを負った。ウルティモ・ドラゴンがリングを離れていた約6年間は、闘龍門ジャパンからドラゴンゲートが誕生するまでの6年間とぴったりと重なっている。偶然のワンシーンがやがて必然に変わるのが大長編ドラマなのだろう。

自由人になったウルティモ・ドラゴンは「WCWとWWEのメジャー2団体を長期サーキットした日本人レスラーって、いないでしょ」といってWWEスーパースターに変身した。アメリカではラ・ケブラーダはアサイ・ムーンサルトという浅井の個人名が技の名称になっている。WWEのリングで使っていたリバース式DDTにはアサイDDTという新名称が与えられた。

少年時代からあこがれていたマディソン・スクウェア・ガーデンのリングに立ち、〝レッスルマニア〟に出場するという目的を達成した浅井は、みずからの意思でWWEのリングにも別れを告げた。WWEで過ごした一年間は〝ウルティモ・ドラゴン〟の〝ニューヨーク編〟ということになるのかもしれない。

ウルティモ・ドラゴンのキャラクターを封印して、ほんのちょっとのあいだだけ二代目ザ・タイガー（初代は佐山聡）に変身したこともあったが、このときはメキシコのルチャリブレ文化が龍の仮面の〝消滅〟を認めなかった。これも浅井が口にする「神様のイタズラ」のひとつなのだろう。大長編ドラマのストーリーは、もはや浅井だけのものではない。

浅井は50歳になっても60歳になっても〝プロレス小僧〟でありつづけ、ウルティモ・ドラゴンはエル・サント、ミス・マスカラスのような古典派マスクマンの道を歩んでいるのだ。（07年8月）

ケン・シャムロック
Ken Shamrock
〝かもめのジョナサン〟みたいな孤独なファイター

ケン・ウェイン・シャムロックは〝かもめのジョナサン〟のような孤独な格闘家である。ジョナサンはより速く、より高く飛ぶ術を習得しようと試みる一羽のかもめ。異端者として群れから追放されてしまうが、放浪の旅のなかでほんとうの自分を発見し、やがて〝そこ〟よりも広い世界があることを仲間たちに伝えるためにかつての群れに舞い戻ってくる。『かもめのジョナサン』は70年代のはじめに世界じゅうで読まれたリチャード・バックの小説である。

ここではない、ほかの場所。いまではない、ほかのとき。自分ではない、ほかの自分。このスポーツではない、ほかのスポーツ。きっと、シャムロックはそんなことを考えながらここまでの道のりをてくてくと歩いてきたのだろう。あるときはフットボールで、あるときはボクシング。またあるときは、それがレスリングだったりした。

その日、シャムロックは養父ボブ・シャムロックさん、ティーナ夫人とともにマンハッタン・センターのリングサイド席に座っていた。目のまえでは月曜夜のプライムタイム番組〝マンデーナイト・ロウ〟の全米中継がおこなわれていた。そこにいるシャムロックはUFC（アルティメット・ファイティング・チャンピオンシップ）のスーパースターで、プロレスではないほかのスポーツのヒーローということになる。

アメリカで〝レスリング〟といったら、やっぱりWWEのことだ。ボスのビンス・マクマホンは、とにかくシャムロックを観客の目に触れるところにポンと置いておこうとしていた。そして、そのもくろみどおりシャムロックの周りにはサインをせがむ少年ファンたちの群れで人だかりができた。

シャムロックはいつのまにかアメリカでもっとも有名なプロフェッショナル・アスリートのひとりに変身し、またいつのまにかプロレスラーに転向していた。ビンスがどうしても手に入れようとしたのは〝UFC幻想〟というキラー・コンテンツだった。

青天のへきれき、なんていったら大げさかもしれないが、シャムロックはフツーのプロレスラーとしてWWEと3年契約を交わした。コントラクトは3年間のWWE専属選手契約と契約満了後の3年間のオプショナル契約。だから、これから3年後にWWEがシャムロックを必要とした場合、契約そのものは自動的にリニューアルされる。この青天のへきれきではない、ほかの青天のへきれきが起こらない限り、シャムロックはこれから6年間、ニューヨークの商品になる。

フツーのプロレスラーになったからには、フツーのプロレスと真剣に向き合うのだろう。フロリダの『マレンコ道場』での改造手術も、第二次UWFも、プロフェッショナル・レスリング藤原組も、パンクラスもUFCも、シャムロックにとっては大いなる通過点だった。群れと交わるたびに〝かもめのジョナサン〟はここではない、ほかの場所を探していた。

シャムロックはMMA（ミックスト・マーシャルアーツ＝総合格闘技）と呼ばれる新しいスポーツのスーパースターのままWWEのリングに上がろうとしている。大切なことはシャムロックのレスリング・スタイルがどう変わっていくかではなくて、シャムロック自身がどうなっていくか、である。

〝かもめのジョナサン〟はより速く、より高く飛ぶことをおぼえたくて群れを離れた孤独な鳥。シャムロックは、ここではないほかの場所、この人たちではないほかの人たち、いまの自分ではないほかの自分を探して群れから群れを通過していく孤独なファイターだ。だから、パンクラスもUFCもWWEもほんのつかの間の宿にしかならない。

もうすぐ、シャムロックはプロレスのタイツとリングシューズを身にまといWWEのTVショーに登場する。ニューヨークのリングで学ぶべきことがあればそれを学び、羽がむずむずしてきたころにはまたどこかほかの場所に飛んでいってしまうのだ。（97年3月）

〝プロレスラー〟VS〝プロレスラー〟のバーリトゥードを考える

よっぽどうれしかったのだろう。ケン・シャムロックはマイクを持ったまましゃべりまくった。

「アレキサンダー大塚くん、キミは偉大なるファイターだ。これからもすばらしい闘いがキミを待っているよ。まだ28歳だもんな。いつかWWEのリングで再会しようじゃないか」

「ああ、みんなに感謝したい。義理の父と母。ライオンズ・デンのファミリー。ありがとう。4年ぶりのファイトで、3カ月しかトレーニングができなくて、だからカミさんに感謝したい」

「11年も結婚していてこんなことというのもなんだけど、オレはいい夫ではなかった。キミはえらいな」

コメントの順番はだいたいこんな感じだった。極限的な緊張感から解放されたせいか、おしゃべりの内容はかなり支離滅裂になっていたけれど、なにがあっても勝たなければならない勝負事を終えたばかりのシャムロックの顔にはだらしないくらいの安ど感が漂っていた。敗者・大塚は目に涙を浮かべていた。プロレスラー対プロレスラーの〝なんでもあり〟は、けっきょくぶん殴りっこで決着がついた。

プロレスと総合格闘技はまったく異なる競技だから、ふたつのジャンルを比較してもどうにもならない。でも、そのどうにもならないところでさらにもっとどうにもならないくらいしっかりリンクしているのは〝観る側〟の存在だ。MMA（ミックスト・マーシャルアーツ）。バーリトゥード。〝なんでもあり〟。もっとシンプルに総合格闘技、プロ格闘技と総称される場合もある。いまのところこれといった正式名称を持たず、ルールもどこかあいまいなこの競技を目撃しにきている観客のほとんどはプロレスファンである。

プロレスも総合格闘技もどっちも好きという観客にとっては、アクセルとブレーキにまったく遊びがないのが総合格闘技で、アクセルもブレーキがゆるゆるでもオーケーな〝とき〟と〝場合〟があるのがプロレスということになる。だから、プロレスは〝観る側〟のそれぞれのリズムとテンションとコンディションとシチュエーションによってどう解釈、理解してもいいが、総合格闘技はひとつの視点と論点しか認めない。

シャムロックが最後に〝なんでもあり〟の試合をしたのは1996年12月7日、アラバマ州バーミングハムで開催された〝UFCアルティメット・アルティメット〟だった。16選手出場のワンナイト・トーナメントに出場したシャムロックは、1回戦でブライアン・

ジョンストンからKO勝ちを収めたが、この試合で左手を負傷して2回戦を棄権した。結果的にこのトーナメントに優勝したのは、決勝戦でタンク・アボットを下したドン・フライだった。シャムロック、ジョンストン、アボット、そしてフライ。4選手が4選手ともその後、プロレスのリングに活動の場を求めた。これは不思議な縁でもなんでもない。

〝なんでもあり〟は肉体を壊す競技だ。相手をケガさせてしまうかもしれないし、ケガをさせられてしまうかもしれない。だから、選手寿命という概念があるとしたら、それはきわめて短いものになる。〝なんでもあり〟の大会は、基本的にはなんでもありではないところから競技者を集めてくる異種格闘技的空間になる。

大塚はロープのリバウンドを利用したパンチ攻撃でなんとかシャムロックをプロレス的な動きに誘い込もうとしたが、シャムロックが頑としてこれを受けつけなかった。大塚にとってはプロレスも総合格闘技もまったく同じ闘いなのだろう。強い者は強い。弱い者は弱い。いいものはいい。ダメなものはダメ。〝アレクサンダー大塚〟はプロレスラーとしてどこまでも理想を求めた。現実的なレベルでは、大塚のレスリング技術は明らかにシャムロックの計算を狂わせた。グラウンドでの攻防では、上になったシャムロックが故意か偶然か、大塚の顔面にエルボーをすべらせ、フィンガー・グローブの指先で視界をさえぎった。

大塚の大粒の涙の理由は、シャムロックをプロレスにひきずり込めなかったことへの悔しさとそんな自分に対するもどかしさ。シャムロックのはしゃぎっぷりは、なんでもいいからとにかく勝てたことへの〝なんでもあり〟的自我の表れ。プロレスラーとプロレスラーがプロレスではないサムシングで闘うと、プロレスではないサムシングの向こう側にまたプロレスがみえてくるのだ。

（00年5月）

マサ斎藤
Masa Saito

健介オフィスの道場マッチ観戦

会いたい人がいたら、会いたいと願っているほうから会いたい人に会いにいくのがいちばんいい。北斗晶と「道場に遊びに来てくださいよ、マサさんも会いたがってますよ」「ええ、年明けにでも、ぜひ」なんて会話を交わしたのは昨年12月の『週プロ』の忘年会の席でのことだった。年明けなんていっていたら、いつのまにかゴールデンウィークもとっくに終わっていた。

マサ斎藤は、紺色のサテン地のトレーニング・ウェア姿で道場の奥から出てきた。体調があまりよくないというはなしを聞いていたが、じっさいにそばでみてみると顔や肌の色つやはそれほど悪くないのでちょっとだけ安心した。日本語にアメリカ英語のアクセントが混じった〝マサ語〟と呼ばれる独特のランゲージのヒアリングがややむずかしいのはいまにはじまったことではない。

健介オフィスの道場兼事務所がある埼玉県吉川市は、東京からそれほど遠くない。このオフィスのスペシャル・アドバイザーのマサさんは吉川市内にマンションを借りて、そこから毎日、道場に通ってきている。

道場では新弟子たちのケイコをみるのが仕事だが、やっぱり自分のコンディショニングにも時間を費やす。

エアロバイクを使ったカーディオ（循環器系）エクササイズとウエート・トレーニングが自分の体との対話の基本。22歳から56歳までプロレスのリングでバンプをとりつづけたマサさんは、体のあちこちに神経系のダメージを抱えている。でも、バーベルをぎゅうっと握ると不思議と体の震えは止まる。もうすぐ66歳の誕生日を迎えるが、いまでも気持ちよく汗をかかない日はない。

マサさんは人生のほとんどをレスリングに捧げてきた。いまから44年まえ、アマチュア・レスリングの日本代表選手として東京オリンピックに出場した。プロレスでは34年間のキャリアのうちの約20年をアメリカで、あとの10数年を日本のリングで過ごした。

アマとプロのふたつのランクのレスリングでの功績が認められ、アイオワ州ウォータールーの『ダン・ゲーブル・インターナショナル・レスリング・インステテュート・アンド・ミュージアム』の殿堂入りすることが決まった。アワードの正式名称は〝ジョージ・トラゴス／ルー・テーズ・プロフェッショナル・レスリング・ホール・オブ・フェーム〟。

テーズはいうまでもなく〝20世紀の鉄人〟で、トラゴスはそのテーズのお師匠さん。マサさんはこの『国際レスリング学院&博物館』主催の08年度ホール・オブ・フェーム授賞式に出席するため、この夏は久しぶりにアメリカに向かう。

マサさんとともにことしの授賞式で殿堂入りするメンバーはスチュー・ハート（故人＝息子のブレット・ハートがセレモニーに出席予定）、レイ・ガンケル（故人）、レオ・ノメリーニ、エイブ・ジェイコブス、ペニー・バナー（故人）、ロディ・パイパーの6人。同じホール・オブ・フェームでも〝アマレスの都〟アイオワとWWEとではその人選に主義・主張のちがいがみてとれる。

「ミネアポリスに行ったらブラッド（・レイガンズ）にも会うし、あのアマチュア出身の若いの、なんだっけ、ブロック・レズナーにも会うヨ」

マサさんは第二の故郷といってもいいミネソタでの旧友たちの再会をほんとうに楽しみにしている。

リング上では起田高志対ベアー福田のシングルマッチがはじまっていた。マサさんは「彼はねえ、football の出身だからショルダーブロックがすごくいい」と体のごつい起田の動きに細い目をさらに細めた。〝ホームタウン・マッチ〟というタイトルがつけられた道場でのハウスショーは、どこに座ってもリングサイドからの観戦になる。

「最近、顔と名前が一致しないレスラーがたくさんいますよねー」とそれとなく聞いてみると、マサさんは「うーん、まあねえ」とそういう現実を認めるような認めたくないようなアバウトな返事をした。

「いまのはグッド。あっ、これはちょっとファ◯ク・アップ。あそこんとこなー、もうちょっとなー……」

マサさんは、親子というよりはおじいちゃんと孫といってもいいくらいトシの離れた選手たちのひとつひとつの動きをコーチの目で観察していた。やっと20歳になったばかりの中嶋勝彦は、マサさんがアントニオ猪木と〝巌流島の決闘〟を演じた翌年に生まれた。時代が変わっても〝いい試合〟と〝いいレスラー〟の定義はそんなに変わらない。

「元気そうで安心しました」と伝えると、マサさんは「病気して寝込むよりはオレはポックリいきたい」としんみり語り、それからガッハッハと豪快に笑った。

（08年6月）

Ⅱ—2

Magic

サブゥー

— 魔法のじゅうたんに乗って —

サブゥー

Sabu

1963年、ミシガン州ランシング生まれだが、自称“インドのボンベイ出身”。伯父シークのコーチを受け、85年にデビュー。91年、初来日。FMW、新日本、全日本、みちのく、ZERO－ONEなど日本の各団体に出場。アメリカではインディー・シーンからハードコア団体ECWを経由してWWEへ。“テーブル破壊の儀”“自殺ダイブ”をはじめ、オリジナルの空中殺法の数かずを開発した

シーク様はむずかしくてめんどくさくてタイヘンなおじいさん

〝アラビアの怪人〟ザ・シークはおじいさんになってもちゃんとコワイ。もうずっとまえから正確な年齢は〝不詳〟になっている。シーク自身は1953年から95年までの42年間を現役生活のチャプターとして記憶している。右足のヒザから下がほとんど動かなくなってしまった。足首をぐるぐるまわす運動ができないし、足の親指の感覚がない。お尻の左側には鉄のプレートが埋め込まれている。しっかりと踏んばって歩けるようだったら、きっといまでもリングに上がっている。

3年まえにトーキョーで心臓マヒを起こした。ホテルの部屋でいちど倒れ、自力で立ち上がってタクシーで病院へ行こうとして道ばたでもういちど倒れた。家族を心配させないために転んでケガをして入院したことにしておいたら、ワイフのジョイスさんがすぐにミシガンから飛んできた。トーキョーの病院を退院したあとは、デトロイトの大きな病院で大腿部の太い神経を心臓のすぐそばに移植するトリプル・バイパス手術を受けさせられた。

シーク様とジョイスさんはもう50年もタッグを組んでいる。日本式にいうと金婚式を迎えた老カップルである。でも、これは公式データにはなっていない。結婚適齢期に〝50〟という数字を足したらほんとうのトシがバレてしまう。アラブ人のシーク様とフツーの白人のジョイスさんが結婚することをジョイスさんの父親はなかなか許してくれなかった。ミセス・シークはそれをまるできのうのことのように話してくれる。

シーク様の口からは〝ボボ〟とか〝ブルーザー〟とかそういう固有名詞が日常的に出てくる。ボボは〝黒い魔神〟ボボ・ブラジルで、ブルーザーは〝生傷男〟ディック・ザ・ブルーザー。シーク様とブラジルは生涯のライバル同士で、ブルーザーはシーク様が大嫌いな〝ホワイト・トラッシュ（白人のクズ）〟の代表格。

残念ながら、ふたりとももうこの地上にはいない。

引退セレモニーをとりおこなわせていただきたいのでトーキョーまでおこしください、なんてオファーではシーク様はちっとも興味を示さない。まず、「だれの引退だ、バカもん」と怒鳴られる。むずかしくてめんどくさくてタイヘンなおじいさんをその気にさせるには、その日が来るのが待ち遠しくなるような、うれしいみたいなおめでたいみたいな計画をいくつか用意しておかなければならない。シーク様が〝集いの場〟に現れるにはそれなりのリーズンが必要なのだ。

甥っ子のサブゥーがトーキョーで結婚式を挙げる。〝息子〟大仁田厚がものすごく会いたがっている。引退セレモニーは3つめの用事になった。そういうたぐいのセレモニーなんてものはベビーフェースっぽくてどうもしっくりこないと考えたシーク様は「リングのなかでだれかを流血させるべきだ」とすごんでサブゥーを困らせた。「大丈夫だ、心配するな、前頭部をレバノン製のナイフでちょこっと切るだけだ」というけれど、そういう問題ではない。

シーク様は飛行機の長旅をそれほど苦にしない。トーキョーでの宿泊先は大仁田が用意してくれた恵比寿ガーデンのすぐよこのWホテルのいちばんゴージャスなスイートルーム。シーク様の〝息子〟の大仁田は思いっきり見栄っぱりな方法で〝アラビアの怪人〟ご夫妻をもてなした。でも、おじいさんはジョイスさんがいっしょにいてくれないとどこになにがあるかもわからないし、ホテルの部屋から出ようとしない。

その日の朝になってから、シーク様は「後楽園ホールへは行かない」といってダダをこねた。午後になって大仁田がホテルに訪ねてくると、こんどは急に機嫌がよくなった。しかし、「せっかくだからだれかを切る」といって聞かない。

メインイベンターは、体育館の裏口あたりをウロウロしている姿をファンに目撃されたらおしまいなのだという。シーク様は、引退セレモニーが終了するとそのままホール正面のエレベーターで1Fロビーまで下りて、ジョイスさんが先まわりしてつかまえておいたタクシーにひょいと飛び乗った。

（98年12月）

魔法のじゅうたんを修理して東京まで飛んできた

サブゥーは、成増3丁目の信号を左に曲がったところの1階が和菓子屋さんになっているマンションの5階の部屋のベッドの上でうつぶせになってお昼寝をしていた。試合のない日はなるべくなんにもしないで、ゆっくりと体を休ませるのがいちばんいい。板橋区成増はサブゥーの妃ミブゥーのホームタウンである。サブゥーは魔法のじゅうたんに乗って、実家に帰ってきているミブゥーのもとに飛んできた。

ほんのちょっとミシガンとトーキョーを行ったり来たりするだけだから、大きな荷物はいらない。まず、岡山で試合があって、それから一日だけオフがはいって、次の日とそのまた次の日は後楽園ホールと千葉で試合。木曜の午後、成田—シカゴ間の直行便に乗り、同日、シカゴで試合。金曜の午後、またシカゴから直行便に乗って、土曜の夜にトーキョーに戻ってきた。日曜と月曜は千葉・多古町、群馬・伊勢崎で試合。魔法のじゅうたんは8日間で2度、太平洋を往復した。

長時間の移動はまったく苦にならないし、タイトなスケジュールはプロレスラーにとってはあたりまえのことだと思っている。ほんとうは、試合のことだけで頭のなかをいっぱいにしておけるのが理想なのだろう。体のあちこちがズシンと痛かったり重かったりするのは仕方ない。すっかり壊れやすくなってしまったアゴの骨は、ここ半年間くらいいくつっついたり外れたりしている。これもクセだから仕方ない。

サブゥーはリングの外側で起こっているプロレスについてはあまりあれこれ考えないようにしている。FMWはサブゥーにとってはホームリングみたいなものだし、大仁田厚はまだ無名だったころのサブゥーに初めてチャンスをくれたプロモーターである。FMWと大仁田が袂を分かった理由がどうしてもわからないし、それがわかったとしても理解も納得もできない。

トーキョーからECWをながめると、ECWアリーナのドレッシングルームにいるときはみえなかったものがみえてくる。フィラデルフィアの大事件がどうでもいいようなちいさいことのように思えてくる。金庫がカラになりかけていたＥＣＷはＴＮＮ（ザ・ナショナル・ネットワーク）という新スポンサーを獲得し、沈没しかかっていたボートは新しいフェリーにひっぱってもらいながら航海をつづけることになった。

いったいなにが自分と自分の家族をハッピーにしてくれるのかをサブゥーは考える。ギャラの心配をしなくてすむようになったのはうれしいけれど、お金がサブゥーとミブゥーと母イヴァさんを幸せにするとは思えない。銀行というところがあまり好きになれないからめったに通帳記入にはいかないし、普通口座と小切手口座にいくらずつ残高があるのかも知らない。

トーキョーに来ると2日にいちどは焼き肉を食べたくなる。日本料理はいちおうなんでも食べられるけれど、やっぱり魚介類よりも肉類のほうが食べやすい。アメリカに帰ると〝上カルビ〟の味が頭に浮かんできて、フィラデルフィアあたりでコリアン・バーベキューのお店を探したりする。ＥＣＷの仲間たちは日本を遠い遠い国だと思っている。

きっとミブゥーの家族に「ごはんはひと粒も残さず食べなさい」と教わったのだろう。サブゥーは右手におハシ、左手に茶碗を持って日本人スタイルでごはんをかき込み、きれいになった茶碗のなかをミブゥーにみせて「どうだ」という顔をした。サブゥーとミブゥーの会話は、英語と日本語とふたりにしかわからないオリジナルの単語のミックスになっている。

サブゥーにとっていちばん大切なのは、魔法のじゅうたんをいつでもスタンバイさせておくことなのだろう。偉大なる伯父ザ・シークからもらった魔法のじゅうたんにはこれといった操作マニュアルはない。フリー・スピリット（自由な魂）さえあれば、飛びたいときに飛びたいところまで飛んでいけるのである。

（99年7月）

サブゥーと母イヴァの〝長い長い12日間〟からの帰還

それは奇跡というよりほかにたとえようのない不思議な12日間だった。サブゥーの母イヴァさんは、いまにもフェードアウトしそうな声で「ちょっと胸が苦しいの」と訴えていた。サブゥーは受話器に向かって「いまからすぐに帰るからしっかりしろ」と怒鳴った。サブゥーはジョージア州アトランタのホテルからミシガン州ランシングの自宅に電話をかけていた。

ほんとうだったらグッドニュースになるはずだった。WCWとのミーティングはうまくいった。3年契約を交わすことになるだろう。これでボロッちい家をやっと改築できる。そんなようなことをお母さんに伝えるつもりだった。イヴァさんは重い糖尿病で、いつも家のなかでおとなしくしている。食べられないものがたくさんあって、決められた時間どおりに薬を飲まなければならない。サブゥーは、ロードに出ているあいだは一日に3回ぐらい家に電話を入れてお母さんのぐあいを確認することにしている。

イヴァさんは「じっとしていればすぐによくなる」といったけれど、サブゥーは電話を切るとすぐに兄夫婦のところに電話をして「いますぐにオレん家に行ってくれ。救急車を呼んでくれ」と頼んだ。兄夫婦の家からランシングまでは車で約40分の距離だが、それくらいはお母さんにもがんばってもらわなければならない。サブゥーも急いでホテルをチェックアウトしてアトランタ空港へ向かい、デトロイト行きのレッドアイ・フライト（夜行便）に飛び乗った。

やっぱり、イヴァさんは心臓発作を起こしていた。最初の発作はサブゥーが電話を切ったすぐあとで、2度めの発作はそれからまた10数分後に襲ってきたのだという。サブゥーがデトロイト経由の便でなんとかランシングに戻ってきたときは、イヴァさんはもう病院の集中治療室のベッドによこになっていた。口と鼻には酸素マスクがつけられていた。

イヴァさんはずっと目をさまさず、うんともすんともいわなかった。サブゥーはお母さんが眠っているベッドのすぐよこにイスを置き、そこに座ってじっとしていた。とにかく、そうするしかなかった。担当のドクターはイヴァさんの症状を「糖尿病によるすい臓の機能低下。肝機能障害。腎機能障害。心肺機能の低下による肺炎。心臓が弱って血圧も高い。ありとあらゆる合併症の危険性あり」とまくし立てた。

お母さんが眠っているあいだもサブゥーの携帯電話の着信音は鳴りつづけた。WCWのプロデューサー、ケビン・サリバンからは契約のことでひんぱんに連絡がはいるし、ECWのボス、ポール・ヘイメンも毎日のように電話をかけてきて「契約解除なんて認めねえぞー」と遠くのほうから大声でわめき散らした。やっぱりトレーニングだけは休むわけにいかないから、サブゥーは目をさまさないお母さんに「ジムに行ってくるから、そのあいだは生きてててくれよ」と声をかけ、一日に2時間だけ病院を抜け出し、あとはまたいつもの場所に腰かけてずっと考えごとをした。

何日かすると看護師さんがサブゥーを部屋のすみのほうに呼んで「お葬式の準備をしておかれたほうがいいでしょう」と伝えた。サブゥーは「死ぬまでは生きていますから」とこのアドバイスを断った。それからまた何日かすると、こんどは病室の外側の廊下にイヴァさんとの面会用の〝仮設ロビー〟ができた。サブゥーの妃ミブゥーが受付係で、イヴァさんの兄で〝アラビアの怪人〟ザ・シークはおもしろいことをいって遠くから来た親せき、友人たちを笑わせる役だった。

もう何十年も会っていない古い知り合いがニューヨークやフロリダやアリゾナからわざわざイヴァさんを訪ねてきた。写真でしか知らないレバノンの親せきからポストカードが届いた。そして、病院にかつぎ込まれてから10日めの朝、イヴァさんはパッと目をさまし「家に帰る」といい出した。サブゥーは、サブゥーがサブゥーであることに目をさまし、生まれて初めてまじめにアラーの神に祈りを捧げたのだった。

（00年3月）

ポール・EがそこにいるだけでWWEがてんやわんやの大騒ぎ

ポール・Eことポール・ヘイメンがそこにいるだけ

で理路整然とした上場企業WWEがてんやわんやの大騒ぎになっている。開催日から1カ月を切ったというのに夏のスーパーイベント〝サマースラム〟のカード編成がまだ決まらない。〝サマースラム〟のディテールどころか、8月オンエア分のTVショー〝ロウ・イズ・ウォー〟と〝スマックダウン〟の番組構成案すらまとまっていない。

いったいどこからどこまでがリアリティーで、どこからどこまでがファンタジーなのかはあまり重要ではない。ポール・EはWWEのリングで〝ECW〟を復活させてしまった。WWEオーナーはビンス・マクマホンで、WCWオーナーがシェーン・マクマホン。ECW新オーナーにはステファニー・マクマホンがおさまった。ソープオペラのストーリー上はそういう展開になっている。ポール・EのポジションはECファッキンWのコンサルタントということになる。

ECW（エクストリーム・チャンピオンシップ・レスリング）は2001年4月5日付でニューヨーク州ホワイトプレーンの高等裁判所に会社更生法の申請をおこない、約880万ドル（約11億円）の負債を抱えて倒産。オーナー社長だったポール・Eは、TVショーのカラー・コメンテーター兼番組プロデューサーとしてきわめてあっさりとWWEに再就職した。

ポール・Eに会社再建の意思がないため、管財人バーバラ・バルバー＝ストラウス氏（ホワイトプレーン裁判所）は債務処理法を適用し、6月25日付で商標、ロゴ、肖像権、知的所有権をはじめとするECWの資産は管財人預りとなった。法的にはECWのロゴもコンセプトも映像素材も売れ残ったグッズもすでにポール・Eのものではなくなっている。

ところが、それが連続ドラマのなかのストーリーだとしても、WWEのリングにはECWが存在し、ECWのTシャツを着たポール・Eがアリーナのなかをわがもの顔で歩きまわっている。元ECW所属選手のロブ・ヴァン・ダムとトミー・ドリーマーが観客席からリング内に〝乱入〟してきた。レイヴェンがいる。ババ・レイとディーボンのダッドリー兄弟がいる。いつのまにか、ポール・Eとその仲間たちがソープオペラの主役グループになっていた。

連続ドラマの展開としては、WCWオーナーのシェーンとECWオーナーのステファニーが手を組んで父ビンス＝WWEと全面対決するというストーリーラインになっている。ポール・Eの役どころは、WWEとの興行戦争に敗れて活動休止に追い込まれた弱小インディー団体の元オーナー。このあたりのコンセプトはファンタジーとリアリティーがとことんごちゃ混ぜになっていて、それが不思議な真実味を生み出している。WCWとECWがドッキングして巨大なヒール団体ができあがった。対抗勢力がヒールだからWWEは自動的にベビーフェース団体になった。突然、ECWが復活したことでそれまで同時進行していたほかのすべてのドラマがペンディング（保留）になった。ポール・Eは現実と虚構の境界線のあいまいなエリアでシェーンとステファニーをまんまと手玉にとった。

いちどテレビの画面に映ったエピソードは、やっぱりテレビの画面のなかで処理しなければならない。御大ビンスはいまのところポール・Eの暴走を黙認している。〝新体制WCWのWWEマット侵略〟というとってつけのドラマはまるで視聴率にはハネ返ってこなかったけれど、ECWの復活というストーリーはしっかりと視聴率アップにつながっている。だから、いまのところビンスはポール・Eを消せない。

ECファッキンWのまさかの復活劇にポール・Eが大はしゃぎしていたら、予想していたことではあるけれど、ECWの商標とロゴの使用、知的所有権をめぐって裁判所からクレームがついた。ECWの債務者で現在でも同社の株を15パーセント保有するゲームメーカー、アナンデウス社（アクレイムの親会社）がポール・EとWWEに対してECWの商標とロゴの使用差し止めを求めてきた。

裁判所と管財人が相手ではさすがのビンスも「これはあくまでもドラマのストーリー。脚本上の設定です」ととぼけるわけにもいかない。おそらく、WWEは管財人と債務者からECWの商標と知的所有権を〝時価〟で買い上げることになるだろう。債務処理にかかる費用は約150万ドルとされる。ポール・Eは、

ビンスの手のひらに乗ってWWEをてんてこ舞いさせている。（01年7月）

サブゥーとシーク様の最後の会話「きょうの試合はどこだっけ?」

〝親の死に目にも会えない〟という言葉があるけれど、サブゥーは偉大なる伯父ザ・シークの最期をみとることができなかった。シーク様が天に召されたのは土曜の午前3時15分。サブゥーはそのときニューヨークにいた。母イヴァさんからの電話でシーク様の死を知った。すぐにでもデトロイトに帰りたかったが、金曜の夜にニューヨークで試合をして、土曜の朝、ニューヨークからの直行便でトーキョーに向かうところだった。もう予定は変更できなかった。

フライトが遅延したためトーキョーに着いたのは日本時間の日曜の午後9時。サブゥーは成田空港からタクシーに乗って、そのまま東京ドームまでやって来た。

W-1（レッスルワン）の日本人エージェントからいきなり「試合に出てくれないか」と電話がかかってきたのはミシガンの時計で木曜の朝、日本時間の木曜の夜だった。あまりにも急なはなしだったが、スケジュール的には不可能ではなかったのでサブゥーはあまり深く考えずにこの突然のオファーを引き受けた。

日本からのチケットの手配はもう間に合わないので、サブゥーは自分とカミさんのふたり分の往復チケット代をキャッシュで立て替えた。試合のあとは妃ミブゥーの実家に何日間か泊まっていくつもりだったから、帰りの成田—デトロイト間のフライトの日付は5日後の金曜にしておいた。シーク様の訃報を知ったのはチケットを買ったあとだった。日曜の夜にトーキョーで試合をして、月曜の午後、デトロイトへの直行便に乗れば、月曜の夜までにはなんとかランシングに帰れる。チケットの予約変更と発券は成田空港のカウンターですぐにテイクケアできるだろう。

トーキョーに着いたら、シーク様の死がすでにニュースになっていた。東京ドームのドレッシングルームではシーク様のタッグパートナーだったアブドーラ・ザ・ブッチャーが待っていた。かつてシーク＆ブッチャーと〝伝説の死闘〟を演じたテリー・ファンクもサブゥーの到着を待っていた。そうすることがシーク様へのトリビュートになるような気がしたので、サブゥーはカメラマンに頼んでブッチャーとテリーとの3ショットの記念写真を撮ってもらった。

サブゥーは、シーク様が旅立つ前日、病院に入院していたシーク様を見舞いにいった。体調がすぐれないシーク様はもう半年以上もベッドによこになったままだった。食事も満足に食べられないようになっていたから、体重は110ポンド（約50キロ）くらいまで落ちていた。シーク様は大仁田厚のことをアニータと発音する。そのたびにサブゥーは「オーニタだよ、オーニタ。アニータは女の子の名前だよ」と伯父の思い込みを訂正した。シーク様は、ボケたふりをしてよく奥様のジョイスさんを困らせていた。

「なあ、サブゥー、きょうの試合はどこだっけ？　オハイオか？　間に合うか？」

ジョイスさんは「またそんなことといって」と王様のたわ言に耳を貸さないようにつとめていたが、それでもやっぱりたまにイライラして「試合なんかあるわけないでしょ」とブチ切れた。シーク様はカミさんが自分の迫真の認知症の演技にひっかかると大喜びし、口をだらしなく半開きにした恍惚の表情でサブゥーの手首を一瞬だけぎゅうっと握り、サブゥーがシーク様の顔をのぞき込むと、ジョイスさんには気づかれないように急いで〝パチッ〟とウインクしてみせた。

航空会社に電話を入れて出発便を変更してもらおうと思ったら、どの便も満席で〝キャンセル待ち〟のリストに入れられた。いても立ってもいられないから、火曜の朝、荷物をまとめて成田に向かい〝スタンバイ〟でデトロイト行きの直行便を待ったが、その日もけっきょく飛行機には乗れなかった。シーク様の葬儀は火曜の夕方からだった。状況を説明しようと思ってジョイスさんに電話を入れたら「あなたのことだけを待つわけにはいきません」とつっけんどんにされた。

お葬式でお棺を運べなくても、サブゥーがどのくらいシーク様を愛していたかをシーク様はわかっていてくれるだろう。もうそう考えるしかなかった。プロレスラーがロードに出たら、家族の一大事にも家へは帰れない。そう教えてくれたのはシーク様だけれど、ほんとうにそのとおりになってしまった。サブゥーはミブゥーの実家の成増の空を見上げて、何度も何度もお祈りをした。（03年1月）

酔っぱらいサンドマンの〝ビールはほどほど、プロレスは趣味〟

サンドマンはバドワイザーの12パックを大切そうに小脇に抱え、くわえタバコでバックステージをうろうろしていた。缶ビールの包み以外、荷物らしい荷物は持っていない。Tシャツとジーンズだけでアリーナにやって来て、そのままの格好で試合をして、シャワーも浴びずにドレッシングルームから出ていくというのがサンドマンの流儀である。

リングネームのサンドマンとは〝睡魔〟のこと。子どもの目に砂を入れて眠らせる、おとぎばなしの妖精。眠たくなってくると、子どもたちは目に砂でもはいったかのようにまぶたをこすりはじめる。ジェームズ・フォーリントンは、寝具メーカー〝サンドマン〟のビルボード広告をみてこのリングネームを思いついたプロモーターから「ユーはきょうからサンドマン」と告げられた。いまから15年ほどまえのことだ。

入場テーマ曲にはヘヴィメタの大御所、メタリカの大ヒット〝エンター・サンドマン〟をずっと使っている。缶ビールをイッキ飲みしながら入場してくる定番ルーティンは、ハードコア団体ECWをホームリングにしていた時代に自然発生的に生まれた。ドレッシングルームでやっていたことをそのまま観客にみせたら、それが大ウケした。

ECW時代のトレードマークは、缶ビールとくわえタバコ（キャメルの両切り）とケンドー・スティック（竹刀）の3点セットだったが、いまは竹刀だけが消えた。〝9月11日〟の同時多発テロ事件以後、武器はスーツケースに入れてチェックインすることも、機内持ち込みもできなくなった。いくら自堕落・自暴自棄・自己陶酔のサンドマンでも、空港セキュリティーの規則くらいは守る。

サンドマンはECW崩壊後、WWEから専属契約のオファーを受けなかったメンバーのなかのひとりということになる。でも、メジャー団体の連続ドラマの登場人物になって毎週数分間ずつTVの画面に映りたいかといえば、そうでもない。

リングの上で缶ビールをあおるシーンは、ストーンコールドよりも自分のほうがずっと先にやっていたというプライドもある。ソープオペラのストーリーラインというものにどうしても興味が持てないから〝ロウ〟も〝スマックダウン〟もあまり観ない。

心から愛していたECWがつぶれてからは、プロレスはどちらかといえば趣味になった。毎週水曜にテネシー州ナッシュビルのTNA（トータル・ノンストップ・アクション＝ジェリー＆ジェフ・ジャレット派）で試合があるだけで、あとは気ままにインディー系グループのライブをはしごしている。

どこのインディー団体に顔を出しても、プロモーターと観客の両サイドがサンドマンの試合にECWのような空間を求めているのがわかる。バックステージでもアリーナ内でも、ECWの亡霊みたいなものがちらつく。フロリダのMLW（メジャーリーグ・レスリング）は、月にいちどの〝ECW同窓会〟になっている。カメラ・クルーも警備員も会場スタッフも、みんなどこかでみたような顔だ。

ほかの連中はどうか知らないけれど「オレは金には困っちゃいねえ」とサンドマンは豪語する。ECWがいちばんよかったころに稼いだマネーでフィラデルフィアのダウンタウンにストリップ・バーを2店舗、居抜きで買って、フィラデルフィアとフロリダに家を2軒、買っておいた。酔っぱらいのサンドマンにも堅実なところがあった。

バーのビジネスがあって、住む家があって、あとはビールをほどほどに飲めるだけのお金があれば、ほかにはなにも望まない。国内線の飛行機は乗るたびにマイレージが貯まるから、交通費が出せない貧乏プロモーターの試合に出るときはマイレージをチケットに替えてどこへでも飛んでいく。

少年時代に大好きだったレスラーはダスティ・ローデスと〝スーパースター〟ビリー・グラハムで、尊敬する大先輩はテリー・ファンク。59歳で満身創痍のテリーがリングに上がっているのに、テリーよりもずっと若い自分が「ギャラが安い、首が痛い」といってインディー団体のオファーを断るのはまちがっている、とサンドマンは考える。

25歳でプロレスラーになったサンドマンは、くわえタバコで缶ビールをあおりながらリングに上がりつづけているうちに、気がついたら40歳になっていた。右腕の上腕の裏側に〝サンドマン〟の顔のタトゥーを彫った。右腕を上げると顔がみえて、腕を下ろすとそれが隠れる。観客が目をこするると、おとぎばなしのサンドマンが現れる。

(03年9月)

マネーよりリスペクト パワーよりハッピネス

魔法のじゅんたんに乗ってミシガンから東北にやって来たサブゥーと妃ミブゥーが、みちのくプロレスの『みちのくふたり旅タッグリーグ戦』をふたり旅している。友人の新崎人生から電話をもらった日から、東北の景色をずっと頭のなかに想い描いていた。みちのくには雪がたくさん降るというし、サブゥーが住むミシガンにも雪が降る。

北国のローカル団体をサーキットしてみたくなった。お世辞にもビッグ・カンパニーとはいえないみちのくプロレスのリングに上がってみようと思った理由はそれだけだった。シリーズ開幕戦の福島市国体記念体育館のまえには田んぼが広がっていて、その向こうには蔵王の山がみえた。想像していたとおり、東北の空気とミシガンのひんやりした風はよく似ている。

ドレッシングルームには顔見知りのレスラーはあま

りいない。みちのくプロレスの社長になった人生は、11・2有明コロシアム大会のための営業活動で上京していてシリーズには同行していない。政治家になったというザ・グレート・サスケはケガで試合を休んでいるけれど、ビジネスマンのようなスーツを着て、ほとんど毎日のように試合会場には姿をみせる。

『みちのくふたり旅タッグリーグ戦』でサブゥーのタッグパートナーになったMIKAMIという選手はプロレスラーっぽいブロークン・イングリッシュを話すヤングボーイで、かんたんな会話にはそれほど困らない。いままでいちどもいっしょにリングに上がったことがないボーイズでも、ドレッシングルームでの〝陣地〟とイスの置き方をみれば、その選手がどのくらいのキャリアの持ち主で、どういうクオリティーのレスラーであるかはすぐにわかる。

アトランティスはベテランらしくほかの選手たちからはやや離れて自分のスペースをつくり、テーブルの上にのせたスーツケースの口を半分だけ開け、それを化粧台のように壁に寄りかからせて、そのまえにイスを置いてひとりでポツンと座っている。

タルサン・ボーイとは10年くらいまえにメキシコをサーキットしたときに会ったことがある。マスクマンのこまちともどこかで会ったことがあるらしいが、思い出せなかった。

サーキット・バスは毎朝、午前中に盛岡を出発する。知らない町の知らない体育館に到着するのは午後2時から3時のあいだで、リングが組み立てられると、ワークアウトの時間になる。ウエートトレーニングの器具もそれなりに整っている。ディック東郷は、いつもニコニコしながらダンベルをひとり占めにしている。折原昌夫は、大きなスパイダーのタトゥーを背中に隠している。

ヤングボーイズは、会場の設営からリングの組み立て、売店の準備まで雑用という雑用はなんでもこなす。そんな光景をながめながら、サブゥーは〝アラビアの怪人〟ザ・シークの「ドゥー・ウィズ・ハート（心をこめてやれ）」という言葉を思い出した。偉大なる伯父シークのテリトリー、デトロイトのビッグ・タイム・レスリングの日常と非日常もこんな感じだった。

サスケはいつもみんなが知らないうちに会場に現れて、試合が終わるとボーイズといっしょにサーキット・バスに乗って盛岡に戻る。サスケの指定席はバスのいちばんまえの席で、サブゥーはサスケのすぐ後ろの席に座る。アメリカにはサスケのことをナイス・ガイだというボーイズもいれば、その反対にあまりよくいわない連中もいる。サブゥーが自分の目で確認したサスケは、信頼できそうなクール・ガイだった。

マネーよりもリスペクト。パワーよりもハッピネス。みんながサブゥーをリスペクトしてくれて、サブゥーもみんなをリスペクトする。ボーイズとボーイズのポリティックス（政治的関係）も障害物も雑音もない、プロレスだけに集中できる環境。いつのまにか、こういうフィーリングを忘れていた。

サブゥーといっしょに魔法のじゅんたんに乗ってミシガンから飛んできた妃ミブゥーは、正体を明かさずに売店でお客さんの相手をしている。サブゥーの新作Tシャツは、みちのくプロレスのグッズのなかにそっとまぎれ込ませた。

気仙沼二郎の『海の魂』を毎日、耳にしているうちに〝ハァ、波を蹴立ててョォ〟という歌詞と70年代のフォークソングを思わせるリフレインが耳に残るようになった。ミシガンとみちのくは、なんだかとってもよく似ているような気がしてきた。

（03年10月）

〝自営業〟のプロレスラーが病気になったらどうなるか

プロレスラーは自営業である。だから、病気になると大変だ。アメリカでも日本でもプロレスラーは生命保険、傷害保険にはなかなか加入させてもらえないし、加入できたとしても保険料がひじょうに高いものになる。理由はかんたんで、ケガをするのがあたりまえの仕事をしているからだ。日本には国民健康保険という制度があるけれど、アメリカにはそれもない。そして、アメリカという国は医療費そのものがものすごく高い。

サブゥーが体に異常を感じたのは2004年8月の暑い月曜の午後だった。ニューヨーク州バッファローのアウトドア・ショーで試合をして、翌朝、飛行機でミシガン州ランシングの自宅に帰ってくると背中に痛みをおぼえた。バッファローの試合ではいつものように〝テーブル破壊の儀〟をやったけれど、そのときは腰はなんともなかった。

しばらくベッドによこになって休んでいたら、こんどは激痛が全身にまわり寝返りもできなくなった。〝医者嫌い〟サブゥーは痛みがおさまるまでじっとしていたほうがいいと思い、木曜からのTNAのTVテーピングと週末のプエルトリコのブッキングをキャンセルした。サブゥーが試合を休むのはほんとうにめずらしいことだった。

1週間、ベッドによこになっているうちに全身が衰弱してきて会話もできない状態になり、8日めについに救急車を呼んだ。ドクターは「もうちょっとで死ぬところだった」と警告した。正体不明のウイルスが血液にはいり、体じゅうの筋肉を蝕《むしば》み、背中から足にかけて100カ所以上にシスト(のう胞＝もり上がった膿を持つ発疹《はっしん》)ができていた。ケガではなくてウイルス性の病気だった。

シスト、腫瘍、膿を切除するために7回の手術がくり返された。ウイルスが特定できず、病名もわからないままの入院生活が55日間もつづき、体重は40ポンドも落ちた。担当医は長期療養をすすめたが、サブゥーは通院と自宅でのリハビリを希望し、ちょっと無理して退院した。背中から腰にかけての痛みよりも腕と脚の筋力が弱くなったのが気になったし、体重が落ちてしまったのが心配だった。サブゥーは一日5回、1500カロリーのプロテイン・ドリンクを飲む生活を20年近くつづけていた。

約2カ月間の入院、手術、集中治療にかかった費用は10万ドルを超えていた。病気になるとお金がかかるという現実をはっきりと認識した。サブゥーは「なんとかなるさ」と考えた。立って歩けるうちはプロレスができる、というのが〝偉大なる伯父〟ザ・シークの教えだった。問題は、いつになったらプロレスができる体になるかである。

ボーイズが〝サブゥー・エイド〟に立ち上がった。ミシガンのインディー団体BCW（ボーダー・シティー・レスリング）のプロモーターで、TNAではエージェントをしているスコット・ダモアが支援イベントをプロデュースしてくれた。出場選手は全員、ノー・ギャラ。興行収益はサブゥーの医療費にあてられることになった。

サブゥーの人望か、それともインディー系レスラーたちの強い仲間意識か。きっとそのどっちもだろう。アメリカ人にとって〝ボランティア〟はきわめて日常的なコンセプトである。メインイベントはレイヴェン対シェーン・ダグラスで、特別レフェリーはミック・フォーリーという豪華キャストだった。イベントのMCはジミー・ハート。ラッパーのICP、ジェフ・ハーディー、ディーロウ・ブラウン、AJ・スタイルス、クリストファー・ダニエルズ、ザック・ガウインらが〝手弁当〟で集まった。

プロレスラーは自営業だ。保険もなければ、ボーナスも退職金もない。でも、サブゥーには〝仲間〟という財産があった。WWEでスーパースターになったM・フォーリーは、もともとはインディー・シーンではさんざんサブゥーと闘ったライバルだった。レイヴエンやS・ダグラスはECW時代からの同僚。ミシガンのボーイズはみんな、サブゥーのことを心からリスペクトしている。

クリスマスの翌日、ニュージャージーでクロウバーが〝サブゥー・エイド・パート2〟をプロモートした。クロウバーは、ハスクール時代にサブゥー対テリー・ファンクの試合をライブで観て、プロレスラーになる決心をしたレスラーだ。3回めの支援イベントは、3月に東京で開催される。発起人はアメリカでサブゥーにお世話になった女子プロレスラーの坂井澄江だ。

（05年2月）

ECファッキンWとは いったいなんだったのか

ECWのDVD〝ザ・ライズ・アンド・フォール・オブ・ECW〟がビルボードのヒットチャート4位にランクインした。90年代のレスリング・シーンに革命を起こした伝説のハードコア団体ECW（エクストリーム・チャンピオンシップ・レスリング）の誕生から崩壊までを当事者たちの証言でつづったドキュメンタリー作品である。

ECWを創りあげ、そしてつぶしてしまった張本人がポール・ヘイメンであることはいうまでもない。ヘイメンがフィラデルフィアのインディー団体ECW（イースタン・チャンピオンシップ・レスリング）のプロデューサーになったのが1993年9月で、アーカンソー州パインブラフでのハウスショーを最後に活動を休止したのが01年1月だから、その歴史は7年4カ月間という長いような短いような濃密な時間だった。

作品に登場する証言者たちはヘイメン、タズ、ロブ・ヴァン・ダム、ババ・レイ&ディーボンのダッドリー・ボーイズ、トミー・ドリーマーらECファッキンWのもっともコアなメンバーからテリー・ファンク、ミック・フォーリー、クリス・ベンワー、エディ・ゲレロ、クリス・ジェリコ、レイ・ミステリオらECW経験者たちだ。

ビンス・マクマホン、エリック・ビショフのふたりはそれぞれWWE、WCWのエグゼクティブ・プロデューサーとしての立場から〝ECW現象〟についてコメントしている。サブゥー、レイヴェン、サンドマン、シェーン・ダグラスといったキーパーソンたちの証言が収録されていないのがどことなく奇妙な印象を与える。ECWの映像アーカイブの版権はWWEが保有しているが、サブゥーらはWWEの契約タレントではない。

ドリーマーは「わが人生の最良の時間」とECWとともに過ごした約8年間をふり返り、T・ファンクは「観客教育の原点に戻った団体」とECWを分析している。ヘイメン自身が「最高に感動させるインタビュー・シーン、いちばんすごいアクション、もっともワイルドな乱闘シーン、だれよりも高く跳ぶクルーザー級、ベスト・レスリング」とECWとそのレスラーたちが追い求め、観客に提供したプロレスを客観視しているところがひじょうに興味ぶかい。

ECWは、数多くの人材を発掘した。ストーンコールドに変身する直前のスティーブ・オースチンは、ECWでそのキャラクターのモチーフをみずからの手で発見した。エディ、ベンワー、そしてディーン・マレンコの3人は、ヘイメンから「キミたちの好きなようにやってくれ」といわれ、そのレスリング・センスを自由な発想で開花させた。

ジェリコは「ECWはレスラーも観客もまるでカルト集団のようだった」とECWでの体験を回想する。レスラー仲間からも観客からもリスペクトされる存在でありつづけること。レスラーと観客が同じハート、同じフィーリングを共有する空間。M・フォーリーはそれを「アテテュード（姿勢、態度、心がまえ）」と形容し、ヘイメンは「WWEとWCWはECWからアテテュードを盗み、レスラーを盗んだ」と指摘する。

3ウェイ・ダンス。テーブル・マッチ。〝凶器持ち込み〟デスマッチ。恋愛ドラマ。ヘイメンとその仲間たちが発明したギミックがWWEとWCWのリングへ流出していった。サンドマン、レイヴェンらがWCWに移籍し、タズ、ダッドリーズらはWWEにリクルートされた。それでもヘイメンはECWムーブメントをあきらめなかった。

ECWがあっけなく崩壊した理由をババ・レイもジェリコも「ポールは優秀なプロモーターであり天才的なプロデューサーだったが、ビジネスマンとしては最悪だった」と口をそろえるが、ヘイメン自身は「TNNの全米放映に失敗したから」という持論を曲げない。TNN（ザ・ナショナル・ネットワーク＝現スパイクTV）はECWとの契約を破棄したあと、WWEの〝マンデーナイト・ロウ〟の放映権を獲得した。

ECWが倒産してから2カ月後、WCWがWWEに買収され、アメリカのプロレス界はWWEによって統合された。ECW、WCWの主力メンバーはWWEに移籍し、ヘイメンも〝放送作家〟としてWWEに再就職した。ビンスは「それは彼が望む形ではなかっただろう」と分析する。

ECWがWWEのリングでよみがえろうとしている。6・12PPVは一夜限りのECファッキンW空間。ヘイメンは、ビンスの提案に「そんなのファックだ」と背を向けている。

（05年3月）

サンドマンと坂井澄江とボーイズの“We Love Sabu”ツアー

坂井澄江はほんとうにえらい。フレンドリーでだれとでも仲よくできるキャラクターとフットワークのよさでサブゥー支援興行〝WE LOVE SABU〟をほとんどひとりで実現させてしまった。坂井自身は「いっぱいいっぱい」と謙遜するけれど、プロデューサーとしてスキのない仕事をやってみせた。

「アタシはフツーだからみんなも話しやすかったんでしょう」と坂井は自己分析する。

〝プロレスラー選手名鑑〟に載っているプロフィルでは、趣味または特技のところが〝友だち作り〟となっている。プロレスラーとしてのキャリアは9年。ここ3年ほどはおもにアメリカで活動している。デビューしたときはすでに26歳だったから、遅れてきたルーキーということになるかもしれない。友だちに連れていかれた後楽園ホールで井上京子対チャパリータASARIの試合を観て、その日のうちにプロレスラーになることを決めたのだという。

坂井が病気のサブゥーを応援するイベントをやるといい出したら、あっというまに協力者たちが集まってきた。試合会場をどこにしようか考えていたら、ロサンゼルスのプロレスリング・アイアンの興行でいっしょになったことがあるプロレスリングNOAHの仲田龍本部長がディファ有明を格安でブッキングしてくれた。タダ同然で使えるリングもすぐにみつかった。

携帯電話ひとつでプロモーター業務をこなしているうちに気がついたら出場予定選手が57人にふくれ上がっていた。カード編成とこまかい〝友だち派閥〟を交通整理していたら、昼の部と夜の部の2部構成になった。選手たちは全員、ノー・ギャラだから「気持ちよく協力してもらうこと」(坂井)が大切だった。友だちの友だち、知り合いのそのまた知り合いが坂井に電話をくれた。

坂井はアメリカでこれと同じようなボランティア興行を体験したことがある。ガンの少年のために選手たちが手づくりのショーをプロデュースし、興行収益を全額、少年とその家族に寄付しているところを目撃した。坂井は「アメリカ人のボランティア精神はすごい」と衝撃を受けた。それから数カ月後、アメリカでたいへんお世話になったサブゥーがウイルス性の病気で倒れた。

サブゥーと仲のいいミック・フォーリーは「日本に行くことができない代わりに」といってWWEヘビー級王座のホンモノのチャンピオンベルトをオークションのためにイベントに寄付してくれた。サンドマンからの返事は「サブゥーのためのショーだったらオレが出るのはあたりめえじゃねえか」だった。

ハヤブサがサブゥーのために歌をうたってくれることになった。西村修が「当日はなにがあっても会場に行きます」と伝えてきた。西村は面識のなかった坂井に対し「こんなことをたったひとりでやろうとしている実行力に感心しました」とリスペクトの気持ちをストレートな言葉にした。西村もアメリカ武者修行時代にサブゥーに助けられたひとりである。

サンドマンは試合当日、成田空港からディファ有明に直行してきた。金曜の夜、ニューヨークで試合をおこない、土曜の朝、フィラデルフィア―ダラス経由―東京行きの便に乗った。トレードマークのケンドー・スティック(竹刀)は機内には持ち込めないから、坂井があらかじめ神田のスポーツ用品店で買っておいた。バドワイザーの缶ビールもしこたま用意した。

バックステージは、インディーズのミニ・オールスター戦みたいな景色だった。ジャガー横田の姿をみつけるなり、サンドマンは横田に近づいていって直立不動の姿勢で「ミズ・ジャグワー、お会いできて光栄です。あなたは偉大なるレジェンドです」と話しかけ、両手で握手をしてから日本式のお辞儀をした。横田は感じよくほほ笑んで握手に応じてから、よこにいたセコンドに「だれだっけ？」とたずねた。

サブゥーはミブゥー夫人といっしょにミシガンから魔法のじゅうたんに乗ってやって来た。田中将斗、金村キンタロー、リッキー・フジらFMW時代の仲間たちがサブゥーとの再会を喜んだ。素顔のハヤブサはバックステージの奥のほうでイスに座って1時間くらいサブゥーと話し込んでいた。

「みんなが試合をやっているのに自分だけリングに上がっていないことに罪の意識を感じる」といってサブゥーは下を向いた。

坂井は「ほとんど試合観てないです。いっぱいいっぱいです」といいながら、忙しそうに会場のなかを走りまわっていた。

（05年5月）

魔法のじゅうたんに乗りっぱなしで36時間だけ東京にいたサブゥー

サブゥーは木曜の夕方に日本に来て、金曜の夜は東京・新木場で試合をして、土曜の朝、またアメリカに帰っていった。ずっと魔法のじゅうたんに乗りっぱなしで、もう2週間も家に帰っていないのだという。サブゥーはいつのまにかWWEの連続ドラマの登場人物になっていた。ポール・ヘイメンECWプロデューサーの〝脳内プロレス〟がビンス・マクマホンのカンと気まぐれで現実に化けつつあるということなのだろう。

WWEのバックステージはとにかく広い。選手たちの〝番付〟ごとにドレッシングルームが10室くらいあって、大きなミーティングルーム、制作ルーム、仮設ジム、食堂、衣装部、医務室なんかがある。廊下をうろうろしていたら、ステファニー・マクマホンから「ここのレスリングはあなたのスタイルじゃないかもしれないけれど、あなたが来てくれたことをうれしく思います。わからないことがあったら、なんでも遠慮なくいってください」と声をかけられた。

おなかの大きい女性がいきなり話しかけてきたので、サブゥーはそれがステファニーだとはわからずに素通りしそうになった。〝妊娠〟はてっきりドラマのストーリーかと思ったら、そうではなかった。WWEではフィクションっぽいことが現実で、現実らしきことがフィクションだったりする。

ヘイメンがある日、電話をかけてきて「ECファッキンWがRAWをぶっつぶす」とまくし立てた。ジョニー・エースWWE副社長から電話がきて、契約のはなしになった。タレント人事部ではエースの部下、ECWブランドではヘイメンのアシスタント・プロデューサーをつとめるトミー・ドリーマーから毎日のように連絡が来るようになった。

「試合の前日には現地にはいってください」といわれ、サブゥーは日曜の午後のうちに魔法のじゅうたんに乗って6・5〝マンデーナイト・ロウ〟の生収録がおこなわれるピッツバーグに向かった。WWEのスタッフはECWとヘイメンの仲間たちを自分たちとはちょっとちがう〝人種〟の集まりととらえているらしい。よっぽど信用がないのか、酔っぱらいキャラクターのサンドマンも「スケジュール表よりも一日ずつ早い移動」を義務づけられていた。

サブゥーは6・5〝ロウ〟でおこなわれたジョン・シーナとRVD（ロブ・ヴァン・ダム）のタイトルマッチ調印式に乱入し、6・6〝フライデーナイト・スマックダウン〟ウィーリング大会ではレイ・ミステリオ対フィット・フィンレーのシングルマッチにも乱入。翌日のUSAネットワーク特番ではシーナとシングルマッチで対戦した。バックステージではビンスをはじめとする制作チーム、選手たちがサブゥーの試合を好奇の目で観察していた。

ECWに移籍したばかりのビッグショーがサブゥーのサーキット中の移動のパートナーになった。体がケタはずれに大きいビッグショーはふつうのレンタカーには乗れないので、週末のサーキットでは会社が用意する専用バスを使っている。ヘイメンはほかの選手たちからの隔離の意味もこめてこのふたりのカップリングを思いついた。車の運転をしないですむのであれば、サブゥーにとってもそのほうが気がラクだ。

6・11PPV〝ワンナイト・スタンド〟、6・11〝ロウ〟ステートカレッジ、6・12スマックダウン&

ECWトレントンの3大会は、一日12時間ずつのTV撮りだった。午後1時にアリーナにはいり〝出席簿〟にサインインしてから番組終了後の深夜まで、いちどもアリーナから外に出られない。

サブゥーは水曜の朝にニューヨークを出て、木曜の午後に成田に着いて、その夜はミブゥー夫人の実家に泊まり、金曜の夜、新木場1stRINGで金村キンタローと8分弱のシングルマッチを闘った。このイベントのプロモーターで友だちのNOSAWAには「必ず行くから」と約束していたから、ちゃんと約束どおりに魔法のじゅうたんに乗って太平洋を渡ってきた。

成田からデトロイト経由ランシングまでは約14時間の移動。土曜の夜、家に帰って洗たくと犬の世話をしたあとは、日曜の朝、またニューヨークに移動。ECWは変わり者の集団ということになっているから、前日のうちに現地入りしておかないとスタッフがすぐに大騒ぎしはじめる。ロウ・ブランド主催の次回PPV、6・25〝ヴェンジェンス〟ではシーナとのシングルマッチが組まれている。サブゥーは一日24時間、WWEの連続ドラマのなかを歩いている。(06年7月)

ECファッキンW的ライフスタイルの現実とフィクション

じつにECWらしいエピソードなんていったら不謹慎かもしれないけれど、まるでサブゥーとロブ・ヴァン・ダムのためにシナリオが用意されていたかのような事件だった。2006年7月2日の午後10時15分、オハイオ州ハンギングロックのUSハイウェイ52号線でRVDの運転する車がスピード違反で捕まり、車内から大麻、錠剤などの薬物が発見されたためRVDと同乗していたサブゥーが薬物不法所持の現行犯で逮捕された。

地元新聞『アイアントン・トリビューン』(7月3日付)によれば、スピード違反の車を止めたOSHP(オハイオ・ステート・ハイウェイ・パトロール)の警官が違反車両のドライバーに運転免許証の提示を求めたところ、車のなかからマリファナのにおいがしたため任意で車内を調べ、薬物を発見して押収したという。

RVDは大麻18グラムと鎮痛剤5錠、サブゥーはジョイント（大麻たばこ）を巻くための紙と詳細不詳のピル9錠を所持していた。ふたりは違反切符に署名をし、罰金を支払ってその場で釈放された。アメリカでは大麻の所持、使用では拘留されない。

その日、ECWブランドはウエストバージニア州ハンティントンのビッグ・サンディ・スーパーストア・アリーナでハウスショーを開催。サブゥーとRVDは試合後、ウエストバージニア州からおとなりのオハイオ州の宿泊先に向かっていた。ハイウェイパトロールに追いかけられるのだから、かなりのスピードを出していたことはまちがいない。

こういう場合、警官はまずDWI（飲酒運転）の検査をおこなうが、車を運転していたRVDもサブゥーもアルコールは飲んでいなかった。警官が「免許証を見せてください」と声をかけ、RVDが運転席の窓を全開にしたとたん、車のなかからマリファナの香りが漂ってきたということなのだろう。映画『チーチ&チャング』や『ウェインズ・ワールド』のワンシーンを思い浮かべればわかりやすいかもしれない。

違法薬物の所持・使用はもちろん悪いことだが、これがコカインやヘロイン、あるいはステロイドではなくて70年代のヒッピー文化の象徴のようなマリファナだったところがいかにもサブゥーとRVDらしい。

このニュースはその夜のうちにインターネットを通じてアメリカじゅうのプロレスファンの知るところとなった。翌日、ペンシルベニア州フィラデルフィアのワコビア・アリーナで開催された〝マンデーナイト・ロウ〟&〝フライデーナイト・スマックダウン〟のスーパーショーにはサブゥー、RVDの両選手が出場。7月4日、〝ECW〟のテレビ撮りも予定どおりにおこなわれた。

7・3〝ロウ〟のメインイベントにラインナップされたRVD対ジョン・シーナ対エッジのWWEヘビー級選手権〝3ウェイ〟ではエッジがRVDからフォー

ル勝ちをスコアし王座奪取。翌日の〝ECW〟のメインでは、ビッグショーがRVDを下しECW世界ヘビー級王座を奪った。結果的にRVDはこの事件の直後、保持していた2本のチャンピオンベルトを失った。ECWのタイトルマッチではポール・ヘイメンECWプロデューサーがRVDを裏切るという新しいドラマ展開も起きた。

WWEは7月5日付の公式ウエブサイト上で事件の詳細を公表し、RVDに30日間の出場停止処分、サブゥーに1000ドルの罰金を課したことをアナウンスした。ふたりに対するペナルティーの微妙なちがいについてはWWEはその理由を明らかにしていない。

WWE内部にはECWの第3のブランド化に懐疑的なグループが存在するという。WWEの〝言語〟ではプロレスあるいはレスリングはスポーツ・エンターテインメントで、プロレスラーはWWEスーパースターズと呼称される。ECWはスポーツ・エンターテインメントではなくてあくまでもECWで、その所属タレントにはスーパースターではなくエクストリーミスト（極論主義者）なる表現が用いられている。

生き馬の目を抜くような空間といわれるバックステージにはいたるところに〝地雷〟が埋められている。ヘイメンはそれを踏まないようにいつも細心の注意をはらって歩いているが、サブゥーとRVDは現実の世界で落とし穴に足をすべらせた。それがECファッキンWのライフスタイルといってしまえばそれまでかもしれないけれど、WWEではフィクションのようにみえているものがフィクションではなかったりするのである。

（06年7月）

サブゥーとRVDとサンドマンはつかず離れず〝ECWオリジナル〟

サブゥーとサンドマンは、WWEのリングに上がるようになっていちばん驚いたことは「ロープが本物のロープだったこと」と口を揃える。WWEスーパースターとしてはふたりよりもちょっとだけ先輩のロブ・

ヴァン・ダムは「だから、いったじゃん」と得意げにほほ笑む。「もう慣れたけど」と前置きしてから、サブゥーは「全然弾まないからビックリ」と目を丸くした。それはカルチャー・ショックにも似た不思議な感覚だった。

おそらく、プロレスのリングの3本のロープに本物のロープを使っているのは世界じゅうでWWEだけだろう。ビンス・マクマホンにとっては、それは絶対に譲れない一線ということになるらしい。ビンスが少年時代から親しんできたニューヨークのマディソン・スクウェア・ガーデンのリングには太い縄のロープが張られていた。

WWEの試合用のリングはガーデンのリングのレプリカ・デザインになっていて、面積、重量、エプロンからフロアまでの天地のサイズ、鉄柱とロープとターンバックルの位置や寸法もすべてガーデンのリングと同じように設計されている。

サブゥーはワイヤーケーブルに黒いラバーをかぶせたロープのほうが「絶対によく弾むのに」と力説する。トリプル・ステップ式アラビアン・ムーンサルトのモーションでトップロープに飛び乗ると、ロープの上に立った瞬間、縄そのものが反動を吸収して静止してしまう。サブゥーはトップロープの上で何度も途方に暮れたという。

RVDもサンドマンも「ようやく受け入れつつあるFinally Accepting」というポジティブな姿勢でビンスが考えるところのECWブランドと向き合っている。WWEの第3のブランドとしてリニューアルされたECWは、ECWであってECファッキンWではない。サンドマンは「ECWのロゴが残ったことが大切」と冷静に状況を読み、RVDは「オレたちがやっていることがECW」とソフトウエアとしてのオリジナリティーを強調するけれど、サブゥーは「これはECWではない。オレたちはあくまでもWWEの契約タレント」ととらえている。ECWブランドに対する3人のアテテュードは、それぞれちょっとずつ異なっている。

現実的なところでのあのECWとこのECWとの大きなちがいはビッグショーという純正のWWEスーパ

ースターの存在にある、とサブゥーは考える。ビッグショーと「毎晩のように試合をしている」サブゥーは「体重500ポンドの相手と試合をするということは、体重500ポンドのプロレスラーができるプロレスをするということ」と結論づける。

「ビッグショーに手を踏まれたことがあるか？　指がボキッと折れちまうんだ」

「指を踏まれたことはねえけど、腹の上に乗っかられて窒息しそうになったことはあるぜ」とサンドマンが答えると、RVDは「(ビッグショーが）つまずいて、巨体が顔の上に落ちてきたことがある。試合のあと専用バスに乗せてくれて、缶詰のビーフシチューをごちそうしてくれた」とつけ加えた。3人はわっはっはと笑った。ビッグショーのビッグショーらしさを笑い飛ばしながら、じつは3人ともその向こう側に立っているビンスのシルエットを思い浮かべていた。

WWEのドレスコードを順守するため、サブゥーはサーキット中に身につけるドレスシャツ、トラウザー、革グツをしこたま買った。RVDは「襟のあるシャツ」として、いつもアロハ・シャツを着ている。サンドマンはシルクのドレスシャツとドレスパンツを2ダースも買いこんだ。アルコール類はまったくといっていいほど口にしなくなったし、入場のさいの定番の缶ビールのいっき飲みシーンでも、ビールはできるだけ飲み込まずに吐き出すように心がけている。

サブゥー、RVD、サンドマン、そしてポール・ヘイメン、トミー・ドリーマーらはTVショーのなかでは〝ECWオリジナル〟とカテゴライズされている。ECWブランドのリングには〝ECWオリジナル〟とそうでない新顔のECWメンバーが同居している。サンドマンは「オリジナルとニューカマーが融合するのはいいこと。ビンスもそれを望んでいる」と分析する。

毎週火曜放映の〝ECW〟のターゲット視聴者層は17歳から34歳までの男性で、90年代のECファッキンWは体験していない新しい世代のECW信者。〝ECWオリジナル〟のメンバーは、パッケージ加工されたECWの映像を巧みに演じているのである。

（06年11月）

ヘイメン・プロデューサーがECWから削除された

異変というよりは事件と表現したほうがより正確だろう。ポール・ヘイメンがECWから〝削除〟された。ビンス・マクマホンがヘイメンに自宅待機を命じ、ヘイメンが試合会場のノース・チャールストン・コロシアムをあとにしたのは2007年12月4日午後。〝マンデーナイト・ロウ〟の全米生中継がはじまる数時間まえのことだった。

WWEはその前夜、ジョージア州オーガスタでECWブランドのPPV〝ディッセンバー・トゥ・ディスメンバー〟を開催し、メインイベントの変則金網マッチ〝イリミネーション・チェンバー〟でボビー・ラッシュリーがビッグショーを下してECW世界ヘビー級王座を獲得した。

イベントの翌朝、WWEの公式ウェブサイトとPPVプロバイダーのディレクTVには視聴者からの苦情のメールが殺到した。PPV有料放映が予定時間より30分も早く終了したこと、事前の予告なしにカード編成（出場選手）が変更されたこと、番組そのものがつまらなかったというのがおもな苦情の中身だった。

ビンスとヘイメンはふたりだけの〝密室のミーティング〟をおこない、その直後にヘイメンがアリーナから姿を消した。同日、公式サイトには〝ミスター・マクマホン会長がポール・ヘイメンECW代表を謹慎処分に。番組視聴率の低下と配下選手の弱体化が原因〟というニュースがアップされた。解雇あるいは退団ではなく謹慎という微妙なハンドリングがさまざまな憶測を呼んだ。

ひとつだけはっきりしていることは、ビンスがヘイメンをプロデューサーのポジションから降格させ、ヘイメンはバックステージからもテレビの画面からも〝削除〟されてしまったという現実である。

ECWブランドとヘイメンは完全に分断され、毎週火曜放映の1時間番組〝ECW〟は現行のまま継続される。WWEとサイファイ・チャンネルの契約は07年

12月まで有効で、08年度シーズンはオプションとなっている。

ビンスが考えるところのECWとヘイメンが定義するところのECファッキンWの根本的なちがいといってしまえばそれまでかもしれないが、それぞれが想定するプロダクト・イメージとそのマーケティングの〝数式〟には大きな隔たりがあった。

6月から放映開始となった〝ECW〟の第1回オンエア分（6月18日）の視聴率は2・79パーセント（331万世帯）だったが、11月第4週放映分の視聴率は1・53パーセント（194万世帯）まで低下。番組の平均視聴率はこの半年間、つねにゆるやかな下降線をたどってきた。

ロウ、スマックダウンにつづく第3のブランドとしてスタートしたECWのハウスショーは、興行成績の低迷で11月いっぱいで打ち切られた。結果的にヘイメン・プロデューサーはECWブランドの予想外の不振の責任をとらされた格好となった。

「ハルク・ホーガンが死んだらハルカマニア現象は終わる。リック・フレアーが死んだら〝ウォー〟の雄叫びは消える。しかし、私がいなくなってもECWは生き残るだろう」

12・3PPV〝ディッセンバー――〟のリング上でヘイメンは不可解なスピーチを観客にぶつけた。

ビンスとヘイメンの〝密室のミーティング〟がおこなわれたのはこの翌日、もっと厳密にいえば視聴者からの苦情が殺到した月曜の午後だったが、いまになってみるとヘイメン自身はPPVが終了した時点でECWブランドの〝誤作動〟のようなものを察知していた。

その証拠にPPV終了後にドレッシングルームで収録されたインタビュー・シーンでは「ビッグショーが負けた。ECWはもう終わり。オレももうおしまい。I'm done」というコメントを映像に残した。ビデオクリップそのものはビッグショーの王座転落を悔しがる悪党マネジャーの様子のようにもみえるが、じつはヘイメンはここで"I'm done"といういいまわしで視聴者にそれとなく別れのメッセージを伝えている。

その日、ヘイメン不在のまま収録された〝ECW〟

は、もうそこにはいないヘイメンのインタビュー映像から番組がはじまった。TVマッチのメインではラッシュリー対ビッグショーのタイトルマッチがおこなわれ、ECWブランドの新しい主役となったばかりのラッシュリーがビッグショーからフォール勝ちをスコアして王座初防衛に成功した。

もし、WWEとボブ・サップの契約交渉がまとまっていたとしたら、いまラッシュリーが立っているポジションにはサップが仁王立ちしているはずだった。ヘイメンはECWがECファッキンWでありつづけることを望んだが、ビンスは第3ブランドの存続に優先順位をつけた。

(07年1月)

サンドマンが傷害罪の現行犯で逮捕されちゃった

フツーに考えれば悪いことに決まっているけれど、それをやらかしたのが泥酔状態のサンドマンだったら、そんなに大騒ぎするようなことなのだろうか、世の中にはもっとほかに大切なニュースがあるのではないだろうかという気がしてくる。AP通信が配信したニューズワイヤーには「サンドマンことプロレスラーのジェームス・フォーリントン(45歳)、乱闘事件で逮捕」と記されていた。

事件が起きたのは2008年7月20日の午後9時過ぎ。ニューヨーク州ニューヨーク市郊外ヨンカースのレストラン〝ラ・ランターナ〟店内でサンドマンが店員にグラスを投げつけ、通報を受けてかけつけた警察官にもグラスを投げつけ、警察官2名が手と腕に軽い裂傷を負ったとされる。サンドマンは第二級傷害罪、器物破損、公務執行妨害など4つの罪で現行犯逮捕された。

この日、〝ラ・ランターナ〟では〝キャプテン〟ルー・アルバーノの75歳の誕生日とその自伝本『オフン・イミテーテッド・ネバー・ドゥープリケーテッド(マネはできても複製はできない)』の出版を祝うパーティーが開かれていた。

アルバーノはWWEの前身にあたるニューヨークのWWWF（ワールドワイド・レスリング・フェデレーション）をホームリングに50年代から70年代前半まで巨漢の悪役レスラーとして活躍し、80年代からはマネジャーに転向。84年にロックシンガーのシンディ・ローパーのプロモーション・ビデオにローパーの父親役で出演し、WWEとMTVの歴史的コラボレーションのきっかけをつくった人物として知られている。

こういうセレブリティーの事件ネタは、事件発生から日を追うごとにフォローアップ報道が過熱していくものなのだろう。プロレスラーが酒場で乱闘騒ぎを起こしたら、やっぱりタブロイド・ニュースの機関銃にハチの巣にされてしまう。アメリカのメディアは判で押したように〝元WWEスーパースター〟という表現でサンドマンを紹介していた。

ニューヨーカーによるニューヨークの事件だから、ニューヨーカーのためのタブロイド紙〝ニューヨーク・ポスト〟だけはサンドマンに対して同情的な報道スタンスをとっている。7月23日付の同紙はアルバーノの姪、キャミー・アルバーノさんのコメントを引用しながら「乱闘事件は避けられたのではないか」という論旨を展開している。

キャミーさんのコメントによれば「ケンカが起きたことについてはどちらも悪い。だったら、サンドマンだけでなくTJも逮捕されるべきだった」。TJとは事件現場となったレストラン〝ラ・ランターナ〟のオーナー、ラルフ〝TJ〟タローン氏のことで、キャミーさんは「午後4時半の時点でサンドマンを含む何人かのゲストはすでに泥酔していたため、彼らにアルコール入りの飲みものを出すのはストップするようTJに頼んだ」。しかし、TJ氏はパーティーの主催者側であるキャミーさんのリクエストを無視し、サンドマンらにアルコールを提供しつづけたという。

同紙の記事は目撃者の証言として「午後8時ごろ、TJがいきなりビールのボトルでサンドマンの顔を殴った」「怒ったサンドマンがTJを追いかけまわした」というコメントも掲載している。サンドマンがグラスをレストランの店員に投げつけ、現場にかけつけた警察官にもグラスの〝手裏剣〟をお見舞いしたというのは、おそらくこの直後のアクションだったのだろう。

警察官ともみ合いの末、現行犯逮捕されたサンドマンはそのままヴァルヘーラ警察に拘留された。サンドマンの代理人、ジョン・ルイス弁護士は即日の保釈を求めたが、ヨンカース市のリチャード・ローガン検事はラップ・シート（前科記録）の照会が終了していないことを理由にこれを拒否した。

グーグルで検索が可能なパブリック・レコードによれば、サンドマンは自宅のあるペンシルベニア州でDUI（酒気帯び運転）と安全運転義務違反で逮捕歴があり、カリフォルニア州ではスピード違反による検挙歴もある。しかし、警察のお世話になった記録はこれだけで、サンドマンという自暴自棄の酔っぱらいキャラクターに犯罪歴らしい犯罪歴がなかったという事実はやや意外な感じさえする。

ヨンカース市裁判所のアーサー・ドラン裁判長はサンドマンに対する精神鑑定を命令し、J・ルイス弁護士もこれに応じた。警察官に暴力をふるってしまったため、裁判ではサンドマンが実刑判決を受けるのではないかとみる関係者は多い。

サンドマンは07年9月にWWEを退団後、東海岸エリアのインディー団体のリングに上がっていた。酔っぱらいキャラクターは現実の〝落とし穴〟とつねに背中合わせだった。（08年7月）

サブゥーの魔法のじゅうたんはほんのしばらく〝修理中〟

サブゥーは「ノーマル・ライフ・サックス（ふつうの生活なんてクソ食らえだ）」と吐き捨てた。ドクターから手術を勧められた。腰骨のすぐよこにメスを入れて、脊柱の左右にボルトを2個ずつ埋め込む手術をすれば半年後にはふつうの生活はできるようになる。しかし、プロレスはやめてもらわないとそのあとの責任は負えません。これがドクターからの提案だった。

腰の痛みがなくなるのはありがたいことだけれど、

サブゥーが出した結論は手術もNO、プロレスをやめるのもNO。プロレスができなくなったら、ふつうの生活なんてなんの意味もない。だいたい、ふつうの生活とやらがどういうものであるかがサブゥーにはよくわからない。

サブゥーは「ゲッティング・ベター、フィーリング・ベター Getting better, Feeling better」というけれど、それが現実的で客観的で具体的かつ物理的な回復なのか、それとも強がりなのかは判別しにくい。とにかく自分のペースと自分のやり方で体をケアすることがサブゥーのリハビリだから、魔法のじゅうたんは〝修理中〟ということになる。

サブゥーがサブゥーであるためにクレージーなバンプをとりはじめたのは1985年のことだ。偉大なる伯父ザ・シークは、サブゥーに対し「こういうレスラーをめざせ」というモチーフを示さなかった。「オレのようになれ」ともいわなかったし「オレのようにはなるな」ともいわなかった。サブゥーがプロレスラーを志したのは、もちろんシーク様にあこがれていたからだった。しかし、シーク様はサブゥーとの血縁関係をレスラー仲間に明かさなかった。

シーク様とジミー・スヌーカと初代タイガーマスクをバランスよくミックスして、それを3で割るとサブゥーになる。シーク様は世界でただひとりの〝アラビアの怪人〟で、スヌーカの〝スーパーフライ〟はスヌーカだけのオリジナルの名人芸。初代タイガーマスク対ダイナマイト・キッドの映像を初めて観たときの衝撃はいまでも忘れない。

それはダビングにダビングをかさねながらミシガンにたどり着いた画質の悪い3倍速のVHSテープだったけれど、サブゥーはそのビデオをくり返しくり返し観て、タイガーマスクの〝四次元殺法〟を勉強した。

シーク様が「髪を伸ばせ」といったので髪を伸ばした。髪がちょっと伸びてきたころ、スヌーカのマネをして虎の模様のショートタイツをはいた。素足で試合をしていたらシーク様から「ブーツをはけ」と注意された。タイツとリングシューズはプロレスラーの〝正装〟というのがシークの持論だった。シーク様の自宅のクローゼットにはタイツの枚数と同じ数のリングシューズが並んでいた。

シーク様の弟子になったからにはいずれはシーク様のような凶器の使い手になろうと考えていたら、シーク様は「お前はサブゥーになれ」とサブゥーというリングネームを与えてくれた。初めての日本遠征の直前のことだった。〝SABU〟はシーク様が少年時代に観たモノクロの冒険映画の主人公の名で、エド・ファーハットはほんとうはシークではなくてサブゥーになりたかったのだという。

プロレスラーとしてデビューしてからあこがれたプロレスラーはブルーザー・ブロディだった。ブロディがミシガンにやって来ると、サブゥーはドライバー役を買って出た。デトロイトとカナダ・オンタリオ州をつなぐ陸橋を時速75マイルで走ったら、あの恐ろしいブロディが「気をつけてくれよ」と怖がったのはちょっと意外だった。

ブロディみたいに生きたいと思ったこともあるけれど、ブロディのように死にたいかといわれればそうでもない。サブゥーにとってブロディはずいぶんトシの離れた先輩だったが、気がついたら20年まえにブロディが死んだときよりもいまの自分のほうが年上だったりする。ブロディがもし生きていたら、シーク様のようにトシをとって動けなくなってもリングに上がりつづけていただろうか。

腰の痛みが治らなくてもサブゥーはきっとまたリングに上がってしまうだろう。地元の友だちでラッパー兼プロレスラー兼プロモーターのICP（インセイン・クラウン・パシー）の野外ライブには参加するつもりだし、3カ月後にはヨーロッパ・ツアーが決まっているから、それまでには試合ができる体調にしたい。

かつてのシーク様のようなスタイルならずっとプロレスをつづけることができるかもしれないけれど、サブゥーは「オレはシークにはなりたくない。オレはサブゥーになりたい」と語気を荒げる。サブゥーはサブゥー自身が追い求める〝サブゥー〟にはまだ到達していないのである。

（08年8月）

III

America

アメリカ

レスリングはダーティー・ワードだ。

WWEはスポーツ・エンターテインメントだ。

プロレスラーではなくて、

WWEスーパースターズだ。

（ビンス・マクマホン）

Ⅲ—1

The Boss

マイ・ネーム・イズ・マクマホン

ビンス・マクマホン
Vince McMahon

1945年、ノースカロライナ州パインハースト生まれ。本名ビンセント・ケネディ・マクマホン。祖父ロドリック"ジェス"マクマホン、父ビンセント・ジェームス・マクマホンもニューヨークのプロモーター。83年、タイタン・スポーツ社設立。84年、WWE（当時はWWF）のオーナー・プロモーターとして全米マーケット進出。01年、ライバル団体WCWを買収し、プロレス界にモノポリー体制を築いた。21世紀のテーマは、WWEのグローバリゼーション

アメリカのお気に入りの〝悪人《バッド・ガイ》〟

ビンス・マクマホンにとっては笑いが止まらないシチュエーションである。アメリカじゅうに〝情報〟としてのプロレスがあふれ返っている。テレビのスイッチをひねると昼でも夜でもワイドショー、トークショー系の番組がプロレスの特集を組んでいる。大新聞のバラエティー面や話題の人物欄にプロレスラーとその家族のインタビュー記事が載っていたりする。スーパーマーケットのおもちゃ売り場にはプロレスラーのアクション・フィギュア（人形）がこれでもかというくらいディスプレーされている。

月曜の夜は、アメリカ人が寄り道をせず早めに家に帰ってテレビのチャンネルをプロレス番組に合わせる時間。まったく同じ時間帯に別べつのチャンネルで放映されている〝ロウ・イズ・ウォー〟（USAネットワーク）と〝マンデー・ナイトロ〟（TNT）のどちらを観るかは視聴者の勝手だけれど、テレビ番組としての勝ち負けは15分刻みのレーティング（視聴率）とシェア（占拠率）によりはっきりとした数字となってその結果がはじき出される。

2大メジャー団体の〝月曜TV戦争〟は、いつのまにかWWE（当時はWWF）が完勝していた。1999年7月26日放映分の〝ロウ〟と〝ナイトロ〟をひとつの例にとれば、〝ロウ〟は7・11パーセント（シェア11・6）、〝ナイトロ〟は3・43パーセント（シェア5・7）の平均視聴率をそれぞれスコア。瞬間視聴率では〝ロウ〟のアンダーテイカー&ビッグショー対ケインのハンディキャップ・マッチが7・81パーセント（593万8000世帯が視聴）で同番組のこれまでの最高視聴率記録を更新した。

〝ナイトロ〟のメインにラインナップされたハルク・ホーガン&スティング対ケビン・ナッシュ&セッド・ビシャスのタッグマッチの瞬間視聴率は4・08パーセントだったが、これと同時間帯に裏番組の〝ロウ〟がオンエアしたザ・ロックのトークコーナーは6・58パーセントの視聴率をスコア。CMをまたいでオンエアされた〝ナイトロ〟のゴールドバーグ対カート・ヘニングの瞬間最高視聴率が3・46パーセントだったのに対し、〝ロウ〟は同時間帯に前座のタッグマッチで7パーセント台の視聴率をキープしてみせた。

テレビ番組の視聴率というデータの上ではWWEとWCWの人気の差はすでに歴然としている。いちばん新しい『ビルボード』誌（99年7月31日号）のスポーツ・ビデオ部門の売り上げランキングをみてみるとトップ20のうち18作品までがプロレス関連アイテムで、そのうちの13作品（WCWものは4作品がランクインし、あとの1作品はブレット・ハート主演のドキュメンタリー映画『ダンス・ウィズ・シャドウズ』）をWWEものが独占している。

ありとあらゆるマスメディアが取り上げるプロレスのトピックは、そのほとんどがWWEバッシング、ビンス・バッシング的な論調になっている。オーエン・ハートの不慮の事故死。人気女性マネジャー、セイブルのセクシャル・ハラスメント訴訟。ダラスで起きた5歳の少年の〝プロレスごっこ死〟。エトセトラ、エトセトラ。ビンスはこれまでもステロイド裁判、WWEのスタッフのホモセクシャル・ハラスメント疑惑、ジェシー・ベンチュラの肖像権裁判などで何度も何度も〝渦中の人〟を演じてきた。

それでも、アメリカの大衆は毎週月曜夜にテレビのチャンネルを〝ロウ〟に合わせてしまうのである。テレビやラジオのトークショー、新聞・雑誌の文化面、経済面、インターネット上の討論会などで論じられるビンスはアメリカ合衆国でも指折りの悪党ということになっていて、連続ドラマ〝ロウ〟の画面のなかを動きまわっているビンスもやっぱりそのまんまのキャラクター。〝ストーンコールド〟スティーブ・オースチンは、そんな〝社長〟を毎週のようにぶん殴りつづけることでアメリカでいちばん旬なプロアスリートとしてのステータスを手に入れた。

ビンスとマスメディア、ビンスとアメリカ社会の次なる闘いはWWEの〝株式公開作戦〟だ。WWEは株式公開―ニューヨーク市場上場で新たに1億6000万ドル（約192億円）の資本調達をもくろんでいる。投資ブームのアメリカはこういうマネー・ゲームにすぐに夢中になる。ビンス・マクマホンはアメリカのお気に入りの〝悪人〟。バッド・ガイはいちどやったらやめられない。

（99年8月）

〝WCWブランド〟をまるごと買収

WWFE（ワールド・レスリング・フェデレーション・エンターテインメント社）がTBS（ターナー・ブロードキャスティング・システムズ社＝AOLタイムワーナー社グループ）からWCW（ワールド・チャンピオンシップ・レスリング）を買収した。

WWFEが2001年3月23日付で全世界のマスメディアと関係各方面に配信したプレスリリースは〝ターナー・ブロードキャスティング社からWCW買収〟というヘッドラインではじまっていた。同リリースは毎週月曜に〝ロウ・イズ・ウォー〟を放映しているTNN（ザ・ナショナル・ネットワーク＝バイアコム・グループ）が近い将来、WCWの新番組を放映開始することを正式にアナウンスしている。

WWFEがターナー社から買収したのはWCWブランドの①商標と版権②映像ライブラリー③WCWに帰属するすべての知的所有権。わかりやすくいえば、この世でWCWと名のつくものは法的にはすべてWWFEの持ちものになったということである。

やっぱり〝経済面〟のビッグニュースだったのだろう。プレスリリースが世界じゅうをかけめぐった金曜の午後の時点で、このニュースは『ウォールストリート・ジャーナル』紙のインターネット版に速報としてアップされた。『ニューヨーク・タイムス』紙の土曜版もこのニュースを大きく報じていた。4大ネットワーク、CNNといったテレビのニュース番組も金曜の夜からずっとこの話題を取り上げている。

WWFEがマスメディア向けにプレスリリースを配信した日、WCWはブラッド・シーゲル同社代表名で社員全員にEメールによる〝辞令〟を送信し、同社の売却契約が完了したことを正式に通達。翌週水曜の午前10時からジョージア州アトランタ市内の〝パワープラント〟で選手とスタッフ合同の全体会議がおこなわれることも併せてアナウンスされた。

これまでTBSとTNT（ターナー・ネットワーク・テレビジョン）が制作していた〝マンデー・ナイトロ〟と〝サンダー〟の2番組については3月第4週収録分を最後に放送打ち切りとなる。4月以降はテレビ番組制作、ハウスショーのスケジュールともに〝空欄〟になっている。選手もスタッフも今後の具体的な引き継ぎ業務についてはいっさい知らされていない。

〝ナイトロ〟の最終回となる3・26パナマシティー大会の番組エンディングにはシェーン・マクマホンが登場し、同日同時刻にオハイオ州クリーブランドで開催される〝ロウ〟にはWCW所属選手が〝乱入〟するというプランが練られているらしい。

WWFEが買収したWCWブランドには、WCWと専属契約を交わしている選手グループ30数人分の契約書も含まれているという。WWFEが〝パッケージ〟で買い上げた契約書にはマイク・アッサム、ランス・ストーム、ビリー・キッドマン、ショーン・オヘア、チャック・パランボらの名がリストアップされている。

これとはまったく逆のケースでWWFEサイドがその買い上げに難色を示しているとされるのがハルク・ホーガン、ケビン・ナッシュ、スティングら高額年俸タレントの契約書だ。ホーガン、ナッシュ、スティングらとWCWのコントラクトはTBSと選手の個人契約ではなく、いずれも選手側のマネジメント会社とタイムワーナー社（ターナー・グループの親会社）との法人契約になっている。WWFEにしてみれば、これらの契約書はすべて新会社AOLタイムワーナー社に移行される〝債務〟ということになるのだろう。

ビンス・マクマホンが吸収合併という形で手に入れたのは年間赤字7000万ドル（約77億円）を抱えるプロレス団体WCWの〝のれん〟である。WWFEとWCWはやっぱり2大メジャー団体ということにしておかないとまるっきり意味がない。団体対抗戦は〝禁断の実〟みたいなものだからそうかんたんにはプロデュースしない。ビンスはあくまでもふたつのリングとふたつの連続ドラマを同時進行させることをこの買収プロジェクトの基本案としている。

WWFEがその版権を取得したTBSの映像ライブラリーとは過去30数年間、ターナー系TV局で放映されたすべてのプロレス番組のマスターテープを指している。ザ・ファンクス、ジャック・ブリスコ、ハーリー・レイスからリック・フレアーまで歴代のNWA世界ヘビー級王者たちの映像素材からここ10年あまりのWCWのPPV映像ももちろんこれに含まれる。ついにビンスはプロレス史の断片をキャッシュで買いとってしまった。アメリカのレスリング・ビジネスはWWFEのモノポリー＝独占市場の時代に足を踏み入れた。

（01年3月）

WWFと〝パンダのWWF〟のきわめてシリアスな場外乱闘

〝プロレスのWWF〟と〝パンダのWWF〟によるきわめてシリアスな場外乱闘がおっぱじまった。WWF（ワールドワイド・ファンド・フォア・ネイチャー＝世界自然保護基金）が〝プロレスのWWF〟に対し、WWFの頭文字の使用差し止めを求めて同団体の本部があるイギリス国内で訴訟を起こした。

〝パンダのWWF〟の訴状を全面的に支持するロンドン高等裁判所は、2001年10月1日付で〝プロレスのWWF〟に対してこれまでの裁判費用にあたる15万ポンド（約2750万円）の支払い命令を通達。〝28日以内〟に全額を同裁判所に納めることを条件にWWFE（ワールド・レスリング・フェデレーション・エンターテインメント社＝コネティカット州スタンフォード）の〝14日以内〟の控訴を認めた。裁判ではWWFの版権、著作権、知的所有権の3点と〝パンダのWWF〟が訴えている名称混同による社会的ダメージの程度が争われる。

〝プロレスのWWF〟と〝パンダのWWF〟の商標問題は94年の〝同意書〟にさかのぼる。〝プロレスのWWF〟は〝パンダのWWF〟からの強い求めに応じてアメリカ合衆国以外でのＷＷＦの３文字の使用中止に同意。ヨーロッパをはじめとする海外マーケットでは〝ダブリュ・ダブリュ・エフ〟という頭文字を使用しないこと、団体名を表記する場合はロゴのみを使用することなどを認め、法廷闘争を回避した経緯がある。

〝パンダのＷＷＦ〟こと世界自然保護基金は61年に設立された非営利チャリティー団体で、本部イギリスを含めた世界じゅうの活動エリアでの正式名称は〝ワールドワイド・ファンド・フォア・ネイチャー〟で、団体の略称だけがＷＷＦで統一されている。

94年の〝同意書〟で世界自然保護基金は〝プロレスのＷＷＦ〟のアメリカ国内での頭文字の使用は認めたが、国際市場でのＷＷＦの３文字の流通は認めなかった。今回、〝パンダのＷＷＦ〟が団体略称の使用差し止めと損害賠償を求めているのはインターネット上の〝ＷＷＦドットコム〟の存在とそのドメイン名による風評被害とされる。厳密には世界自然保護基金のインターネット上のドメインは〝ドットコム〟ではなくオーガニゼーション＝組織・団体を意味する〝オルグ〟だが、パソコンでＷＷＦを検索するとたしかに〝プロレスのＷＷＦ〟と〝パンダのＷＷＦ〟のサイト情報が同時に画面に現れる。

世界自然保護基金がこの裁判に勝った場合は〝プロレスのＷＷＦ〟はＷＷＦの３文字を使用できなくなるだけでなく、団体名称の変更とウェブサイトのドメイン名変更が決定する。ロンドン高等裁判所は02年３月までを期限とした〝ワールド・レスリング・フェデレーション〟の商標変更を求め、〝パンダのＷＷＦ〟はプロレス団体がその略称とロゴを〝ＷＷＦＥ〟あるいは〝ＷＦ〟のいずれかにすることを妥協案として提示している。

〝プロレスのＷＷＦ〟の弁護団は94年７月の合意そのものが自由経済の原則を侵害するものであり、〝プロレスのＷＷＦ〟と〝パンダのＷＷＦ〟の略称上の類似性が社会的な混乱をまねいた証拠はないとして徹底抗戦のかまえをみせている。同弁護団は団体の名称変更が生じたケースを想定しての版権ビジネスの損害額を約５０００万ドル（約60億円）と算出している。〝プロレスのWWF〟がそのルーツにあたるWWWF（ワールドワイド・レスリング・フェデレーション）として発足したのは63年1月。79年4月にWWWFから〝W〟をひとつだけ削除してWWFに名称変更された。

〝パンダのWWF〟は61年の発足以来、〝ワールド・ワイルドライフ・ファンド〟と〝ワールドワイド・ファンド・フォア・ネイチャー〟というふたつの名称を併用。日本では88年にその表記が〝世界野性生物基金〟から〝世界自然保護基金〟に改称された。〝プロレスのWWF〟と〝パンダのWWF〟の略称とアルファベットの頭文字の類似性が日本国内で一般消費者の混乱をまねいているといったイメージはあまりない。

ロンドン高等裁判所のロビン・ジェイコブ裁判長は「アメリカのWWFは他人の土地に勝手に家を建てた」と〝プロレスのWWF〟を非難し、世界自然保護基金のクリストファー・モーカム弁護士は「10年まえまではWWFといえば自動的に世界自然保護基金を意味していたが、いまは50パーセントの一般消費者がWWFという頭文字からプロレスを連想する」とコメントしている。〝パンダのWWF〟は〝プロレスのWWF〟をいっしょにされたくない低俗なエンターテインメントととらえているのだろう。

（01年10月）

パンダのせいで〝F〟だけがポロッと落ちたWWEの新ロゴ

WWF（ワールド・レスリング・フェデレーション）が〝F〟を〝E〟に修正してWWE（ワールド・レスリング・エンターテインメント）に模様替えした。WWFE（ワールド・レスリング・フェデレーション・エンターテインメント社）は社名変更とともに団体ロゴとその略称も変更した。新しいロゴは旧ロゴから〝F〟だけがポロッと落ちたような、どことなく頼りない感じのデザインになっている。

〝プロレスのWWF〟は〝パンダのWWF〟に負けたというよりも、勝ちを譲った。パンダのイラストで知られるWWFは、1961年に発足した世界自然保護基金（ワールドワイド・ファンド・フォア・ネイチャー）の略称で、その前身にあたる世界野性生物基金（ワールド・ワイルドライフ・ファンド）から88年に現在の名称に改称された。

〝プロレスのWWF〟のルーツであるWWWF（ワールドワイド・レスリング・フェデレーション＝ビンス・マクマホン・シニア代表）が発足したのは63年1月。WWWFから〝W〟をひとつだけ削除して団体名がWWFに改称されたのはそれから16年後の79年4月のことだった。

業種も正式名称も異なるふたつの団体がWWFというまったく同一の略称（アルファベットの頭文字）の使用権をめぐる法廷闘争に突入したのは94年。このときはイギリスの裁判所が〝プロレスのWWF〟に対してアメリカ国内限定の〝WWFロゴ〟の有効性を認め、ヨーロッパをはじめとするアメリカ以外の全世界では〝パンダのWWF〟にWWFの〝使用権〟を与えた。わかりやすくいえば、アメリカでは〝プロレスのWWF〟はWWFのままで、アメリカ以外の国ではWWFといえば〝パンダのWWF〟を指すというのが90年代前半の時点での裁判所の判断だった。

ところが、インターネットの世界的な普及といわゆるネット社会の構築がこのすみ分けのコンセプトをいともかんたんに根底からひっくり返してしまった。世界じゅうのどこにいてもパソコンからwww.wwf.comというアドレスを打ち込むと〝プロレスのWWF〟のホームページが現れる。94年の〝同意書〟によりアメリカ以外の全世界で〝WWF〟を名乗る正当性を認められたはずの世界自然保護基金にしてみれば、アメリカのプロレス団体が非合法的に〝WWF〟を名乗っていることになる。

〝プロレスのWWF〟のWWFからWWEへの名称変更はかなり唐突に、そしてそおっとおこなわれた。新ロゴを使用しての初めてのTVテーピングでは、タイタントロンの巨大スクリーンに映し出されるロゴ、リング内の4コーナーのターンバックルにプリントされたロゴ、リング・アナウンサーが使うマイクのカバーに印刷されたロゴなどから〝F〟の文字だけがきれいに消されていた。

〝パンダのＷＷＦ〟との２度めの訴訟問題の直接の原因となった公式ウェブサイトのアドレスも www.wwe.com に変更され、ホームページ内のコーポレート・ニューズは２００２年５月６日付で「エンターテインメント性を追求するため団体名から〝Ｆ〟を削除し〝Ｅ〟を強調した」といった内容のプレスリリースを発表した。

ＴＶショーに関しては〝マンデーナイト・ロウ〟と〝スマックダウン〟の看板２番組のタイトルは現行のままで、シンディケーション番組〝ボトムライン〟は〝ライブワイヤー〟に改称。〝メタル／ジャックト〟も〝アフターバーン〟にリニューアルされ、日本ではオンエアされていない２時間番組〝エクセス〟は〝ベロシティー〟と〝コンフィデンシャル〟という２本の１時間番組としてそれぞれ再スタートを切る。

ニューヨーク・ニューヨークのダイニング・バー〝ＷＷＦ・ＮＹ〟はすでに新店舗〝ザ・ワールド〟として新装オープン。ＷＷＦの旧ロゴがプリントされたマーチャンダイズ、関連グッズなどは同店舗と試合会場で在庫一掃セールがおこなわれる。

ＷＷＦからＷＷＥへの名称変更で生じる〝損害総額〟は約５０００万ドル（約65億円）といわれる。旧ロゴから〝Ｆ〟だけがポロッと落ちた新ロゴのどこかもの足りなさはあくまでもビジュアル的な感覚だから、新しいデザインに目が慣れてくればそれほどの違和感はなくなるだろう。ビンス・マクマホンは〝パンダのＷＷＦ〟との正面衝突を回避し、上場企業ＷＷＥは〝Ｅ〟をキーワードに良識派としてのＩＣを選択したのだった。

（02年５月）

ビンスの１週間はお葬式が２回と娘の結婚式とＴＶショー

きわめてきちょうめんな性格なのかそれともとことんビジネスライクなのか、そのどちらにもあてはまるのかもしれないし、あるいはどちらにもあてはまらないかもしれないけれど、ビンス・マクマホンは〝ビンス・マクマホン〟がそこにいなければならない時間と場所にはちゃんとそこに立っている。

月曜の夜はペンシルベニア州ウィルキスバーで〝マンデーナイト・ロウ〟の生中継があって、火曜の夜はニューヨーク州オーバニーで〝スマックダウン〟の録画撮り。水曜の朝、ニューヨークから西カナダのアルバータ州カルガリーまでアメリカ大陸の4分の3の距離を横断して、お昼まえにはスチュー・ハートさんの葬儀に参列していた。

セレモニーには700人を超える故人の友人・知人が列席していた。88歳で大往生したスチューさんの葬儀は、どちらかといえば悲しみよりも温かい笑いと喝采にあふれていた。

ハート家の12人兄弟の六男ブレット・ハートは、子どものころ、父スチューが家のフロントポーチで飼っていた巨大な〝レスリング熊〟に足の裏についたアイスクリームをよくなめさせたはなしをして聴衆の笑いをさそった。ふつうの家庭だったらありえないようなことが、ハート家ではごくあたりまえの風景だった。ブレットとビンスは、ほんのちょっとだけ立ち話をしたという。

毎週水曜と木曜は、コネティカット州スタンフォードのWWE本社タイタンアワーで役員会、全体会議、マーケティング会議などが開かれる。この週は水曜にスチューさんの葬儀があったため、定例会議は木曜に変更。ビンスが自宅に戻ったのは、木曜の夜から金曜の朝までの約7時間だけだった。

土曜の午前には、ニューヨーク州スリーピーホロウのアヴァイラ・カトリック教会で長女ステファニーとHHHの結婚式がおこなわれた。ウェディング・セレモニーのあとは、ホテルのボウルルームに場所を移してのレセプション。さすがのビンスもほんのちょっとだけ安心したのか、シャンパンを飲んでイイ気持ちになった。マクマホン・ファミリーとエグゼクティブ、スタッフのほとんどが結婚式に出席したため、この日のハウスショーは中止となった。

週が明けた月曜は、ニューヨークからノースカロライナ州フェイヨッテビルに移動して〝ロウ〟の生中継。火曜の朝は、フェイヨッテビルから同州シャーロットに移動。シャーロットから自家用ジェット機を使ってフロリダ州タンパに向かい、午後2時からタンパ郊外セミノールでおこなわれたホーク・ウォリアーことマイク・ヘグストランドの葬儀に参列した。

スチューさんの〝お別れ会〟とはちがって、現役選手のままこの世を去ったホークの葬儀は重苦しい空気につつまれていた。教会のなかでは、ビンスはいっしょに来たショーン・マイケルズとジョニー・エースにガードされるような格好で礼拝堂のコーナーにそっと腰かけた。ビンスとホークが初めていっしょに仕事をしたのは15年くらいまえのことだった。何度かケンカをして、何度か仲なおりした。ビンスはロード・ウォリアーズをLOD（リージョン・オブ・ドゥーム）と呼びつづけ、ホークはこれを拒絶しつづけた。

ふたりが最後に会ったのは、半年ほどまえにウォリアーズが〝ロウ〟のトライアウト・マッチに出場するためフィラデルフィアにやって来たときだった。このとき、ビンスとホークは数年ぶりに会話をかわした。ホークは「いろいろあったけど、いい友だちでいよう」という意味のことをビンスに伝えたという。

アニマル・ウォリアーが亡きパートナーへのユーロジー（追悼の言葉）を述べ、それから葬儀に参列できなかった〝スーパースター〟ビリー・グラハムからの弔文《ちょうぶん》を読みあげた。ビンスは、壇上に立ってのスピーチはおこなわなかった。

葬儀のあと、ビンスとWWE関係者はまた自家用ジェット機に乗ってタンパから〝スマックダウン〟の録画撮りがおこなわれているジョージア州アトランタに向かった。セレモニーが終了したのは午後4過ぎだったから、ビンスは〝本番開始〟のほんの数分まえにアリーナにかけこんだ。

その日の〝スマックダウン〟のスキットは、ビンス・オーナーとポール・ヘイメン新スマックダウンGMの味つけの濃い政治ドラマだった。デザイナー・ブランドのスーツを着たビンスは、またいつものように〝悪のオーナー〟のキャラクターを演じた。（03年11月）

WWEってどのくらいの〝数字〟の企業なのかという素朴な疑問

WWE（ワールド・レスリング・エンターテインメント）が2006年2月から4月期までの四半期決算と05年5月から06年4月までの会計年度決算を発表した。06年2月から4月までの総収益（売り上げ高）は1億1423万6000ドル（約132億5113万円）で、営業利益は1056万5000ドル（約12億2554万円）。05年5月から06年4月までの年間総収益は4億5万1000ドル（約464億5916000円）で、営業利益は4701万2000ドル（約54億5339万2000円）だった。

前年度（04年5月から05年4月）の年間総収益が3億6643万1000ドル（約425億5999万円）、営業利益が3914万7000ドル（約45億4105万2000円）だったから過去12カ月間で総収益が9パーセント、営業利益が8パーセント、それぞれアップ計上となった。

PPVイベント（ペイ・パー・ビュー＝契約式有料放映）の年間売り上げは、前年度の8550万ドル（約99億1800万円）から9480万ドル（約108億9680万円）へ930万ドル（約11億円）の増収。

いっぽう、ハウスショー興行の年間収益は前年度の9150万ドル（約106億1400万円）から8970万ドル（約104億520万円）に微減した。8970万ドルの興行収益の内訳は7500万ドル（約87億円）がチケット代で1470万ドル（約17億520万円）がマーチャンダイズ（グッズ）収益とされる。

〝マンデーナイト・ロウ〟（USAネットワーク＝ケーブル）、〝フライデーナイト・スマックダウン〟（UPN＝地上波）の2番組の年間収益は、前年度の1億2170万ドル（約141億1172万円）から1億410万ドル（約120億7560万円）に減収。映像版権収益は前年度の７８００万ドル（約90億４８００万円）から８１５０万ドル（約94億５４００万円）に増収しているが、広告収入が４３７０万ドル（約50億６９２０万円）から２２６０万ドル（約26億２１６０万円）に減少。広告収入の推移は、05年9月に〝ロウ〟の放映チャンネルがスパイクTVからUSAネットワークに移行してCM契約が減ったことが数字に表れた。

WWEのオフィシャルDVDのセールスは前年度の２０１０万ドル（約23億３１６０万円）から４２６０万ドル（約49億４１６０万円）に大幅アップし、公式ウエブサイト上の総収益も前年度の１２３０万ドル（約14億２６８０万円）から2倍近い２１８０万ドル（約25億２８８０万円）に急成長した。

DVDセールスの伸び率に対し、雑誌・書籍の売り上げが前年度の１２２０万ドル（約14億１５２０万円）から１１１０万ドル（約12億８７６０万円）に微減。ウエブサイト・ビジネスの２１８０万ドルの内訳は９７０万ドル（約11億２５２０万円）が広告収入で、１２１０万ドル（約14億３６０万円）が通信販売の総売り上げ。ウエブサイトが完全に〝商店街〟化していることを証明する数字といっていいだろう。

映像関連以外の版権ビジネス、ライセンシング部門も05年の２０９０万ドル（約24億２４４０万円）から３２２０万ドル（約37億３５２０万円）に急成長した。この数字はWWEがテレビ番組を放映し、ライブツアーを開催しているアメリカ以外の地域、とくにヨーロッパ、アジア、オセアニアからの版権収入。国内の損失を海外市場がカバーするという図式もまさにアメリカ企業のグローバリゼーションそのものである。

これらの数字をプロレスではないほかのプロスポーツと比較してみるとひじょうに興味ぶかい。米経済誌『フォーブス』によれば、メジャーリーグ30球団の資産価値は1位がニューヨーク・ヤンキースの10億２６００万ドル（約１１９億１６０万円）で、30位がタンパベイ・デビルレイズの2億９００万ドル（約24億２４４０万円）となっている。

メジャーリーグには黒字球団が赤字球団に利益を分

配するレベニューシェアリング（歳入分配制度）があるため単純な比較はできないが、WWEの05年5月から06年4月までの年間総収益4億5100万ドルは、ロサンゼルス・ドジャース（4位＝4億8200万ドル）、シカゴ・カブス（5位＝4億4800万ドル）と同じくらいの資産価値ということになる。ちなみに筆頭株主のビンス・マクマホンが保有するWWE株の〝市場価値〟は約7億6300万ドル（約885億8000万円）だという。

（06年7月）

親父にもしものことがあったら〝ステファニー政権〟誕生へ

TVの画面に映らなくなったステファニー・マクマホンは、いつのまにかWWEのザ・モースト・パワフル・ウーマンに変身していた。社内での肩書はエグゼクティブ・バイス・プレジデント。エグゼクティブは〝経営幹部〟〝担当重役〟でバイス・プレジデントは〝副社長〟だから、日本語に訳すと執行副社長といったポジションになる。

担当セクションは〝タレント・リレーションズ（人事部）〟と〝クリエイティブ（番組制作部）〟の2セクションで、ステファニーがエグゼクティブ・バイス・プレジデントに昇進したことで、ステファニーの直属の部下にあたるジョン・ローリナイティス（ジョニー・エース）人事部長・副社長の〝番付〟もバイス・プレジデントからシニア・バイス・プレジデント（上級副社長）に格上げされた。

ローリナイティス副社長はこれまでタレント（選手）の雇用・解雇を担当してきたが、新人事ではローリナイティスがハンドリングした契約内容をステファニーが承認（署名）するという形がとられる。

クリエイティブ部門では〝マンデーナイト・ロウ〟〝フライデーナイト・スマックダウン〟〝ECW〟の3番組のチーフ・プロデューサーをつとめるケビン・ダン上級副社長のすぐ上のポジションにステファニーが立っている。役員としての肩書はシエーン・マクマホン執行副社長と同ランクで、その上にはビンス・マクマホン会長とリンダ・マクマホンCEO兼社長のふたりしかいない。WWEの07年の第1四半期（1月〜3月）の総収益は1億7391000ドル（約128億8700万円）で、純利益は1513万8000ドル（約18億1600万円）。前年度の同時期と比較すると総収益（9507万8000ドル＝約114億円）で約11パーセント、純利益（945万4000ドル＝約11億3448万円）で約38パーセントの上昇率を示している。

ハウスショーの営業成績は1月から3月までの全72興行（アメリカ国内63大会、海外9大会）で1820万ドル（約21億8000万円）の興行収益、アリーナ内での物販が全72興行で520万ドル（約6億2400万円＝1会場あたり約7万2000ドル）。〝現金部門〟とされるハウスショーの収益も前年度比5パーセントのアップ計上となった。

PPV契約世帯数は1・7〝ニューイヤーズ・レボルーション〟が22万件、1・28〝ロイヤルランブル〟が49万1000件、2・18〝ノー・ウェイ・アウト〟が21万8000件という数字をスコアした。3大会の総収益は1580万ドル（約18億9600万円）で、〝Aショー〟とカテゴライズされる〝ロイヤルランブル〟とそれよりもやや小規模な〝Bショー〟の収益マージンに大きなギャップが生じているのがわかる。

4・1〝レッスルマニア23〟のPPV契約世帯数はアメリカ国内で76万8000件、海外市場との合計では120万件を突破。PPV収益、ライブの興行収益、アリーナ内での物販セールスなどを合計するとその総収益は1イベントとしては異例の5414万ドル（約64億9700万円）という数字をはじき出した。

ビンスにもしものことがあったらステファニーがWWEのボスの座を手に入れる、というのが株主のコンセンサスになっている。WWEの株価はここ数週間、17ドル前半から18ドル後半の安定ラインを往復している。経済誌『フォーブス』によれば、マクマホン・ファミリーが所有する全株式の市場価値は

8億3400万ドル（約1000億円）。ステファニーは執行副社長就任のストック・オプション（ボーナス）として新規に自社株4万2500株（約49万ドル＝約5880万円）を取得した。

　ニューヨークで開かれた株主総会に出席したビンスは、株主からの「後継者選びは？」という質問に「その人物のラストネームはマクマホンかレベックでしょう」と答えた。マクマホンとは長男シェーンのことで、レベックとはステファニー・マクマホン・レベックを指していることはいうまでもない。

　シェーンの肩書はステファニーと同じエグゼクティブ・バイス・プレジデントだが、その担当部門は〝グローバル・メディア〟というひじょうに漠然としたセクションで、〝地球規模媒体部〟は海外市場における興行、映像、マーチャンダイジング（関連商品）のマーケティングと版権ビジネス、公式ウエブサイトの管理・運営などを手がけている。

　WWEはニューヨーク株式市場の上場企業であると同時にマクマホン家の〝商店〟である。兄妹が仲よくやっていければ、それがいちばんいい。（07年6月）

ホール・オブ・フェーム08

　ジョン・シーナと〝ストーンコールド〟スティーブ・オースチンと〝ザ・ロック〟ドゥエイン・ジョンソンがひとつの空間に集い、ブラザーたちの伝説のストーリーに耳を傾け、ほんのちょっとだけ目に涙をため、いっしょに笑った。

　WWEホール・オブ・フェーム〝インダクション・セレモニー〟は、ことしもアメリカのプロレス史をひもとく勉強会のようなひとときだった。リリアン・ガルシアによる開会イントロダクションのあと、いきなりロックがステージに現れた。

　ロックはセレモニーの主役ではなくて、父ロッキー・ジョンソンと祖父〝ハイチーフ〟ピーター・メイビアの殿堂入りをアナウンスするインダクター役だったが、アムウェイ・アリーナに集まった約1万人の観客はスタンディング・オベーションでザ・グレート・ワンを出迎えた。

数分間のスタンディング・オベーションと大きな拍手のあと、自然発生的な〝ロッキー、ロッキー〟の大合唱が起きた。ロックは「こうしてこの場所に立っていることは大きな名誉で……」といいかけてから「待てよ、ちょっとちがうな」とマイクに向かって独り言（のようなセリフ）をつぶやき、それから「ファイナリー、ロック様がオーランドに帰ってきたぜ Finally, The Rock has come back to Orlando」という定番のキャッチフレーズを叫んだ。

ここでまた大ロッキー・コールが巻き起こった。ロックは「気持ちいいね。Damn, That feels good」とリアクションしてから「個人的なフィーリングをいわせてもらえば、こうやってここに帰ってきて、みんなの笑ってる顔をみるのはほんとうにグレートだね」とつづけた。ロックのいう〝みんな〟とは、観客席のいちばん前方のセクションに陣どったWWEスーパースターズとアリーナ席の観客のどちらをも意味していた。

〝ロッキー、ロッキー〟の大チャントのあとは〝ワン・モア・マッチ〟の大合唱がはじまり、〝ワン・モア・マッチ〟コールはやがて〝オースチン—ロッキー〟というチャントに変わった。観客は一体となってそこにいるロックとのコミュニケーションを試みた。

ロックが用意してきたスピーチ・メモにはストーンコールドとの思い出話は記されていなかったかもしれないが、ロックは観客のリクエストに応じてストーンコールドとのエピソードをいくつか紹介した。

「ストーンコールドとオレは〝レッスルマニア〟で3回、試合をした。リング上で向かい合い、すっかりナーバスになったオレが『すげえ雰囲気だな、興奮するな、どうするよ』とストーンコールドに耳打ちすると、彼は〝シャラップ〟といっていきなりオレの顔を殴ってきた」

「彼はオレのピープルズ・エルボーが嫌いでね。あんなバカげた技をもらうためにいつまでもキャンバスに寝ているのはまっぴらだって」

それはこれまでのレスリング・ビジネスの慣習や常

識、不文律では観客＝ファンに話して聞かせるたぐいのエピソードではなかったのかもしれないが、ドゥエイン・ジョンソンはプロレスラーとしてリングに立っていた時代のロックのほんとうのフィーリングの数かずをあえてそこにいる〝みんな〟とシェアした。

すっかりおしゃべりモードになったロックはWWEをうっかりWWFと発音してしまい「いまのはマズいね。編集してね。テイク・ツー」と人さし指で合図をしてからスピーチをつづけた。このアドリブのワンシーンがまたアリーナ全体を和ませた。

映画のはなしになると、ロックはジョン・シーナに「初めての主演作『マリーン』が駄作だといわれても落ち込む必要はないよ。オレにも『ドゥーム』という失敗作があるから」と声をかけた。

観客席から〝シーナ・サックス〟の大チャントが起こると、ロックは「観客全員にサックスと罵声を浴びせられて初めて一人前なんだ」と語り、大きくうなずいた。ロックにとっては、そういうもろもろのすべてがすでに通過してきた道だった。

——ホール・オブ・フェームがなければ〝レッスルマニア〟もないし、〝レッスルマニア〟がなければWWEもない。WWEがなければロック様も存在しえない。If you smell what the Rock is cooking——

ロックがトレードマークのキャッチフレーズでスピーチをしめくくろうとすると、アリーナ席から〝プリーズ・カムバック〟チャントと〝ノー・モア・ムービース〟チャントが起きた。ロックは（現役時代に）闘いたかった相手としてシーナ、ショーン・マイケルズ、レイ・ミステリオの3人の名をあげた。それは長い宴のほんのイントロダクションだった。（08年4月）

渋谷・道玄坂の雑居ビルにシェーン・マクマホンが出現

渋谷の道玄坂のとある雑居ビルの3階にオープンしたばかりのオフィスでシェーン・マクマホンと待ち合わせをするというシチュエーションは、それだけでT

Vドラマのワンシーンのようだった。アポイントメントの時間は17時55分から写真撮影の時間を含めて20分間。WWEジャパンから送られてきたメールには「インタビューにはエド・ウェルズWWEジャパン代表も同席します」と記されていた。

WWEジャパンのオフィスは、これまで渋谷マークシティWの22階にあった仮事務所から同じ道玄坂1丁目の別のビルのワンフロアに引っ越しをすませたばかりだった。

JR渋谷駅から徒歩5分。109のある交差点から道玄坂を上がり、道玄坂上交番のある信号のすぐそばの進行方向左側の坂道ぞいにその建物はあった。グーグル・マップで住所を検索してみたら〝空き地〟の表示になっていたから、かなり新しいビルなのだろう。1階部分はまだ未入居で、大きなショーウィンドーには〝テナント募集〟の張り紙があった。エレベーターを降りると大きなWWEのロゴが目に飛び込んできた。

オフィスのエントランスは半透明のガラスドアで、そのドアを開けると会議室のような空間になっていて、部屋の奥のテーブルのさらに向こう側にシェーンがいるのが見えた。

アポイントメントの時間より15分早くオフィスに着いたら、エド代表が出てきて「まえの取材がちょっと押してまして、すみません」と頭を下げながら申しわけなさそうな顔で状況を説明してくれた。エド代表はランゲージとしての日本語だけではなく日本的なコミュニケーション表現そのものがひじょうに達者だ。

シェーンは静かな笑みをたたえてこちらを見ていた。初対面かというと厳密には初対面ではないけれど、ちゃんと自己紹介をしてフェイス・トゥ・フェイスで会話を交わすのは初めての相手とのファースト・コンタクトは、やっぱり握手がいちばん感じいい。ハンドシェイクにうまい、ヘタがあるかどうかはわからないけれど、シェーンの右手の手のひらからは気品とやさしさと自信がほどよくブレンドされた力強さのようなものが伝わってきた。

ビンス・マクマホンが〝王様〟とか〝皇帝〟とかだとすると、シェーンのポジションは〝王子〟や〝皇太子〟ということになるのだろう。シェーン自身は、みずからの立場をWWEの国際市場におけるライセンシング（版権・著作権・肖像権の管理と契約業務）、マーチャンダイジング（商品開発と商品展開）、コンスーマー・プロダクト（消費者製品とその基準づくり）の責任者と位置づける。

週末のハウスショーにはほとんど顔を出さなくなったし、毎週月曜と火曜のTVテーピングを欠席することも多くなった。アメリカ国内でロードに出ることがなくなった分、単身で〝外交〟をこなす機会が増えた。

子どもたちがまだちいさいので、家にいる時間はできるだけ長いほうがいい。ほかの家族はみんなコネティカットに家があるが「ぼくはニューヨーカー」というシェーンはマリッサ夫人とふたりの子どもたちといっしょにマンハッタンのどまんなかでコンドミニアムに住んでいる。

長男デクレンくんは4歳で、次男キャニオンくんは2歳。ステファニーとHHHのカップルにももうすぐふたりめのベイビーが誕生する。シェーンのふたりの息子たちと妹夫婦の子どもたちはWWEの〝ネクスト・ジェネレーション〟である。

シェーンが生まれて初めてナマ観戦したプロレスは、3歳のときに父ビンスが連れていってくれたマサチューセッツ州ウースターのウースター・オーデトリアムという体育館でおこなわれたなんでもないハウスショー。ブルーノ・サンマルチノ、アンドレ・ザ・ジャイアント、チーフ・ジェイ・ストロンボーらが出場していたことはおぼえているけれど、メインイベントのカードがどうしても思い出せない。

マクマホン・ファミリーの〝百年帝国A Hundred Year Dynasty〟はシェーンとステファニーのグレート・グランド・ファーザーのジェス・マクマホンからはじまって、祖父ビンセント・ジェームス、父ビンセント・ケネディとつづき、シェーンとステファニーとその子どもたちの世代へとつながっている。

曾祖父の代から数えるとこれから30年後にはその系譜は100年を迎えるし、父ビンスの〝1984〟を紀元とすると〝百年帝国〟の完成は2084年ごろになる。シェーンは〝マクマホン家の百年帝国〟というらいを〝シェーン王〟として過ごすことになるのだ。

気の遠くなるような大長編ドラマのなかの半世紀分く

（08年6月）

Ⅲ—2

Observation

WWE ディープ・インサイド

いちばんディープな場所へgo

チケットには〝レッスルマニア・レイジ・パーティー〟とプリントされていた。〝レイジ〟を英和辞典でひっぱると①激怒、憤怒、逆上②（あらし・火災・病気などの）大荒れ、猛威、猛烈、激烈③激情、興奮状態④熱望、熱情、熱狂⑤（一時的な）大流行、なんて出ている。ひとつの単語がずいぶん広いエリアをカバーしている。〝レッスルマニア〟と〝パーティー〟のあいだに①から⑤までのどの単語を代入してもちゃんとそれっぽい感じになる。かんたんにいえば〝レッスルマニア〟の〝前夜祭〟である。

入場料は〝食べ放題サービス付〟で80ドル。チケットの下のほうにはちいさな文字で〝14歳以下は保護者同伴〟なんてただし書きがある。アカデミー賞とかグラミー賞とかそういうたぐいのグレードの高さを遊ぶパーティーなのだろう。出席者は一般ファン、関係者を含め約4000人。会場のエントランスには〝スラミー賞〟のオスカー像がディスプレーされていた。

プレス関係者用のボックス・オフィスで手渡されたパスは〝メディア用〟だった。このパスを胸にくっつけて歩きまわれるのはメディアルーム（報道関係者ラウンジ）とメインフロアのみになっているらしい。ようするに、バックステージへの立ち入りはご遠慮くださいということだ。月曜夜のトレンディ・ドラマ〝ロウ・イズ・ウォー〟の登場人物たちはお客さんからはみえないところに隠れている。

メインフロアのどまんなかにはライブ用のステージが設営されていて、バンドの生演奏のあいまにWWEスーパースターズが交代でステージに上がり〝生しゃべり〟を聞かせてくれる。パーティーの模様は午後9時から11時まで2時間、USAネットワークの特番で全米に生中継される。こういうシチュエーションでは〝メディア〟のパスはあまり役に立たない。なんとかしてバックステージに忍び込まないと〝生スーパースター〟とコンタクトすることはできない。ぼくは〝開かずの門〟を探した。

ホットドッグとピザのケータリングが出入りするぶ厚いドアの向こう側からちょっとだけ顔を出して〝おいでおいで〟をしてくれたのはスティーブ・ウィリアムスだった。キッチンと洗い場を通り抜け、さらに従業員用通用ドアをすり抜けると、そこではもうひとつの〝レイジ・パーティー〟がはじまっていた。ウィリアムスが「これを持っていろ」といってそっと渡してくれたパスには〝ザ・コーポレーション＝オール・アクセス〟と記されていた。ひょっとしたら、これは〝悪の首脳部〟とその家族のための通行許可証ではないだろうか。満面の笑みを浮かべたウィリアムスはぼくの肩をポンポンッとたたくと、次の瞬間にはどこかへ消えてしまった。

こういうときは怪しまれないようにクールにふるまうのがいちばんだ。バックステージ内の食堂らしきスペースではスーパースターたちが紙のお皿とプラスチックのナイフとフォークを使って食事をしていた。Xパック（ショーン・ウォルトマン）とカミさんのテリーが遠くのほうから手を振って「こっちに座れ」というしぐさをした。マンカインド、というよりもカクタス・ジャックも懐かしそうに話しかけてくれた。

そこは現実とファンタジーのボーダーラインが存在しない世界だった。ビンス・マクマホンはWWEオーナーであると同時に〝悪の首脳部〟なるヒール・グループの親玉。息子のシェーン・マクマホンはこの会社のヤング・エグゼクティブであると同時に〝悪の首脳部〟のヤンエグ。取締役でありキャストでもあるパット・パターソンとジェリー・ブリスコが女装をしてそのへんを歩きまわっていた。

ビンスとシェーンのすぐそばではケン・シャムロックとビッグ・ボスマンがほんとうにボスたちの警護にあたっていた。迷彩色のベースボール・キャップをかぶった〝ストーンコールド〟スティーブ・オースチンが茶色の紙袋から缶ビールを取り出して、あさってのほうを向いてひとりでぐびぐびやっていた。〝外様《とざま》〟のウィリアムスは、壁ぎわのイスに腰かけて退屈そうに大あくびをしていた。

（99年4月）

ボーイズはボーイズ01

1

　ソルトレークシティーは夏の顔をした冬の都会だった。半年後に開催される冬季オリンピックのヒントが街じゅうのいたるところに散りばめられていた。遠くからみるといまは茶色のようなグレーのような乾いた岩みたいな色の山やまも、これから数カ月後には真っ白な雪化粧に変わるのだろう。それほど背の高くない山やまがすっぽりと街をとり囲んでいる。

　〝スマックダウン〟のTVテーピングがおこなわれるE・アリーナは、ホテルから歩いて5分のところにあった。ショー・フナキの携帯電話を鳴らしてみたら、ワンコールで人なつっこい声が聞こえてきた。お昼の12時までにいちどアリーナにはいり、〝出席簿〟に名前を記入してからケータリングのランチを食べて、それから近くのジムに練習にいく予定なのだという。

　試合がはじまるまえにフナキに会うにはアリーナの裏側の関係者通用門で〝入り待ち〟をしておけばいい。まるで追っかけファンみたいだ。バックステージにつながるゲートのそばではすでに数十人のファンがWWEスーパースターズの到着を待っていた。

　天気はいいいし、空は抜けるように青いし、山のふもとの空気もおいしいし、ぼくは関係者用パーキングのすぐよこの芝生の上に寝っころがってジャパニーズ・スーパースターたちを待った。

　ほんの5分くらいすると、白いフォードのピックアップ・トラックがゲート前に停まった。黒いシールド・フィルムが貼られた右側のウインドーがすうっと開くと、なかからTAKAみちのくがにっこり笑って手を振った。ドライバーはやっぱりフナキで、ナビゲーター役のTAKAは同乗者席に座っていた。それからバックシートの窓がゆっくり開いて、後部座席に座っていたTAJIRIがこっちを向いて軽く会釈をした。たった3人での移動なのにヘビー級のレンタカーを借りたのはきっとフナキなのだろう。フナキはすっかりテキサンっぽくなった。

フナキの家があるのはテキサス州サンアントニオで、TAKAが暮らしているのはプエルトリコのサンファン。TAJIRIはいまでもECW時代からずっと借りているフィラデルフィアのアパートメントに住んでいるらしい。

毎週月曜の朝、3人のジャパニーズ・スーパースターたちはアメリカのどこかの空港のバゲージクレームで待ち合わせをして、いっしょにレンタカーを借りてサーキットに出る。レンタカー代とガソリン代はもちろん割り勘。空港から試合会場までが遠いときは日曜の夜が移動日になることもある。

「いったん、駐車しちゃいますから」といって、フナキが運転する車は関係者通用門をくぐっていった。ゲート前では体格のいい警備員がふたり、両手を腰にあてデンとかまえて立っていた。WWEの試合会場ではバックステージ・パスをちゃんと首からぶら下げておかないとどこも歩けない。

ゲートから50メートルくらい離れた駐車場の奥のほうでだれかがこっちを向いて手を振った。ロブ・ヴァン・ダムだった。警備員のうちのひとりに「あそこにいる人がちょっと来いといっています」と伝えると、もうひとりの警備員が親指をクイッと曲げて〝カム・イン Come in〟というジェスチャーをした。

「サブゥーに電話した？」とRVD。

「あさって、LAで会うよ」

「じゃあ、よろしくと伝えておいてよ。ぼくも3週間くらいまえに電話で話したけど」

そこまでいうと、RVDは車のトランクから荷物を出してアリーナのバックステージにつながるドアのなかに消えていった。WWEの全米サーキットに合流してから3週間めのRVDにはまだ〝旅のパートナー〟がいないらしい。兄貴分のサブゥーと同じでRVDは仲間と群れることを極端に嫌うタイプなのかもしれない。

駐車場にはボーイズが集まりはじめていた。ババ・レイとディーボンのダッドリー・ボーイズが4ドアのセダンから降りてきた。ディーボンはあいかわらずフレンドリーだけれど、ババ・レイはちょっとだけお鼻が高くなったようだ。

「すいませーん、おつかれさまです」といいながら、ベースボール・キャップを反対にかぶったフナキがこちらに向かって歩いてきた。ニコニコ笑うとただでも細い目がいっそう細くなる。〝日焼け〟が趣味だというだけあって顔もタンクトップからのぞく肌もデニムのショーツをはいた両足もやたらと黒い。よくみると上半身、とくに上腕二頭筋がかなり太くなっている。

TAKAもいつのまにか胸のあたりがぐっと大きくなっていた。TAJIRIはカーキー色のポロシャツとベージュのトラウザーというういでたちでそこに立っていた。〝ロウ〟の連続ドラマのなかで〝悪のコミッショナー〟ウィリアム・リーガルのお茶くみ係を演じるときとまったく同じワードローブだ。あの衣装はTAJIRIのふだん着だった。ぼくたちは「試合のあとでメシを食いましょう」と約束して別れた。

WWEスーパースターズの知名度はすごい。レストランで食事をしていても、知らない人たちがひっきりなしにサインをもらいにきたり、記念撮影をせがみにくる。「ビールを一杯、おごらせてください」と声をかけてくるのはたいてい男性ファンだ。

フナキとTAKAは、スープとサラダとチキンのメインディッシュを注文した。飲みものはTAKAがアイスティーで、フナキがダイエット系ソーダ。TAJIRIは大好物というバッファロー・ウイングをオーダーし、それから「オレだけ飲んでいいですか」と断ってから、申しわけなさそうにビールを頼んだ。

〝スマックダウン〟ではTAKAとフナキのKAIENTAIはTV撮りのないダーク・マッチでレイヴェン&ジャスティン・クレディブルと試合をして、フナキがレイヴェンのDDTでフォール負けした。TVマッチに出場したTAJIRIはウィリアム・リーガルとの定番コンビでXパック&アルバートと対戦し、アルバートのボルドー・ボムでTAJIRIがフォール負けを食らった。

フナキもTAKAもTAJIRIもやっぱりプロレスのことしか話さない。WWEのリングでは自分たちよりも体のちいさい選手はいない、というどうすることもできない現実をこの3人はよく理解している。でも、「ちいさい体でデッカイやつらと闘うのがオレらの仕事じゃん」とTAKAは考える。みちのくプロレス出身のTAKAは「オレ、もう跳ばない。跳ばないプロレスをやりたい」ともらした。

フナキはさっきの試合で〝失敗〟したことをしきりに悔やんだ。レイヴェンが足をとってきたらその場で延髄斬りをぶち込んでやろうと思っていたのに、右足をつかまれたのでとっさに放った延髄斬りの蹴り足が〝左足〟になってしまった。左足からのステップだとあまり高くジャンプできない。こういうときはどうしたらいいのだろう。そのときそのときのタイミングで技を出すべきなのか。それともベストのポジションが整うまで待つべきなのか。バックステージのTVモニターでみんながみんなの試合をじっくり観ている。だから、しょっぱいことはできない。

どちらにしても、バックステージのムードが異様にあわただしいTVテーピングでは試合の組み立てをじっくり考えている時間なんてない。番組収録がはじまる数分まえに担当エージェントからカード変更をいい渡されることだってあるし、〝黒板〟に書かれていたはずの自分たちの名前が試合開始直前になって消されていることもある。

「オレ、きょうは食っちゃいますよ」

ほんとうはすごい甘党だというフナキがミルクシェイクを注文した。フレーバーはクッキー&クリーム。「そんなの、食うんだ」とTAKAがフナキの顔をしげしげとながめた。

TAKAは「オレ、なに食ってもあまり太らない体質ですから。肉の脂でもなんでもガンガン食ってますよ。でも、しょういちは太りやすいから」とパートナーのダイエットを心配した。ぐっと体の厚みが増したTAKAははき慣れたロングタイツを自分でハサミで切って、オリジナルのショートタイツをつくってそれを試合で使っている。フナキは上半身がイメージどおりの大きさに仕上がってきたら、シングレットをやめてふつうのショートタイツをはくつもりなのだという。

KAIENTAIは金曜、土曜のハウスショーにはブッキングされていないため、金曜の午前中に〝サマースラム〟の開催地のカリフォルニア州サンノゼに移動。ラスベガスとフレズノでハウスショーに出場するTAJIRIはこれから2日間、独り旅になる。

2

ニック・ボックウィンクルは姿勢がとてもいい。背筋がピンと伸びていて、いつも気をつけをしているみたいだ。2週間まえにトーキョーから電話を入れたときは「髪が薄くなった。背が縮んだ。おなかが出てきた」なんていっていたけれど、そこに立っているのはAWA世界ヘビー級チャンピオン時代のイメージのままのニックさんだった。

ラスベガスの太陽は、車のボンネットで目玉焼きが焼けるほど熱い。ニックさんはグレーの丸首のサマーシャツの上にきちっとネイビーブルーのスポーツコートを着ていた。ヘアスタイルも現役時代とまったく同じ。メタルフレームの老眼鏡が高い鼻のてっぺんで止まっている。おでこにほんのちょっとだけ汗をかいていた。ニックさんは2年まえにミネソタ州セントポールからこの街に引っ越してきた。

ラスベガスには愛妻ダーリーンさんの親せきがたくさん住んでいるのだという。セントポールにあった大きな家はもう何年もまえに売却して、そのあとはしばらくダウンタウンの2ベッドルームのコンドミニアムに住んでいた。子どものいないニックさん夫妻には大きな家は必要ないし、庭の芝生の手入れとか植木の世話とかがめんどうになった。北国ミネソタには30年も住んだ。ミネソタに住むまえはハワイに家があった。

寒い土地と暑い土地とどちらが住みやすいかといえば、プロレスラーだったらどんなところにでも暮らせるけれど、トシをとったらやっぱり暖かいところのほうが過ごしやすい。ニックさんの〝公式プロフィル〟上の出身地はカリフォルニア州ビバリーヒルズということになっている。

ニックさんはえび茶色の5ドアのラグジュアリー・バンを運転して待ち合わせ場所の〝ホテル・サンレ

モ〞にやって来た。「東トロピカーナ通りの〝サンレモ〞です」と伝えたら、ニックさんは「場所はわかっている」と答えた。この街に住んでいる人びとは、ストリート名や番地よりもホテルとホテルの位置関係で街のレイアウトを記憶しているらしい。

ラスベガスに住んでいるといっても、ギャンブルに興味があるわけではない。どちらかといえば、大好きなゴルフを思う存分プレーしたくて砂漠の上の不夜城みたいなこの街に移り住んだ。ニックさんの顔がほんのりとピンク色に日焼けしているのは、きっとゴルフざんまいのせいなのだろう。

「このトシになって太陽にばかりあたるとろくなことはない」といいながら、ニックさんはぽつぽつと赤い斑点ができてしまった鼻の頭をさすった。

1934年生まれのニックさんは満66歳。こんどの10月の誕生日がくると67歳になる。現役選手として活躍したのは55年から87年までの32年間。これといった大きなケガもなくずっとプロレスをつづけることができたし、また気が向いたらリングに上がることもあるだろうと思って、あえて〝引退セレモニー〞はやらなかった。

「ほんとうは、大学を卒業しておきたかった」

32年間もプロレスをやっておいてこういうのもなんだけど、という感じでニックさんは「それが心残りといえば心残りなんだ」といって笑った。

ニックさんはハイスクールを卒業後、フットボール奨学金をもらってオクラホマ大学に進学したが、3年のときにヒザをケガしてプロのフットボール選手になる夢を断念した。フットボールができなくなったら奨学金も自動的にストップされた。ニックさんの父親で戦前の30年代から50年代にかけておもにカリフォルニアで活躍したプロレスラーのウォーレン・ボックウィンクルさんが「仕事としてレスリングをやりなさい」といって息子にプロレスの手ほどきをした。ニックさんはUCLA在学中だった21歳のときに初めてプロレスラーとしてリングに立った。

「あっというまの32年だったけどね」とニックさんはため息をついた。「引退してから14年もたってしまったことのほうが驚きなんだ」

ニックさんがだれにも告げずにリングを下りてから3年後の90年、ニックさんが32年間のキャリアの半分以上を過ごしたAWAが倒産。生涯のライバルでありAWAのオーナーだったバーン・ガニアは数年まえに心臓病を患い、心臓と肺にバイパス・チューブを通す手術を受けた。ニックさんの親友で70年代前半、AWA世界タッグ王座をいっしょに保持したレイ〝ザ・クリップラー〟スティーブンスはもうこの世にはいない。

AWA世界ヘビー級チャンピオンだったころのニックさんは〝受けのレスリング〟の達人だった。タイトルマッチではチャレンジャーが一方的に攻めまくる展開ばかりだったが、試合が終わってみればいつもチャンピオンベルトだけはニックさんの腰に戻っていた。

チャンピオンのセコンドにはボビー〝ザ・ブレイン〟ヒーナンという悪党マネジャーがついていて、このヒーナンがレフェリーの目をごまかしながらリング下からちょっかいを出し、試合のリズムを巧みにコントロールして計算どおりに観客を怒らせるというのがいつものパターンだった。チャンピオンがヒールで、チャレンジャーはベビーフェース。ニックさんは勝たないけれど負けないレスリングで75年から84年まで約10年間、世界チャンピオンの座に君臨した。あの大きなAWAのチャンピオンベルトは、いまはニックさんの自宅のクローゼットのなかで眠っている。

「ミスター馬場が亡くなったときもひじょうに驚いたが、ジャンボ（鶴田）が亡くなったと聞いたときはもっとショックだった」

ニックさんは84年2月、蔵前国技館のリングでジャンボ鶴田に敗れAWA世界王座を明け渡した。ニックさんは49歳の世界チャンピオンで、鶴田は32歳のチャレンジャーだった。鶴田の腰にあのチャンピオンベルトが巻かれた瞬間、ニックさんは自分の時代が終わったことを確信したのだという。

「ジャンボはいくつだったんだ？」

「49歳でした。肝臓ガンです」

「49歳か。あまりにも若い。キャンサー（ガン）のことは彼の家族以外はだれも知らなかった。そうじゃないかね?」

「ええ、だれも知りませんでした」

ニックさんは鶴田がプロレスを引退したあと、運動生理学のプロフェッサーとしてオレゴン大学の教壇に立っていたことを知っていた。

「彼とはよき友人になれるような気がしたんだ。いっしょに食事をしたこともないし、ゆっくりとはなしをしたことさえないが、彼のレスリングからは彼のまじめさ、誠実さ、教養が伝わってきた。彼がオレゴンにいるあいだにいちど訪ねておきたかった」

ニックさんはおしゃべりに夢中になっていた。ラスベガスは外に出ると焦げつくような暑さで、ビルのなかにいるとエアコンディショニングがききすぎてかえって寒い。午後が長くて太陽がなかなか動かないから、時間の感覚がなくなる。

「キミはきょう、WWEのショーを観にいくんだね。何時にここを出る?」

「6時半ごろ出ようと思います」

「友人が6時半にこのホテルまでわたしをピックアップに来る。もうしばらく、おしゃべりをつづけようじゃないか」

ニックさんの友人は、このラスベガスでインディペンデント団体をプロモートしている20代後半のプロレスラー兼プロモーターらしい。ここにも〝地元のプロレス〟がある。

「プロレスは〝初恋〟であり〝病気〟。もうこのビジネスにかかわることはないと思っていたが、しばらくプロレスと接していないと〝病気〟が出る。おなかのなかにレスリングの虫がいるんだ。キミもそうだろ」

ニックさんといっしょに過ごす、時間が止まったみたいなひとときがあと数分で終わってしまうことにそのとき初めて気がついた。老眼鏡の向こう側にみえるチャンピオンの瞳はやさしく、静かにほほ笑んでいた。

3

トーマス&マック・センターのバックステージは思ったよりもガランとしていた。TV収録のないハウスショーだからスタッフの人数がかなり少ない。〝ロウ・イズ・ウォー〟や〝スマックダウン〟のときはそこらじゅうに置かれている大きな機材コンテナも、アリーナ内の映像と中継車をつなぐ太いケーブルも、ケータリングのテーブルも、入場ゲートのセットもない。

ボーイズがそのへんをふらふら歩きまわっている。もうリングコスチュームを身につけている選手もいるし、まだ着替えをすませていない選手もいる。もうすぐ試合がはじまるというのになんだかのんびりしている。体格のいい警備員たちがあちこちにいばって立っているが、〝通行許可証〟をつけずに楽屋裏をうろうろしてもだれもなにもいってこない。

バックステージとアリーナを隔てているのは一枚の黒いカーテンだけだ。入場ランプの代わりにガードレールの花道がセッティングされている。カーテンのすき間から無人のリングがみえた。リングの上の照明はTVテーピングのときとくらべるとやや暗い。

いちど客席のほうへいってしまうと、きっとこちらへはかんたんには戻ってこられない。でも、バックステージ側にはちゃんと座って試合を観られるような場所はない。黒いカーテンの隅っこのあたりをそおっとくぐってアリーナ側に出てみると、ガードレールの両サイドの音響設備が置かれているところがオープン・スペースになっていた。スタッフ、関係者はこのあたりに立って試合を観るらしい。

PAシステムからウィリアム・リーガルのクラシック調のテーマ音楽が響いてきた。第1試合がはじまるようだ。えんじ色のショートタイツをはいたリーガルがゆっくりと花道を歩いていった。リーガルがリングに上がると、こんどはECWのテーマ曲がかかった。黒いカーテンをさっと開けてジャスティン・クレディブルが花道に現れた。軽めのブーイングが起きた。

花道をはさんだガードレールの反対側にはニック・ボックウィンクルが立っていて、WWEエージェントのブラックジャック・ランザと立ち話をしていた。ニックさんとランザのタッグチームはいまから23年まえに〝AWA代表〟として全日本プロレスの『世界最強タッグ』に出場した。

第1試合は変形ネックブリーカードロップからリー

ガルがクレディブルにフォール勝ちを収めた。ニックさんがこっちに歩いてきて「リーガルは〝ビル・ロビンソン〟だな」とぼくに耳打ちした。ニックさんの目には、古典派ヨーロピアン・スタイルの最後の継承者といわれるリーガルが現代のロビンソンにみえるのだ。「ホットドッグを買ってくる。キミもひとつ、どうだ？」

とんでもない。ニックさんをお使いにやるなんて。66歳の元世界チャンピオンでも、プロレスの試合を観にきたら必ずホットドッグを食べるのである。ホットドッグの中身はお湯で煮ただけのなんでもないホットドッグ。ホットドッグ・バンズと呼ばれるブレッドにホットドッグをはさむだけ。味つけにはケチャップとマスタードとピクルスの千切り以外のものは絶対に使ってはいけない。これはもう宗教的な習慣のようなものだ。ニックさんは少年のような軽い足どりでスタンド席の階段をトン、トン、トンと昇っていった。

試合と試合のあいまには黒いカーテンのこっち側と向こう側をわりとすいすいと行ったり来たりできるようだった。カーテンの内側のアリーナ・サイドからはみえないところでは、次の試合、次の次の試合に出場する選手たちがもうスタンバイしていた。

書類ファイルらしきものを小脇に抱えたジョニー・エースがバックステージを歩きまわっていた。もう現役選手ではないから〝ジョニー・エース〟と呼ぶのは適切ではないかもしれない。ブロンドの髪はかなり短くカットしてあるし、全日本プロレスのリングに上がっていたころよりもずいぶんやせた。WWEのロゴが左胸のところに刺しゅうされたベージュのボタンダウン・シャツを着ている。

WWEにおけるエースのポジションは〝WCWエージェント〟。つい半年まえまではアトランタの旧WCWでいまと同じ仕事をしていたが、WWEによる団体買収でエース、アーン・アンダーソン、デーブ・フィンレー、リッキー・サンタナの4人がWCWグループの担当エージェントとしてWWEと再契約した。エージェントという仕事は、よくいえばフロントと選手のあいだに立っている中間管理職で、悪くいえばボーイズからの〝クレーム処理係〟。カード編成、ブッキング、プログラミングといったプロデューサー的な役割もこなすが、いったん試合がはじまってしまえばリングの上で起こっていることは選手たちの責任ということになる。

「けっこう、やせたね」

ぼくは、エースがトーキョーでラーメンとチャーハンとギョーザばっかり食べていたことを思い出した。兄アニマル・ウォリアーと同じで自分が太りやすい体質だということをエースはよく知っていて、美形の顔が二重あごになったりおなかに脂肪がついたりすることをいつもすごく気にしていた。

「もうレスラーじゃないんだもん。べつにダイエットしたわけじゃないよ。オールジャパンにいたころは260ポンドもあったのに、炭水化物を食べなくなったら自然に体重が減った。ラーメン。カレーライス。ヌードルス。ジャパニーズ・ジャンクフード」

「ドライブインのメニューみたいだね」

「ジルがたまには遊びに来てくれって。いまはおなかが大きいんだけどね」

エースとジル夫人は学生時代からのスウィートハートで、エースが大学4年生でジルさんが大学1年生のときにミネソタのマンケート大で出逢った。家族はエース、ジルさん、長男ザックくんの3人。これから数カ月後にはふたりめのベイビーがファミリーに加わる。

エースは大学を卒業後、コンピュータ関連の会社に就職してふつうのサラリーマンをしていたが、兄アニマルが「お前はグッド・ルッキングだからプロレスをやれ」としつこく誘うので、ダスティ・ローデスとブッシュワッカーズ（ブッチ&ルーク）のコーチを受けてプロレスラーになった。

〝ジョニー・エース〟は約12年間の現役生活のほとんどを全日本プロレスのリングで過ごした。ジャイアント馬場さんが〝プロレスのお父さん〟で、馬場元子さんが〝日本のお母さん〟。かつて〝四天王〟と呼ばれた三沢光晴、川田利明、小橋建太、田上明のプロレスをいちばん近くから目撃したアメリカ人といっていい。王道・全日本で学んだ馬場イズムのエッセンスがエージェントとしての仕事にしっかりと役立っている。

「ほんとうはオールジャパンのリングにもういちどだけ上がりたいんだ。1試合だけでいいから。ミセス・ババに会って誤解を解きたいし」

たしかにタイミングは最悪だったかもしれない。エースがWCWとエージェント契約を交わしたのは、三沢グループによる全日本退団のすぐあとだった。結果的に全日本と元子さんを裏切ることになってしまった。いまでもエースはそのことを後悔している。

「このあとはどうするんだい？　いっしょに食事でもしないか」

エースは「スシ・バーに行こうよ」といって右手で寿司をつまむしぐさをした。アリーナ側ですごい歓声があがった。カーテンのすき間からリングのほうをのぞいてみると、ロブ・ヴァン・ダムがトップロープから5スター・スプラッシュを決めたところだった。

4

リング上ではWWE対アライアンスの12人タッグマッチがはじまろうとしていた。WWEのメンバーはビッグショー&ビリー・ガン&スコッティ・2・ホッティ&アルバート&ハードコア・ホーリー&クラッシュ・ホーリーの6人で、アライアンスはマイク・アッサム&ショーン・スタージャック&ヒュー・モラス&チャック・パランボ&ショーン・オヘア&トミー・ドリーマーの6人。これだけの人数の大男たちがいちどに出てくるとリングが狭い。対角線をはさんでそれぞれエプロンに立っている各チーム5人ずつの大きな背中が観客の視界を完全にさえぎっている。たしかにWWE、WCW、ECWの3団体の選手たちがひとつのリングに上がっている。

ふたつまえの試合でジェフ・ハーディーとシングルマッチで闘ったばかりのロブ・ヴァン・ダムがもうシャワーを浴びて、Tシャツとデニムに着替えてバックステージのカーテンのすき間からほかの選手たちの試合をながめていた。

「オレの試合、観てた？」とRVD。

「もちろん、観てたよ」

「どうだった？」

「あいかわず、技は完ぺきだと思うよ」

RVDは「そんなことないだろう」という顔をした。ほんのちょっと、沈黙が訪れた。

RVDとWWEのバックステージで会うのはなんだか不思議な感じがする。プロレスラーとしてデビューしたころはフロリダのインディー・シーンで試合をしていた。ドリー・ファンクJrのブッキングで何度か全日本プロレスのリングに上がった。RVDをECWにひっぱり込んだのはサブゥーだった。

ロブ・ヴァン・ダムというリングネームを思いついたのはRVD自身で、ラストネームのヴァン・ダムは大好きなアクション俳優のジャン・クロード・ヴァン・ダムにあやかってつけた。兄弟だってことにしちまえと無責任なアドバイスをするレスラー仲間もいたし、そんな有名人のパロディみたいなリングネームでは成功しないと忠告してくれた先輩もいた。

本名のロバート・スツォコースキーは発音しづらくてプロレスラーの〝芸名〟にはならないと思ったし、とにかくロブは〝ヴァン・ダム〟になりたかった。少年時代はやっぱりブルース・リーにあこがれた。カンフー・アクションとプロレスのどちらがほんとうは好きなのか聞かれたら、どっちも好きと答えるしかない。

プロレスもずっとつづけたいし、アクション俳優への道も探りたい。映画のオーディションを受けやすい環境にいたいから10年近く住んだフロリダからロサンゼルスに引っ越した。サーキットに出ていないときはLAの〝俳優養成所〟の夜間スクールに通っている。

「WWEがぼくに興味を持ってくれるなんて。そんなオプションがあるとは知らなかった」

WWEのリングでは〝ECW〟のメンバーということになっているけれど、じっさいにRVDと契約交渉をしたのはジム・ロスWWE副社長だった。それよりもずっとまえにポール・Eことポール・ヘイメンとケンカしてECWをやめてしまった。もう、ポールと会うことなんてないだろうと思っていた。

1週間のスケジュールは月曜と火曜がTVテーピングで、水曜と木曜がオフ。金曜が移動日で土曜、日曜がハウスショー。〝4デーズ・オン・3デーズ・オフ〟と呼ばれるシステムだ。西海岸エリアかセントラルタイム・ゾーンで試合があるときは移動もかんたんだけど、ニューヨーク近郊で試合があるときは午前6時の便でLAを出発しても国内時差の関係で東海岸エリアに着くのは午後4時過ぎになってしまう。それから空港でレンタカーを借りてアリーナに向かってもとうてい試合には間に合わない。そういうときは試合の前日が移動日になる。日曜にPPVがあるときは金曜にハウスショーのブッキングがはいることもある。1週間のうち一日しか家に帰れないという状況がずっとつづいている。LAとNYの距離をものすごく感じる。

「どう思う、いまの、こういうの」

RVDは〝新体制WCW〟のメンバーとしてWWEのリングにデビューするはずだった。しかし、じっさいにツアーに合流してみたらWCWとECWが合体して〝アライアンス〟というユニットになっていた。RVDが知らないところでRVDが勝手に動いていた。

「ぼくのコミック・ブック、みたことあったっけ？」

コミック・ブックの原作を書いているらしい。ストーリーはもちろんカンフー映画っぽいアクション・ヒーローもの。趣味といえばただの趣味だけれど、これがいつか映画に化ける可能性だってまったくないわけではない。ハリウッドにはそういうことを本気で考えているRVDのような若いタレント、プロデューサーたちがたくさんいる。いまのところ、WWEには友だちはいない。RVDは遠くをみるような目をした。

12人タッグマッチに出場した12人の大男たちがドカドカッとバックステージに戻ってきた。マイク・アッサムがいる。トミー・ドリーマーがいる。ここはWWEの試合会場なんだということはわかっていても、やっぱりマイクやドリーマーが目のまえにいるとデジャヴみたいな感覚に襲われる。

マイクは筋金入りのトーキョー・ガイジンだった。90年から99年までの約10年間、1カ月にいちどずつフロリダとトーキョーを往復していた。1回のツアーでの滞在期間は10日間から2週間だから、一年のうちのだいたい半分をトーキョーで過ごしていた計算になる。リングネームはザ・グラジエーターでFMWの〝最強ガイジン〟だった。

トーキョーでのホーム・アウェー・フロム・ホームは池袋で、いつもJR池袋駅のすぐそばのビジネス・ホテルに泊まっていた。試合が終わって池袋に帰ってきてから深夜に食事をするパターンが多かったから、居酒屋のメニューにはめっぽう強かった。〝ハラヘッタ〟。〝ミズクダサイ〟。〝ヨクヤイテ〟。〝ハラハチブ〟。〝トテモツマラナイ〟。カタコトの日本語もかなりイケてた。FMWからECWを経由してWCWのリングにたどり着いたが、WCWの〝身売り〟で契約書ごとWWEに移籍した。マイクは居酒屋『つぼ八』の鳥のから揚げとシーフード・サラダをなつかしがった。

ドリーマーはECWの〝連絡係〟だった。ECファッキンWのドレッシングルームではなにかわからないことがあったら「ドリーマーに聞いてみな」がコンセンサスになっていた。まじめで、きちょうめんで、正直で、みんなから信頼されていた。プロデューサー補佐というよりは、どちらかといえばポール・Eのベイビーシッターだった。

マイクもドリーマーもほんとうにハートのいいナイス・ガイだからWCWとECWがいちどに消滅してしまったときはどうなることかと思ったけれど、気がついたらふたりともWWEのリングでまた〝EC FN W〟のTシャツを着ていた。ナイス・ガイズにはちゃんと再就職先が用意されていた。

クリス・ジェリコがスーツケースをひっぱりながらこちらに向かって歩いてきた。ジェリコも元トーキョー・ガイジンだ。90年代前半の数年間はライオン・ハートのリングネームで天龍源一郎のWARをホームリングにしていた。マイクのねぐらが池袋なら、ジェリコのテリトリーは錦糸町だった。マイクはカタコトの日本語を巧みに操り、ジェリコは日本語の50音とカタカナの読み書きをマスターした。

ジェリコはカリフォルニア・ツアーの2日間のホテルをマイクに聞きにきた。土曜のハウスショーのロケーションはフレズノで、日曜はサンノゼで〝サマースラム〟。月曜はサクラメントで〝ロウ・イズ・ウォー〟があるから3日間ともサンフランシスコかサンノゼに泊まればそこからレンタカーで移動できる。

ジェリコは「これがぼくのアドレス」といって〝ムーングース〟というニックネームからはじまるメールアドレスを教えてくれた。〝ムーングース〟とは、ジェリコのロッカーとしてのもうひとつのアイデンティティーである。

5

Xパックは右足のかかとを機材コンテナの上にのせてストレッチをしていた。右足のあとは左足。ヒザの裏側。ハムストリングと呼ばれる大腿部の裏。腰をゆっくりと伸ばす運動。試合の順番はメインイベントのひとつまえだ。出番が最後のほうだと待ち時間が長い。対戦相手はTAJIRI。ここ3週間くらいTAJIRIとばっかり闘っている。

WWE世界ライトヘビー級チャンピオンがTAJIRIで、WCW世界クルーザー級チャンピオンがXパック。2日後の〝サマースラム〟では2本のベルトをかけたダブル・タイトルマッチがおこなわれる。Xパックは〝日本〟と〝日本人〟と〝日本のプロレス〟に特別な感情を抱いている。

「きのうはどこいってたの？」

ゆっくりとストレッチをつづけながら、Xパックは子どもみたいな目をしてこっちをじっとみていた。〝スマックダウン〟のTVテーピングがあったソルトレークシティーで、Xパックは午後のちょっと空いた時間を利用してぼくが泊まっていたホテルまでわざわざ遊びにきてくれたらしい。アゴひげなんかたくわえてずいぶんおとなっぽくなったけれど、キッドはやっぱりキッドだ。

Xパックの本名はショーン・ウォルトマン。18歳のときに初めてトーキョーにやって来た。もちろん、生まれて初めての海外遠征で、当時のリングネームはライトニング・キッドだった。プロレスラーになったからにはいつか必ずジャパンという国を自分の目でたしかめてみようと思っていた。ジャパンは世界じゅうの一流レスラーたちが集まる〝プロレス大国〟である。

まるでプロレスラーにはみえないやせっぽちだったXパックが新宿・歌舞伎町のラブホテルに長期滞在しながらルチャリブレ系のインディー団体、ユニバーサル・プロレスのシリーズ巡業に参加したのはもう11年もまえのことだ。あまりお金を持っていなかったXパックにぼくはよくラーメンをおごった。

あれからライトニング・キッドはWWEのリングで1－2－3キッドに変身し、兄貴分のケビン・ナッシュとスコット・ホールといっしょに移籍したWCWではシックスに改名した。WCWを解雇されたあとWWEと再契約し、Xパックという新しいリングネームを使うようになってちょうど3年になる。

「車でここまで来たの?」

「いや、カメラマンといっしょに来たんだけど」

「じゃあ、帰りはぼくの車に乗っていけばいいよ」

Xパックはもう勝手にラスベガスの夜のプランを立てていた。そういえば、ジョニー・エースといっしょに食事をする約束をしていた。

「ジョニーがスシ・バーに行こうっていってたけど、どうしよう?」

「だったら、ジョンもいっしょに来ればいいよ。スシ・バー、いいねえ」

ひとつまえの試合が終わったようだ。自分のテーマ曲が鳴りはじめたのを確認して、Xパックがあわててバックステージのセンターまで走っていった。

XパックとTAJIRIの試合は長編ドラマの途中のワンシーンみたいな展開になっていた。これまでの一連の流れみたいなものがあって、この試合があって、そのまたつづきがある。XパックもTAJIRIもこうやって毎晩のように闘いつづけることでおたがいがおたがいの動きを体におぼえ込ませていくのだろう。

観客はTAJIRIの幻想的な動きに惜しみない拍手を送り、Xパックにはブーイングを浴びせた。Xパックはヒールだから、ブーイングはしようがない。

黒いカーテンのすき間からまたそおっとアリーナ側に出て、さっきのスピーカーのよこのスペースで試合を観ていたら、エースがゆっくり近づいてきていきなりぼくの胸にリック・フレアーみたいな逆水平チョップを入れた。ほんの悪ふざけのつもりなんだろうけれど、レスラーにたたかれたらやっぱり痛い。

「最後まで観ていくだろ」

「もちろん。ねえ、Xパックがいっしょにスシ・バーへ行こうって」

こういうときはいちおうの状況説明だけはしておいたほうがいい。

「店とかはもう決まってる?」とエース。

「いや、それはまだだけど」

「だったら、〝ハマダ〟というジャパニーズ・レストランにしよう。フラミンゴ通りにある。ここからそんなに遠くないから」といって、エースはどんなもんだい、エヘンと胸をはった。そうだった。ビジネスマンのエースはなにごとにも用意周到なのだ。

「ブラックジャック・ランザをホテルまで送っていかなければならないから、試合が終わってから1時間後にレストランのなかで待ち合わせをしよう」

ぶ厚いファイルとクリップボードを大切そうに両手で抱えたエースは、カーテンをパッとめくってバックステージの奥のほうにはいっていった。

Xパックの〝旅のパートナー〟はウィリアム・リーガルだった。ロードに出ているあいだは国内線の飛行機も、目的地に着いてからのレンタカーでの移動も、ホテル(部屋は別べつ)もリーガル卿といっしょ。どうしてそうなったかというと、それはリーガル卿が一日24時間、完ぺきに〝しらふ〟だからだ。朝は早いし、夜は食事をしたらすぐにホテルに帰って就寝。朝寝坊なんてしたことないし、Xパックがなかなか起きないと部屋に電話を入れてくれる。つねに予定よりも30分早く行動を開始している。こんなに頼りになる相棒はそうかんたんにはみつからない。

レンタカーの運転はXパックの担当らしい。オープニング・マッチで試合をしたリーガル卿は、ゆっくりとシャワーを浴びて、スーツケースのなかをきれいに整理してからメインイベントが終わるまでドレッシングルームで本を読んでいたのだという。

リーガル卿に「ニック・ボックウィンクルさんがあなたのことを〝現代のビル・ロビンソン〟といってました」と伝えると、リーガル卿はうれしそうににっこり笑って「わたしはビル・ロビンソンの孫弟子なんです」と答えた。リーガル卿のレスリングの師匠はマーティ・ジョーンズというイギリス人のレスラーで、そのマーティ・ジョーンズの師匠がロビンソン。でも、リーガル卿はまだいちどもロビンソンに会ったことがない。ぼくは「ロビンソン先生はいまトーキョーで〝蛇の穴〟のコーチをしています」とつけ加えた。

「トーキョーに住んでいるの?」

Xパックが興味を示した。

エースがフラミンゴ通りにあるといった〝ハマダ〟はなかなかみつからなかった。こういうときはリーガル卿がナビゲーターで、Xパックはひたすらリーガル卿の指示に従うことになる。リーガル卿が〝番号案内〟に電話をしてみたら、〝ハマダ〟というジャパニーズ・レストランがラスベガス市内だけでも全部で7店舗あることがわかった。ま、いいか。エースの知ったかぶりはいまにはじまったことではない。

ようやくフラミンゴ通りの〝ハマダ〟を発見して店にはいると、エースはもういちばん奥のテーブルでぼくたち3人を待っていた。デーブ・フィンレーもいる。

「スシ・バーだと寿司しかオーダーできないからテーブルにしたけど」

ディナーの仕切りはどうやらエースの担当だった。

Xパックはグリルド・サーモンと寿司のコンビネーション・プレートをオーダーしてから、スープ代わりに〝半ラーメン〟を頼んだ。リーガル卿とフィンレーのチョイスは寿司と天ぷらのコンビネーション・プレート。エースはいかにも〝通〟っぽくお好みで寿司を注文した。

エースはミネソタ育ちで、おとなになってから家を買った場所がフロリダ。Xパックはフロリダ生まれで、いま住んでいるところがミネソタ。ものすごく寒い土地とものすごく暑い土地。北国と南国。エースはフロリダはいいところだといい、Xパックはフロリダには住みたくないといい切った。ふたりともちゃんと結婚していて、家にはちいさな子どもたちがいる。プロレス以外のことを考える時間をつくらなくてはならない瞬間もほんのたまにだけれどあることはある。

プロレスラーはいつも旅をしている。プロレスを待っている人びとがいるところにプロレスを運んでいくのがこの男たちの仕事である。

食事がすむとやっぱり「あしたは何時に出発ですか」という会話になる。いまは土曜（じっさいは日曜）の午前1時過ぎで、こんど家に帰るのは来週の水曜。フレズノ。サンノゼ。サクラメント。もうちょっとだけサーキットがつづく。

「それじゃあ、またあした。お昼にアリーナで」

Xパックとぼくは「マイ・ベッドタイム」と疲れた顔でつぶやくリーガル卿をホテルのまえで降ろして、もうちょっとだけそのへんをドライブしながらおしゃべりをつづけることにした。Xパックはあしたの朝の飛行機の予約を入れておくのをまた忘れてしまったらしい。まあ、空港まで行けばなんとかなるだろう。

「こんなの久しぶりだね。イッツ・ビーン・ア・ロングタイム」

「トゥー・ファッキン・ロング！」

Xパックはなんだかなごり惜しそうに、子どもみたいに口をとんがらせた。


（01年8月）

〝レッスルマニア〟打ち上げVIPパーティーに潜入

デーライト・セービング・タイム（夏時間）がはじまる4月の第1日曜は時計の針が1時間〝早送り〟になって、この日だけ一日が23時間になる。シェラトン・ユニバーサル・ホテルは、ユニバーサル・ハリウッド・ドライブの坂道を上がった小高い丘の上にあった。〝出待ち〟をしていたたくさんのファンがホテルの入り口のところに集まってきて「わーっ」と歓声をあげた。セキュリティーに両脇をガードされながら黒いスーツ姿のザ・ロックがロビーに現れた。ロックをエスコートしていたのはロージーだった。

フロント・デスクのすぐそばに立っていたジョニー・エースが「こっち、こっち」という感じで無言のまま手招きをした。ベージュのスーツにこげ茶色のネクタイというういでたちのジョニーは、プロレスラーにみえないこともないけれど、テレビの画面に映っているスターではないからこういう場所ではあまり目立たない。肩書はディレクター・オブ・タレント・リレーションズ。日本語に訳せば〝人事部長〟ということになる。WWEのトップエグゼクティブだから、かなりエラいポジションである。

ネイビーブルーのユニフォームを着たヘビー級のセキュリティー・ガードたちが直立不動でとおせんぼをしている〝立ち入り禁止エリア〟を抜け、エスカレーターでベースメント・フロアに下りていくと、バンドの生演奏の音がかすかに聞こえてきた。VIPパーティーの会場は天井が吹き抜けになった広いホールの先のボウルルームだった。

パーティー会場のなかだと、音楽がうるさくて会話ができないのだろう。ドリンクのはいったグラスを手に持ったままホールに出てきて立ち話をしている人たちもたくさんいる。ついさっきロビーを通過していったロックは、エスカレーターのすぐそばでパット・パターソンとおしゃべりをしていた。ロックはこの日、試合には出場しなかったけれど、やっぱり仲間たちに会いにパーティーに顔を出したのだろう。パターソンはWWEを退職した元副社長だ。

ロックは黒のスーツの下に襟のとがった純白のシルクのドレスシャツを着ていた。シャツのボタンを胸のところまで開けていて、褐色の肌にタトゥーがのぞいていた。

ジョニーがロックに「久しぶり」といって握手を求めた。ロックはにっこり笑って握手をしながらジョニーに軽くハグをした。よくみると、ロックはずいぶんやせていた。ほおもこけたし、首も細くなった。ハリウッドではプロレスラーの肉体は必要ないのだろう。こんなにスリムになってもスクリーンのなかでは巨体に映ってしまうのだから、いまさらのことながらプロレスラーは大きい。

後ろばっかりついて歩いていると迷惑だろうから、ぼくはジョニーに「またあとで」と伝えてボウルルームのほうに向かった。生バンドが演奏していたのは70年代のディスコ・サウンドだった。リック・フレアーとリッキー・スティムボートがダンスフロアのすぐそばに立って、バンドの音に負けないくらいの大声でしゃべっていた。

フナキとフナキの家族を探そうと思って、向こうから歩いてきたトミー・ドリーマーに「フナキ、みた？」と聞いてみた。現役をセミリタイアしてクリエイティブ部門に転向したドリーマーは、いかにも〝社員〟っぽく忙しそうにそのへんを歩きまわっていた。ドリーマーは「さっき、どこかにいたよ」と答え、また人ごみのなかに消えていった。

ロブ・ヴァン・ダムは、退屈そうな顔でボウルルームのいちばん後ろのほうのテーブルでぼんやりしていた。ヒザのケガで8月まで試合ができないのだという。ブッカーTとシャーメル夫人もあとから同じテーブルにやって来た。エディ・ゲレロも「ここ、いい？」といってブッカーのよこに座った。スマックダウン・グループは仲がいい。

アイアン・シークとその家族、親せき一同がおとなりのテーブルを占領していた。カクテルのグラスを持ったエッジ、クリスチャン、タイソン・トムコの3人が行進するような足どりでスマックダウン・グループのテーブルのまえを横切っていった。やっぱり、ロウ・グループはロウ・グループで行動をともにしているらしい。

ドリーマーが「フナキがいたよ」とわざわざ伝えに来てくれた。フナキは早百合夫人、長男・亮輔くん、長女・里莉《りり》ちゃん、社長男・亮輔くんといっしょにホールでひと休みしていた。子どもたちは疲れていたのか、ご機嫌ななめだった。ビンスの姿がみえた。

「さっき、廊下ですれちがったとき、ビンスさんが向こうからわざわざ『やあ、元気』って、わたしに握手してきてくれたんですよ」とフナキ夫人の早百合さんは興奮気味に話しながら「オーラが出まくってましたたー」と声を弾ませた。フナキとフナキの家族はパーティー会場から抜け出して、天井が吹き抜けになったホールの隅のほうで休けいしていた。「音がうるさいですからね」とフナキはボウルルームのほうを指さした。バンドの演奏はずっとつづいていた。

フナキ・ファミリーがひと休みしている場所から5メートルくらいの距離のところで、ロックとアンダーテイカーが立ち話をしていた。ダークグレーのスーツを着たアンダーテイカーは髪をきれいに束ねて、後ろで短めのポニーテールにしていた。ロックもアンダーテイカーもほんとうに背が高い。あれだけの長身だと、つねに世界を見下ろすような視線になるのだろう。

「なにしゃべってるんでしょうね？」

フナキも、ロックとアンダーテイカーのおしゃべりが気になるようだった。ロードショー公開されたばかりの映画『ビー・クール』でロックはゲイの青年を演じた。封切りから4週間の興行収益は5200万ドル(約54億6000万円)で、観客動員では全米9位にランクインするヒット作となった。

映画の仕事をしているあいだに、ロックとWWEの契約が満了となった。契約更改についてビンス・マクマホンからもエージェントからもなんの連絡もなかったことがロックを不安にさせた。ロック自身はプロレスをやめてしまったつもりはないし、それがどんなポジションであっても〝レッスルマニア21〟には出場したかったのだという。ロックほどの大スターでも心ぼそくなる瞬間があるらしい。

ロックとアンダーテイカーの会話にシェーン・マクマホンが加わった。ロックが白い歯をのぞかせてにっこり笑い、なつかしそうにシェーンにハグをした。シェーンも背が高い。ロック、アンダーテイカー、シェーンの3人が井戸端会議をはじめた。それから数分後、ビンス・マクマホンが現れた。ロックとビンスは握手を交わし、それからどちらからともなく長めのハグをした。

「ビンス、来ましたね」とフナキが目を輝かせた。両ももの大腿四頭筋断裂の重傷で約2カ月間、車イスでの生活をしていたビンスは、この日は松葉づえも使わず、なにごともなかったかのようにそのへんをすたすたと歩いていた。〝レッスルマニア21〟のスケジュールに合わせてリハビリ・プログラムに取り組んできたのだという。ビンスはシルバーに近い色のグレーのスーツを着ていて、ネクタイはもう外していた。

ロックがビンスに向かって「ちょっと、お時間、いいですか？」といったゼスチャーをして、ホールのすぐ外側のプールのほうに視線を向けた。ビンスは「おお、そうか、そうか」とうなずくように返事をしながら、ロックに先導されて中庭のプールのほうに向かって歩きだした。アンダーテイカーとシェーンは「じゃあ、またな」という感じでおたがいにアゴでシグナルを送り、それぞれ別べつの方向に向かってホールの奥のほうに消えていった。アンダーテイカーは後ろ姿もカッコよかった。

中庭に出たロックとビンスはしばらくプールサイドをいっしょに歩いてから、塩化ビニール製の白いビーチ・チェアが重ねて収納されているコーナーにやって来た。ロックが「ここにしますか？」といったしぐさをすると、ビンスはちょっとよろよろしながら無言のままビーチ・チェアの山から自分たちが座るためのイスを2つだけ降ろした。

「なーに話すんでしょうね、あの人たち」

フナキが少年のような顔をしてまた目を輝かせた。大きなグラス・ウインドーの向こう側で、白いビーチ・チェアに腰かけたビンスとロックが額と額を寄せ合ってひそひそばなしをはじめた。ロックの顔からは笑みがこぼれていたし、ビンスもたまに笑った。話したいことがたくさんあるのは、どうやらロックのほうらしかった。まるで映画のワンシーンのようだった。

フナキ夫婦は「子どもたちが疲れちゃったから」といって、帰り支度をはじめた。里莉ちゃんも亮輔くんも眠そうな顔をしてふくれていた。亮ちゃんはクリス・ベンワーの息子と一日じゅうレスリングをして遊んだのだという。ロックとビンスがウインドーの向こう側で笑っていた。

（05年5月）

〝サマースラム〟のバックステージ

MCIセンターのバックステージはすみからすみまで巨大な黒いカーテンですっぽりと覆われていた。カーテンのすぐ向こう側のアリーナでは2万人近い観客が〝サマースラム〟の開演を待ちわびていて、カーテンの内側はわりと薄暗く、エアコンが効いているせいかひんやりとしていた。アリーナのざわめきが風のようにゆっくりと響いていた。

上半身は裸、下はブルーのロングタイツをはいたクリス・ベンワーが大きな機材のボックスによりかかって何人かのスタッフと談笑していた。クリスが「ハシモトの家族になにか贈りものがしたいんだけど、住所を知っているか」とたずねてきた。新日本プロレスの合宿所に住んでいたころ、クリスは橋本真也さんといっしょによく爆竹と蚊とり線香を使った〝時限爆弾〟を作って遊んだのだという。

「なにかぼくにできることはないかな」

クリスは、ヤングライオン仲間だった橋本さんの突然の死にショックを受けていた。20年近くもまえのことをまるできのうのできごとのように話しながら、クリスは「生きたいように生きたんだから、ハッピーだったのかな」といいかけてから「でも、早いよ」といって下を向いて首をよこに振った。

ケータリング・ルームをのぞいてみたら、ジョニー・エースの姿がみえた。いまはジョニー・エースではなくてシニア・エグゼクティブのジョン・ローリナイティスである。選手もスタッフももう食事をすませたあとなのだろう。カーテンで仕切られた仮設食堂のなかのいくつかの丸テーブルの上には食べ残しのペーパープレート、プラスチックのフォークやスプーン、紙コップ、ミネラルウォーターのペットボトルなどが置きっぱなしになっていた。

「そこに座れよ」という感じでジョニーが出口に近いテーブルを指さした。日本人プレスがジョニーを囲むようにして席につくと、ジョニーは「ジャパニーズ・テーブルだ」と満足そうな顔をした。

「5年もたっちゃったなんて信じられない」

ジョニーが〝ジョニー・エース〟として最後にリングに上がってからもう5年になる。WWEの現場スタッフのなかにはジョニーが元プロレスラーだということを知らない人たちもたくさんいるらしい。

ジョニーの〝ジャパニーズ・テーブル〟にフナキも加わった。試合のないフナキはTシャツと短パンでバックステージをうろうろしていた。ジョニーはやっぱり忙しそうだった。30秒に1回ずつ、だれかがなにかを耳打ちにくる。そのたびにジョニーは「すぐ行く」といって、軽く右手で合図を送った。

エグゼクティブとしての仕事は時間との闘いだから、ジョニーは住み慣れたフロリダからWWE本社ビルのすぐそばのコネティカット州ウィルトンという街に引っ越しをした。月曜と火曜のTVテーピングはビンス・マクマホンのプライベート・ジェットに搭乗しての通勤で、水曜から金曜の深夜まではオフィスに缶づめになるらしい。

フナキが「そのへん、歩きまわりませんか」といって席を立ったのであとをついていってみることにした。スーツ姿のリック・フレアーが数人の知人らしき人たちと立ち話をしていた。会話の内容は聞きとれなかったけれど、センテンスの最後の「ウォー!」だけはちゃんと聞こえた。まるで〝ロウ〟のワンシーンのようだった。

向こうから歩いてきたアニマル・ウォリアーが両肩の彫りかけのトライバル模様のタトゥーを自慢げにみせてくれた。ストライプのスーツを着たカラー・コメンテーターのタズが中継クルーと打ち合わせをしていた。ECW時代は〝スープレックス野郎〟だったタズは、すっかり大物のツラがまえをしている。素顔のレイ・ミステリオが長男ドミニクくんの手をひいて歩いていた。シェーン・マクマホンがセキュリティー・チームといっしょに進行表をにらんでいた。

「ホーガンに会いたいんですけど、なかなか見つからないんですよ」

〝隠れフィギュア・マニア〟のフナキは、ネット・オークションで買ったばかりのハルク・ホーガンの年代もののクラシック・フィギュアをホーガン自身にみてもらおうとしていた。ホーガンはずっとプライベート・ドレッシングルームにこもっているらしかった。

「こっちから行くと、出られますよ」

フナキが黒いカーテンを開けて、入場ランプのすぐ裏側に案内してくれた。暗がりのなかでタズがスタンバイしているのがみえた。

（05年8月）

〝ロウ〟TVテーピングの風景 ジェリコの独白“I'm leaving”

〝サマースラム〟が開催されたワシントンDCから〝マンデーナイト・ロウ〟のテレビ撮りがおこなわれるバージニア州ハンプトンまでは、フリーウェイを時速90キロで走って約4時間の移動。ほんの24時間まえの長編ドラマのクライマックスがまるで遠い過去のできごとのように、ハンプトン・コロシアムのアリーナ内にはいつものように〝ロウ〟の中継セットが組み上がっていた。

バックステージ側からタイタントロンの巨大スクリーンをながめると、映像が〝反転〟になってみえる。リングの上ではカリートが〝カリートズ・カバーナ〟のリハーサルをおこなっていた。トーク・コーナーのゲストはリック・フレアーらしかった。マイクを持ったカリートがスクリプトのような紙とにらめっこしながらフレアーをリングに呼び込む台詞の練習をしていた。ビンス・マクマホン監督がリング下からカリートになにか指示を与えていた。

〝サマースラム〟が終わると〝ロウ〟も〝スマックダウン〟も秋の新シーズンがはじまる。薄いアイボリーのドレスシャツにネクタイ姿のフレアーが、黒いカーテンの迷路をくぐって入場ランプのほうに歩いていった。お客さんがまだはいっていないアリーナにフレアーのテーマ曲〝2001年宇宙の旅〟が鳴り響いた。かんたんなカメリハだけすませると、フレアーはすぐにバックステージの奥のほうへ消えていった。

機材置き場のようなところにコスチューム姿のTA

JIRIが立っていた。「きょうが1カ月ぶりの復帰戦なんですよ」といってTAJIRIは「ちゃんとできるかなあ」と不安そうな顔をした。〝産休〟でまる1カ月、試合を休んでいたのだという。「ずっと赤ちゃんの世話ばっかりしてました」と話しながら「カーディオ（心肺系運動）とウエートだけはやってましたけど」とTAJIRIはふたつのはなしをごちゃ混ぜにしてしゃべった。

田尻家にふたりめのベイビーが誕生したのだという。男の子で、名前は翔太くん。ジムでトレーニングをしているときに携帯電話が鳴って、あわてて病院に飛んでいった。アメリカでは出産は夫婦の共同作業である。アメリカで生まれた子だから、アメリカ人と同じ手続きで出生届を出した。

「ぼくも含めて将来のことはどうなるかわかりませんけど。子どものうちはデューール（日本とアメリカのパスポートを併用）で、16歳になったら本人が決めるらしいですね」

TAJIRIと立ち話をしていると、何人ものWWEスーパースターズがすぐよこを通り過ぎていった。フレアーと同じようにドレスシャツにネクタイをしめたHHHが立ち止まり、TAJIRIと握手を交わし、それから耳もとでなにかをささやいていった。ボーイズのあいさつはハンドシェイクではじまり、ハンドシェイクで終わる。〝ロウ〟の連続ドラマからは姿を消しているHHHは、制作スタッフのひとりとして忙しそうにバックステージを歩きまわっていた。

クリス・ジェリコが「ぼくは今夜でおしまい。I'm leaving」とそおっと教えてくれた。プロレスがいやになったわけではなくて、FOZZYがほんもののバンドとしてどこまでいけるかを知りたくて、それを確かめるのはいましかないと思って退団を決心した。ジェリコのブレーン・チャイルド、FOZZYはもうすぐヨーロッパ・ツアーに出発する。

〝ロウ〟のメインイベントは、〝サマースラム〟の再戦となったジョン・シーナ対ジェリコのWWEヘビー級選手権だった。エリック・ビショフGMがこの試合に〝敗者追放〟という条件をつけた。それはあくまでも連続ドラマのストーリーラインではあるけれど、ジェリコにとってはWWEでの最後の試合であることにちがいはなかった。

シーナの十八番FUがきれいに決まって、レフェリーがキャンバスを3回たたいた。ジェリコはリングのまんなかで大の字になってアリーナの天井を見上げた。試合後、ビショフGMがリングに上がり、マイクをつかんで「お前はクビだ。サナバビッチ」とジェリコに毒づいた。ジェリコは「ミスター・ビショフ、もういちどチャンスをください」とビショフGMにすがりついた。

ジェリコはセキュリティーに両腕、両脚を抱えられ、足をバタバタさせながら情けない格好で花道を去っていった。ライブの観客にとってそれはTVショーのワンシーンでしかなかった。ジェリコはグッバイを告げずにリングから消えていった。それはジェリコの選んだto be continuedだった。

(05年8月)

〝最終回〟のない長編ドラマ

WWEの長編ドラマには〝最終回〟がない。起承転結の〝結〟のところが必ずその次のドラマの〝起〟になっている。〝サマースラム〟の試合終了から24時間もたたないうちに〝マンデーナイト・ロウ〟のドラマ・シーンの撮影がはじまっていた。〝サマースラム〟が開催されたマサチューセッツ州ボストンからコネティカット州ブリッジポートまでは約5時間の移動。総勢150人超のプロダクション・チームは、ごくあたりまえのようにコンベンション・センターのバックステージに全員集合していた。

アリーナの裏門のそばでエージェントのディーン・マレンコが〝出欠〟をとっていた。タレント(選手)とスタッフが会場入りするのは正午から午後1時までの1時間。会場入りが遅れたタレントには罰金が科せられる。ぶ厚い書類ファイルらしきものを抱えたディーンがセキュリティー・チームの大男たちになにやら指示を与えていた。

WWEが発行するオフィシャルのバックステージ・パスを首から下げていても、そのへんをうろうろしているとすぐに警備員が飛んでくる。バックステージ・エリアは、原則的には選手の家族も立ち入り禁止になっている。スーパーヘビー級のセキュリティーが近づいてきてやや強めの口調で「どなたかお待ちですか」とたずねてきたので「ジョン・ローリナイティスさんを待っています」と答えると、短い会話はそこで終わった。

選手、スタッフが行ったり来たりする通路のいちばんすみっこのほうに立っているとジョンがやって来て「きょうから木曜までがいちばん忙しいんだ」といいながら〝目がまわる〟というゼスチャーをして、またどこかへ行ってしまった。毎週水曜、木曜の2日間はコネティカットのWWE本社ビルで終日、興行の編成会議、マーケティング会議、テレビ番組の構成会議などがおこなわれるのだという。

ポール・ヘイメンECWプロデューサーが向こうから歩いてきた。ヘイメンは「ここにずっといる？ ちょっと用事をかたづけて10分で戻るから、ここにいてよ」といい残してバックステージの奥のほうに消えていった。それはヘイメンらしいニューヨーカー・スタイルのアバウトな約束だった。

それから約30分が経過したが、やっぱりポールは戻ってこなかった。さっきのセキュリティーがもういちどやって来て「どなたかお待ちですか」とまた同じ質問をぶつけてきたので、こんどは「ポール・ヘイメンを待っています」と答えた。セキュリティーは、納得したような顔でそのまま引き下がった。ジョンもずいぶんエラくなったけれど、ヘイメンもこのカンパニーのかなり上のほうのポジションをゲットしている。

テレビの画面には映らない番組プロデューサーのダスティ・ローデスが〝マンデーナイト・ロウ〟のプログラム進行表を手に、怒ったような顔でバックステージをのしのしと歩いていた。「イッツ・マイ・ムービー（これはオレの映画だ）」がダスティの口ぐせらしい。製作総指揮のビンス監督の下に何人かのディレクターがレイアウトされていて、ほんの3分間のビデオクリップにもビンスの〝ダメ出し〟がある。

ショーン・マイケルズがTシャツとジーンズ姿でバックステージから駐車場のほうに出ていった。WWEのドレスコードではジーンズ、Tシャツ、スニーカーは禁止アイテムになっている。マイケルズが着ているTシャツはDXの舞台衣装なのだろう。

さっきのアバウトなあいさつから1時間が経過してもやっぱりポールは現れなかった。しばらくすると、またしてもスーパーヘビー級のセキュリティーが近づいてきた。こんどはヘイメンからのメッセージだった。「ミスター・ヘイメンはこれからすぐ番宣のナレーション収録をおこない、そのあとはビンスとのミーティングです。1時間くらいはかかるらしいです」

セキュリティーにエスコートされながら黒いカーテンの仕切りをくぐっていくと、入場ランプの裏側に出た。タイタントロンのビデオ・スクリーンにはオンデマンド・チャンネル〝WWE24／7〟のプロモーション映像が映し出されていた。

入場ランプにつながる細い通路のまえでリリアン・ガルシアが出番待ちをしていた。

「ここにいるとパイロ（花火）がうるさいですよ」とセキュリティーがささやいた。〝マンデーナイト・ロウ〟の全米生中継がはじまろうとしていた。

（06年9月）

〝ゴリラ〟から発信されるビンス・マクマホンの〝天の声〟

情報という情報はいったん〝ゴリラ〟に集められ、すべての指令は〝ゴリラ〟から発信される。〝ゴリラ〟とはビンス・マクマホンが座っているコントロール・ルームのことで、ヘッドセットをつけたビンスがここからアリーナ内の各セクションにいるスタッフを遠隔操作している。実況アナウンサーとカラー・コメンテーターのヘッドフォンにはつねにビンスの〝天の声〟が聞こえている。

試合を終えたサブゥーは、ホテルのレストランでルネ・ドゥプリーといっしょに食事をしていた。スマックダウン・ブランドからECWブランドに移籍したばかりのドゥプリーは、旅のパートナーとしてサブゥーのお供をしている。毎週土曜の午後、どこかの空港のバゲージクレームで待ち合わせをして、いっしょにレンタカーを借り、アリーナを探し、ホテルをみつけながら翌週水曜の朝まで4泊5日のサーキットがつづく。ミニ・バンを借りるときはDIVAのケリー・ケリーとエリエルが同乗することもある。

サブゥーは「3人、思いつくか?」といってドゥプリーの顔をみた。こういうレスラーになりたいというイメージにいちばん近い3人のスーパースターを思い浮かべてみること。その3人のいちばんいいところをアダプトして自分だけのオリジナルのキャラクターに変換すること。「オレの場合はザ・シーク、ジミー・スヌーカ、タイガーマスク。この3人のエッセンスをブレンドするとサブゥーになるんだ。わかるか?」

まじめな顔でレクチャーするサブゥーの目のまえで、ドゥプリーは大きく口を開けてダブル・チーズバーガーにかぶりついた。フランス系カナダ人のドゥプリーの父エミール・ドゥプリーは1960年代から70年代にかけて現役で活躍したプロレスラーで、毎年6月から9月までの4カ月間、カナダ北東部のニューブランズウィックでサマー・テリトリーの興行をおこなっているプロモーターでもある。二世レスラーのドゥプリーは14歳でデビューし、いまから4年まえに19歳でWWEとデベロプメンタル契約を交わした。

「ベビーフェースだったらケリー・フォン・エリック。ヒールだったら〝ミスター・パーフェクト〟カート・ヘニング。あとひとりはだれかな。ブレット・ハートかな」

リングの上にもバックステージにも、いたるところに〝地雷〟が埋められている。毎週、TVマッチに出場できる選手の人数は限られている。だれかがミスを犯すと、すぐにその場所にほかのだれかがキャスティングされる。TVショーの進行表は、番組の収録開始直前まで何度でも変更がくり返される。

サブゥーはほんの1時間まえに終わったばかりのビッグショーとのシングルマッチのディテールを思い出していた。試合開始の30分ほどまえ、レフェリーがサブゥーのドレッシングルームにやって来て、「ビンスからの伝言です」といってサブゥーがリングシューズのなかに忍ばせておいた五寸釘の凶器を没収していった。サブゥーは「ビンスがそういったのか」とレフェリーに念を押したが、レフェリーの返事は「ビンスからの伝言です」の一点ばりだった。

ビッグショーとのシングルマッチは2日まえに〝サマースラム〟でおこなわれたタイトルマッチの再戦。〝サマースラム〟ではサブゥーがフォール負けを喫した。わざわざリターンマッチを組んだのがだれなのかはわからない。ビンスかもしれないし、ポール・ヘイメンかもしれない。〝地雷〟が埋められていることだけは理解できた。

サブゥーの右手の親指は腫れ上がり、ツメが割れ、ツメの下から血が噴き出していた。ビッグショーの額をゴングでぶん殴ったとき、金具の部分に指をはさんでしまったのだという。いつもだったらあそこは五寸釘の凶器をシューズから取り出して口にくわえる場面である。ひょっとしたら、ビンスはあらかじめ〝小道具〟を没収しておいて、サブゥーがビッグショーを相手にどんな試合ができるのかを試したのかもしれない。

ドゥプリーは、ダブル・チーズバーガーをおいしそうにほおばりながらサブゥーのはなしに耳を傾けていた。サブゥーが「これ、食え」とフレンチフライをすすめると、ドゥプリーは「ぼくはポテトは食べません」と答えた。サブゥーは「ヒリヒリする」といいながら口のまわりを気にした。ビッグショーのチョップを食らったとき、上唇が裂けて前歯がグラグラになった。

ドゥプリーは「3人めはだれかなあ」といいながら、またバーガーをほおばった。

（06年9月）

Ⅲ—3

Immigrant

Funaki

― 日本人レスラー in WWE ―

船木勝一

Funaki

1968（昭和43）年8月24日、東京都葛飾区生まれ。『アニマル浜口ジム』の元インストラクター。93年12月、プロフェッショナル・レスリング藤原組でデビュー。95年、藤原組から独立した格闘探偵団バトラーツに参加。97年、みちのくプロレスにレンタル移籍。98年5月、WWEと契約。元WWE世界クルーザー級王者。元WWEハードコア王者。得意技はスイングDDTと職人芸的な“バンプ＝受け身”。テキサス州サンアントニオ在住

ストーンコールドが「おーい、カイエンターイ」と声をかけてくれた

少年時代からアメリカへ渡ろう、広大なテキサスに住んじゃおうと心に決めていた。用意周到に〝移住計画〟のプランを練ってこうなったわけではない。プロレスをまったく知らない近所のおばさんかだれかにここまでの経緯をかんたんに説明するとしたら、きっとこんな感じになるのだろう。

「ええ、仕事の関係でアメリカに行って、はじめは3カ月から半年くらいの研修ってことだったんですけど、5年の就労ビザがおりて、向こうに住むことになっちゃったんですよ。ええ、外資系の企業です」

ショー・フナキこと船木勝一とカミさんの早百合さんと長女・里莉《りり》ちゃんの現住所はテキサス州サンアントニオである。

ほんとうはアメリカ国内ならどこに住んでも同じだった。プロレスラーの生活は、ロードに出ている時間と家にいる時間とが完全に別モードになっている。ふたつの日常といってもいい。TAKAみちのくとディック東郷は試合がないときはプエルトリコにいるし、MEN'Sテイオーはニューヨークで手ごろなアパートメントを探している。船木は「オレはやっぱりテキサスに住もう」と考えた。

いまのところブッキング・シートがうまっているのは隔週で2日間ずつ収録がおこなわれる〝ロウ・イズ・ウォー／ウォー・ゾーン〟〝ショットガン〟のTVテーピングと月イチのPPV。PPVイベントがあるときは前日の夜までに試合会場のそばのホテルにチェックインしておかなければならない。

こんどの土曜は、KAIENTAIのメンバーはニューヨークのバッファロー空港のバゲージクレームで待ち合わせ。ちゃんと全員集合したら、みんなでミニ・バンを借りて、カナダ・オンタリオ州ハミルトンまで移動。国境を越えてカナダに入国するときはパス

ポートのほかにタイタン・スポーツ社が発行する業務査証証明書が必要になる。いつもバックのなかにはよく読めない英語の書類がはいっている。

船木はどちらかといえば〝敗者復活戦〟みたいな道を歩んできた。どうしてもプロレスラーになりたくて、オープンと同時に『アニマル浜口ジム』の門をたたいた。新日本プロレスに入門できたのはよかったけれど、練習中にヒザをケガして5日か6日で合宿所から追い出された。プロレスをあきらめるつもりはなかったから、ひとまず『浜口ジム』で雑用スタッフとして働かせてもらいながら体づくりだけはつづけておいて、それから一年後にプロフェッショナル・レスリング藤原組に入門しなおした。やっとのことでデビューしたときには25歳になっていた。

藤原組はわりと居心地のいい空間だったけれど、若手選手だけのグループで独立することになって格闘探偵団バトラーツが誕生した。船木はバトラーツからのレンタル移籍という形でみちのくプロレスに〝出向〟し、そのまま東北のリングにいついてしまった。みちのくではTAKAとのコンビで〝夢狩人《ゆめかりうど》〟というタッグチームを結成した。みちのくのあぜ道がまさかアメリカにつながっていたとはお釈迦さまでも知るめえ、だった。

ジャパニーズの顔はほんとうの年齢よりもずっと若くみえるのだろう。体の大きいWWEのレスラーたちは、体のちいさいKAIENTAIをキッズの集まりと勝手に信じ込んでいた。冷静になってドレッシングルームのなかを見渡してみると、たしかにたいへんなところに来ちゃったなと思うこともある。

サンアントニオには〝ストーンコールド〟スティーブ・オースチンとショーン・マイケルズが住んでいる。船木にとってはふたりとも雲の上のそのまた上の非現実的ヒーローである。地元サンアントニオの空港のチェッキング・カウンターなんかでストーンコールドから「おーい、カイエンターイ」なんて声をかけられちゃったりすると、ああ、そうだ、ここはテキサスなんだと実感できる。ストーンコールドとのお付き合いは寿司とビールからはじまるのだ。

（98年10月）

サンアントニオを実家《ホームタウン》にする

メジャーリーグWWEのフランチャイズがニューヨークだとすると、ショー・フナキは〝3Aサンアントニオ〟所属ということになる。なぜテキサス州サンアントニオなのかというと、それはフナキとフナキの家族がサンアントニオを生活の場に選んだからだ。月曜と火曜は隔週シフトで〝ロウ・イズ・ウォー〟のTVテーピング。毎週金曜、土曜、日曜のうちの2日間はサンアントニオで試合がある。

WWEの契約選手といっても、フナキの立場は弱い。週のまんなかあたりまでに航空チケットと移動表がはいった〝速達〟が郵便受けに届かないと、その翌週収録分の〝ロウ〟からはお声がかからなかったことになる。スケジュール確認のためコネティカット州スタンフォードのタイタン・スポーツ社に電話を入れると、フナキの担当エージェントで名物リング・アナウンサーとしても知られるハワード・フィンケルが今後のブッキング状況についてくわしく教えてくれる。

KAIENTAIのメンバーとして初めてWWEのリングに登場したころは毎週、あたりまえのように〝ロウ〟に出演していた。月曜夜の連続ドラマ〝ロウ〟は出るのも観るのも大好きだけれど、ブッキングのオファーが減ってくるとこの番組がいかに敷居の高いものでで、KAIENTAIがいかに〝過保護〟だったかを思い知らされる。

日本人4人組のなかでひとりだけアメリカ永住を希望したフナキは、団体サイドが使っても使わなくてもいいリザーブ・メンバーに組み込まれてしまった。そうじゃなくてもWWEは契約タレントをかんたんに解雇する。フナキ自身もついこのあいだまで〝ロウ〟にレギュラー出演していたレスラーが突然クビにされる場面を何度も目撃した。国内線飛行機を乗り継ぎ、知らない街の知らない空港でレンタカーを借り、地図とにらめっこしながら車を運転し、やっとのことでアリーナにたどり着いたら〝黒板〟には自分の名前がなかった、なんてこともよくある。

　もちろん、サンアントニオにはサンアントニオの日常とサンアントニオのプロレスがある。〝3A団体〟の正式名称はTWA（テキサス・レスリング・アライアンス）で、ボスは地元のヒーローである〝ハートブレイク・キッド〟ショーン・マイケルズ。所属メンバーはいまのところショーンの教え子たちと売れないローカル・レスラーの混成で、フナキは毎週、ここでメインイベンターのはしくれとして試合をしている。平均300人弱の観客は、たまに〝ロウ〟に出てくるフナキをそれなりのビッグネームとして扱ってくれる。

　発足まもないミニ団体だからファイトマネーはそんなによくない。でも、毎週金曜の夜、ダウンタウンの小ホールで定期戦が組まれているし、土曜、日曜もだいたいどこかで試合がある。このあいだはテキサスとメキシコの国境沿いのスモールタウンでスペイン語のプロレスを体験した。〝日本国〟のパスポートをちゃんと携帯しておかないと不法滞在者とまちがわれてトラブルに巻き込まれる危険性だってある。

　〝雲の上のスーパースター〟だったショーンがほんとうに目のまえにいて、凡人がやるような雑用に汗を流している。ホームタウンのサンアントニオに帰ってきたショーンは、本気でこの土地にレスリング・テリトリーをつくろうとしている。「あなたと友だちになりたくてこの街に住むことにしました」と告白してしまえばかんたんなのかもしれないけれど、いまのところフナキはそれをショーンに伝えていない。英語がどんなにうまくなっても、あこがれのスーパースターとタメ口をきくようなことにはならないだろう。

　週のまんなかあたりまでにタイタン・スポーツ社から航空チケットが送られてこないときは、その次の週の〝ロウ〟はおあずけ。そういうときはすぐにショーンに電話をかけてTWAのスケジュールを確認しておく。ショーンはフナキのニックネームが〝ショーン〟だったことを全然知らない。

（99年7月）

〝ロイヤルランブル〟で珍記録

「オレ、〝ロイヤルランブル〟で新記録をつくったって、みんなにほめられたんですよ」といって、ショー・フナキは電話口で「ハッハッハ」と笑った。細い目をいっそう細めて、えっへん、すごいだろうと満足げな表情を浮かべている様子が受話器の向こう側からはっきりと伝わってきた。

なにが新記録なのかというと、変則時間差バトルロイヤル〝ロイヤルランブル〟でひとりのレスラーが4回も失格になったことが前人未到のレコードということになるらしい。新記録というよりは〝珍記録〟のたぐいである。

〝ロイヤルランブル〟は〝レッスルマニア〟〝サマースラム〟〝サバイバー・シリーズ〟などと並ぶWWEの歴史と伝統のイベント。1月の〝ロイヤルランブル〟と4月の〝レッスルマニア〟がスペクタクル超大作の〝前編〟と〝後編〟になっていて、毎年、変則バトルロイヤル〝ロイヤルランブル〟の優勝者がそのまま〝レッスルマニア〟の主役の座に躍り出る。95年、96年はショーン・マイケルズが2年連続で優勝。97年、98年は〝ストーンコールド〟スティーブ・オースチンが連覇。99年はWWEオーナーの〝大穴〟ビンス・マクマホンはみずから初優勝をさらった。

KAIENTAIのTAKAみちのくとフナキは、ことし初めて〝ロイヤルランブル〟の出場30選手ワクに食い込んだ。でも、試合当日になってバックステージの〝黒板〟をみたら〝TAKA〟と〝FUNAKI〟の名が出場選手のリストから消されていた。

仕方がないからふたりは〝乱入〟という実力行使に出る作戦を思いついた。とにかく、どさくさにまぎれて入場ゲートから飛び出していって勝手にリングのなかにすべり込んでしまえばいい。どっちみちバトルロイヤルだから、ひとりやふたり増えたってわかりゃしないだろう。TAKAは2度めの乱入で場外に放り投げられたときに右肩を脱臼。フナキは合計4回もオーバー・ザ・トップロープによる失格の勲章を手にした。

〝ロイヤルランブル〟から8日後の〝ロウ・イズ・ウォー〟ではクリス・ベンワー、エディ・ゲレロ、ディーン・マレンコ、ペリー・サタンの4選手がWCWからの乱入という形でWWEへの電撃移籍を果たした。

フナキは94年の夏、石川雄規とのコンビで新日本プロレスのジュニア・タッグリーグに出場したときにクリス、ディーン、エディ（当時はマスクマンのブラックタイガー）とほんのちょっとだけ闘ったことがある。

藤原組でデビューしてからわずか8カ月で体験した新日本のリングで、フナキがクリスとの試合中に肩を負傷し、そのままリーグ戦公式戦を辞退した。クリスはそのときのこともフナキの名もちゃんとおぼえていてくれた。クリスのタッグパートナーは大谷晋二郎で、ディーンの相棒は石澤常光だった。ずいぶん昔のことのような気もするし、ついきのうのことのような感じがしないでもない。

TVマッチを闘い終えてバックステージに戻ってくるとレスラー仲間たち、エグゼクティブがここはよかった、ここはもっとこうしたほうがいいとアドバイスしてくれる。ビンス・マクマホンとジム・ロス副社長は選手全員の試合を必ずモニターでチェックしている。フナキがお得意のスクールボーイでフォール勝ちをゲットしたりすると、ビンスがわざわざ「グッド・ジョブ（よくできました）」と声をかけてくれ、肩をたたいてくれたりする。そんなときは、フナキは思いっきりジャパニーズになって最敬礼をしてしまうのである。

JR副社長からは「ライトヘビー級のベルトを復活させるからキミもがんばりなさい」とありがたいお言葉をいただいた。保守系南部人のJR副社長からはいつも「スピーク・イングリッシュ！」と注意を受ける。英語力がもうワンレベル上がるとプロレスラーとしてのキャパシティーもぐっと広がるのだろう。毎週木曜の夜は地元サンアントニオで英語教室に通っている。クラスメートはスパニッシュしか話せない移民系のおじさん、おばさんたちだ。

（00年2月）

〝永住計画〟フナキが家を建てた

ショー・フナキがテキサス州サンアントニオに家を買った。日本的な常識で考えれば、一戸建てのマイホームなんてそれこそ一生にいちどの大きな買いものだけれど、アメリカ人には〝清水《きよみず》の舞台から飛び下りるような〟という感覚はあまりない。フナキにとって家の購入はアメリカ永住計画のひとつのステップということになる。

やっぱり、テキサスは広い。ハイウェイの両サイドにはなんにもない草原がどこまでもどこまでも広がっている。住宅がそこそこ密集しているサンアントニオ市内でもガスステーションとかショッピング・モールとかふつうの生活に必要なものが周辺エリア何マイルにも散らばっていて、すぐそばのコンビニまで歩いていって牛乳だけ買ってくる、なんてことはできない。

なんでもかんでも日本と比較することはできないが、土地そのものはそれほど高くはない。トーキョーのはずれのほうで2LDKのマンションを買った場合の約4分の1くらいの価格で立派な家が建つ。

建築中の家の敷地面積は1800平方フィート。日本式に換算すると約50坪の平屋の一軒家だ。家のよこには自動車が2台はいるガレージがついていて、道路から玄関までは芝生のフロントヤードとアスファルトのドライブウェイ、家の裏側には子どもたちが走りまわるのに十分な広さのバックヤードがある。新しいストリートに建てられる新しい家なので、まわりにはまだご近所さんはいない。

ちょうど基礎工事が終わったところで、家の間取りどおりにコンクリートの仕切りが地面の上にレイアウトされている段階。フナキとカミさんの早百合さん、長女の里莉ちゃんは、週にいちどずつ工事現場に足を運んでマイホームができていく過程をビデオカメラにおさめている。お世話になっている建築屋さんのモデルルームではカミさんといっしょに壁紙やカーペットの柄、フローリングの色から台所の収納家具、棚、キャビネットなどを選ぶ作業がつづいている。

家を買ったので、サンアントニオ市内のイミグレーション・オフィスにグリーンカード（永住権）の相談にいってみたら、意地の悪そうな弁護士のおばちゃんに「どうしてグリーンカードを取得するまえに家を買ったのだ」と怒られた。早百合さんのおなかにいるふたりめのベイビーは出生地がサンアントニオになるから永住権はすぐにもらえるけれど、〝外国人労働者〟のフナキとフナキのカミさんはこれから何年かがかりでグリーンカードを申請しつづけなくてはならない。

メキシコと地つづきのテキサス州ではパスポートもビザも持たない不法就労者のオーバーステイが大きな社会問題になっている。イミグレーション・オフィスのカウンセラーは、WWEというニューヨークの大企業のことをまったく知らなかった。

フナキの1週間のスケジュールは月曜の朝5時のサンアントニオ発の国内線搭乗からはじまる。土曜、日曜の夜にハウスショーがブッキングされていたり〝ロウ・イズ・ウォー〟のロケーションがちょっと遠いところだったりすると土曜の夜か日曜の早朝に家を出ることもある。月曜の夜は〝ロウ〟の生中継で、火曜の夜は〝スマックダウン〟の録画収録。水曜の早朝に飛行機に乗ると、その日の夕方までにはサンアントニオに帰ってこられる。工事中のマイホームをチェックしたり、家のなかのこまごまとした雑用をかたづけているうちに木曜と金曜はあっというまに過ぎていく。

グリーンカードのことはWWEのオフィスにまかせておいたほうがいいのかもしれない。会社から小切手をもらうたびに税金はちゃんと支払っているし、サンアントニオの銀行に口座も持ってるし、アメリカ国内の銀行が発行するクレジットカードもやっと取れた。

先輩のショーン・マイケルズはサンアントニオから30マイル離れた町に大きな牧場を購入した。フナキはデニムのオーバーオールを着て4WDのピックアップ・トラックに乗りはじめたところ。グレート・テキサンへの道はまだちょっと遠い。

（00年10月）

木曜の午後の恐怖の電話にドキッ

木曜の午後にリビングルームの電話が鳴りはじめると、ショー・フナキはドキッとする。オフィスから電話がかかってくるとだいたいグッド・ニュースであったためしがない。毎週月曜が〝ロウ〟で、火曜が〝スマックダウン〟。TVテーピングが終わると選手グループはそれぞれのルートで国内線の飛行機に乗って家路につく。水曜は移動日で、木曜は完全オフ。木曜の夕方になると翌週のサーキット分の往復航空チケットはフェデックス便で自宅までデリバリーされる。

木曜の夕方に電話があるときは「来週のTVテーピングには来なくていい」という悪いニュースに決まっている。WCW所属選手たちの大量移籍、WCW&ECWアライアンスの誕生で、ここ半年くらいのあいだにタレント（選手）の数がいきなり増えた。すでに契約選手のなかにはファーム落ち、自宅待機組がかなりいる。TVテーピングにブッキングされないということは、仕事がないことを意味する。

「メイン州バンガーまで飛んでくれ」

担当エージェントのハワード・フィンケルはフナキにこう告げた。試合出場を予定していたXパックが首を負傷して週末のハウスショーのカードに穴が開いてしまったらしい。代打だろうがなんだろうがそんなことはかまわない。

土曜、日曜がハウスショーで、月曜と火曜がTVテーピング。ハウスショーで試合をするとベース・ギャランティー（固定給）と別ワクで興行収益からのパーセンテージ計算でファイトマネーが支給される。土曜はバンガー、日曜はポートランドの2連戦。月曜はそのままマサチューセッツ州ボストンへの移動となる。フナキは「イエス・サー」といって電話を切った。

テキサス州サンアントニオの自宅からメイン州バンガーまでは片道10時間の移動だった。まず午前6時発のシカゴ行きの便に乗って、約2時間のフライトでシカゴに到着。シカゴで2時間のレイオーバーがあって、それからボストン行き直行便に乗り換え。ボストンから目的地バンガーまではちいさなコミューダーのプロペラ機での移動となった。午後4時にバンガーに着くと、こんどは空港でレンタカーを借りてアリーナまで移動。地図とにらめっこしながら知らない町をドライブしていくのはやっぱり心ぼそかった。

1週間まえはマサチューセッツ州オーウェル、コネティカット州ブリッジポートのハウスショーにブッキングされた。カード編成は2日間ともエディ・ゲレロとのシングルマッチだった。尊敬する〝ブラックタイガーの正体〟との初めてのシングルマッチにフナキはかなりナーバスになった。でも、きっといい仕事をしたのだろう。同じ週末、ヨーロッパ・ツアーに出ていた選手仲間たちからフナキのラップトップに「いい試合をやったらしいね」というメールが届いた。

バンガーとポートランドのメイン州2連戦はスプリット・クルー（2興行シフト）の〝Bショー〟。〝Aショー〟はオハイオ州クリーブランドとコネティカット州ニューヘブンでそれぞれ同日・同時刻に開催された。〝Aショー〟には〝ストーンコールド〟スティーブ・オースチン、ザ・ロック、カート・アングル、クリス・ジェリコらが出場。〝Bショー〟のメインイベントはロブ・ヴァン・ダム対レイヴェンのハードコア選手権だった。

フナキはハウスショーのエージェントのトニー・ガレアから「とにかくレスリングをきっちりとみせてくれ」と念を押された。エージェントが第1試合からメインまで全試合を厳しくチェックしている。リハビリから復帰してきたばかりの〝要注意人物〟とされるエディといい試合をしたことで、フナキに対する首脳陣の評価はちょっとだけ上がった。

それでも、木曜の午後に家の電話が鳴りはじめるとやっぱりドキッとする。バル・ビーナス、ハク、ディーロウ・ブラウン、スティーブ・ブラックマンあたりはずっとケンタッキーの二軍に落ちたままだ。パートナーのTAKAみちのくが右肩の故障で戦列を離れているから、エージェントからいつ「キミは来週、お休み」といわれてもおかしくない。だいたい、タッグチームというのは単品では使いづらい商品なのだ。

フナキが尊敬する〝ブラックタイガー〟のエディは、フナキと試合をした数日後にフロリダで酒気帯び運転で逮捕され、その翌週、WWEから解雇通達を受けた。サーキット仲間のエッセー・リオスはずっと自宅待機がつづいている。フナキは毎週木曜の午後、スーツケースの中身をきちっと整理整とんする。（01年12月）

サンアントニオ晴れのクリスマス

クリスマスだというのにサンアントニオの空はどこまでも高く、澄みきったブルーだった。ショー・フナキの家はサンアントニオ空港から車で約40分の距離にある。フナキの愛車はゼネラルモータースの白のピックアップ・トラックで、自宅のガレージ前には奥さんの早百合さんが乗っているちいさめの赤いフォードのピックアップ・トラックが停まっていた。

テキサスでは荷台の大きいトラックがふつうの乗用車のように生活必需品になっているらしい。サンアントニオに住みはじめたころフナキはジャパニーズ・テイストのメルセデスを所有していたが、街で知り合いに会うたびに「なんでこんなものに乗っているんだ」とけげんな顔をされたので、まだ新品同様だったセダンの4ドアを下取りに出してテキサス仕様のトラックに乗り替えた。郷に入っては郷に従え、テキサスではテキサンに従え、というやつだ。

フナキは〝ロウ〟と〝スマックダウン〟のテレビ撮りを終え、この日の午前中にニューオーリンズからサンアントニオに帰ってきたばかりだった。ロードから戻ってくる水曜の午後は、どこにも出かけないで家のなかのことをするのが毎週のルーティンになっている。

小学1年生になった里莉ちゃんはプライベート・スクールに通っている。1歳1カ月の長男・亮輔くんは家じゅうを元気に走りまわって、知らないうちにどこかにぶつかっておでこにタンコブをつくったりしている。働き者の早百合さんは、里莉ちゃんが学校のクリスマス・パーティーに持っていくクッキーをこしらえているところだった。焼き上がったばかりの色とりどりのクッキーがキッチンのカウンターにきれいに並べられていた。

里莉ちゃんは自分のファーストネームのスペルを"Lili"にしている。ローマ字の〝R〟だと発音がちょっとちがう。でも、ママが大きな声で「里莉ちゃん！」と呼ぶと、アメリカ人の耳にはそれが"Didi"に聞こえるらしい。里莉ちゃんは日本語とイングリッシュをまったく同じスピードで身につけている。平仮名、カタカナ、漢字の読み書きはこれから特訓しなければならない。

亮輔くんの食事の世話は、パパが家にいるときはパパの仕事だ。亮輔くんが「バッ」というと、それは「バナナをよこせ」という意味で、バナナを食べてからもういちど「バッ」といえば、それは「ヨーグルトもよこせ」になる。まだおしゃべりはできないけれど、パパが話すことはかなりちゃんと理解している。亮輔くんは「一日じゅう、なんかいってる」(フナキ)。

早百合さんは夕食の準備をはじめていた。キッチンのほうから日本の台所の香りが漂ってきた。本日のメニューはしゃぶしゃぶ。すき焼きやしゃぶしゃぶ、鍋ものを作る日は行きつけのグロッショリーストアのなかのお肉屋さんでローストビーフに使う牛肉を薄切りにスライスしてもらうのだという。早百合さんが「薄く薄く、もっと薄く」と念を押すたびにマーケットの店員さんは「いったいなにに使うんですか」と不思議そうな顔をするらしい。


ちいさい子どもたちがいる家は、朝が早い。いちばん先に起きるのはやっぱりママで、そのあとが亮ピー。早朝は機嫌が悪い里莉ちゃんはなかなか自分の部屋から出てこない。早百合さんはきのう一日がかりで焼いておいたたくさんのクッキーをサンドウィッチ・バッグにつめて、袋の結び目にていねいにリボンをつけていた。学校へ行く用意ができた里莉ちゃんがママの様子をチェックしにきた。

「ごはんを食べちゃいなさい」

「パンケーキがいい」

「そんな時間はない!」

ママは朝から忙しそうに動きまわっていた。いつのまにか、朝食がダイニング・テーブルに並べられていた。ごはん。大根のみそ汁。ソーセージ。お新香。梅干し。早百合さんは「あり合わせでごめんなさいね」とだけいうと、赤いトラックに飛び乗ってあわただしく里莉ちゃんを学校まで送りにいった。

亮ピーのブレックファストの世話はやっぱりパパの

仕事。こまかくちぎったトースト1枚。バナナ1本。ヨーグルト1個。それから、ごはんを一膳。パパがひと口ずつ食べものを亮ピーの口に運ぶ。まだ乳歯が2本はえているだけなのにけっこうよく食べる。

亮ピーのおなかがいっぱいになると、こんどは赤ちゃん用の歯ブラシでパパが息子のちいさな前歯をキュッ、キュッと磨く。それから、食べかすがポロポロと落ちたテーブルのおそうじ。ここまでが食事の世話ということになる。フナキが朝ごはんを食べ終わったころ、早百合さんが帰ってきた。

朝食のあとは近くのジムでワークアウト。カーディオ（循環器系エクササイズ）をやって、ウエートをやって、それから30分間の〝日焼け〟。時間をかけない合理的なウエートトレーニングの〝45分プログラム〟をロックから教わった。チェスト（胸）のワークアウトは45ポンド、50ポンド、55ポンドと負荷を5ポンドずつ増やしながらダンベル・プレスを各1セットずつ。「8年間、プロレスをやってきていまがいちばんグッドシェイプです」とフナキは胸をはった。

12月第4週は年末スケジュールのため、TVテーピングのスケジュールがイレギュラーになった。金曜はマイアミで〝ロウ〟、土曜はオーランドで〝スマックダウン〟の録画撮りをおこない、翌週の月曜と火曜がオフになる。サンアントニオからマイアミ行きの直行便は午前6時出発。〝9月11日〟の同時多発テロがあってから空港のセキュリティーがぐっと厳しくなり、国内線でもフライトの2時間まえにはチェックインをすませておかなければならない。

午前6時のフライトの2時間まえというと午前4時だ。家を出るのがその30分まえだとすると、目覚まし時計をセットするのは午前3時になる。そんな時間に起きるということは、晩ごはんを食べたらさっさと寝ろということなのだろう。

フナキは〝ショー・フナキ・インク〟という会社をつくった。WWEから支払われるギャラはすべてこの会社名義の銀行口座にいったんトランスファーされ、フナキは自分の会社から給料をもらう。トップグループの選手たちはみんな、こういう個人事務所をかまえている。フナキはアメリカでずっと生活していくための方法をあれこれ考えている。

夕食の献立は銀だらの煮つけ、きんぴらごぼう、シューマイ、豆腐とわかめのみそ汁。食事のあとは亮ピーのおしめを替えて、お風呂に入れて、ベッドに寝かしつける作業がある。早百合さんはまだ台所に立っていた。目覚まし時計はやっぱり午前3時ちょうどに鳴りはじめた。

(01年12月)

お盆休みでトーキョーにgo

ショー・フナキが夏休みをとって5日間だけトーキョーに帰ってきた。〝WWEスマックダウン〟のオーストラリア・ツアーのメンバーにはいっていなかったフナキは、エージェントのジョニー・エースに頼んで〝お盆〟にオフをもらった。この季節をホームタウンで過ごすのは5年ぶりのことだ。

フナキの実家は葛飾区新宿4丁目にある。町名はシンジュクではなくニイジュクと読む。江戸川と中川のふたつの河川にサンドウィッチされ、そのまんなかを水戸街道(国道6号線)が走っている。〝フーテンの寅さん〟の柴又帝釈天までは自転車で10分くらいの距離で、名作まんがが『こちら葛飾区亀有公園前派出所』の舞台の亀有は中川をはさんでおとなりの町だ。

首都高速を四ツ木ジャンクションで下りて、すぐにルート6を左折。そのまま北に約5キロ直進。環状7号線をまたいで中川大橋を渡ったら、左手に亀有警察署がみえてくる。ドライブスルーのマクドナルドとゼネラルのガスステーションがある交差点を左折し、2ブロックほど直進したあたりが新宿だ。

ふたつめの信号は〝大堰枠〟の交差点。くそー、読めない。フナキに電話を入れて「そのまま信号をあとふたつ、道なりにまっすぐ来てください」とディレクションをもらい、右手にローソン、左手にセブン-イレブンのある信号のところで待ち合わせをすることになった。めずらしく無精ヒゲを伸ばしたフナキは、H

HHのロゴ入りの白のタンクトップを着て、30メートルも向こうから手を振りながら走ってきた。

「これはじつはプレミアものですよ」といって、フナキはnWoの黒のTシャツをおみやげにくれた。よく見慣れたnWoロゴのどこがそんなにプレミアなんだろうと思ったら、Tシャツの背中のいちばん上のところにちいさく〝WWF〟の3文字がプリントされていた。WWFオフィシャルのnWoグッズというのはたしかにめずらしい。WWFもnWoもすでに抹消されたロゴである。ハウスショーの売店でもほんの3カ月くらいしか販売されなかったレアものなんだという。フナキはいつもWWEスーパースターズのTシャツをふだん着にしている。

せっかくお盆にトーキョーに帰ってきたから、この日の朝はちょっと早起きして両親といっしょにおじいちゃん、おばあちゃんのお墓参りをしてきた。母親がこれも持ってけ、あれも持ってけというので、スーツケースにはいりきらないほど荷物が増えてしまった。

サンアントニオの家に電話を入れたら、カミさんに「早く帰ってきて家のこともちょっとは手伝って」と叱られた。サンアントニオの小学校は8月第4週から新学期がスタートする。お勉強ができる長女・里莉ちゃんは〝飛び級〟で小学3年生になる。

トーキョーの時間とサンアントニオの時間が同時進行している。テキサスに帰るまえにシアトルでTVテーピングがある。

「これって、やっぱりすごいことだよね」

「やっぱ、そうですよね」

ドレッシングルームでTAJIRIとちいさな声で確認し合うことがあるのだという。自分たちと同じドレッシングルームに、それも3メートルくらいの距離にハルク・ホーガンがいる。ホーガンがアントニオ猪木をアックスボンバーで〝舌出しKO〟したとき、フナキはまだ中学生だった。まぎれもない現実だとはわかっていても、いちおうほっぺたをつねってみたくなるシチュエーションではある。

〝怪力世界一〟のマーク・ヘンリーがフナキに「背中を流してくれ」と頼んできたりする。太り過ぎのヘンリーは自分で自分の背中に手がまわらない。フナキが「ヤだよ」と断ると、ホーガンがよこから「オレも昔、アンドレの背中を流したよ」なんて気さくに話しかけてくれたりする。ホーガンの息子ニックくんがフナキの〝EVIL〟のTシャツを欲しがったので、試合で使った中古の最後の一枚をプレゼントした。

ファミリーレストランのメニューにゆっくり目をとおしてから、フナキはうれしそうにチョコレート・パフェとアイスミルクティーを注文した。日本の生クリームのあわい甘さがフナキにはちょうどいいらしい。アイスティーにミルクを入れると、たいていのアメリカ人は「なんだ、それ」と顔をしかめる。食べものだけはやっぱり日本のほうがおいしい。フナキはウエートトレーニングをやりたそうな様子で、胸と上腕のふくらみをなんとなく確かめた。

(02年8月)

新キャラクターは〝スマックダウンのナンバーワン・アナウンサー〟

定番のフレーズは〝ディス・イズ・フナキ、スマックダウンズ・ナンバーワン・アナウンサー！〟である。ショー・フナキが毎週木曜夜の〝スマックダウン〟にバックステージ・インタビュアーとしてレギュラー出演している。番組の放送作家チームにはずいぶんやきもきさせられたけれど、じっと待っていたかいがあって予想していたよりもずっといいポジションのキャスティングがまわってきた。

新しいキャラクターは〝スマックダウンのナンバーワン・アナウンサー〟で、日本のワイドショー番組にたとえるとちょうど〝突撃芸能リポーター〟みたいな役どころになっている。もちろん、おしゃべりはすべて英語で、担当ライターから渡されるスクリプトを何度も何度も読んで台詞を暗記しなければならない。ちょっとまえまではTVテーピングの日になるとヒマを持て余していたのに、いまはゆっくり食事をする時間もない。

毎週火曜は午後1時の会場入りと同時にプリ・テーピングの録画撮りがはじまる。午後から夕方にかけてはずっとインタビュー・シーンの打ち合わせとカメラ・リハーサル。試合は〝スマックダウン〟とシンディケーション番組〝ベロシティー〟の2本立てで、フナキはだいたいいつも〝ベロシティー〟のＴＶマッチに出場するから、午後7時まえまでには自分の試合の準備もしておかなければならない。

　試合が終わると急いでシャワーを浴びて、インタビュアーとしてのコスチュームに着替えてから〝スマックダウン〟のインタビュー・シーンの収録。2時間番組のなかのどの場面で呼び出しがかかるかわからないから、ずっとスタンバイ状態での待機がつづく。シャワーを浴びながら英語の台詞をブツブツつぶやくのが習慣になった。

　インタビュアーとしてのコスチュームは上が〝スマックダウン〟の番組ロゴ入りのブルーのＴシャツで、下は試合用のショート・スパッツ。Ｔシャツの背中には〝ナンバーワン・アナウンサー〟というコピーがプリントされていて、タイツの左のもものところには〝#1〟、お尻には〝スマックダウン〟のロゴが刺しゅうされている。フナキのイメージカラーはもともとブルーだから、コスチュームの基本コンセプトはこれまでとほとんど変わらない。

　〝ベロシティー〟放映ワクのＴＶマッチでは入場シーンでのマイクアピールが必須アイテムで、フナキがマイクを手に〝ディス・イズ・フナキ〟と叫ぶと、アリーナ全体がぐらっと揺れる。どうしてそういうリアクションになるのかフナキ自身にもよくわからないけれど、〝スマックダウンズ・ナンバーワン・アナウンサー〟のところでドーッと歓声が起こる。観客のノリのいいアリーナでは〝フナキ・コール〟が自然発生することもある。とにかく失敗は許されないから、おしゃべりの場面には試合以上に神経を使う。

　入場ランプ上の巨大スクリーンに映し出されるプロモーション映像もリニューアルされた。〝ＫＡＩＥＮＴＡＩ〟〝ＥＶＩＬ〟"indeed"のコピーがなくなって、その代わりに〝スマックダウン〟、日の丸、ＷＷＥ、〝#1アナウンサー〟の大きな旗がはためく新しいイメージ映像がつくられた。

TVマッチの勝率はあいかわらず低い。試合終了後にはまたマイクを持って「ディス・イズ・フナキ。きょうは負けちゃったけど、みんな、ぼくのこと愛してるよね。スマックダウンのナンバーワン・アナウンサーだもん」と英語で観客に語りかける。そうすると、またどっとどよめきが起きる。フナキはいままでになかったタイプのベビーフェースということになるのかもしれない。

英語の発音がやや心もとないところもギミックの一部になっている。放送作家チームは「ジャパニーズ・アクセントのままでいい」というけれど、番組のエグゼクティブ・プロデューサーのステファニー・マクマホンはフナキのそばを通るたびに「発音だけははっきりと。アメリカンでね」とクギを刺す。どんなにきっちりと台詞を暗記しても、やっぱりアメリカ人と同じ発音にはならない。ジャパニーズ・イングリッシュがそのままナチュラルなキャラクターになっている。

担当ライターがプリントアウトした台本を持って通路をうろうろ、ドレッシングルームをうろうろしているうちにすぐに時間が過ぎていってしまう。〝#1アナウンサー〟フナキは、いちばん忙しいWWEスーパースターズの秒刻みのスケジュールのなんたるかをようやく体感しはじめた。

（02年10月）

「5年もここにいて、やっとWWEがわかってきた」

それがプロレスラーとしてのタイプといえるかどうかはわからないが、ショー・フナキのセールスポイントはまじめでマメできちょうめんなところだ。アメリカ人からみればごくあたりまえのジャパニーズの顔つきなのかもしれないけれど、フナキが満面の笑みを浮かべると細い目がさらに細くなる。

ストーンコールドやロックのような現実ばなれしたスーパースターではなくて、かといってとことん無名というわけでもない。わき役といえばわき役だけど、毎週木曜のソープオペラ〝スマックダウン〟の登場人物のひとりになっている。英語が完ぺきにペラペラとはいえないフナキは、英語がへタくそなアナウンサーというかんたんそうでむずかしい役まわりを演じている。

バックステージ・リポーターとしてTVの画面に登場するときは〝スマックダウン〟のロゴ入りのブルーのTシャツを着ることになっている。試合をするときは、お尻のところに〝#1＝ナンバーワン〟と刺しゅうのはいったブルーのショートタイツをはいてリングに上がる。

バックステージを歩いていると、そこらじゅうでTVの画面のなかのスーパースターたちと出くわす。ハルク・ホーガンはいつも「フナキー、イチバーン」とカタコトの日本語を使って話しかけてくれる。アンダーテイカーも「フナキーさん」となぜか〝さん〟づけでハローをいってくれる。たまにそれが現実のできごとなのかドラマのワンシーンなのかわからなくなることがある。

もう5年もWWEのリングに上がっているのに、こういう感覚はなかなか消えない。1998年3月に2年契約を交わし、それから2年後の2000年3月に2年継続分のオプション契約をもらった。02年3月にこのオプション契約が切れると、03年3月まで一年間有効のエクステンション契約でひとまず首がつながった。こんどというこんどこそ契約満了になるところだった。

やっぱり、主張すべきところは主張しておかなければならない。フナキは〝スマックダウン・ナンバーワン・アナウンサー〟のギミックではない、ほんとうにあまり自信のないイングリッシュで契約更改のネゴシエーションをしてみることにした。

5年間もWWEにいると、ずいぶんたくさんのボーイズが戦力外通告を受けて解雇になるところを目撃してきた。ついこのあいだまでドレッシングルームをシェアしていた選手が気がついたらいなくなっていたということがよくある。〝タレント〟が何人か消えても、だれもそのことを話題にもしない。

あるベテラン・レスラーは、WWEで生きていくことはファッキン・ポリティックス（クソ政治的）なのだと教えてくれた。バックステージをうろうろしていても、ケータリングの食堂で食事をしていても、たしかにファッキン・ポリティックスの香りがぷんぷん漂っている。

テキサス・グループとかフロリダ・グループとかクリック（派閥）がいくつもあって、どのボーイズとどのボーイズが仲がよくて、どのグループとどのグループが敵対関係にあるのかはちょっとやそっとの観察ではわからない。観客のいないところでもメンタルなプロレスがずっとつづいている。

フナキはテキサス州サンアントニオに住んでいるから、テキサス・グループの〝番長〟アンダーテイカーがなにかとフレンドリーに接してくれる。でも、そこにいるだけで威厳のあるアンダーテイカーとはなかなかふつうの会話なんてできない。やっぱり、こういうことはボスに相談してみるのがいちばんいいに決まっている。フナキはステファニー・マクマホン〝スマックダウン〟ゼネラル・マネジャーのところに「ぼくの契約がもう切れちゃいます。ずっといたいんです。フォアエバー」と伝えにいった。

ステファニーはフナキの〝フォアエバー〟の発音が気に入ったらしく、「わかったわ、フォアエバーね」といってニッコリ笑った。胃が痛くなるほど心配したネゴシエーションはたったの数秒で終わった。TV収録が終わってサンアントニオの自宅に帰ると、明くる日の木曜の午前中に宅配便で新しい3年契約のコントラクトが届いた。

それから1時間くらいすると、エージェントのジョニー・エースから「ステファニーGMからの伝言だ。契約書にサインして会社に送れ」という電話がきた。フナキは、自分でも気づかないうちにファッキン・ポリティックスに身をまかせていた。

（03年4月）

ビンス・プロデューサーが〝全体ミーティング〟を招集

バックステージのチョークボード（黒板）には〝午後2時から全体ミーティング〟と書かれた大きな紙が張りだされていた。ボーイズは口ぐちに「いったいなんだろう？」とつぶやきながら不思議そうな顔をした。

ロウ、スマックダウンの両ブランドのスーパースターたちが全員集合するのは月にいちどのPPVイベントのときだけだ。WWEの連続ドラマのサイクルは速い。たった1カ月まえの〝レッスルマニア19〟がもう遠い過去のことのように感じられる。

ショー・フナキは、早めにリングコスチュームに着替えてバックステージをなんとなく歩きまわっていた。PPV〝バックラッシュ〟にはブッキングされていなかったが、どこでどう予定が変更になるかわからないし、ケガ人や急病人が出たらどんなタイミングで出番がまわってくるかわからないから、いつでもリングに上がれるようにスタンバイしておかなければならない。

〝全体ミーティング〟はプロダクション・ルームで開かれた。選手、エージェント・グループ、番組制作部のスタッフら総勢百数十人がまるで学校の授業みたいに同じ方向を向いてイスに座っていた。緊急会議を招集したのはビンス・マクマホンだった。

ミーティングの議題は〝イン・リング・プロダクトの再考〟だった。わかりやすくいえば、レスリング・スタイルの修正である。〝ストーンコールド〟スティーブ・オースチンが首（ケイ椎）のケガで事実上の引退に追い込まれた。カート・アングル、エッジ、リタも首の負傷で長期欠場中だ。

クリス・ベンワーとライノは首の手術とリハビリで約一年半の長期欠場を経験し、ケビン・ナッシュもヒジ、ヒザの故障で約9カ月間欠場した。ビリー・キッドマン、ビリー・ガン、バティースタ、ランディ・オートン、ハードコア・ホーリーらは現在も負傷欠場中で、ジェフ・ハーディーは身も心もボロボロになってWWEのリングからフェードアウトしてしまった。

ビンスは両手の人さし指と親指をピンと伸ばし、4本の指先で〝長方形〟をつくり「大切なのはこれなんだ、これ」と強調した。ビンスが〝これ〟といって目のまえにかざしたのは映画のスクリーンだった。

WWEのリングで起こっていることはすべてTVカメラを通じて〝長方形の映像〟になって視聴者のもとに届けられる。レスリングのタテの動きもヨコの動きも、最終的にはヨコ長のTVの画面にすっぽりと収められる。「それをどう表現するかなんだ、このスクリーンのなかで」といいながら、ビンスは両手の人さし指と親指を直角にしてつくったスクリーンをまたのぞき込んだ。

〝全体ミーティング〟は約1時間つづいた。とにかく、ケガ人が多すぎる。レスリングとは、そもそもマットの上で闘うスポーツである。ハイリスクなレスリング・ムーブが必ずしもハイクオリティーなレスリング・コンテンツとは限らない、という議論になった。「われわれはムービーをつくっているんだ」とビンスは頭のてっぺんから湯気が立ちそうな勢いで熱弁をふるった。

「選手諸君はこれまで以上に健康管理、コンディション管理に細心の注意をはらうように」というビンスからの訓示で全体ミーティングは終わった。ボーイズのあいだでは「これだからね、これ!」と両手で映画のスクリーンをつくってみせるしぐさがちょっとしたはやりになった。

フナキはこれといった大きなケガもせずにまる5年間、WWEのリングで試合をしてきた。それがTVマッチであってもトライアル・マッチであっても、番組収録中はエージェントがコワイ顔をしてカーテンの向こう側で仁王立ちしている。

クルーザー級部門の担当エージェントはデーブ〝フィット〟フィンレーで、試合が終わるとすぐにフィンレーが「ここはグッドだったけど、あそこはこうしたほうがいい」と注意を与えにくる。ディーン・マレンコ、アーン・アンダーソン、サージャント・スローターらうるさ型のエージェントがTVモニターのまえですべての試合を1秒たりとも見逃さずに分析している。

エージェントの上司にあたるのがJRことジム・ロス副社長とジョニー・エースのふたりで、そのまた上にビンスがいる。ビンスもすべての試合を映像作品としてチェックしている。フナキは登場シーンは少ないけれどNGを出さない役者としてスクリーンのなかを動きまわっている。キーワードは「これだからね、これ！」である。（03年6月）

ハンター&ステファニーの結婚式

どうしてそういうことになったのかはわからないけれど、ショー・フナキはHHHことハンター・ハースト・ヘルムスリー（本名ポール・レベック）とステファニー・マクマホンのほんものの結婚式に招待された。ロケーションは、ニューヨーク・ニューヨークのすぐ外側のニューヨーク州スリーピーホロウ。ウェディング・セレモニーは土曜の午後、アヴァイラ・カトリック教会の聖テレサ堂という場所でおこなわれた。

ステファニーのウェディングドレスは、コンサバティブなデザインのオフ・ホワイトのアイボリー。ハンターのタキシードは重厚なブラックだった。王女さまと王女さまのハートを射止めたプリンスの結婚式は、WWEっぽいテイストをぐっとおさえて、きまじめさみたいなものを演出していた。

式のあとは、シャトル・リムジンですぐ近くのホテルに移動してのレセプション。大きなボウルルームのまんなかは、まるで映画のワンシーンみたいな舞踏会でもはじまりそうなダンスフロアになっていた。

フナキと〝令夫人〟早百合さんはケイン夫妻、エディ・ゲレロ夫妻、ブッカーTとブッカーTのフィアンセ、ブラッドショーとブラッドショーのガールフレンド、そしてTAJIRIと同じテーブルになった。みんな、ダークスーツとネクタイを着用してきた。

グルーム（新郎）とおそろいの黒のタキシードを着たウェディング・パーティーのメンバーは、ハンター側がハンターのお父さん、シェーン・マクマホン、ショーン・マイケルズ、ケビン・ナッシュ、マーク・キャラウェイ（アンダーテイカー）、ウィリアム・リーガルの6人。

ブライド（新婦）ステファニー側のウェディング・パーティーは、義姉マリッサさん（兄シェーン夫人）、アンダーテイカー夫人のセーラさん、そしてステファニーの幼なじみと大学時代の同級生3人。パーティー・メンバーは全員、ブライドと同じ色のイブニングドレスを着ていた。

日本式の披露宴でいえば金色のびょうぶがあって、新郎新婦とその両親、媒酌人が座るところにハンターとステファニー、それぞれのウェディング・パーティーが一列に座った。これがアメリカの結婚式である。

アメリカ人の結婚式にもご祝儀みたいな習慣はある。新郎新婦はなんでも持ってる人たちだし、なんでも買える人たちだから、フナキ夫婦はいったいなにをプレゼントしたらいいのかわからなくておおいに悩んだ。

結婚式の招待状をもらった時点で、ハンターとステファニーのふたりにはジャパニーズなデザインの写真立て、夫婦ハシ、夫婦茶碗、娘の里莉ちゃんが学校でつくったHHH&ステファニーのお人形を送った。レセプションで手渡すギフトは、いろいろ考えた結果、デパートメント・ストアの商品券にしておいた。こういうときの〝相場〟は300ドルくらいなのだという。

ボーイズは、ほんとうに数えるくらいしかいなかった。ロックもいないし、ブロック・レズナーもいなかった。おとなりのテーブルにはストーンコールド、リック・フレアー夫妻、カート・アングル夫妻、クリス・ベンワー夫妻らが座っていた。ちょっと離れたところにビッグショー夫妻、リキシ夫妻、エッジ夫妻らの顔がみえた。

フナキ夫妻は朝5時の飛行機でサンアントニオからニューヨークに向かい、ニューアーク空港でレンタカーを借り、マンハッタンを突っ切って、お昼まえになんとかアッパー・ステートNYまでたどり着いた。

ビンス・マクマホンは、ちょっぴり酔っぱらって上機嫌だった。ハンターのお父さんの一般人っぽいトーンのグリーティングのあとでマイクを握ったビンスは「娘をハンターにとられるとは」と、父親モードのスピーチをおこなった。みんな、ニコニコしていた。

「なんでオレたちが招待されたのかな」

フナキとTAJIRIは、ちいさな声で状況を確認し合った。周囲を観察しても、WWE関係者はマクマホン・ファミリーとエグゼクティブ・クラス、エージェント、そしてトップ・タレントしかいない。

不思議に思ったフナキが、エージェントに「だれが決めたんですか」と質問してみたら「ハンターだよ」という答えが返ってきた。次の日、アトランタ経由でオーバニーのハウスショーに行くと、こんどはボーイズから結婚式の様子をあれこれ聞かれた。「お前はビッグ・プッシュ＝これから売り出しだな」とだれもが口をそろえた。(03年11月)

ドレスコードという新しい規則

フナキは、入場ランプにつながる黒いカーテンに覆われた通路のまえをなんとなく行ったり来たりしていた。あの黒いカーテンをくぐり抜けてステージのそでに飛び出したら、あとはリングに向かって一直線に走っていくだけだ。フナキは「きょうはダーク・マッチですから」とリラックスした顔つきで軽くヒザの屈伸運動をしながら「最近、ハイデンライクの相手ばっかりさせられてますよ」とつけ加えて軽くほほ笑んだ。

エージェントのディーン・マレンコがしかめっツラで無言のままフナキのよこを通り過ぎていった。バックステージの壁には〝本日の対戦カード表〟が貼りつけられていた。シンディケーション番組〝ベロシティー〟ワクのTVマッチが4試合。〝スマックダウン〟のTVマッチが5試合。フナキ対ジョン・ハイデンライクのシングルマッチは〝第0試合〟のダーク・マッチにラインナップされていた。

この夏からドレスコードという新しい〝規則〟が導入された。プロフェッショナルはプロフェッショナルらしい身だしなみを、というのがその理由らしい。WWEスーパースターズは、ロードに出ているあいだは襟のあるシャツとデニム地ではないトラウザーを着用することが義務づけられた。Tシャツとジーンズは禁止。ジーンズがダメとなると、必然的にスニーカーも履けない。

自宅から飛行場まで、飛行場からアリーナまではドレスシャツ、トラウザー、革靴というスタイルで移動。いったんアリーナにはいってから近くのジムにトレーニングに行くときは練習着で外出してもいいが、ジムでシャワーを浴びたあとは再びドレスアップ。ほんのちょっとでもファンの目にふれる場所ではプロフェッショナルとしての服装を身につけなければならない。

Tシャツと短パンで空港内、街なかをうろうろしているところをエージェントにみつかると罰金を食らうことになる。ネックレス、ブレスレットといったジュエリーや貴金属、アクセサリーについてはエージェントの確認をとること。タトゥーを彫るときも、まずエージェントに相談しなければならないのだという。バックステージにたどり着くと、衣装の上からTシャツを着ることが許可されている。

「しようがないから無地のドレスシャツを6枚、スラックスを4本、買いました」とフナキは困ったような顔をした。プロレスラーは新陳代謝がいいから、夏場はよく汗をかく。ジムでトレーニングをしてシャワーを浴びたあとドレスシャツを着ても、アリーナに戻るまでにもうひと汗かいてしまう。

プロレスラーが飛行機で移動中に機内に持ち込む手荷物のなかには必ず試合用のギアがはいっている。途中でスーツケースがなくなっても、リングコスチュームさえ持っていれば仕事＝試合はできる。リングコスチュームを紛失してしまったらもうプロフェッショナルとしては失格なのだ。

〝9・11〟以後、移動中にスーツケースが行方不明になるケースが増えた。TVテーピングで使われるパイロ・テクニック（花火）の火薬がバッグに付着していたため、空港のチェッキング・カウンターでテロリストとまちがわれて何時間も身体検査を受けさせられた選手、スタッフもいる。

悪党マネジャーのポール・ヘイメンが「ことしも日本からツアー・グループは来たのかい」と聞いてきたので「30人くらいね」と答えると、ポールは「ECWのころは50人だったのになあ」といってニヤッと笑った。ECファッキンWではワンマン・プロデューサーだったポールは、WWEではキャストのひとりになってしまった。いまの仕事は、ハイデンライクという新キャラクターを〝怪物〟に変身させることらしい。

やっぱり、ポールのまわりにはECW出身のボーイズがたむろしていた。ババ・レイ、ディーボン、スパイクのダッドリー兄弟がWWEのロゴがついたセットのまえでプリ・テーピングのプロモーション・インタビューを何度も何度も撮りなおしていた。

ヒールに変身したスパイクは、体の大きいババ・レイとディーボンをアゴで使うナポレオン・キャラクターを演じはじめている。だれかがセリフを失敗するたびに、ダッドリーズは大声で笑いころげた。

フナキは「ぼく、もう試合ですから」といって黒いカーテンの向こう側に消えていった。カーテンとカーテンのすき間から、ほんのちょっとだけアリーナ席の照明がみえた。

（04年8月）

リッキー・スティムボートとの会話

リッキー・スティムボートが向こうから歩いてきたら「あのー、写真一枚いいですか」と記念撮影をお願いしてしまうかもしれない。スティムボートはとにかくカッコいいレスラーの代表みたいな存在で、全日本プロレスの常連外国人だったころの入場テーマ曲はYMOの〝ライディーン〟だった。

80年代のWWEではリッキー〝ザ・ドラゴン〟スティムボートのリングネームで活躍し、〝レッスルマニア3〟（1987年3月29日）でのランディ・サベージとのシングルマッチはプロレス史に残る名勝負としていまも語りつがれている。WCWのリングでは宿命のライバルのリック・フレアーを倒してWCW・NWA世界ヘビー級チャンピオンにもなった。

向こうから歩いてきたスティムボートはブラックのロングヘアではなくて、白髪まじりのこざっぱりした髪形にメガネをかけていた。ショー・フナキは、スティムボートがいるところまで走っていって「マイ・ネーム・イズ・フナキ」と自己紹介した。なんでも積極的に、最大限のリスペクトの気持ちをもって、そしてフレンドリーにがWWEで生きてきたフナキのモットーである。

51歳のスティムボートは、にっこり笑ってアメリカ式の〝フナーキ〟ではなくて日本語っぽく〝船木〟と発音してくれた。スティムボートはアメリカ人の父親と日本人の母親のあいだに生まれたジャパニーズ・アメリカンだから母音だらけの日本人の名前がローマ字読みで発音できるのかもしれない。

スティムボートは、エージェントのトライアウトでTVテーピングに来ていた。エージェントとは、プロ野球でいうとちょうどコーチのような仕事と考えるとわかりやすい。打撃コーチ、ピッチング・コーチ、守備コーチ、コンディショニング・コーチのようにそれぞれのポジションにそれぞれのスペシャリストが配置されている。

こういうチャンスはなかなかないかもしれないから、フナキはスティムボートとたくさんおしゃべりをした。

「レスリングはエモーション＝感情だ。キミはリングの上でそれを表現できるかい？ ビンスがみているのはそこなんだ」

スティムボートの黒い瞳はキラキラ輝いていた。

その日、フナキはWWE世界クルーザー級王座挑戦者決定戦〝バトルロイヤル〟のリングに立っていた。出場メンバーはビリー・キッドマン、ポール・ロンドン、チャボ・ゲレロ、ナンズィオ、シャノン・ムーア、アキオ、そしてフナキの7選手。このバトルロイヤルの勝者が次回PPV12・12〝アルマゲドン〟アトランタ大会でスパイク・ダッドリーとタイトルマッチをおこなう。

フナキがS・ムーアをトップロープごしに場外に落とした。リングの反対側では、チャボがゴリー・ボムのモーションからキッドマンを場外に放り投げようとしたが、キッドマンがエプロンサイドでふんばり、両選手がトップロープごしにからまり合っていた。フナキは全速力でリングをかけ抜けていって、チャボとキッドマンをふたりまとめて場外にたたき落とした。リングのなかに残ったのはフナキひとりだった。

フナキは何度もジャンプ・アップして大喜びし、それからレフェリーにも抱きついた。レフェリーがフナキの右手を上げ、リング・アナウンサーのトニー・キンメルが「ザ・ウィナー、フナーキ」とコールした。スティムボートが授けてくれた「大切なのはエモーションだ」という言葉がフナキの頭のなかでグルグルまわりつづけた。

「PPVでタイトルマッチをやることになっちゃいましたよ」

フナキの声は弾んでいた。

WWEは使ってもらうこと、生き残っていくことだけでもむずかしいリングである。タイトルマッチのプログラミングに割ってはいるのはもっとむずかしい。仕事のできないレスラー、使い道のないタレントはどんどんカット＝解雇されていく。リングの上でもバックステージでも、移動中の空港でもホテルでもジムでもレスラーとレスラー、レスラーとファン、レスラーとエージェントの真剣勝負が一日24時間くり返される。

フナキはそういう環境のなかでいつもニコニコしながら7年も前座の試合をつづけてきた。だから、スティムボートが「エモーションだ」といったとき、それがどんなことを意味しているかがすぐにわかった。それから5日後、フナキはスパイクを倒して、〝WWE〟のロゴがはいったチャンピオンベルトをついに手に入れたのだった。

（05年1月）

〝テキサン〟Funakiから夏の便り

日本語の「お暑うございます」とアメリカ英語の「イッツ・ホット」はかなりニュアンスがちがう。カリフォルニアでは熱中病でたくさんの犠牲者が出ていて、ニューヨークではエアコンの使いすぎであちこちで大規模な停電が起きている。フナキの「こっちは暑いですよ」には実感がこもっていた。

フナキはテキサスで9回めの夏を迎えている。週末のハウスショーと〝フライデーナイト・スマックダウン〟のTVテーピングを終えてサンアントニオに帰ってくるのは毎週水曜の午後。木曜は雑用をかたづけているうちに終わってしまう。金曜からまたサーキットがはじまる週もあるし、土曜の早朝に家を出るパターンもある。いまは学校が夏休みだから子どもたちが家にいる。

「一日だけですけど、海に行ってきます」

テキサンにとってオーシャンといえばガルフ・オブ・メキシコ（メキシコ湾）である。フナキ一家が泊まりがけで出かける海は、コーパスクリスティーのちょっと先のパドレ・アイランドというリゾート地。バケーションだからなにもしないで過ごす。

一年じゅうこんがりと日焼けしているのがFUNAKIのキャラクターということになっているので秋から冬にかけてはタンニング・ベッドのお世話になるけれど、夏は自宅のバックヤードでゴロゴロしているだけで小麦色の肌ができあがる。地道な努力の結果としてそういう色を維持していることを証明するためにいつもお尻のところだけ赤ちゃんの肌のように白くしておくのだという。

WWEは契約タレントの健康管理プログラムを導入し、ケガと病気の予防に取り組んでいる。フィジカル・チェックとドラッグ・テストが定期的に実施され、ドーピング検査で陽性反応が出ると出場停止処分になる。薬物の数値がなかなか落ちない選手はリハビリ入院を命ぜられる。

医師から処方せんをもらっている場合でも「○○と××は使用不可」という特定の薬剤に関する規制も設けられた。ドラッグ・フリーで優等生のフナキもオフィスから送られてきた〝ガイドライン〟を辞書をひっぱりながら読んだ。日焼けは皮膚ガンの原因になることはわかっているけれど、そのへんはあまり考えないようにしている。

スマックダウン・ブランド所属メンバーの欠場が相次いでいる。マーク・ヘンリーは大腿四頭筋断裂の重傷で戦列を離れた。ボビー・ラッシュリー、グレート・カーリ、スペル・クレイジーの3選手は肝臓内のエンザイム（酵素）が異常な数値を示したためドクター・ストップがかかった。マット・ハーディーとキッド・キャッシュもフィジカル・チェックでひっかかって試合を休んでいる。

フナキは仲間たちのそういう状況を冷静に分析している。TVテーピングの日はケータリングの部屋で前夜の〝マンデーナイト・ロウ〟のビデオを観ることができる。ロウ・ブランドのリングで起きていることが遠い世界のできごとのように感じることがある。〝フライデーナイト・スマックダウン〟と〝ECW〟の2番組は同日収録シフトになっているが、自分たちの試合の準備があるためスマックダウン・ブランドのメンバーは〝ECW〟の試合をそれほどじっくりと観るチャンスがない。

WWEヘビー級王座とECW世界ヘビー級王座の2本のチャンピオンベルトを腰に巻いていたロブ・ヴァン・ダムがいきなり2本ともベルトを失った。大麻所持の現行犯で捕まったことが連続ドラマに影響をおよぼした。〝マンデーナイト・ロウ〟の主役はエッジとジョン・シーナで、〝フライデーナイト・スマックダウン〟の主役だったレイ・ミステリオはブッカーTに世界ヘビー級王座を明け渡した。


8月24日の誕生日が来るとフナキは38歳になる。WWEにいると時間がたつのが早くて、自分がそういうビミョーな年齢になろうとしていることがあまりピンとこない。フナキと同い年のJBLは「もう試合はやらない」といって〝フライデーナイト・スマックダウン〟の解説者に転向した。

フナキの誕生日は、もちろん偶然だけど、ビンス・マクマホンと同じ日。ことし61歳になるビンスからみればフナキはまだ若造だ。ビンスと誕生日がいっしょだということをみんなに教えたら、アンダーテイカーは「ビッゲスト・キスアス（最大のゴマすり）」といって笑った。フナキはテイカーとフツーに会話ができちゃう大物になったのである。

（06年8月）

〝フナキ・ファミリーの新しい仕事 B&Gクレープス〟繁盛記

「スターバックスのこと、スタバっていうんですね」

マクドナルドのことを関東人がマックと呼び、関西人がマクド（クにアクセント）と発音することは知っていたけれど、スターバックスがスタバという略称で親しまれているとは知らなかった。

「デパ地下っていう単語も最近、知ったんですよ」といいかけてからフナキは「デパートの地下だから夕食のおかずを売ってるところですよね」と解説を加えた。電車や地下鉄が集まる大きなトランジット駅のすぐそばにはデパートメント・ストアがあって、通勤や通学の帰り道にデパートの地下の食料品売り場に立ち寄ってお惣菜を買うというのは日本のポピュラーなライフスタイルである。

フナキ・ファミリーは、サンアントニオ市内のシルバラード・ショッピング・センターのなかに〝B&Gクレープス〟というジャパニーズ・スタイルのクレープ屋さんをオープンした。

「お店をはじめる」といい出したのはフナキ夫人の早百合さんで、ショップ名の〝B&G〟には「ボーイズとガールズのための楽しいクレープ屋さん」「いとしいわが子の大好きなクレープを、わが子と同じように愛情をこめて焼きましょう」という意味がこめられている。

早百合さんはUTSA（テキサス大学サンアントニオ校）の夜間コースで〝スモール・ビジネス〟のクラスを受講し、飲食店の開業から経営までのプランニングを勉強した。

ジャパニーズ・スタイルのクレープ屋さんをやってみようと思ったのは、早百合さんも長女・里莉ちゃんも長男・亮輔くんもクレープが大好きだからという理由からだった。クレープはもともとはフランス生まれの焼き菓子だけれど、里莉ちゃんと亮輔くんにとってはいつもママが作ってくれるホームメイド・スウィーツということになる。

昨年、レストラン・ビジネスのための就労ビザが下りて早百合さんの姉夫婦が東京からサンアントニオに引っ越してきてくれた。WWEスーパースターのフナキは週のうちの4日間は家を空けているが、姉夫婦が来てくれたおかげで家のなかが急ににぎやかになった。

もうすぐ12歳の里莉ちゃんは毎朝、学校へ行くまえに自分でサンドウィッチのお弁当をこしらえるようなおねえさんになったし、ことし7歳になる亮ちゃんもジエシーの愛称でクラスの〝ガキ大将〟として鳴らしている。

〝B&Gクレープス〟のロゴの下には〝ジャパニーズ・フード&アクセサリーズ〟と記されている。アメリカ人、というよりもテキサンのカスタマーの目にはクレープという食べもの自体が不思議なものに映るらしい。

メニューの基本はジャム・クレープス、チョコレート・クレープス、アップル・クレープス、アザー・クレープス、デラックス・クレープス、クレープ・サンドウィッチの6種類。品書きには〝H（ホット）〟か〝C（コールド）〟のいずれかの大文字が示されていて、ラズベリー、ブルーベリーといったジャム系はホットで、バナナ・チョコレート、トロピカル・カスタードといったデラックス系はコールドが定番になっている。

「ツナ・クレープとかポテトサラダ・クレープとかもありますよ。焼きソバもうまいし」

毎週土曜の朝、ツアーに出て、翌週の水曜の午後に家に帰ってくるフナキは、木曜と金曜だけちょこっとお店に顔を出してお客さんの相手をする。〝B&Gクレープス〟は毎週火曜から日曜が夜8時半まで営業で、月曜がお休み。同じショッピング・モールのなかに映画館があるので、ウィークエンドになると家族づれのお客さんがたくさんやって来る。店内の壁にはＷＷＥスーパースターズのポスターがやや控えめにディスプレーされている。

新メニューの〝小町 Komachi〟はフレッシュ・ストロベリーとビーンペイスト（あんこ）とホイップクリームを組み合わせた早百合さんの創作クレープ。〝焼きソバ〟〝ライス&エッグ〟〝グラウンドミート（ひき肉）〟はのり巻き感覚のオリジナル・クレープの提案だという。おいしいクレープ作りは早百合さんのライフワークになりつつあるから、フナキは食べること以外ではいっさいお店のことには口をはさまない。

フナキと早百合さんが結婚したのは12年まえの〝い

習って、つらくても、痛くても、まじめにがんばること」。でも、奥ゆかしい性格のフナキは自分のことを「がんばってる」なんていわない。

（07年6月）

のしし〟の年。再び〝いのしし〟の年がめぐってきて「猪突猛進するときが来た、と感じました」と早百合さんは語る。経営者としてのモットーは「フナキを見

IV

Friends

友

あしたも早いから、

外出するのはやめようぜ。

（アニマル）

オレは一杯だけ飲んでくるけど、

早めに帰ってくる。

（ホーク）

Ⅳ—1

buddies

ロード・ウォリアーズ

ザ・ロード・ウォリアーズ
The Road Warriors

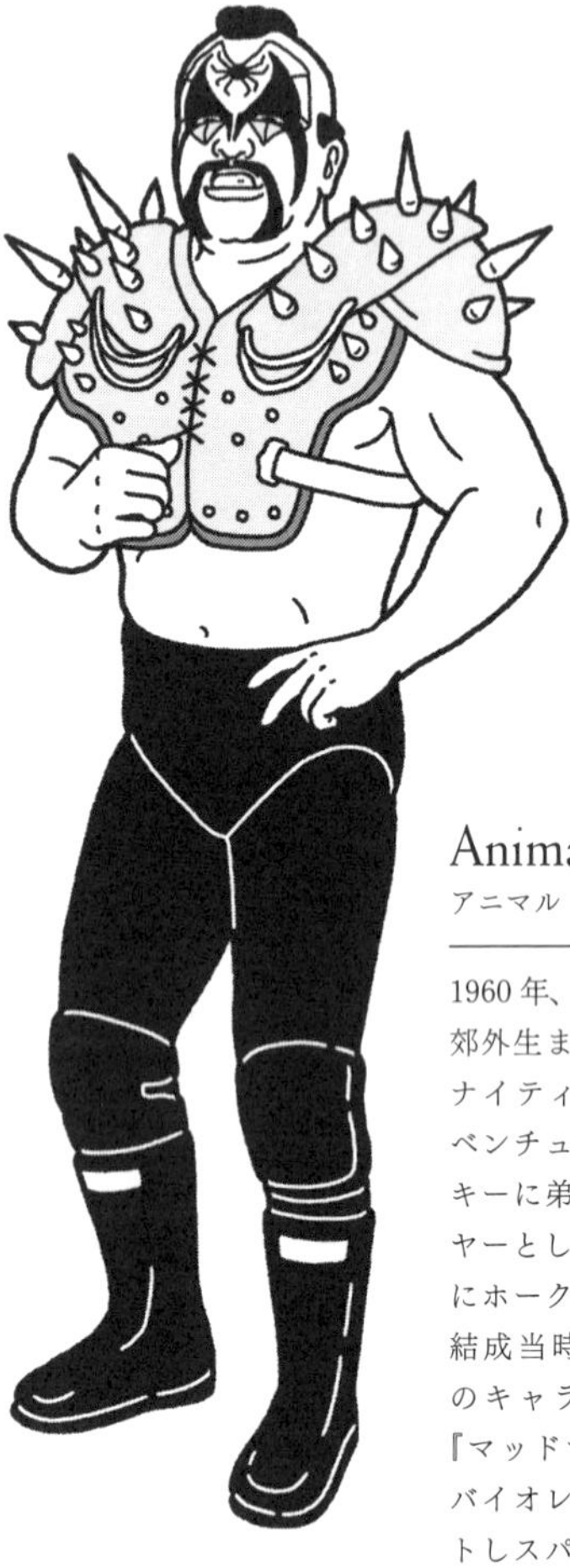

Animal
アニマル

1960年、ミネソタ州ミネアポリス郊外生まれ。本名ジョー・ローリナイティス。大学を中退し、J・ベンチュラの師匠エディ・シャーキーに弟子入り。シングルプレーヤーとしてデビューしたが、83年にホークとコンビを結成。チーム結成当時はハーレー系バイカーのキャラクターだったが、映画『マッドマックス』の近未来ＳＦバイオレンスのイメージをアダプトしスパイク・プロテクターのリングコスチュームを発案。80年代は「世界一ギャラの高いタッグチーム」として鳴らした。トレードマークはモヒカン刈りとスパイダー模様のペインティング

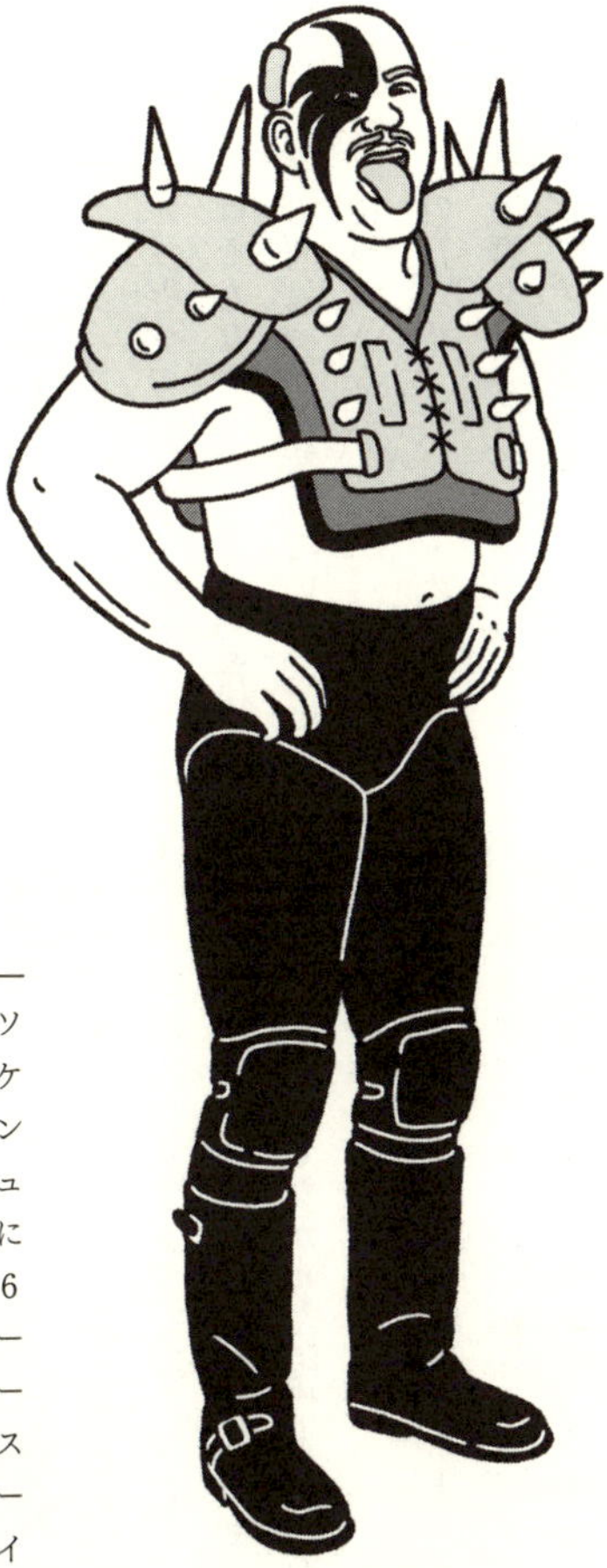

Hawk
ホーク

1957年、ホームタウンはミネソタ州ミネアポリス。本名マイケル・ヘグストランド。J・ベンチュラが経営していた“ベンチュラズ・ジム”でボディービルに励み、82年にデビュー。83年6月、アニマルとのコンビでロード・ウォリアーズ結成。“ジョージア・チャンピオンシップ・レスリング”（TBS）の映像がケーブルTVで全米中継され大ブレイク。トレードマークは“逆モヒカン”と多重人格を表現したペインティング。AWA世界タッグ王座、NWA世界タッグ王座、WWE世界タッグ王座、インター・タッグ王座、IWGPタッグ王座を獲得

〝15年のヒストリー〟を両国国技館に運んできた

ホークもアニマルもちょっとだけおじさんになった。イイ感じのおじさんと悪い感じのおじさんのどちらかといわれれば、やっぱりイイ感じのほうにはいる。WWEで使っているリングネームはLOD2000。毎週月曜夜の連続ドラマ〝ロウ・イズ・ウォー〟の設定ではホークはアルコール依存症のダメな〝元スーパースター〟で、アニマルはそんなホークがうざったくて新メンバーのドラーズの肩ばっかり持っている、というシチュエーションになっている。

LOD2000はLOD（リージョン・オブ・ドゥーム＝殺りく軍団）の西暦2000年バージョンとしてそこにいて、ニューヨーク・テイストのソープオペラのキャストとしてはわりと損な役まわりを演じている。LODはタイタン・スポーツ社が著作権・版権を所有しているパテントで、ホークとアニマルは〝ホーク〟と〝アニマル〟の著作権・版権と肖像権をにぎっている。WWEのTVショーにザ・ロード・ウォリアーズは登場しない。

髪を伸ばしはじめたのは10数年ぶりだという。ふつうのモヒカン刈りがアニマルで、まんなかを剃り落して両サイドを残した逆モヒカンがホーク。これはだれでも知っているプロレス用語の基礎知識のようなものだ。ロード・ウォリアーズは80年代を代表する伝説のタッグチームである。85年に初来日したときはアニマルが24歳で、ホークが27歳だった。バカ売れしていたころも、そうでもなくなってからも、仲がよかった時代も、そうでもなかった時代も、ふたりはずっとコンビを組んで活動してきた。

ホークは死ぬまでずっと住むといっていた北部ミネソタを離れ、2度めの結婚をして、2年まえにフロリダ州タンパ郊外のラーゴという海沿いの町に引っ越した。カミさんがいて、ちゃんと住むところがあって、大きな犬がいて、いまはとってもハッピーなんだという。アニマルもいままで住んでいた家がだんだんと狭くなってきたので、ミネソタのなかでリロケーションした。アニマルがハイスクールを卒業した翌年に生まれた長男ジョーはもう18歳になった。

ロード・ウォリアーズはあくまでもロード・ウォリアーズとしてトーキョーの観客のまえに現れた。ブラック・サバスの〝アイアンマン〟のテーマ曲に乗って花道をドーッとかけ抜けてきて、リング内になだれ込んでいったと思ったらいきなり大乱闘がはじまった。フライング・ショルダーブロックを放ったホークの巨体が空中でまっすぐになって、アニマルの高速パワースラムがくるりときれいな弧を描いた。

スモウパレス（両国国技館）に集ったおとなの〝目利き〟はホークとアニマルの殺人フルコースのメニューがひとつ残らずわかっていて、ホークとアニマルもずっとそうしてきたとおりの定番ムーブの数かずを寸分の狂いもなくディスプレーしていった。音楽にたとえるとするならば、ロード・ウォリアーズは80年代前半からの自分たちの〝音〟をいちども変えていない。腹筋のコリコリがなくなってしまったのは仕方がないといえば仕方がない。

トーキョーに来たら、目黒のステーキハウス〝リベラ〟にちょこっと顔を出すのもひとつのルーティンになっている。アニマルと〝リベラ〟のオーナー親子はずっと親せき付き合いをしていて、この店のオリジナルのオレンジ・ビネガー味のサラダ・ドレッシングをいつもミネアポリスまで送ってもらっている。ホークはウェルダンじゃないとステーキが食べられない。

久しぶりに〝にんにくしょうゆ味〟の1ポンド・ヒレステーキをもぐもぐ食べていたら、あとからKAIENTAIのTAKAみちのくと船木勝一がやって来た。ホークもアニマルも、KAIENTAIの若さと才能がうらやましいと感じている。たまたますぐ後ろのテーブルで食事をしていた剛竜馬が、さかんにホークにビールをすすめた。

食事が終わると、あしたの午後、成田空港から飛行機に乗るまでは自由時間。ホークはタクシーで六本木へ向かい、アニマルは知り合いの運転する車でまっすぐにホテルに戻った。このバランスも15年まえからちっとも変わっていない。

(98年12月)

いまだったらウケちゃったかもしれない〝アニマル3兄弟〟

いちばん上のお兄さんはアニマル・ウォリアー。まんなかがジョニー・エースで、いちばん下の弟が〝ターミネーター〟マーク。顔はあんまり似てないけれど正真正銘の〝アニマル3兄弟〟である。とっても仲のいいブラザースは、いまから10年まえにいちどだけ3人でいっしょにトーキョーにやって来た。

長男ジョーが〝アニマル〟と呼ばれるようになったのは1983年だった。アニマルと相棒ホークが〝エディ・シャーキー・レスリング・キャンプ〟で運命的な出逢いを果たし、ザ・ロード・ウォリアーズが誕生した。アニマルは、ふたりの弟たちにもプロレスラーになることを勧めた。次男ジョンはマンケート大学経営学部に在学中で、三男マークはまだハイスクールに通っていた。アニマルのすぐよこにはハイスクール時代のガールフレンドとのあいだにできたジョーという赤ちゃんがいた。

いったいいつのまにそんなに時間がたってしまったのだろう。アニマルの息子ジョーはもうハイスクールを卒業する。カミさんのジューリーさんとアニマルの子どもたち、ジェームスは小学6年生で、いちばん下で長女のジェシカが小学3年生。〝アイスホッケー奨学金〟をもらったジョーは、秋には家を出て大学の寮にはいる。アニマルはアニマルのままでずっと変わらずにいるつもりなのに、キッズは勝手にどんどん大きくなっていく。

アニマル、38歳。ホーク、41歳。ロード・ウォリアーズはたしかにちょっとだけトシをとった。現在のホームリングはWWEということになってはいるけれど、ニューヨークがそんなにいいところだとは思わない。ウォリアーズのキャラクターが〝悪の首脳部〟の意向でLOD2000につくり変えられた。トレードマークだったモヒカン刈りと逆モヒカン刈りの髪を伸ばすよう命ぜられた。あまりリスペクトされていないことはなんとなくわかった。

アニマルとホークを全日本プロレスのリングに連れ戻したのは、アニマルの弟エースだった。コンピュータ関連の企業に就職したエースをなかば強引にレスリング・ビジネスに導いた張本人は兄アニマルだったが、〝プロレスラー〟エースを育ててくれたのはジャイアント馬場さんであり、全日本のリングということになる。スタン・ハンセン、テリー・ゴーディ、スティーブ・ウィリアムスらの過去と現在、そして現在進行形をすぐそばで目撃したきたエースは、プロデューサー的な立場でウォリアーズに救いの手をさしのべた。

アニマルとホークはアメリカ国内でプロレスをつづけていくことに限界を感じていた。WWEのTVショー〝ロウ・イズ・ウォー〟に出てくるLOD2000の姿はあまり子どもたちにはみせたくない。アニマルがアニマル、ホークがホークでありつづけるためには〝ロード・ウォリアーズ史〟をリスペクトしてくれる観客のまえでプロレスをやるのがいちばんいい。

東京ドームのリングに立ったアニマルとホークは、頭のてっぺんをしっかりとモヒカン、逆モヒカンに剃りあげていた。一年半ぶりに電気バリカンを使ったというホークの脳天にはひっかき傷ができていたけれど、栗色のショートカットよりもやっぱりこっちのほうがそれっぽい。ふたりは新デザインのスパイク・プロテクターの下に〝ムーブメント〟という文字がプリントされたエースのTシャツを着ていた。

エースは兄アニマルとそのパートナーのホークに〝全日本プロレスのジョニー・エース〟をどうしても知ってもらいたかったのだろう。〝アニマル3兄弟〟のいちばん下の弟マークはもうプロレスをやめて、いまはマイアミ美術大大学院でコンピュータグラフィックの勉強をしている。大学院の学費は一年めをアニマルが、2年めをエースがキャッシュで支払った。アニマル、エース、マークの3人がいっしょにリングに上がることはもうない。〝アニマル3兄弟〟のダンゴのくしは、長距離電話とメールでつながっている。

（99年5月）

ジョニー・エースの〝ムーブメント〟はポーズじゃないよ

「トゥエルブ・ファッキン・イヤーズ！」

ジョニー・エースはガラガラ声に力をこめてそう吐き捨てると、なあ、そうだろ、そう思わないか、とブルーの瞳で同意を求めた。12年はたしかにファッキン長い。小学校と中学校と高校に通った時間の合計とちょうど同じ長さになる。高校生活を4回分と考えると切なくなるくらい長い。エースは24歳から35歳までの12年間を全日本プロレスで過ごしてきた。

とっくの昔に数えるのはやめてしまったけれど、もう100回以上はフロリダとトーキョーを往復した。1990年7月に専属契約を交わして年間8シリーズにフル出場するようになってからは、オフをとったのはこの10年間でたった2シリーズだけだ。シリーズ興行とシリーズ興行のあいまにほんの2、3週間、フロリダに帰ってもひたすら体を休めるだけだから、どこへも行かないし、なにもできない。アメリカで試合をしたことはほとんどない。

全日本のツアー・バスの風景はずいぶん変わった。エースが新入りだったころはアブドーラ・ザ・ブッチャーとタイガー・ジェット・シンがだいたい交代でシリーズにやって来て、移動中もなんとなく静かにニラミをきかせていた。年に何回かドリーとテリーのザ・ファンクスがめずらしいお客さんみたいな感じでバスに乗ってきた。

スタン・ハンセンがいて、テリー・ゴーディがいて、ダニー・スパイビーやパトリオットがいた。ダグ・ファーナスとダニー・クロファットのカンナム・エキスプレスはプライベートではあまり仲がよくなかったし、ダイナマイト・キッドとデイビーボーイ・スミスもふだんはあまり行動をともにしていなかった。

ずいぶんたくさんのガイジンがこのリングを通過していった。いまではハンセンがそこにいることのほうがめずらしくなった。スティーブ・ウィリアムスはいちどはここを出ていって、やっぱり気が変わって戻ってきた。エースは〝ムーブメント〟はリングの上でしか起こらないと確信するようになった。

手に入れてはすぐに逃げていった勲章らしきものはアジア・タッグ王座が2回と世界タッグ王座が3回。タッグパートナーは小橋建太、ウィリアムス、マイク・バートンの3人。でも、この12年間で三冠ヘビー級王座に挑戦させてもらえたのはたったのいちどきりだ。ほかのジャパニーズ・レスラーたちが代わるがわる3本の〝骨とう品ベルト〟に触れるチャンスを与えられているというのに、ガイジンだからといってなかなかその機会がまわってこないのはどう考えてもおかしい。エースのフラストレーションは、プロレスラーの気持ちとしてはきわめて健全である。

三冠ヘビー級王者・小橋の次期挑戦者が高山善廣だと聞かされて、エースはブチ切れた。『チャンピオン・カーニバル』の公式戦で小橋はエースからフォール勝ちをスコアするのに25分もかかったというのに、同公式戦で高山はベイダーにたった6分で完敗した。そういうディテールはみんなはすぐに忘れてしまうけれど、エースのなかでは明らかな矛盾としてくすぶりつづけている。

ジャイアント馬場さんがそこにいないと、やっぱり全日本プロレスはどこか全日本プロレスらしくない。馬場さんはエースがまだ若手だったころ、巡業中のケイコで逆水平チョップの打ち方をていねいに教えてくれた。〝実験台〟は蛍光オレンジのタイツをはきはじめたころの小橋だった。攻撃をするのも攻撃を受けるのもプロレスだとしたら、馬場さんから教わったバックハンド・チョップとそのイニシエーションのおかげでエースの声は半永久的にガラガラになった。

全日本プロレスのバックステージの奥のほうで大事件が起こりつつあることをエースもほかのガイジンもちゃんと知っている。三沢光晴のアンタッチャブルは「だれにも邪魔はさせない」という声明文のようなもので、高山のノーフィアーは〝怖いもの知らず〟。小橋と秋山準のバーニングは熱くなりすぎて分解した。エースがさかんに口にする〝ムーブメント〟はもちろん〝運動〟〝活動〟。リングの上でそれをやらなければ、観客にはなにも伝わらない。

（00年6月）

エグゼクティブのジョンと〝タイムズ・スクウェアで朝食を〟

ブレックファストの約束は午前8時半。待ち合わせの場所はマリオット・マーキー・ホテルのロビー。ジョニー・エースは「タイムズ・スクウェアだよ。西45丁目と7番街のコーナーだからすぐにわかる」といって電話を切った。トーキョーでラーメンを食べるならわかるけれど、マンハッタンの最高級ホテルのレストランでいっしょに朝食をいただくような日が来るとは思わなかった。

ジョニーあるいはジョンはもう現役選手ではないから〝ジョニー・エース〟という呼び方はやめたほうがいいかもしれない。かつてジョニー・エースと名乗っていたプロレスラーは、約13年の現役生活のうちの12年間を全日本プロレスのリングで過ごした。年間8シリーズ、合計27週間のスケジュールでアメリカと日本を往復していたから、単純に計算すると一年のうちの半分以上は日本で生活していたことになる。

エースは白のTシャツ、ベースボール・キャップ、短パンといういでたちでロビーに降りてきた。こんなひどくカジュアルな観光客みたいな格好でも、自室のキーを右手に持って『USAトゥデー』紙を小脇に抱えているだけでなんとなくふだん着バージョンのエグゼクティブっぽくみえる。WWEのエグゼクティブになったジョン・ローリナイティスは、いつもは襟のとがった無地のドレスシャツにしっかりとアイロンがけをしたトラウザー、黒い革靴をはいてアリーナのなかをすたすたと歩きまわっている。

いまから2年まえ、エースはWCWとプロデューサー契約を交わした。エリック・ビショフ副社長（当時）に「キミの力がどうしても必要だ」といわれ、結果的にかなり中途半端な感じで全日本プロレスをやめることになってしまった。日本のリングで引退試合をやれなかったことがいまでも心残りになっている。

ＷＣＷの裏方になってから8カ月後、ＷＷＥがＷＣＷを買収し、エースはそのままＷＷＥと再契約を結んだ。ビンス・マクマホンの部下として働くようになってから一年半が経過した。

毎週土曜、日曜の2日間はスマックダウン・クルーのハウスショーのプロデュースで、月曜と火曜は〝マンデーナイト・ロウ〟と〝スマックダウン〟のＴＶテーピングにアテンド。水曜の朝はだいたいいつもスタッフ・ミーティングがあるから、家に帰るのは水曜の深夜か木曜の午前中。金曜の夜にハウスショーがあるときと西海岸エリアで週末のサーキットがあるときは金曜の早朝に家を出なければならない。これがエースの1週間の基本的なスケジュール。

「ロックはブーイングを食らったね」

やっぱり、きのうの夜の〝サマースラム〟のはなしになった。ひょっとしたらそういうシチュエーションになるかもしれないという危惧はあったというが、そこまでものすごいブーイングが自然発生的に起こることはだれも予想していなかった。ニューヨークの観客は、プロレスを捨ててハリウッドへいってしまうロックにはっきりと拒絶反応を示した。試合終了後、ビンスはエージェントを集めて緊急ミーティングを開いた。ロックをきょうの〝ロウ〟に予定どおり出演させるべきかどうかで会議は深夜までつづいた。

「ブロック・レズナーがチャンピオンベルトを手にしたところでＰＰＶ放映は終わっているんだ」

だから、ほんとうだったらブーイングされるはずのないロックが大ブーイングの標的にされた場面はテレビには映っていない、とエースはつづけた。ニューヨーカーはロックを〝アスホール（ゲス野郎）〟と散ざん罵《ののし》ったけれど、一般視聴者はその事実をまだ知らない。ＷＷＥにとっていちばん大切なことは情報をいかにコントロールし、商品化するかである。

エースは〝ジョニー・エース〟が歴史にその名を残すような名選手ではなかったことをちゃんと知っている。アスリートとしての資質もアベレージだし、プロレスラーとしての実力もアベレージ。でも、スーパースターでなかった分、リングの上で起こっているもろもろのことを第三者的視点で客観的に分析してみることができた。プロレスの試合を観るのが好きで、プロレスについてあれこれ考えるのが好き。

半年まえに長女マヤが誕生して、二児のパパになった。いまでも旅から旅への生活だけれど、全日本プロレスをホームリングにしていたころよりは家で過ごす時間がちょっとだけ増えた。リングコスチュームを注文する必要がなくなった代わりに季節ごとにスーツやドレスシャツを買う習慣がついた。エースはカタコトの日本語を話すトーキョー・ガイジンからフロリダに住むニューヨーカーになった。

(02年8月)

暴走戦士アニマルは42歳、よき父親、敬けんなクリスチャン

ロード・ウォリアーズの片割れ、アニマル・ウォリアーが〝単品〟でトーキョーまで飛んできた。相棒ホーク・ウォリアーと仲間割れしたわけではない。友人としてもプロレスラーとしてもリスペクトしている武藤敬司からタッグパートナーになってくれと頼まれて、全日本プロレスの『世界最強タッグ』に出場することになった。

武藤から電話をもらったのはツアーがスタートするほんの数日まえだった。武藤のパートナー〝X〟になるはずだったバンバン・ビガロの来日が直前でキャンセルになったらしい。ビガロの代役というポジションにはそれほど抵抗はなかった。アニマルはジャイアント馬場さんのいないオールジャパンがどんなふうになっているのかを体で感じてみたかった。

ニュージャパンのスーパースターだったグレート・ムタが、オポジション＝対抗勢力だったはずのオールジャパンのプレジデント＝社長になっていた。ニュージャパンのブッカーだった長州力は、ニュージャパンをやめてワールド・ジャパンという新しいカンパニーをつくったらしい。ジャパンという国のレスリング・ポリティクス＝政治はアメリカ人の目には複雑怪奇なものに映る。

42歳になったアニマルは、自分よりもずっと若いジャパニーズ・ボーイズのプロレスに身をまかせてみることにした。大谷晋二郎と田中将斗のコンビが〝炎武《えんぶ》連夢《れむ》〟というタッグチームだということは知らなかったけれど、ふたりの顔をみたらちょうど一年まえに〝真撃〟という新団体のリングでぶつかったあのボーイズだということはすぐにわかった。

田中のミサイルキックがアゴのあたりに飛んできた。景気よくバンプをとって相手側のコーナーまで吹っ飛んでいったら、セカンドロープの上で大谷が待っていて、いきなりスウィングDDTを食らった。前方にでんぐり返しをするようにしてもういちど大きなバンプをとったら、こんどはニュートラル・コーナーのセカンドロープの上で田中が待っていて、フロント・ヘッドロックで首をがっちりつかまれて、またスウィングDDTを食らった。キャンバスによこになって上をみたら、田中の〝スーパーフライ〟フロッグ・スプラッシュが空から降ってきた。アニマルはカウント1でこれをはねのけた。

17年まえに初めて日本に来たときアニマルは24歳で、ホークは27歳だったから、いまの大谷や田中よりもずっと若かった。ふたりとも頭のなかはまだガキで、エナジーがあり余っていて、自信があって傍若無人だった。〝暴走戦士〟ロード・ウォリアーズがやがてトシをとってよれよれになるなんて考えたことはいちどだってなかった。

アニマルがいちどめの結婚でつくった21歳の長男ジョーはジュニア・カレッジを卒業してアーミーに入隊し、いまはドイツに駐屯している。ふたりめの妻ジューリーさんとのあいだにできた次男ジェームスは15歳、長女ジェシカは13歳になった。

高校1年生のジェームスは身長6フィート3インチ（約188センチ）、体重210ポンドのラインバッカー。スニーカーのサイズは〝14〟だから身長はもっと伸びるだろう。中学1年生のジェシカは、女の子なのにアイスホッケーに熱中している。アニマルとアニマルの家族が住むミネソタは、毎年11月の終わりから翌年の3月くらいまですっぽりと銀色の雪に覆われる。

ブッシュ大統領が〝イラク攻撃〟に20万人規模の兵士を投入すると、長男ジョーはそのなかのひとりになる。ベトナム戦争は少年時代のぼんやりとした記憶で、湾岸戦争はテレビのニュース番組のなかの映像だったけれど、まさか自分の息子が戦争へかり出されるかどうかを心配するようになるとは夢にも思わなかった。

戦争のはなしになったとたん、アニマルは神について語りはじめた。アメリカ人にとって神とはキリスト教のGODとかLORDとかを指す。アニマルとアニマルの家族はいまから5年まえに〝ボーン・アゲイン・クリスチャン〟になった。信仰などというものからはほど遠いところにいたホークも、心臓発作で死にはぐってから神の〝許し〟を求めるようになった。

長男ジョーが戦争に行かなかったら、アメリカに帰ってきてプロレスをやればいい。次男ジェームスは父親に「プロレスラーになりたい」と伝えるタイミングを探っているようだ。アニマルはアニマルであと5年くらいは現役生活をつづけたいと考えている。ロード・ウォリアーズは神が守っていてくれる。髪とヒゲに白いものが混じってきたら、それはちゃんと自分でなんとかする。

(02年12月)

死にはぐって、生きちゃって、神にめぐり逢ったホーク

ナンバーワンになるよりはオンリーワンになりたかった。何度も死にはぐっては、そのたびに命拾いしてきた。心臓が止まったこともあるし、脱水症状で意識不明になったことだってある。ホーク・ウォリアーは、ボロボロになったバイブルをスポーツバッグの奥のほうに放り込んでから家を出てくる。

古くからの友人たちは「そんな生活をしていたらnever live to see 40歳まで生きていられない」と忠告してくれた。親しかったレスラー仲間のうちの何人かは、きっと本人たちはそれを望んでいなかったのに、若くして天国へ召された。

ハイスクール時代からの友だちで、〝エディ・シャ

ーキー道場〟の同期生だったリック・ルードはドラッグOD（オーバードース＝過剰摂取）で帰らぬ人となった。テリー・ゴーディは、心臓にできた血栓が原因で眠ったままこの世を去った。自宅のベッドの上で朝を迎えられただけ幸せだったかもしれない。デイビーボーイ・スミスは心臓マヒでいきなり旅立った。

「カート・ヘニングはある朝、起きなかった」といってから、ホークはそうだ、そうに決まってるんだという顔で「起きてこなかったんだHe didn't wake up」とくり返した。

ホークとヘニングは十代のころからの悪友で、ヘニングは「そんな生活をしていたら」とホークに親切な忠告をしてくれた友だちのひとりだった。20代後半から30代にかけてのホークは、それくらいロード・ウォリアーとしての肉体を過信していた。

人間ばなれしたスーパーヘビー級のボディーを維持するため、ものすごい量のアナボリック・ステロイドを何年間も投与しつづけた。ナイトクラビングが大好きで、サーキットに出るといつも朝まで遊びほうけていた。アルコール類はなんでもたくさん飲んだし、思いつく限りのありとあらゆるドラッグを体にぶち込んだ。

若いころは睡眠時間をあまり必要としなかった。朝まで飲み歩いて、どうやってホテルまで帰ってきたのか記憶していなくても午前中にはベッドから起き出して、ジムでたっぷり汗をかいた。食事に気をつかったこともなかったし、やがて肉体が衰えるなんて考えてみたこともなかった。

ホークは「新しいリングコスチュームだぜ」といって、金属スパイク付きのショルダー・パッド、ベースボール用のシン・ガード、赤糸で〝LOD〟と刺しゅうがはいった黒のロングタイツをどさっとベッドの上に放り出した。コスチュームといっしょに、新約聖書が納められた黒いキャンバス地のジッパー・バインダーもベッドの上に転がった。

45歳になったホークは、日本に来る直前にゴーティ（アゴひげ）と逆モヒカン刈りをブロンドに染めた。フェース・ペインティングも新しい模様を考えてきた。

相棒のアニマル・ウォリアーもゴーティをブロンドに染めて、モヒカン刈りの後頭部にブロンドのヘア・エクステンションをつけてきた。ホークはさかんにアゴをさすりながら「ヒリヒリする」といって苦笑いした。

WJプロレスは、ロード・ウォリアーズにとってはいちばん新しいリング、ブランドニュー・スタートである。長州力。天龍源一郎。佐々木健介。おもな登場人物はホークがよく知っているボーイズばかりだ。マサ斎藤のプロデュースで、健介をパートナーにウォリアーズとそっくりのタッグチーム、ヘルレイザースを結成したのがもう10年もまえのことだなんてなんだか信じられない。

ロード・ウォリアーズはこの世でホークとアニマルのふたりしかいない。あっというまとはいわないけれど、マイク・ヘグストランドとジョー・ローリナイティスがホークとアニマルに変身して20年という歳月がたった。兄弟みたいに仲がよかった時代もあるし、あまり会話を交わさなかった時代もあった。

ナンバーワンでありつづけることよりも、オンリーワンであることのほうがずっと大切なんだと考えるようになった。ホークにとってのアニマル、アニマルにとってのホークは、いつまでもオンリーワンの関係。ウォリアーズもまたオンリーワンである。

ある日、ホークはアニマルに教会に連れていかれた。牧師さんはかつてのライバルで、元プロレスラーのニキタ・コロフだった。ホークは生まれて初めてバイブルを読んだ。どのページを開けても〝自分みたいな男〟が出てきた。ホークは神にめぐり逢い、生きることにどん欲になった。

(03年3月)

ホークとアニマルのかゆいところに手が届くようなフレンドシップ

いちばん大切なのは、リズムとタイミングである。20年もコンビを組んでいると、おたがいにこまかいディテールについていちいちうるさいことはいわないようになる。とりあえずひとことだけアドバイスはしておくけれど、束縛はしないということらしい。

ホークは試合が終わってホテルに帰ってくるといちどは食事がてら外の空気を吸いにいきたくなるタイプで、アニマルは食事がすんだらホテルの自分の部屋でゴロゴロして過ごしたいタイプだから、ふたりでいっしょにナイトクラビングにくり出すなんてことはめったにない。

でも、いつでもすぐにおたがいに連絡がとれないと不便だから、サーキット中は同じホテルの同じフロアにそれぞれシングル・ルームをとるようにしている。いっしょに夕食を食べる日もあるし、そうじゃない日もある。ホークが「ちょっとそのへんを歩いてくる」といえば、アニマルは「あしたも試合があるから早めに帰ってこいよ」と声をかける。そうすると、ホークは「ちょっとそのへんを歩いてから、早めに帰ってくる」と答える。

アメリカでは毎週、週末になるとどこかの州のどこかの空港のバゲージクレームで待ち合わせをして、きっちりと割り勘で1台のレンタカーを借りて試合に出かけていく。ホークが住んでいるのはフロリダ州インディアン・ロックス・ビーチで、アニマルの自宅があるのはミネソタ州ハメル。ふたりが顔を合わせるのはロードに出ているときだけだ。

サーキットを終えるとホークとアニマルはまたいっしょに空港に戻ってきて、翌週分のスケジュールを確認して、おつかれさまの握手をしてから国内線のフライトに乗ってそれぞれの家に帰る。ウィークデーは、よほどの急用がない限りどちらからもあまり電話もメールもしない。

ジャパンのレスリング・カンパニーはツアー用のバスを用意してくれるから、トーキョーでは自分たちでアリーナを探したり、試合に遅刻したりする心配はない。その代わりというわけではないが、1週間に5試合というスケジュールは40代になったウォリアーズの肉体にはややしんどい。おたがいの顔をみれば、それはすぐにわかる。

こんないい方をすると相棒がムカッとするとか、こういうふうにいえば相手にちゃんとメッセージが伝わるとか、ふたりにしかわからないツボというものがある。年齢ではホークが3歳上だけど、どちらかといえばアニマルのほうがボスみたいにふるまう。人間関係でも食べものの好みでもイエスとノーがはっきりしているのがアニマルで、ホークはたいていのことには柔軟に対応できる。

アニマルは競争意識が強くて、ホークがジムでいつもより重いダンベルを持ち上げているところを目撃したりすると自分からは「もう帰ろうよ」なんて絶対にいわない。アニマルのルーツはリトアニア人で、ホークのアンセスター（祖先）はスウェーデン人。ホークはそれほど食事に気をつけなくても体脂肪率はいつも15パーセント未満で、筋肉といっしょに全身に血管が浮き出てくるが、アニマルはホークと同じようにトレーニングをしても筋肉に厚みと丸みが出て、ちょっと油断していると太る。

ホークが「オレは北欧系で、お前はロシア系。骨格も肌の色も微妙にちがう。遺伝子のせいだからしようがない」といくら説明しても、アニマルは「いや、オレのほうがいい体だ」といってきかない。20年もつづけてきた議論だから、結論なんてない。じっさい、ベンチプレスをやらせたらホークよりもアニマルのほうがはるかに怪力だということはわかっている。

ホークもかなり体力が落ちたけど、アニマルもスタミナに不安がないといえばウソになる。でも、こういうときは「オメーもコンディション悪いな」なんていったらちっとも生産的なディスカッションにはならない。ロード・ウォリアーズにはロード・ウォリアーズらしいコミュニケーションがある。

「なあ、アニマル、オレはアメリカに帰ったらカーディオ（循環器系）のエクササイズをもっとやるよ。やっぱり、スタミナ落ちたよ」

たったこれだけのコメントで、ホークが伝えたいことはちゃんとアニマルに伝わる。ホークが〝バイクこぎ〟をはじめるといえば、なにもいわなくてもアニマルもコンディショニング・トレーニングをおっぱじめるに決まってる。ホークとアニマルは、おたがいのかゆいところをよく知っている。

（03年4月）

ジョニー・エースがみんなからリスペクトされるいくつかの理由

ジョニー・エースは、シアトル・タコマ国際空港のすぐそばのエアポート・マリオット・ホテルの1階のカクテル・ラウンジのカウンター席に腰かけてパット・パターソンWWE副社長となにやらおしゃべりをしていた。

〝ロウ〟の全米生中継を終えたロウ・ブランド所属メンバーはあしたの朝、それぞれのルートで帰宅。スマックダウン・ブランド所属メンバーはすでにこの日の午後の時点でスポーケーンに移動した。〝スマックダウン〟の録画撮りに同行するエグゼクティブ・グループは、今夜はどうやらこのホテルに宿泊するらしい。

アリーナのバックステージでは襟がピンととがったドレスシャツにベージュのトラウザーというエグゼクティブ・ファッションを身にまとっているエースは、ホテルにチェックインするとすぐにジーンズとTシャツに着替える。ほんとうはふだん着のままアリーナのなかを歩きまわりたいような気もするけれど、いまは〝背広組〟ってことになっているからそれはできない。

もう現役選手ではないからジョニー・エースというリングネームで呼ばれることはほとんどなくなった。ジョン・ローリナイティスの名刺には〝エージェント〟〝タレント・リレーション〟という肩書が記されている。

毎週月曜と火曜は、プロデューサー補として〝ロウ〟と〝スマックダウン〟のTVテーピングにかかりっきりになる。水曜と木曜はコネティカット州スタンフォードのWWE本社で定例会議とデスクワーク。週末はハウスショーにも同行するが、忙しいときはロードには出ない。どちらかといえば、最近はエグゼクティブとしての仕事に費やす時間のほうが増えてきた。

〝ジョニー・エース〟は約13年間の現役生活のほとんどを日本で過ごした。全日本プロレスのリングで闘った通算1200試合の経験がバックステージでものをいっている。オールジャパンをホームリングにしていたというだけで、たいていのボーイズは無条件にリスペクトを示してくれる。

何年かまえにスティーブ・ウィリアムスにバックハンド・チョップをノドに入れられて大量の血を吐いてからガラガラ声がひどくなった。この声も〝戦利品〟といっていい。

〝ジョニー・エース〟はスタン・ハンセン、四天王と呼ばれた時代の三沢光晴、川田利明、小橋建太、田上明、テリー・ゴーディ、ウィリアムス、あるいはベイダー、ゲーリー・オブライトらの試合をいつもすぐそばでみていた。エースの頭のなかには〝四天王スタイル〟のこってり味のシングルマッチの映像が完ぺきにインプットされている。

みんなからリスペクトされるエグゼクティブとしてのふるまいは、じつはジャイアント馬場さんからそれとなく学んだ。馬場さんはいつも前座からメインイベントまですべての試合をきっちりと観察していた。エースもみんなの試合をくまなくチェックしておくクセをつけた。

WWEのボーイズはきわめてタイトなタイム・テーブルのなかでTVマッチを組み立てていく。生中継バージョンの試合になると、入場シーンから退場までのドア・トゥ・ドアで〝6分30秒〟というぐあいに出演時間が決められていることもある。スーパースターズはこの〝6分30秒〟のあいだにスーパースターとしてのキャラクターをなんとか表現しなければならない。

バックステージではビンス・マクマホンをはじめとするエグゼクティブ・グループが真剣な顔でモニターをのぞき込んでいる。大ボスのビンスが無名のローカル・レスラーのトライアウト・マッチからスーパースターたちのソープオペラまでワンシーンも逃さずにモニター・チェックをおこなっている。

体のサイズが同じくらいのレスラー同士を闘わせることもあれば、スーパーヘビー級の選手とクルーザー級の選手をあえてぶつける場合もある。レイ・ミステリオがブレイクしたことで、ルチャリブレがあまり好きでなかったビンスも中軽量級クラスに興味を持つようになった。

たまにシェーン・マクマホンから「ジョニーも復帰したらどうだ?」なんてたずねられる。そういうときはいつも「ぼくはあまりいいレスラーじゃなかったから I wasn't that good」と答える。どんなに誘われても、もうリングに上がるつもりはない。スポットライトを浴びる願望が消えると、エグゼクティブとしてはもっともっとみんなからリスペクトされるのである。

(03年4月)

ホークとアニマルは仲よくケンカしながらロード・ウォリアーズ

ホークとアニマルのロード・ウォリアーズは、3歳ちがいのタッグチームだった。あたりまえのことだけれど、シカゴのスラム街育ちで少年時代はネズミを食って暮らしていたというプロフィルはまるっきりのファンタジーで、ホーク=マイク・ヘグストランドもアニマル=ジョー・ローリナイティスもミネソタのごくふつうの家庭で育った。

ロード・ウォリアーズは、ほとんど偶然みたいな感じで誕生した。ふたりのプロレスの師匠であるエディ・シャーキーは、レスリング・スクールの同期生だったホークとリック・ルードにコンビを組ませてタッグチームとして売り出す計画を立てていた。ジョージアのプロモーター、オレイ・アンダーソンはホークとアニマルのコンビのほうがおもしろそうだと考えた。

ミネソタ州ミネアポリスには〝プロレスラーの卵〟がたくさんいた。シャーキーはじつは名コーチというわけではなかったが、ジムやバーでプロレスラーになれそうな体の大きい若者を発見すると、すぐに「プロレスをやらないか」と声をかけた。ジェシー・ベンチュラ前ミネソタ州知事も、シャーキーのあやしいコーチを受けてプロレスラーになったひとりだ。

約6カ月間のトレーニング・セッションを終えたホークは、シャーキーのブッキングでカナダ・バンクーバーのインディペンデント団体に送り込まれた。リングネームはクラッシャー・フォン・ヘイグ。時代遅れの〝ナチスの亡霊〟キャラクターだった。新人レスラーの生活の苦しさを学んだホークは、たった6週間で荷物をまとめてミネアポリスに帰ってきた。

アニマルもザ・ロード・ウォリアーのリングネームでノースカロライナにブッキングされたが、やっぱり日払いのファイトマネーだけでは生活できなくてすぐにミネアポリスに戻ってきた。アニマルは、ホークとめぐり逢わなかったら大学にでもいってフットボールをやるつもりだった。

もしも、シャーキーとアンダーソンがこのとき、体が大きくて、運動神経がよくて、まだメジャー団体のリングに上がった経験のないルーキーのタッグチームを探していなかったとしたら、ロード・ウォリアーズはこの世に存在していなかった。

ホークというリングネームは、ホークとシャーキーの合作だった。のちのダブル・インパクトのモチーフとなるトップロープからのフライング・クローズラインは、獲物を狙って大空から地上に舞い降りてくる鷹（ホーク）をイメージさせた。ホークは、練習生だったころからジムでこの技を試していた。

ロード・ウォリアーズのビジュアルは、ちょっとずつ進化していった。はじめは短いクルーカットに革キャップ、革グラブ、革ベスト、革パンツをすべて黒で統一したハーレー系バイカーのキャラクターで、そのあとは映画『マッドマックス』の近未来SFバイオレンスをイメージしたスパイク・プロテクターをリングコスチュームにした。

トレードマークとなった顔のペインティングも、どちらかといえば偶然の産物だった。アトランタまで〝ジョージア・チャンピオンシップ・レスリング〟のTVテーピングを視察にきていたルイジアナのプロモーター、ビル・ワットがアニマルとホークに「目の下を黒く塗ったほうがいい」とアドバイスした。理由は、ホークの顔つきが「やさしすぎるから」だった。

アトランタでロード・ウォリアーズに変身したとき、ホークは26歳で、アニマルは23歳だった。何度か大ゲンカをしてチームを解散しそうになったこともあるし、きれいさっぱりプロレスをやめてしまおうと話し合ったこともあった。ふたりが顔を合わせるのはアリーナのなかだけにして、プライベートではなるべく接触しないほうがおたがいのためだろうと考えたこともあった。

でも、いっしょに過ごした20年という歳月はふたりをベスト・フレンズにした。アニマルが「あしたも早いから外出するのはやめようぜ」といえば、ホークは「じゃあ、オレは一杯だけ飲んでくる」と答えた。たったそれだけの会話でふたりはおたがいのことをちゃんと理解することができた。

その日、ホークは新居への引っ越しの準備をしていた。気分が悪くなったホークは「2時間後に起こしてくれ」とデール夫人に伝えて、ベッドルームでよこになった。そして、そのまま帰らぬ人となった。ホークの〝抜け殻〟は翌日、だびに付された。46歳だった。

God Bless Him.

（03年10月）

友人ホークに捧げる

マイク・ヘグストランドは、男の子と男の子の友情をとても大切にした。サーキット中はホテルでじっとしていることができなくて、あてもなく夜の街にゴーアウトしてバーからバーをハシゴして歩くのが大好きだった。トーキョーでは、ダウンタウン六本木をお気に入りのハングアウトにしていた。

ロード・ウォリアーズのアニマルとホークは、おたがいにかゆいところに手が届くようなコンビだった。アニマルはホークのことをマイクではなくどんなときでもホークと呼び、ホークはアニマルのことを本名のジョーと呼んだりアニマルと呼んだりしていた。

それをどういうふうにして決めたのかはわからないが、モヒカン刈りがアニマルで、頭のてっぺんをきれいに剃って両サイドを剃り残す逆モヒカン刈りがホークだった。

ロードに出ているときの髪の手入れはだいたい3日にいちどずつで、シェービング・クリームをたっぷりつけて安全カミソリでゆっくり剃っていくのが仕事のひとつになっていた。後頭部のほうの手が届かないところはおたがいに剃り合った。電気バリカンを使うと、力を入れすぎて頭のあちこちが切れてすぐ血だらけになった。

ホークとアニマル、というよりもマイクとジョーは年齢ではマイクのほうが3歳年上だったけれど、いつも親分みたいな顔をしていたのはジョーのほうだった。でも、マイクはそんなことをまるで気にかけていなかった。ウォリアーズは、WWEに在籍していた92年の夏にいちどチーム解散の危機に直面した。アニマルが尾てい骨を骨折して試合ができなくなり、ふたりはそのままWWEを退団した。

アニマルが保険金を支給されて〝障害者〟となったため、ホークも仕事を失ってしまった。がっかりしたマイクは、このとき約10年ぶりに髪を伸ばした。なるべく鏡はみないようにした。

ミネアポリスに帰ってプータローみたいな生活をしていたら、マサ斎藤が新日本プロレスとの専属契約のオファーを持ってきた。佐々木健介にウォリアーズのような衣装を着せて、ウォリアーズみたいなチームをつくりたいというはなしだった。

企画段階でのチーム名はニュー・ウォリアーズだったが、マイクは「それはできない」と断った。ウォリアーズは、やっぱりホークとアニマルだけのものにしておきたかった。でも、新しいパートナーとの出逢い、新しい仕事にマイクは素直に喜んだ。

マイクは、六本木のロア・ビルとマクドナルドのあいだの交差点のところにある〝ミストラル〟というバーのカウンター席に座っていた。

ケンスキーとのタッグチームの正式名称がなかなか決まらなかった。カウンターの奥のスピーカーからご機嫌なハードロックが流れてきた。なんだかいい曲だなと思ったマイクは、「いまかかってるこの曲、だれ?」とバーテンダーにたずねた。バーテンダーは「オジーですよ。オジー・オズボーン」と答えた。

ウォリアーズの入場テーマ曲は、ブラック・サバスの〝アイアンマン〟だった。ブラック・サバスが解散したあと、リードボーカルでフロントマンだったオジー・オズボーンはソロ・アーティストになってさらにビッグな存在になった。

マイクは「オジーのなんて曲?」とまたバーテンダーに聞いてみた。バーテンダーは「新しいアルバムにはいってる曲ですね。ちょっとみてみますね」といってCDのジャケットを取り出した。曲名は〝ヘルレイザー〟だった。マイクは「これじゃんThat's it」といってにっこり笑った。こうして、ザ・ヘルレイザースというチームが誕生した。

ホーク・ウォリアー&パワー・ウォリアーのヘルレイザースとしての3年間は、マイクにとって〝トーキョー・デイズ〟というタイトルのロード・ムービーみたいな1ページになった。

アニマルが「またロード・ウォリアーズでツアーをやろうぜ」と連絡してきた。WCWとWWEのオプションがあったが、アニマルは中途半端な形でフェードアウトしてしまったWWEでのカムバックを望んだ。

ホークは、ビンス・マクマホンをぶん殴ってしまったことがあった。まるで子どものケンカみたいな感じだった。ビンスとビンスの家族とレスラー仲間たちがみんなでいっしょにスキーに出かけたときのことだ。

すごいスピードで直滑降を滑ってきたビンスが、マイクにショルダータックルをぶちかましてきた。

わざとぶつかったと直感したマイクは、その場でビンスの頭を殴った。もちろん、つかみ合いのケンカになった。マイクは「ビンスなんか大嫌いだ。あの髪形が嫌いだ」といつも口にしていた。それは、ビンスがプロモーターのくせにプロレスラーみたいにふるまうからだった。でも、友だち付き合いをしていたときもあるのだろう。〝私をスキーに連れてって〟じゃないけれど、ほんとうに仲が悪かったらいっしょにスキーになんか行くはずない。

けっきょく、WWEにいたのはそれから2年くらいで、こんどはマイクが「オレはやめる」といい出して、アニマルが「もうちょっと我慢しよう」と相棒を説得した。でも、ホークが「絶対にやめる」といったらアニマルもそうせざるを得なかった。

WWEではロード・ウォリアーズではなくてLOD(リージョン・オブ・ドゥーム)というチーム名を使

っていたアニマルとホークは、ビンスに「そのヘンなヘアスタイルはもう古い。髪を伸ばせ」といわれ、モヒカン刈りと逆モヒカン刈りをやめさせられた。

ビンスの子飼いの放送作家チームは、ホークに〝アルコール依存症〟という屈辱的なスキットを演じさせた。ビンスは、連続ドラマのストーリーラインのなかで〝ウォリアーズ伝説〟を破壊しようとした。

マイクは3年まえにオーストラリア・ツアー中に心臓発作を起こして、生死のさかいをさまよった。現地の病院に10日間ほど入院させられたとき、アニマルといっしょにずっと病室に付き添ってくれたのがカート・ヘニングだった。

マイクとカートは同い年で、地元ミネアポリスではすぐ近くのハイスクールに通っていたこともあって十代のころから友だちだった。カートの父親ラリー・ヘニングが有名なプロレスラーだったから、ヘニングはどこかそれを鼻にかけていたらしい。

高校3年生のとき、近所のボーリング場の駐車場でケンカをしたことがあった。でも、それからは仲よくなった。ヘニングが〝急性ドラッグ中毒〟で死んだとき、マイクは「あいつは、起きなかっただけだ。朝になったら起きればよかったのに」と悲しんだ。

マイクはいつだってとことんナイス・ガイだったが、オーストラリアで死にはぐったあとはとくに善人になった。毎週日曜に教会に通い、聖書を読むようになった。ほんとうはあのときオーストラリアへお迎えが来ていて、マイクがそれを「ファック・ユー」といって断っただけなのかもしれなかった。

あれからは、一日一日が神様からのギフト。人生のボーナス・トラックになっていたのだろう。マイクはカートとまったく同じように、ある日、眠ったまま起きてこなかった。

（03年10月）

ジョン・ローリナイティスの〝ジョニー・エース〟はもういない

ジョン・ローリナイティスからのメールの1行めは

「今回はジャパンへは行けそうもない」という短いセンテンスだった。Hiroshima, Osaka, Saitama と書いてヒロシーマ、オォーサーカ、サイタァーマという発音になる。

〝ジョニー・エース〟がオールジャパン＝全日本プロレスで過ごした日々を懐かしく思い出したくなると、ジョンは自分自身に「ジョニー・エースなんてもういないんだ」と念を押す。年に8回ずつアメリカと日本を行ったり来たりする生活をまる12年つづけた。チャーハンとギョーザをよく食った。

ビンス・マクマホンのとんでもない思いつきで、WWEスーパースターズがイラクに大移動することになった。レスラー15選手とスタッフ19人、合計34人のプロダクション・パッケージ。米軍エンターテインメント部と交渉にあたったのはブラッドショー（ジョン・レイフィールド）だった。ジョンはタレント・リレーション担当エージェント部長としてツアーに同行した。

クリスマス特番〝スマックダウン〟の収録がバグダッドの米軍駐屯地キャンプ・ビクトリーでおこなわれたのは12月20日。陸軍の歩兵小団数百人がシステマチックに仮設アリーナを組み立てた。TVカメラの〝向正面〟に戦車がレイアウトされた。戦地でクリスマスを迎えた兵士たちはWWEの訪問を心から喜んでいるようだった。米軍、イギリス軍、イタリア軍の兵士約5000人がつかのまのアウトドア・ショーに熱狂した。

それにしても、ほんとうにイラクに行くとは思わなかった。ツアーに連れていく15人のタレント（選手）はビンスが自分でピックアップした。負傷中のブロック・レズナーとカート・アングルがリストから外れ、ゲスト・アトラクションとして〝ストーンコールド〟スティーブ・オースチンがバグダッド行きのメンバーに加わった。

ジョンはTVカメラには映らない、気配を消したビハインド・ザ・シーンのひとりとして戦争の風景のなかにいた。バグダッドでの3日間と2日間の移動は、いささか無神経で不適切な観察かもしれないけれど、そっくりそのまま〝2時間特番〟みたいだった。ビンスは「来年もやるぞ」とはしゃぐけれど、戦争がそんなにつづくなんて考えたくない。

　同じようなデザインの無地のボタンダウンのシャツを何枚も買った。色は白、ベージュ、水色、薄いピンクなど。プロデューサーは、なるべくブルージーンズははかないようにしたほうがいい。黒のデニムならいちおうOK。ネクタイはしないけれど、基本的には襟のとがったシャツを着る。

　タレント・エージェントは〝ブランド分け〟されていないから、月曜の〝ロウ〟生中継と火曜の〝スマックダウン〟録画収録のどちらにも立ち会う。ふたつのTVショーの製作総指揮のビンスは、自分に向かってカメラがまわっていてもそうじゃなくても、監督・主演としてバックステージをひとりで仕切りまくる。

　TVテーピングのない水曜と木曜はコネティカット州スタンフォードで制作・編成会議、マーケティング会議がある。週末のハウスショーに顔を出すときは、10日間くらい家に帰れないこともある。ビンスとビンスのファミリーがほとんどオフをとらないから、エグゼクティブのジョンもなかなか休めない。リンダ・マクマホンCEOからは「スタンフォードに引っ越してきなさい」とリロケーションを勧められている。

「〝ジョニー・エース〟はそれほどたいしたレスラーではなかった」とジョンはふり返る。レスリングのテクニックはまあまあだったし、体つきだって自慢できるものではなかった。オールジャパン時代の自分をよく知らないWWEのスタッフから「キミはジャパンではスーパースターだったんだろ」なんていわれると、いつも「そんなことないです」と答えることにしている。

　ひとつだけみんなとはちがうバックグラウンドがあるとすれば、それは言語によるコミュニケーションを必要としない空間でプロレスを勉強してきたことだ。ジャイアント馬場さんから学んだプロレスが理論としてWWEでおおいに役に立っている。

　相棒ホークがいなくなった兄アニマルは、プロレスをつづけようかどうか悩んでいる。弟ターミネーターはとっくにプロレスをやめてCGの仕事をしている。

3人のなかでいちばん不向きといわれたジョンがWWEでプロレスをつくる仕事についた。だから、プロレスも人生もどこでどうなるかわからない。(04年2月)

アニマル・ウォリアーじゃなくて〝ジョー〟としてのこれから

「髪を伸ばそうと思ってね」といって、アニマルは深めにかぶっていたベースボール・キャップのつばをちょっとだけ持ち上げた。トレードマークだったモヒカン刈りが短めのクルーカットになっていた。アニマル・ウォリアーよりもジョー・ローリナイティスとして過ごす時間のほうが長くなった。顔にペインティングを塗っていないアニマルは、ローリナイティス家のパパである。

〝父親〟はやっぱり子どもたちのはなしをしたがる。アーミーに入隊した22歳の長男ジョーは約一年間のイラク駐留を終えて、いまはドイツの陸軍駐屯地にいる。化学兵器、核兵器の査察部隊の一員として11カ月間、ファルージャに派遣されていた。

「電話ができない。郵便も届かない。メールもつながらない」

アニマルと妻ジューリーさんがていねいにダンボール箱につめてイラクに送ったコンパクトDVDプレーヤー、ヘッドフォン、CD、アメリカの雑誌、日用雑貨などはやっぱり息子の手には届かなかった。

ホーク・ウォリアーの葬式があった朝、長男ジョーはひょっこりミネソタに帰ってきた。ジョーはホーク、というよりもマイク・ヘグストランドをほんとうの叔父のように慕っていたから、マイクと最後のお別れすることができたのはよかった。でも、それまで連絡がとれなかったジョーがいきなり家に戻ってきたのは不思議といえば不思議だった。

ホークは自分の死が近づいていることを知っていた、とアニマルは考える。その前日、ふたりは電話で10分くらいおしゃべりをした。ホークは「引っ越しは大嫌いだ。もう二度とするもんか」と宣言してから「でも、ベッドと家具と大きな荷物だけはオレが運んでやらないとね」といって電話を切った。そして、ホークは家具と大きな荷物を新居に運び込んでからデール夫人に「ちょっと休けい」と伝え、ベッドによこになり、そのまま帰らぬ人となった。

翌朝、アニマルはフロリダの知人からその知らせを受けた。リビングルームの電話口で「なんだと?」と叫ぶアニマルの姿をキッチンからみていたジューリー夫人には、その瞬間にすべてが理解できた。ホーク＝マイクが天国へ旅立ったということが。

ローリナイティス家の5人家族は、7年まえにみんなでクリスチャンになった。アニマルのハイスクール時代からの親友で、プロレスをやめて牧師になったニキタ・コロフから一冊の本をプレゼントされたのがきっかけだった。アニマルは「読んでみろ」といってホークにもそれを渡した。アニマルよりも先にホークが〝神の本〟にハマッた。

アニマルの次男で、17歳のジェームスはいつのまにか父親よりも背が高くなった。身長6フィート3インチ(約190センチ)、体重230ポンド(約105キロ)の体格で、スクワットなら600ポンド、ベンチプレスは300ポンドを持ち上げる。フットボールに熱中していて、まだ高校2年生なのに31校の大学からすでにフットボール奨学金のオファーを受けているという。ある日、両親に「教会に行こう」といいはじめたのはジェームスだった。

中学2年生の長女ジェシカは、アイスホッケーのオリンピック・デベロプメンタル・プログラムに所属している。雪国ミネソタ育ちだからだろうか、女子アイスホッケーという競技の普及に14歳の女の子なりの使命感のようなものを持っているらしい。

栗色のクルーカットのてっぺんを大きな手でなでまわしながら、アニマルはどうしたもんかなという顔をした。モヒカン刈りをやめて髪を伸ばしてしまうと、それはもうロード・ウォリアー・アニマルのイメージではなくなってしまうかもしれない。でも、伸ばすからには後ろでポニーテールに結べるくらいの長さにはしたいと思っている。

「アニマルとリアル・ミー Real Me はまったくちがう人格なんだ」といって、アニマルは大きくうなずいた。

「あの頭でスピーチをするのもねえ……」

リアル・ミーとは、もちろんクリスチャンのジョー。友人のテッド・デビアス牧師といっしょにアメリカじゅうの教会をサーキットするようになって、救いを求める人びとのまえでスピーチをする機会が増えた。

プロレスとは〝グッド・ガイ＝善〟と〝バッド・ガイ＝悪〟のわかりやすいゴスペル。地上での仕事を終えたホークはみんなよりもちょっとだけ先に神のもとへと導かれたのだ、とアニマルは信じている。

（04年5月）

モノポリーWWEのファーム・リーグ計画

ジョニー・エースは「コーヒーでも飲もう」といって、迷路のようなバックステージの通路をすたすたと歩いていった。向こうから歩いてきたパット・パターソンがジョニーを見つけると、さっと近づいてきてなにかを耳打ちした。ジョニーは「あ、そうですか」とだけ対応し、立ち止まらずそのまま歩きつづけた。

入場ランプにつながる黒いカーテンで覆われたスペースのすぐよこのちいさなサブ・コントロール室では、マイク付きのヘッドセットをつけたサージャント・スローターが番組の進行表らしき書類に目を通しながらTVモニターに向かって大声でしゃべっていた。リングサイドの実況ブースとラインがつながっているのだろう。

廊下の壁には〝プロダクション・ルーム〟〝ビンスのオフィス〟〝ミーティング・ルーム〟〝ケータリング〟などと書かれた白い紙がたくさん貼られていて、それぞれのサインの下に矢印がついている。

番組収録開始30分まえのケータリング・ルームはガランとしていた。選手もスタッフももうとっくに食事をすませてしまったのだろう。〝食堂〟にはブッフェ・スタイルの料理の香りがまだほんのりと漂っていた。ジョニーは人さし指で「なんでも好きなものを飲んで」と合図しながら冷蔵庫からダイエット・コーラの12オンス缶を取り出し、それからアペタイザーのテーブルまで歩いていってニンジンとカリフラワーのベジタブル・スティックを2、3個、つまんだ。

WWEでのジョニーのポジションは〝バイス・プレジデント・オブ・タレント・リレーション〟。それらしい日本語に訳せば、副社長・人事部長ということになるのだろう。名刺にはジョニー・エースではなくジョン・ローリナイティスと本名が記されている。〝食堂〟にミネラルウォーターを取りにきたマイケル・ヘイズが「おお、ジョニー」と声をかけてきた。やっぱり、ジョニーが愛称になっているらしい。

「なあ、ウチの兄貴、どうだった?」

ジョニーは、兄アニマル・ウォリアーのことを知りたがった。

「いつも〝オレは絶好調〟の一点ばりだからさ」とジョニーは心配そうな顔をした。

いまジョニーが手がけているいちばん大きなプロジェクトは、ファーム・リーグの事業計画だという。WWEは現在、ケンタッキー州ルイビルにOVW(オハイオ・バレー・レスリング＝ジム・コーネット代表)という〝二軍〟を運営しているが、来年の夏までにこういったファーム・リーグがあと4グループ発足することになっている。

候補地はフロリダ州タンパ、ジョージア州アトランタ、コネティカット州とカナダ・トロントの4ロケーション。タンパはレスリング・スクール部門で、アトランタは〝2A〟のローカル団体。トロントはWWEカナダ支局の事業で、WWE本社のあるコネティカットのグループが大リーグ野球でいうところの〝3A〟になる。OVWを含めた全5グループでマイナー・タレント150選手を抱えることになる。

ボスのビンス・マクマホンからは「開発事業にはいくらでも予算を使っていい」というお墨付きをもらっている。これらのファーム・リーグからは毎年、10選手くらいがメジャーに昇格してくるようなシステムをつくりたい、とジョニーは考える。20年がかりでアメリカのレスリング・ビジネスを完全制圧し、事実上のモノポリーを実現したWWEは、いま〝未来への投資〟というまったく新しい局面を迎えている。

毎週火曜の夜は、〝スマックダウン〟の収録が終わるとそのままビンスの自家用ジェット機に乗ってコネティカットに移動。水曜はスタンフォードのWWE本社で一日じゅうミーティング。木曜の朝、タンパの自宅に帰るというのがジョニーの1週間のルーティンだ。

タンパの自宅に帰るのは木曜と金曜で、週末はハウスショーに同行。月曜と火曜はまたTVテーピング。できるだけ身軽にサーキットができるように、会社がスタンフォードにアパートメントを借りてくれた。ドレスシャツとネクタイとスラックスが〝制服〟になったから、現役時代よりもかえってめんどうなランドリーが増えた。

「試合、観ようよ」というと、ジョニーはまた迷路のような通路をすたすたと足早に歩きはじめた。入場ランプのすぐ裏側では悪党マネジャー、ポール・ヘイメンが興奮した顔でスタンバイしていた。（04年8月）

忙しすぎるジョニーとの会話は3分ごとに〝割り込みモード〟

ジョニー・エースは「午後1時に」といったら午後1時ぴったりに約束の場所に現れる。シカゴのウエスティン・ホテルは10日間、WWEの〝貸し切り〟になっていた。そこらじゅうにセキュリティーが立っていて、〝通行証〟のIDを首からぶら下げていないとロビーをうろうろすることもできない。ジョニー、というよりもジョン・ローリナイティス副社長は手のひらにおさまるくらいのちいさな携帯電話を耳にあてて、だれかとぼそぼそしゃべりながらこっちに向かって歩いてきた。

「急に用事ができちゃったよ。ま、いいや、〝グリーンルーム〟に行こう」というと、ジョニーは歩いてきたばかりの長いロビーを反対の方向に向かってひき返していった。〝グリーンルーム〟とは、ホテルの大広間につくられた仮設の制作スタッフルームのことだった。ジョニーは「すぐ戻る」といい残してどこかへ行ってしまった。

素顔のアンダーテイカーがよこを通り過ぎていった。髪を後ろに束ねたテイカーは〝レッスルマニア22〟のロゴがプリントされた黒のベースボール・キャップを深めにかぶり、紺色のスウェットの上下を着ていた。部屋の入り口に立っていたファビュラス・ムーラとメイ・ヤングをみつけると、テイカーはにっこり笑って「ハロー、レディース」と声をかけ、おばあちゃんたちにハグをした。

ブラックジャック・マリガンとバリー・ウィンダムがスーツケースをひっぱって、きょろきょろしながら〝グリーンルーム〟に迷い込んできた。スキューバダイビングの事故で肺に炎症を抱えるマリガンは飛行機に乗れないため、ウィンダム親子はチャーター・リムジンに乗って陸路でフロリダからシカゴまで移動してきたのだという。

10分くらいするとジョニーが戻ってきて「けさ、ハーリー・スミスと契約したよ」と話しはじめた。ハーリーはデイビーボーイ・スミスとダイアナ・ハートの息子。ロウ・ブランド所属になるらしい。「テディ・ハートは？」と聞くと、ジョニーはちょっとだけ首を斜めに傾けて「まだちょっと」とむずかしい顔をした。テディはブレット・ハートの姉ジョージアの息子だから、スミスとはイトコ同士ということになる。ジョニーのケータイが鳴った。

電話を切ったジョニーは、頭のなかを整理するように「けっきょく、この会社でいちばん大切な仕事はプロダクション（制作）とタレント（人事）のふたつなんだ。マーチャンダイズ（商品開発・販売）はそのあと」と話しながら黄色のノートパッドにメモ書きを走らせた。またケータイが鳴りはじめた。

エージェントのアーン・アンダーソンとスティーブ・カーンが「あと5分でミーティングだ」「10分くらい遅れる」と話し合いながらスタッフルームを通過していった。すぐそばを通ったトーリー・ウィルソンとビリー・キッドマンが「やあ」といってジョニーの肩をたたいた。「キッドマン、また契約したの？」とたずねてみると、ジョニーは「いや、彼はこの近くで試合があったらしいよ」とそっけなく答えた。

ランチボックスを手に持ってスタッフルームのなかをうろうろしていたランディ・オートンが、カウチに座っていたマリガンのところにいって「子どものころ、セントルイスでお会いしました」と礼儀正しく自己紹介をはじめた。顔が半分隠れるくらいすっぽりと頭からニット帽をかぶったオートンはいかにもいまどきの若者っぽかった。

「テリー・ファンクは契約ずみ。サンドマンも出るよ。ライノとダッドリーズは出ない。TNAのタレントだからね。サブゥーはまだわからない。話し合ってみないと」

ジョニーは6月の〝ECWワンナイト・スタンド〟のプランニングについて語りはじめた。4月は〝レッスルマニア〟のあとに〝バックラッシュ〟があって、5月のPPVは〝ジャッジメント・デー〟。何カ月も先のことになるとビンス・マクマホンの気が変わることもあるかもしれないけれど、だいたいのカード編成はそろそろ広告部にまわしておかなければならないらしい。

トミー・ドリーマーがやって来て、ジョニーになにやら耳打ちをしていった。またしても急用ができたらしい。「忙しそうだから、もう帰るね」と伝えると、ジョニーは「ぼくが忙しいんじゃないんだ。みんなが忙しいからぼくが働かされるんだ。ぼくはちっとも偉くない」と笑って席を立った。ジョニーのトラウザーのポケットのなかでケータイがまた鳴った。

（06年4月）

ジョニーは独りぼっちでリンゴをかじっていた

ジョニー・エース、というよりもジョン・ローリナイティスはかじりかけのリンゴを右手に持って、フォックス・シアターのバックステージを歩きまわっていた。ジョニー・エースというリングネームはもう使わなくなったけれど、愛称はいまでもジョニーのままだ。〝エグゼクティブ・バイス・プレジデント・オブ・タレント・リレーションズ〟という長ったらしい肩書をそれらしい日本語に訳すと〝副社長／人事部長〟とまんなかにスラッシュがはいる。WWEには約200人の契約タレントと350人の正社員がいて、副社長のジョニーにはとても全員の顔と名前をおぼえきれないくらいのフェースレスでネームレスな部下たちがいる。

ジョニーが「広報のアダムはどこ?」とだれかに声をかけると、そこらじゅうでスーツ姿の部下たちがケータイに向かって「アダムはどこだ?」と声を上げ、あたふたしはじめる。部下のうちの何人かがジョニーのもとに走ってきて、それが緊急事態なのかどうかを確認にくる。

ちょっと離れたところでは別の部下が「アダムはプレス・ゲートのテーブルにいました」とジョニーに向かって合図をし、また別の部下が走ってきて「呼んできましょうか」とジョニーの指示をあおいだりする。ジョニーは「いいよ、ぼくが行くから」と答え、それから思い出したようにリンゴをまたひと口かじった。それから数秒後、ジョニーのケータイにアダム本人から連絡がはいった。

「単純なことなんだ。ぼくが偉くなったんじゃなくて、ぼくのポジションがみんなを緊張させてしまうんだ」とジョニーは困ったような顔した。「ホントだよ。ちっとも偉くないんだ。ぼくはダメなプロレスラーだったんだもん。I was bad」とつづけ、酸っぱいリンゴでほっぺたをふくらませた。

人事部長のいちばんの仕事はハイヤリングとファイアリング。タレントの雇用契約と解雇である。そのタレントが会社にとって〝戦力〟なのか〝戦力外〟なのかを決めるのはもちろんビンス・マクマホンだけれど、じっさいに〝戦力外通告〟をしなければならないのはジョニーだ。

WWEのリングから消えていったスーパースターたちの多くは、ビンスに解雇されたのではなくて、ジョニーにクビにされたものと思い込んでいる。それはだれかがやらなければならないダーティー・ワークなのかもしれないけれど、スーパースターの自宅に電話をかけて悪い知らせを伝えるのはたやすいことではない。だから、現役の選手たちとはなかなか友だち付き合いができない。

また、ジョニーのケータイが鳴った。ホテルから会場までの移動バスの出発がだいぶ遅れているらしい。〝ホール・オブ・フェーム〟の開演は20分後に迫っていた。

「とにかく、すぐに出て。遅刻した人たちはもう待たなくていいから」

バックステージの通用ゲートに2台のリムジンが停まった。1台めの黒塗りのリムジンにはリンダ・マクマホン、シェーン・マクマホン夫妻、ステファニー・マクマホンとHHHが乗っていた。ビンスの姿はない。製作総指揮監督は朝から〝ゴリラ〟にこもりっきりなのだという。2台めのリムジンからはブランドものを全身にまとったバティースタとその家族、バティースタの子分と思われるヴィトーが出てきた。

マクマホン・ファミリーを出迎えたジョニーは、シェーンと握手を交わし、ステファニーには軽くハグをした。大腿四頭筋断裂のケガでリングを離れているHHHは、まだなんとなく足をひきずっている。HHHがそこに立っているだけでその場の空気がピリピリする。

大型バス2台分のスーパースターたちがバック・ゲートに到着した。100人を超えるWWEスーパースターズがあっというまにバックステージを覆いつくした。ダスティとダスティンのローデス親子がリック・フレアーと立ち話をしていた。すぐそばにリッキー・スティムボートとサージャント・スローターの後ろ姿がみえた。黒いスーツを着たフナキが〝伝説の男たち〟のなかをすいすいと泳ぐように歩いていた。

ミック・フォーリーが遠くのほうからこちらに向かって手を振ってくれた。サンドマンが人の波をかき分けて歩いていると、JBLとロン・シモンズが意地の悪そうな顔でその背中をにらんでいた。ランディ・オートンが〝禁煙〟と記された張り紙の下でタバコをふかしていた。

「会場内にはいってくださーい」

ジョニーが声をからしながらスーパースターたちの交通整理をしていた。〝ホール・オブ・フェーム〟のセレモニーがはじまろうとしていた。

（07年4月）

Ⅳ—2

brothers

ショーン・ウォルトマン
ケビン・ナッシュ
スコット・ホール

ウルフパック

Wolf Pac

Sean Waltman
ショーン・ウォルトマン

1972年、フロリダ州タンパ生まれ。15歳でハイスクールをドロップアウトし、名門『マレンコ道場』に入門。レスリング・スクール時代は、授業料を払う代わりにほかの練習生たちの“実験台”となったことは有名なエピソード。93年にWWEと契約。食うや食わずの極貧インディー系レスラーからWWEスーパースターに変身した。兄貴分のナッシュとホールよりも年齢的にはかなり若いが、プロレス世界史の知識は“生き字引”といわれる。ジャパニーズ・スタイルからルチャリブレ、アメリカン・スタイルからMMA系までどんなスタイルにも対応できる

Wolf Pac Motto

ウルフパックは単なるタッグチームではなく、プライベートでもほんとうにブラザーのように仲がいい悪友トリオ。ウルフパックの語源は、ヨーロッパ・ツアー中にホンモノのイタリア人マフィアから教わった兄弟分を意味する“暗号”といわれる。なにがあっても友情を大切にし、おたがいを信頼し、仲間を“天敵”から守りぬくのがモットー

Kevin Nash
ケビン・ナッシュ

1959年、ミシガン州デトロイト出身。大学時代はバスケットボール（テネシー・ヴォルツ）で活躍し、NCAAトーナメントのスウィート16進出。NBAにドラフト指名されなかったため、ヨーロッパ下部リーグに4年在籍。その後、陸軍に入隊。除隊後、90年にプロレス転向。93年、WWEと契約。94年、マディソン・スクウェア・ガーデンでボブ・バックランドを下しWWE世界王座を獲得。WWEデビューから髪を伸ばしはじめ、スーパースターに変身し、オール・ワンレングスの長髪になっていく姿を観客と共有した。96年、親友ホールとともにWCWに移籍

Scott Hall
スコット・ホール

1958年、フロリダ州オーランド出身。父親が陸軍にいたため少年時代は南部諸州を転々とし、高校時代をドイツのミュンヘンで過ごした。84年、日本人レスラーのヒロ・マツダのコーチを受け、NWAカンザス地区でデビュー。若手時代は新日本プロレスの常連だった。下積み時代が長く、リングネームやコスチュームのデザイン、髪の色を何度か変えた。92年、WWEと契約して“にせキューバ人”レーザー・ラモンに変身、ヒール路線でメインイベンター・クラスに定着した。96年5月、ライバル団体WCWに移籍。nWoムーブメントが大ブームを起こした

こんどの〝キッド〟はテッド・ニュージェント系だそうです

それは一通の〝速達便〟からはじまった。送り主はWCW（ワールド・チャンピオンシップ・レスリング）。航空チケットと新しいスケジュール表のパッケージにしてはちょっと薄っぺらいし、小切手とか為替とかそういうあとでお金に化けるたぐいの紙切れだったらエンベロップの外側にちゃんとそういうふうに表示されている。それが〝不幸の手紙〟だということがショーン・ウォルトマンにはすぐにわかった。

「ディア・ミスター・ウォルトマン。弊社（WCW）と御社（ウォルトマン・スポーツ）との専属タレント契約は某月某日をもって破棄させていただきました。文面にてお伝えいたします」

ミスター・ウォルトマンとは、ついこのあいだまでnWoのメンバーということになっていたシックスのことで、ウォルトマン・スポーツはショーンのギャラの振り込み先になっているペーパー・カンパニー。何年かまえに先輩の〝ヒットマン〟ブレット・ハートが個人事務所の法人登記のノウハウを教えてくれた。

ようするにいきなりクビにされたようだ。WCWから送られてきた通達書には〝ターミネーション（契約解除）〟とだけ明記されていた。いきなりといっても、そんなことが起こるんじゃないかという予感みたいなものはたしかにあった。首のケガで自宅療養中だったショーンは、毎週月曜夜の〝マンデー・ナイトロ〟の熱心な視聴者になっていた。

兄貴分のケビン・ナッシュとスコット・ホールからは毎日のように電話がかかってくる。ほんとうは3人でウルフパックというタッグチームをつくるつもりだったけれど、正義の味方をやめて大ヒールに変身しようと思いついたハルク・ホーガンがこの計画に加わって新グループが結成された。それがnWo（ニュー・ワールド・オーダー）だった。ホーガン、ナッシュ、ホールから数えて6番めに軍団に加入したショーンにはシックス Syxx なるリングネームが用意されていた。

いままでずいぶんいろいろなリングネームを名乗った。十代でインディー系のリングを漂流していたころはもっぱらライトニング・キッドで、ＷＷＦ在籍時代は1－2－3キッド。カミカゼ・キッド。キャノンボール・キッド。ザ・キッド。いつもリングネームの下のほうに〝キッド〟がくっついていたから、レスラー仲間のあいだではだいたい〝キッド〟で通っている。

〝シックス解雇〟のニュースはショーンのあずかり知らぬところで勝手に独り歩きしはじめていた。自宅療養中だから家のなかでじっとしているのはあたりまえだけど、家にいるだけでありとあらゆる新情報、怪情報がひっきりなしに乱れ飛んでくる。一日じゅう〝録音モード〟にしておく留守番電話には、チェックするたびに10件以上のメッセージがたまっている、自動切り替えのＦＡＸのほうにも書類、メモ書きなどがスルスルと送られてくる。必要なものとそうでないものをしっかり選別しておかないと、情報が情報のなかで窒息してしまう。

ここ数日間ではっきりしたことは、ＷＷＥが〝キッド〟を欲しがっていること、エリック・ビショフＷＣＷ副社長が連絡を取りたがっていること、そして自分への突然の解雇通達はどうやらそのビショフが、いうことをきかないナッシュとホールに向けて投げつけたケン制球らしい、ということだった。ウルフパックの兄貴分たちはショーンの解雇を悲しみ、また〝キッド〟のＷＷＥマット再デビューを喜んでくれた。

こんどの〝キッド〟は、テッド・ニュージェントみたいな汚らしいロッカーの道を歩むつもりらしい。ヒゲというものはいままでいちども伸ばしたことがなかったけれど、家でじっとしているあいだにためしにやってみたら、それなりのヒゲづらになった。新しいリングネームはＸパック。これからしばらくのあいだはナッシュ、ホールとは別行動になる。Ｘパックが〝ロウ・イズ・ウォー〟の画面に現れると、裏番組〝ナイトロ〟ではホーガンとナッシュの大ゲンカがおっぱじまった。

（98年4月）

WCWマットの〝実権〟を握ったケビン・ナッシュ

口ゲンカではだれもケビン・ナッシュにはかなわない。あれだけの体格だからふつうのケンカだってきっと強いのだろう。でも、それとこれとをいっしょに論じてもどうにもならない。議論のための議論じゃないけれど、基本的にプロレスラーはリングの上でもドレッシングルームでもケンカのためのケンカはやらない。ナッシュの〝口ゲンカの強さ〟は現場での発言力の大きさ、影響力の大きさを意味している。

毎週月曜夜のプライムタイム・プログラム〝マンデー・ナイトロ〟は、プロレス中継番組というよりは連続ドラマに近い。週に1回のエピソードでドラマそのものは一年に〝50話〟も進行してしまう。1話のランタイムは3時間。試合以外の場面での登場人物たちの動きが番組のまんなかにレイアウトされている。3時間のうちの2時間分がWWEの〝ロウ・イズ・ウォー〟と裏番組でバッティングしている。放送日の翌日には15分単位の視聴率がはじき出される。

nWoを牛耳ってきたのはハルク・ホーガンではなくて、はじめからナッシュだった。nWoが〝白〟と〝赤〟に別れたのはホーガン・グループとナッシュ・グループののれん分けのようなものだった。〝赤nWo〟には絶対的ベビーフェースのスティングが混じっていた。〝赤nWo〟と〝白nWo〟のポジショニングがどこかあいまいになりかけたのと時を同じくしてゴールドバーグが出現した。ホーガンが〝引退〟を表明し、〝赤nWo〟と〝白nWo〟が再編成の方向に向かうと、いつのまにかナッシュはWCW世界ヘビー級王座を手に入れていた。

ナッシュの発言力と人海戦術をもってすれば〝怪物〟ゴールドバーグの腰からチャンピオンベルトをひっぺがすのはかんたんなことだった。〝ナイトロ〟の画面に映っているホーガンは〝白nWo〟ではなくて〝赤nWo〟のTシャツを着て、赤ロゴの毛糸のキャップをかぶっている。マイクを使ってのおしゃべりのシーンでは番組の主役の座を譲ったホーガンがかなり意識的にナッシュの後ろのほうに立っている。

ナッシュは〝後天的プロレスラー〟の典型である。ビジネスとしてのプロレスとめぐり逢ったのは30代になってからだった。ホームタウンはミシガン州デトロイト郊外のオーバーン。バスケットボールでスポーツ奨学金をもらい、テネシーのノックスビル大学に進学した。何度か転学をくり返しながらプロへの道を模索したがNBAのドラフトにはひっかからず、ヨーロッパへ渡った。1990年にジム・ハードWCW副社長（当時）にスカウトされたときは、ジョージア州アトランタのナイトクラブでバウンサー（用心棒）をしていた。ナッシュは人生のはじめの3分の1くらいの時間を放浪の旅に費やした。

プロレスラーになったばかりのころは変テコなリングネームとギミックにずいぶん悩まされた。最初にもらったキャラクターが顔にペインティングをほどこしたタッグチーム、マスターブラスターズの片割れで、その次が〝不思議の国〟からやって来た魔法使いOZ《オズ》。そのあとが黒髪、黒ヒゲ、革パンツのヴィニー・ベガスで、このときの衣装がWWEでの〝ビッグ・ダディ・クール〟ディーゼルにつながった。

ある日、〝プロレスの力学〟にめざめちゃったのだろう。ディーゼルはマディソン・スクウェア・ガーデンのリングでWWE世界ヘビー級チャンピオンとなり、〝レッスルマニア〟でメインイベントをつとめ、FA宣言でニューヨークからアトランタにUターンしてきた。スーパースターになって古巣に戻ってきたナッシュは、リング上とドレッシングルームの微妙な空気の動きがはっきりと読み解けるようになっていた。

ホーガンがいる。リック・フレアーがいる。あっちのほうにベビーフェースの〝大部屋〟があって、こっちのほうにヒールのラウンジがある。あっちにもこっちにも〝猿山〟があって、それほど大きくない山にも〝お山の大将〟がいる。毎週月曜の夜は150人近いレスラーがバックステージを歩きまわっている。

ナッシュのすぐそばには親友スコット・ホールがいる。ホーガンよりも身長の高いナッシュは、ホーガンのそれよりも高い目の位置からいまいる場所を見渡している。ナッシュから見下ろされたホーガンは、ちょっとだけ弱気になっている。

(99年1月)

スコット・ホールの〝リアリティー・リアリティー・リアリティー〟

スコット・ホールは3分間くらいの会話のなかで〝リアリティー Reality〟という単語を5回は使う。事実。現実。実在のもの。事実であること。真実であること。現実味のあるもの。リアルの名詞形。哲学用語として使うと〝実体〟〝実存〟になる。

ホールは14年まえのある夜の出来事をまるできのうのことのように思い出す。アントニオ猪木がマサ斎藤を下して『87IWGPチャンピオン・シリーズ』に優勝した。初代王者・猪木が黄金のチャンピオンベルトを腰に巻き、この日からIWGPは年にいちどの〝お祭り〟からヘビー級王座へと姿をかえた。

長州力がリング内にかけ込んできて、マイクをつかんでなにかを訴えた。長州、スーツ姿の藤波辰爾、UWFのロゴが描かれたTシャツを着た前田日明の3人がリングのまんなかで握手を交わした。猪木もマイクをつかんでなにかを叫び返した。リング上にいた30人近いジャパニーズ・レスラーたちがふたつのグループに〝分類〟された。ホールは、両国国技館の東側の花道の奥のほうからこの光景をじっと観察していた。

あのときはそれがなんのことかはまだわからなかったけれど、いまになってみるとキャリア3年足らずのグリーンボーイだったホールの頭のなかでリアリティーのスイッチが〝ON〟になったのはあの瞬間だった。

ボーイズにとってリアリティーのあるものは観客にとってもリアリティーがある。ボーイズにとってリアリティーのないものは観客にとってもリアリティーがない。猪木のリアリティー。長州のリアリティー。前田のリアリティー。リングの上でそれぞれのリアリティーがぶつかり合い、結果的にそれが新日本プロレスというもうひとつのリアリティーを形づくっていた。

それから約5カ月後の1987年11月19日、ホールは後楽園ホールで前田が背後から長州の顔を蹴りあげた〝顔面蹴撃事件〟を目撃してしまった。このドラマには続編があるのかと思ったら、前田はあっさりと新日本プロレスのリングから抹消された。翌88年、ホールは新日本のブッキングで船木誠勝とともにヨーロッパ・ツアーに出た。19歳だった船木はすでにこの時点で新日本からの〝脱走〟を計画していた。

フロリダとトーキョーを往復するのは、ことしだけでもう3回めになる。オーランドの自宅にいるとショーン・マクマホンとポール・ヘイメンが〝レーザー・ラモン〟を〝マンデーナイト・ロウ〟に乱入させようとして変わりばんこに電話をかけてくる。それがニューヨークのリアリティーというやつなんだろう。

もうずいぶん長いあいだWWEのTVショーなんて観ていない。カミさんと離婚して以来ずっと離れて暮らしていた長男コーディーくんと長女キャシーちゃんがやっとホールの家に住むようになった。いまはちょうど夏休みだから、パパは子どもたちと過ごすバケーションの計画を立てなければならない。

ほんとうはパパとママが仲がよくて、みんなで楽しくいっしょに暮らせるのがいちばんいいことはわかっているけれど、こういうふうになってしまったのはそれはそれで仕方ない。元ワイフとの関係はまだ〝友人〟とはいえない。子どもたちは子どもたちでパパがたまにジャパンというところへ行くことをちゃんと理解している。これがふだん着のホールのリアリティーということになる。

シリーズ興行の途中からホールがサーキットに合流すると、ほとんど入れ替わりにタッグパートナーの蝶野正洋が体調不良で戦列を離れてしまった。武藤敬司はどうやらビッグショーのときだけ試合をするタイプのスーパースターになったらしい。新崎人生とは新崎が白使、ホールがレーザー・ラモンのリングネームでWWEのリングに上がっていた95年以来、6年ぶりの再会を果たした。

ホールはここ1カ月くらいのあいだに新日本プロレスのビデオテープを穴が開くほど観て永田裕志、中西学、天山広吉、小島聡、吉江豊らのレスリングを勉強しておいた。42歳のホールの目には天山&小島のテンコジにかつての長州の姿がオーバーラップしてみえる。

14年まえに長州と藤波と前田の〝新旧世代闘争〟を目の当たりにしたホールは、それから9年後にこのモチーフをWCWで〝nWoムーブメント〟としてリメイクした。リアリティー。リアリティー。リアリティー。ボーイズがドバッと鳥肌を立てれば、観客だって鳥肌を立てるに決まってる。（01年7月）

ロード・ムービーみたいなこの瞬間の日常

アメリカからトーキョーまで飛んでくると、いつも次の日の夕方になっている。東海岸標準時間帯エリアからロングフライトを乗り継いでくるとずいぶん長い一日になる。成田空港からダウンタウン・トーキョーまでがまた1時間のドライブ。トラフィックがヘビーなときは2時間かかるときだってある。常宿の新宿のKプラザホテルにチェックインするころにはもうヘトヘトになっている。

「でも、ここでいきなりベッドにもぐり込むやつぁーシロウトよ」とスコット・ホールはせわしなく部屋のなかを歩きまわる。「このまま夜11時過ぎまで起きて、それからガーッと眠る。そうすれば、あしたの朝は午前7時にシャキッと目がさめるってわけ」

ソフトキャンバス地の黒のスーツケースはジッパーが開いたままの状態でフロアにころがっている。コーヒーテーブルの上には成田空港までホールを迎えにきた新日本プロレスのスタッフから手渡されたばかりの試合の日程と移動表、今シリーズのオフィシャル・パンフレット〝闘魂スペシャル〟が置かれていた。

ホールは「チキン・プレイスに行こう」といいだした。この国にやってくる外国人レスラーたちにとって〝チキン・プレイス〟とはチキンとベジタブルとライス（とトライできる範囲内の刺し身とかシーフードとか）を食べさせてくれる料金的にリーズナブルで安心感のあるバーとレストランがいっしょになった空間。〝焼き鳥屋〟も〝居酒屋〟も〝炉端焼き〟もみんなチキン・プレイスである。

ホールが道順を知っているチキン・プレイスは、ホテルから2ブロックちょっとのところにある。正面玄関じゃないほうのエントランスを出て、すぐに信号を渡って直進。新宿駅西口の京王デパート方面に向かってそのまま2ブロック歩いて右折。あれ、こんなところにカレッジなんてあったっけ。こんなところにこんな大きな郵便局なんてなかったぞ。ホールはこのあたり一帯の街の景色の微妙な変化に気がついた。やっぱり、それなりに時間がたっている。

ためしにいま歩いてきた道を後ろにふり返ってみたら、白い壁とちいさな四角い窓ばかりのあの巨大なホテルはちゃんとそこにそびえ立っていた。ホールはこの場所に何度も何度も立ったことがある。

タイガー・ジェット・シンやディック・マードック、バンバン・ビガロやビッグバン・ベイダーの時代から新日本プロレスの常連ガイジンのお気に入りのチキン・プレイスは『猿の腰掛け』と決まっている。なんの気なしにその通りを歩いていたら見過ごしてしまいそうな、あまり自己主張をしないちいさな居酒屋。ハルク・ホーガンやアンドレ・ザ・ジャイアントもかつてこの店で焼き鳥をつまんだ。

お店の奥のほうの壁にかかっている大きな天狗のお面をみると、ホールは不思議と安らいだ気持ちになれるらしい。いつも注文するのは枝豆、焼き鳥（一皿3本＝タレ）を3人前、ツナ（マグロの赤身）のお刺し身を2人前、ほうれん草のサラダ、それから大ジョッキいっぱいの〝大きい水〟。医者から止められているアルコール類はもう一年以上、口にしていない。

この店で〝大きい水〟というメニューにないドリンクを発明したのはディック・マードックだった。大酒飲みのマードックも、ビールを飲みたくないときは大ジョッキに氷をたくさん浮かべた〝大きい水〟を飲んでいた。栗色のカーリーヘアだったころのホールは、大先輩のマードックや〝カウボーイ〟ボブ・オートンあたりにけっこうイビられた。

1カ月に1試合しかやらないフジータ（藤田和之）がどうしてオフィシャル・プログラムのカバー（表紙）になれるんだい。ニュージャパン（新日本プロレス）とオールジャパン（全日本プロレス）はもう合併したのかい。ムタ（武藤敬司）はジャイアント馬場のチャンピオンベルトを持っているあいだはオールジャパンのリングに上がるつもりなんだな。ファット・エルビス（橋本真也）とアントニオ猪木の関係ってのはほんとうのところどうなのよ？　ホールはぶつ切れの情報をなんとか交通整理しようとしていた。

〝G1ワールド公式リーグ戦〟はホールにとっては久しぶりのよそいきの試合だ。WWEの〝サマースラム〟のメインイベントがザ・ロック対ブッカーTのWCW世界選手権だったなんて聞いてもあまりピンとこないし、それほど興味もない。〝プロレスラー〟スコット・ホールの日常はトーキョーにある。トーキョーにいるあいだはプロレスのことだけ考えていればいいし、コンビニに行けば大好きな〝ポッキー〟をいつでも買える。

（01年9月）

Xパックは雪国ミネソタでキッドロックをガンガン聴きながら

飛行機を降りるとそこは雪国だった。やっぱりアメリカは広い。サンアントニオやマイアミは暖かかったのに、ミネアポリスは街じゅうが雪におおわれていた。寒いところに暮らしていると、寒さに対する感覚も相対的になるのだろう。Xパックことショーン・ウォルトマンはネルシャツ一枚で家から出てきた。とてもふつうの会話ができないくらいボリュームを上げたカーステレオのスピーカーからはキッドロックの〝コッキー〟が流れていた。

Xパックは6カ月まえにミネソタに帰ってきた。気候のいいところで子どもたちを育てようと思い、一年まえの秋にミネアポリスの家を売ってフロリダ州セントピータースバーグに移った。でも、一年じゅう夏みたいな土地での生活はなんともたとえようがないくらい憂うつで息がつまりそうだった。

けっきょく、フロリダに住んだのはたった8カ月だった。ミネソタ生まれのカミさんのテリーがどうしてもフロリダを好きになれなかった。ふたりの子どもたちの学校の予定に合わせて、夏休みがはじまった6月にまた引っ越しをした。セントピータースバーグに購入したばかりの家は処分して、ミネアポリス郊外のアンドーバーにもういちど新しい家を買った。

10年まえに結婚したとき、まだ貧乏だったXパックとテリーさんは家賃の安い1ベッドルームのアパートメントに住んでいた。それから3年ほどしてノース・ミネアポリスにちいさな一戸建ての家を買った。長男ジェシーが生まれた。大きな犬を飼うようになった。

ミネアポリス郊外のラムジーにもうちょっと大きな家をみつけた。長女ケイトリンが生まれた。そのあいだにXパックのリングネームはデビューしたころからずっと使っていたライトニング・キッドから1－2－3キッド、シックスと変化していった。

アンドーバーの新居は、街なかからずいぶん離れたところにあった。家そのものもかなり大きいけれど、広いバックヤードがずっと遠くのハイウェイのすぐ下のほうまで延びている。敷地面積は5エーカー（約2万平方メートル）だという。日本式の〝坪〟に直すと6120坪になる。29歳のXパックがこんなにすごいお屋敷に住んでいるなんて驚きなのだ。

長男ジェシーくんは9歳。長女ケイトリンちゃんは6歳になっていた。テリーさんが家のなかをひと部屋ずつ案内してくれた。メインフロアのリビングルームには薄型大画面のTVスクリーンが置いてあって、テレビの正面のカウチがXパックがいつも座る場所なんだという。首の負傷が再発して〝故障者リスト〟に入れられたXパックはリハビリのため2カ月ほど試合を休んでいる。〝9月11日〟からずっとテレビがつけっぱなしになっている。あんまりニュースばっかり観ているので社会の動きにけっこうくわしくなった。

同時多発テロ事件が起こった朝、WWEのサーキット・クルーはテキサス州ヒューストンにいた。〝スマックダウン〟の録画撮りが中止となり、選手グループ、スタッフはそれぞれのルートで自宅へ戻ることになった。アメリカじゅうの空港が全面閉鎖となったため、Xパックは担当エージェントのブラックジャック・ランザといっしょにレンタカーを借り、合計18時間かけてヒューストンからミネアポリスに帰ってきた。

「ジョー・Cって知ってる?」

Xパックはなつかしい友人のことを話すときのような顔をした。

「キッドロックといつもいっしょにいた〝ちいさい人〟のこと、たしか亡くなった?」

「そう、そのジョー・C。お葬式に行ったんだ。まだ25歳。サブゥーもロブ・ヴァン・ダムも来てたよ」

デトロイト出身で大のプロレスファンでもあるキッドロックにはプロレスラーの友だちがたくさんいるらしい。地元デトロイトではキッドロック、リンプ・ビズキット、ICPあたりが遊び心でプロレスとロックのコラボレーションをプロデュースしたりしている。Xパックはハルク・ホーガンからキッドロックとジョー・Cを紹介された。

Xパックがどうしてそんなにキッドロックが好きなのかというと、それはキッドロックというアーティストがプロレスラーにたとえると〝マスクマン〟みたいなキャラクターだからだ。キッドロックという名はもちろんギミックで、本名はビリーなんとか、という。

ポップ・ミュージックのオブラートに包まれてはいるけれど、よく聞いてみるとものすごくハードコアな音で、サザン・ロックとかカントリーとかヒップホップとかファンクとかありとあらゆるテイストがちょっとずつ散りばめられていて、しかもケンカしそうなそういう音と音とがひとつのスタイルとしてちゃんと調和している。

ミュージック・ビデオのなかでは歌をうたっているだけだけれど、スタジオのなかではキッドロックはギターもベースもドラムもキーボードもすべてひとりで演奏していて、リードボーカルもバックコーラスも自分の声を何層にも何層にもかさねて音をつくっていく。歌詞のなかでさかんにキッドロックの名前が出てくるのは、ビリーなんとかが自分自身のことを語っているのではなくて〝キッドロック〟というひとつのメッセージを伝達しているのだという。

音楽家としてはあまりにも優等生的なため、わざとポップで軽いノリをプロデュースしている。聴きやすい音、わかりやすいプロレスは、より広くより多くの人びとのハートに届く。Xパックが理想とするプロレスラー像とは、ロックにたとえるならばこのキッドロックなのだろう。

ジェシーくんがインターネットを使っていいかどうかをパパに聞きにきた。パソコンを起動するときはパパかママに許可をもらうのがハウス・ルールになっている。ヘンなところをクリックしてしまうと、消しても消しても子どもには〝不適切〟な情報が画面に現れてしまうのはアメリカも日本もまったく同じだ。

小学4年生になったジェシーくんはプロレスに興味がない。Xパックは、ジェシーくんがプロレスをあまり好きじゃなくてよかったと考えている。小学1年生のケイトリンちゃんは一日じゅうお母さんのあとをくっついて歩いている。

テリーさんは、キッチンのカウンターの上に置いてあるちいさなポータブル・テレビをながめながら台所の用事をしていた。リビングルームにもベッドルームにも大きなテレビがあるのに、10年まえに買った室内アンテナ付のチープなテレビがいちばん気に入っている。リビングルームの大型スクリーンは、国家反逆罪に問われているアメリカ人タリバン兵ジョン・ウォーカー容疑者のニュースを流していた。テレビのまんまえのカウチに腰かけたXパックは「アメリカ人タリバン兵だって、すげえギミック!」と声をあげ、それから、まあ、大喜びするようなことでもないけれど、という感じでちょっとだけ肩をすくめた。（01年12月）

〝元Xパック〟ショーン・ウォルトマンはウエストコースの風に誘われて

ショーン・ウォルトマンが「ロサンゼルスに引っ越した」といって新しい住所と電話番号を伝えてきた。

WWEをやめたショーンは、もうXパックではなくなった。WWEは〝Xパック〟を解雇したつもりなんだろうけど、ショーンはあくまでも自分の意思で追ん出てやったと考えている。ショーンはWWEの人事部から送られてきた契約解除の書類にサインをして、やっと自由の身になった。

生活の場をLAに移した理由はいくつかある。11年間いっしょに暮らしたカミさんのテリー、10歳の長男ジェシー、7歳の長女ケイトリンの3人はまだミネソタにいる。いろいろあってアンドーバーの家からはパパだけが出ていくことになった。LAではアクター養成スクールに入学して俳優になるための勉強をするつもりだ。毎日のワークアウトにはプロレスのリングが置いてある『猪木道場』を使わせてもらっている。

15歳でプロレスラーとしてデビューしたショーンは、人生のちょうど半分をリングの上で過ごしてきた。ハイスクールを中退して、ホームタウンのフロリダ州タンパの名門『マレンコ道場』に入門した。雪をみてみたくて、17歳のときに祖父をたよって常夏のフロリダから北国ミネソタに移り住んだ。19歳で初めてジャパンに渡り、インディー団体ユニバーサル・プロレスリングのリングに上がった。ためしに受けてみたオーディションのトライアウト・マッチにパスしてWWEの契約選手になったのが21歳のときだった。

リングの上でもプライベートでも兄貴分だったケビン・ナッシュとスコット・ホールといっしょにニューヨークをやめて、アトランタのWCWに移籍したこともあった。WCWではnWoの6人めのメンバーとしてシックスを名乗ったが、途中で兄貴分のふたりとは別行動でWWEに戻り、HHH派閥DX軍のXパックに再変身した。ナッシュ&ホール&ウォルトマンのトリオで結成するはずだった〝ウルフパック〟は、結果的にまぼろしのユニットに終わってしまった。

LAの『猪木道場』でアントニオ猪木と初めて会話らしい会話を交わした。この道場にはWWE時代のサーキット仲間の〝元チャイナ〟ジョーニー・ラウアーもトレーニングに来ていた。バス・ルッテン。ヴァリッジ・イズマイウ。顔と名前は知っていて、ビデオで

brothers ショーン・ウォルトマン、ケビン・ナッシュ、スコット・ホール

試合を観たこともあるMMAファイターたちがここでプロレスラーへのコンバートを図っている。『猪木道場』に足を踏み入れるとWWEだけがプロレスではないことをはっきりと実感できる。

日本のマスコミ用にミスター猪木と握手しているところの写真を撮ったら、次の日にはもう〝猪木LA軍〟のメンバーということになっていた。ミスター猪木からは「WWEとの契約は切れているんだね。フリーエージェントなんだね」と何度も念を押された。

LA在住のショーンの代理人（弁護士）は日本のスポーツ新聞、プロレス雑誌に掲載された〝Xパックが猪木軍団入り〟の記事をプロの翻訳家に訳させて「まだ契約はしていない」とあわてふためき、関係各方面に確認の電話をかけまくった。ショーンが「それがプロレスですよ」と日本のレスリング・ビジネスと活字メディアの関係、プロレスラーが活字のリングの上を動きまわっていることを代理人にそっと教えた。

引っ越してきたばかりのLAのアパートメントはまだガランとしている。ベッド、カウチ、大画面TVとDVDプレーヤーは生活必需品だからすぐに買ったけれど、それ以外のものはなにもない。身のまわりのものは全部、ひとつのスーツケースにおさまっている。まだ回線工事をしていないのでパソコンは使えないが、プロレス関連のウェブサイトや〝掲示板〟のたぐいを読まなくなると、そこに書かれているもろもろのこともちっとも気にならなくなる。

ショーンはLAで新しい生活をはじめつつある。WWEで稼いだギャラで買った大きな家は、家族といっしょにミネソタに置いてきた。〝キッド〟というニックネームで呼んでくれる友人はもうほとんどいない。独りぼっちになったショーンは、これからやっと30代のスタートを切ろうとしている。　（02年9月）

ショーンとジョーニーのLOVEはサンタモニカの再会から

ハッピーとかラブとか、ドリームとかギブとかシェ

アとか、心のコンディションを表す単語が泉のように湧いてくる。ファースト・ラブはやっぱりプロレスで、そのファースト・ラブをだれよりも理解し、分かち合ってくれる一生のパートナーがトゥルー・ラブ。ショーン・ウォルトマンはずいぶん寄り道をしてからトゥルー・ラブ、ジョーニー・ラウワーにたどり着いた。

なるほどそういうことだったのか、というデジャヴみたいな、でもきわめて現実的なフィーリングだった。おたがいに目と目を合わせた瞬間にもうその〝答え〟は出ていた。よく考えてみると、ずっとずっとまえからこうなることはわかっていたような気がする。ジョーニーはそうとは気づかずにショーンの到着を待っていて、ショーンはショーンでジョーニーがそこで待っているとは知らずにジョーニーのいる場所に現れた。ふたりは再会するべくして再会した。

あのころはそんなふうに考えたことはなかったけれど、ショーンとジョーニーは約4年間、いっしょに旅をした。ふたりはWWEのリングで〝ディジェネレーションX〟という悪役ユニットのメンバーを演じていた。ショーンのリングネームはXパックで、ジョーニーのキャラクターは〝世界の9番めの不思議〟チャイナだった。ショーンとジョーニーのあいだにはいつもHHHが立っていた。

ジョーニーとHHHはボストンの〝キラー・コワルスキー道場〟の同期生で、ふたりはふたりがスーパースターになるまえからの恋人同士だった。ショーンとHHHは仕事でもプライベートでも気の合う仲間で、いつもドレッシングルームを共有していた。Xパックとチャイナはつねに近いところにいる友だちだった。

チャイナとXパックは、それぞれ別べつの理由でWWEをやめた。『PLAYBOY』誌のセンターフォルドを飾ったヘア・ヌード写真。自叙伝『イフ・ゼイ・オンリー・ニュー』の出版。そして、HHHとの別離。ジョーニーはみずからの選択で〝チャイナ〟を捨てた。ショーンは〝マンデーナイト・ロウ〟の放送作家チームと大ゲンカをしてWWEをおん出ることでビンス・マクマホンが考えるところのスポーツ・エンターテインメントの方向性を拒絶した。〝Xパック〟

なんてリングネームに愛着はなかった。

ショーンの身のまわりにもさまざまな変化が生じた。19歳から30歳までの11年間をいっしょに過ごした妻テリーと別れた。お父さんとお母さんの仲が悪くなったことで子どもたちを苦しめてしまった。ほんの一瞬だけ新しい恋人ができた。でも、その恋はニセモノだったことにすぐに気がついた。ミネソタの家を出て、生活に必要な最低限の荷物だけをまとめてロサンゼルスに引っ越した。イントゥイション（予感）といってしまえばそういうことにもなるのかもしれないけれど、なにかとっても大切なことがLAで待っているような気がした。

〝Xパック〟ではないショーンと〝チャイナ〟ではないジョーニーはある日、サンタモニカの『猪木道場』で顔を合わせた。ジョーニーはショーンがLAに来ていることをまったく知らなかったし、ショーンはジョーニーの電話番号さえ知らなかった。LAに引っ越してきたばかりのショーンは、プロレスのリングが置いてあるところをなんとなく訪ねてみただけだった。

ショーンにとってジョーニーはなんでも話せる2歳年上の女性の友だちで、ジョーニーにとってショーンは〝チャイナではないチャイナ〟を知る数少ない友だちのひとり。おたがいがおたがいのことをよくわかっていて、いつだってありのままの自分でいることができるトゥルー・フレンド。ショーンにはジョーニーとの再会がちっとも不思議なことに感じられなかった。

トゥルー・フレンドがトゥルー・ラブに変わるまでにそれほどの時間はかからなかった。考えれば考えるほど、こうなることはずっとまえからわかっていたような気がしてくる。それに毎晩、寝るまえにベッドのなかで何時間もプロレスのビデオをいっしょに観てくれるガールフレンドなんて、たぶん世界じゅう探したってみつかりっこない。

（ラブ＋ハッピネス＋ドリーム）÷シェア＝トゥルー・ラブ。ラブはテイクするものではなくてギブするものである。たくさんギブして、たくさんシェアすること。ハッピネスもドリームも品切れにはならない。

ショーンとジョーニーは、ふだん着のジーンズのサイ

ズまでシェアしちゃってる。（02年12月）

ショーン・ウォルトマンのホーム・スウィート・ホームはどこにある？

ウェストコーストでは炭酸飲料をポップPopと呼ばずにソーダSodaとかソーダポップと呼ぶ。ポップという単語にはなんとなくミッドウェストっぽい響きがあって、LAではこういう田舎くさいいいまわしは使わない。

ショーン・ウォルトマンは「ぼくは完ぺきなスクランブル・エッグが作れる」と宣言して、生卵を6つ割って、グラスのなかに落とした。大きな透明のグラスはほんとうはミルクとかオレンジ・ジュースとかを飲むためのものなのだろう。プラスチックのスプーンで卵をかき混ぜながら、グラスのなかにちょっとだけミルクを注いだ。

冷蔵庫のなかには卵が3ダース、〝脂肪分2パーセント〟の牛乳が2ガロン、グレープフルーツ・ジュース、クランベリー・ジュースの2リットル・パック、ベーコン、ソーセージ、カッテージ・チーズ、フォークを刺したままの使いかけのバターの皿、それからケチャップの大瓶がはいっていた。

大きな茶色の紙袋は、ルームメートのスティーブ・ブラックマンが買ってきたチャイニーズ・フードのテイクアウトらしい。

「スティーブがいつも卵を買いすぎちゃうんだ」といいながら、ショーンは大きなフライパンをストーブに乗せた。「毎朝、スクランブル・エッグばっかり食べてるよ」

キッチン・カウンターにはペーパー・プレート、白いプラスチックのフォーク、スプーン、ナイフなんかが散乱している。大きな冷蔵庫のなかにはブレックファスト用の食料品しかはいっていない。食器類はあまり必要ではないし、あとかたづけがめんどうだからプラスチックの〝使い捨て〟を大量に買い込んである。ディナーはだいたいいつも近所のカフェかデリのテイクアウト・メニューですませている。

LAで暮らすようになって、やっと半年が経過した。ショーンはいろいろな場所にいろいろなものを置いてきてしまった。別れたカミさんのテリーはまだミネソタにいて、長男ジェシーと長女ケイトリンはフロリダの妹夫婦のところに預かってもらっている。ミネソタの大きな家は売りに出したけれど、まだ買い手はみつからない。元カミさんとはあまり連絡をとらないけれど、子どもたちには毎日、電話をかけている。

ルームメートで元プロレスラーのスティーブは毎朝7時に起きて午前中からジムにワークアウトに行き、ショーンが起きるころにアパートメントに帰ってきて、ものすごい量のスクランブル・エッグを作って食べる。それからしばらく昼寝をして、夕方になるとまたジムに出かけていく。毎日、こういうルーティンをストイックにくり返している。

首をケガしてしまったため、スティーブはもうプロレスはやらないという。WWEのリングに上がっていたころは〝リーサル・ウェポン〟なんてニックネームをもらっていた。いまは俳優になるための勉強をしながら、そういうおあつらえ向きのパートがあるときだけアクション映画のスタントマンの仕事をしている。ショーンとスティーブは家賃を半分ずつ払って、2ベッドルームのアパートメントをシェアしている。

ショーンがLAに住もうと思ったのは、それがいちばん正しい選択のように思えたからだった。ホームタウンはどこかといえば、生まれ育ったフロリダ州セントピータースバーグということになるのかもしれない。15歳でプロレスラーとしてデビューし、18歳から30歳までの12年間を北国ミネソタで過ごした。寒い土地で暮らすのがいやになったわけではないけれど、なんだかウエストコーストの空気が吸ってみたくなった。

LAに来てすぐに熱しやすくさめやすい激情型の恋をした。でも、どうやらそれは大きなミステークだった。毎日、フロリダに電話をかけるたびに、やっぱり子どもたちといっしょに暮らすのが父親としての義務なのではないかと思ったりもする。12歳になるジェシーは「ぼくはパパといっしょに住む」とはっきりと意思表示をしている。

ショーンは「ここには海があって、山があって、シヨービジネスがある」と口をへの字にしてつぶやいた。それから「知り合いはたくさんいるけれど、友だちはあまりいない」といいかけてから、まあ、それはしようがないという顔をした。

「ねえ、ホーム・スウィート・ホームはどこにあるんだろうね」

ショーンが運転するBMWの2シーターのコンバーチブルは、夕暮れのパシフィック・アベニューの風景に溶け込んでいた。そろそろ子どもたちに電話をする時間だった。

（03年5月）

探していた答えは〝許すこと to forgive〟

ショーン・ウォルトマンは、いちどにいろいろなことを話しはじめた。それは、グッド・ニュースを知らせるときの早口だった。新しい携帯電話の番号。新しいアパートメントの電話番号。そして、フロリダに住んでいるショーンの母親の家の電話番号。この3つの番号のうちのいずれかでショーン本人と必ず連絡がとれるとのことだった。

「LAからは離れる。フロリダに住むと思う。引っ越しの予定が立たないんだけど」

ショーンがロサンゼルスに住むようになったのは3年まえのことだ。ハリウッドのアクティング・スクールに通って、お芝居の勉強をするつもりだった。ミネソタにカミさんとふたりの子どもたちを置いてきてしまった。15歳でプロレスラーとしてデビューしてから初めて、プロレスをつづけていくことに疑問を持った。プロレスそのものに疑問を感じたというよりも、自分自身が歩むべき道がわからなくなった。

ロサンゼルスでWWE時代のサーキット仲間だったチャイナと再会した。WWEをやめたチャイナは、チャイナではなくてジョーニー・ラウアーとしてのほんとうのアイデンティティーを探していた。ショーンは、ジョーニーと自分はよく似ていると思った。たちまち恋をして、ふたりはいっしょに暮らすようになった。

元Xパックと元チャイナのカップルは、LAのタブロイド・メディアとパパラッチの標的にされた。ジョーニーはセレブリティーでありつづけることを望み、ショーンはジョーニーにとってのハッピネスとはなんなのかを考えつづけた。ジョーニーはプロレスを憎み、WWEを恨み、ビンス・マクマホンを呪った。

ショーンはジョーニーのベイビーシッターになって、家から一歩も外に出ようとしなくなったジョーニーの世話にすべての時間を費やすようになった。DV（ドメスティック・バイオレンス＝家庭内暴力）があまりにもひどくなったので、弁護士と警察にひんぱんに連絡をとるようになった。パトカーが家のまえに停まるたびにパパラッチが集まってきた。ホームビデオで撮影したプライベートな映像が、いつのまにか〝ワン・ナイト・イン・チャイナ〟というタイトルでアダルト・ビデオとして商品化されてしまった。

ジョーニーは体も心もボロボロの状態でテレビの人気トーク番組〝ハワード・スターン・ショー〟に出演して、壊れた自分をアメリカじゅうにさらけ出してしまった。H・スターンをはじめとする制作サイドは番組収録直後、ジョーニーにリハビリ入院を勧めた。

ショーンも数カ月まえ、アトランタの病院に6週間入院してリハビリ・プログラムを体験した。治療費を立て替えてくれたのはHHHとビンス・マクマホンのふたりだった。ジョーニーは「アンタだけWWEに戻るつもりなんだ」とショーンを責めた。ショーンがとり戻そうとしたのはプロレスラーとしてのアイデンティティーではなくて、ショーンがショーンとして生きていくためのアイデンティティーだった。

「ジョーニーはぼくからアイデンティティーを奪おうとした。ぼくは、ぼくがなんのために生きているのかわからなくなった」

ショーンの長男ジェシーは12歳、長女ケイトリンは9歳になった。お父さんとお母さんがいっしょに暮らさなくなったことをそれなりに理解するようになったふたりは、叔母夫婦といっしょに暮らすフロリダから

LAまで父親に会いにやって来た。中学1年生のジェシーと小学4年生のケイトリンは、父親とそのガールフレンドの生活を目撃してしまった。

「いちばん大切なのは〝許すこと〟じゃないかと思う。憎むことじゃなくて」

ショーンは、ジョーニーとの息がつまりそうなメロドラマに終止符を打った。大切なもののプライオリティをもういちど並べなおす準備にとりかからなければならない。カミさんのテリーとは離れて生活することになるけれど、父親と母親とがスープの冷めない距離にいることが子どもたちにとってはいちばんいい。ふたりとも「パパといっしょに暮らす」といってくれた。

ショーンは、新団体TNAのリングでケビン・ナッシュ、ビリー・ガン、BG・ジェームスらと再会した。ジェフ・ジャレットもショーンの復帰を喜んだ。旧友コナンがティワナでの試合をブッキングしてきた。どうやら、プロレスの神様はショーンをずっと待っていてくれた。ショーンが大切な人たちを傷つけてしまった自分自身を許すには、まだほんのちょっとだけ時間がかかる。

(05年3月)

V

Discipline

学び

United We Stand, Divided We Fall.

団結すれば栄え、分裂すれば倒れる。

ビル・ロビンソンが大好きな

『イソップ物語〜兄弟喧嘩する農夫の息子〜』より

V—1

Origin

プロレスの源流を探して

〝人間風車〟ビル・ロビンソンはほんとうに高円寺に住んでいる

〝人間風車〟ビル・ロビンソンはほんとうに高円寺に住んでいる。UWFスネークピット・ジャパンのロケーションは東京都杉並区高円寺北2丁目。JR高円寺駅からは徒歩5分。環状7号線沿いの新築のオフィス・ビルの2階部分がジムになっている。ビルの外壁には〝UWF〟のロゴが描かれたけっこう立派な看板がかかっている。でも、プロレスファンじゃなかったらこれがなんの〝暗号〟なのかなかなかわからない。

〝UWF〟はもちろんあのUWFで、〝スネークピット〟はイギリス・ウィガン地方の伝説のレスリング道場『ビリー・ライレー・ジム＝蛇の穴』の通称。〝UWF〟も〝スネークピット〟もプロレス用語の基礎知識でいうと中級レベル以上の単語ということになる。ロビンソン先生をトーキョーに呼んで〝蛇の穴〟を開講しちゃおうと思いついたのは宮戸優光である。

大風呂敷を広げるとするならば、宮戸はすでに24年まえからこの計画を練っていた。宮戸少年とプロレスの関係を決定づけた永遠の一瞬は、1975年12月11日に蔵前国技館でおこなわれたアントニオ猪木対ビル・ロビンソンのNWFヘビー級選手権試合だった。

この日、蔵前国技館から目と鼻の先の日本武道館では全日本プロレス、国際プロレス、旧日本プロレスの3団体合同の『力道山追悼十三回忌特別興行』が開催された。小学6年生だった宮戸少年は、迷わず猪木―ロビンソン戦を選択した。そこで目撃したロビンソンはとにかくレスリングが強くて、うまくて、プライドが高くて、ちょっと暗い感じのスーパースターの香りをまき散らしていた。

それまで宮戸少年が〝最強〟と信じて疑わなかった猪木が60分もかけていちどもロビンソンからフォールを奪うことができなかった。60分3本勝負で争われたタイトルマッチは、ロビンソンが40分過ぎにバックスライド（逆さ押さえ込み）で1本先取。猪木が59分のところでまんじ固めで1－1のタイスコアにしたあと、試合は時間切れ引き分けとなった。

ロビンソン先生はラウンジのイスにぽつんと腰かけていた。入り口のカウンターのすぐよこの壁には〝クラス・スケジュール〟と書かれた予定表が張り出されていた。〝組み技＝レスリング〟の講義を受け持っているのがロビンソン先生で、〝打撃系＝キックボクシング〟の担当は大江慎コーチ。基本的には一般（社会人・学生）を対象としたトレーニング・ジムだから、プロ選手育成プログラムのようなものはいまのところ用意していない。でも、ロビンソン先生はやっぱり才能のある若者たちと出逢いたいと考えているようだ。

ジムの床面積は約70坪。ロビーのラウンジ部分には休けい用の丸テーブルとイスが2セットずつ置かれ、TVモニターでビデオ観賞ができるようになっている。その向こうがウエートトレーニング・ルームで、そのまた向こうがレスリング・ルーム。いちばん奥の壁に向かって背の低いリングが設置されている。スパーリング用の巨大なレスリング・マットは船便でアメリカから輸送中なのだという。

「問題はここの家賃と先生のお給料だけですね」

〝少年〟ではなくなった宮戸少年は、ロビンソン先生になんとかずっとトーキョーにいてもらえる方法をあれこれ考えている。ジムの入会金は一律2万円で、月会費は一般が1万2000円、女性・学生が1万円、5歳から小学6年生までが6000円になっている。現在、会員数は50数名。このあとの段階の経営プランがどうもうまくシミュレーションできない。

ロビンソン先生の住まいはジムから歩いて数分のところの賃貸マンション。JR中央線の乗り方をおぼえた満61歳の〝人間風車〟は、ひとりで荻窪駅前の健康ランドに出かけたりしている。日本の食べものはだいたいなんでも好き嫌いなく食べられる。

UWFスネークピット・ジャパンは、ロビンソン先生と宮戸〝少年〟の共同プロジェクト。本物のビル・ロビンソンが高円寺の純情商店街あたりを歩いていてももうちっとも不思議ではない。この街は〝日本のイングランド〟なんだそうだ。

（99年5月）

宮戸優光は「6分2セット」と号令をかけてギャッハッハと笑った

高円寺の〝蛇の穴〟はちゃんと気をつけて歩いていないと見逃してしまいそうな場所にある。環状7号線沿いといっても道路が〝陸橋方面〟と〝側道方面〟に分かれるところの側道側だから、交通量そのものはそれほどではない。杉並区のなかでもこのあたりは杉の木がしっかりと生い茂っているエリアで、緑の力がつくり出す酸素の壁が住民を環7の排気ガスからちょっとだけ守っている。

目印らしい目印は、すぐおとなりのちいさな酒屋さんということになるのだろう。酒屋さんがみつかったら〝まわれ右〟をして上を向くとUWFスネークピット・ジャパンの看板が目にはいる。ブルーとグレーの雑居ビルのドアを開けて、エレベーターには乗らずにすぐよこの階段をとんとんとんと上がっていくと、2階の踊り場がジムの入り口になっている。男の子ばかりが集う場所だからというわけではないだろうけれど、そこらじゅうにスニーカーが散乱している。

いつ行っても必ずそこにビル・ロビンソン先生がいる。宮戸優光もいる。大江慎もいる。会員数もやっと100人を超えた。でも、ジムのなかはわりとガランとしている。都会のフィットネス・ジムというよりも、どちらかといえば昭和40年代によく町でみかけたキックボクシングのジムに近い感じかもしれない。

毎月1日から15日までと16日から月末までのふた通りのクラス・スケジュールが組まれている。一般向けのスポーツクラブだから〝教室〟がはじまるのは夜7時以降。〝組み技クラス〟のインストラクターはロビンソン先生と宮戸で、〝打撃クラス〟はキックボクシングの元世界チャンピオンの大江が担当している。どちらも〝初級編〟はコンディショニング・エクササイズで、1クラスはエアロビクスのロー・インパクト・コースの1時間分と同じくらいの運動量に設定されている。もちろん、クラス以外の時間帯でもジムは開いているし、スケジュール表には〝指導員に気軽に声をかけてください〟と記されている。

ロビンソン先生をひと目みたいというプロレスファンの年代ゾーンは30代後半以上ということになるのだろう。会員の平均年齢もけっこうそのあたりに集中している。運動はしたいけれどなかなか時間がつくれないというおとなの男の子たちが多いのか、夜間練習の出席率はあまりよくない。

いまどきエアロバイクもステアマスターも置いていないジムなんてめずらしい。プロレスのジムだからウエート器具は充実している。ビルのワンフロアを〝くの字〟に使ったジムの奥の部分には50畳分くらいのスペースにブルーのレスリング・マットが敷きつめられていて、道場のいちばん奥でロビンソン先生が〝中級〟以上の会員たちのスパーリングを見守っている。

ロビンソン先生はみんなにランカシャー式レスリングを教えている。先生はレスリングを教えるためにここにいるのだから、レスリングしか教えない。アマレスでもプロレスでもないキャッチ・アズ・キャッチ・キャン。こうきたらこう、こうくればこうというセオリーだらけのチェスのようなとっ組み合い。ジムの会員はプロレスが好きで、ロビンソン先生の弟子になりたくて、先生とプロレスのおはなしがしたいふつうのみんな。61歳のロビンソン先生は〝人間風車〟をリスペクトするみんなに囲まれていつもニコニコしている。

中級以上の〝組み技クラス〟でスパーリングをしている常連組のなかにはやっぱりプロ志向の若者が何人かまぎれ込んでいる。〝闘龍門〟志望というプロレスラーの予備軍の予備軍もいる。ただ単純に運動がしたいという会員には宮戸インストラクターがよこにきて親切にコンディショニングを指導してくれる。エアロバイクの代わりは学校の体力測定でやらされる〝踏み台昇降〟。宮戸は「6分2セット」と号令をかけ、ギャッハッハと豪快に笑った。

（99年10月）

〝ロビンソン先生と宮戸コーチ考案の高円寺レスリング〟

コーナーポストのすぐ後ろでは背の低いイスに腰かけたビル・ロビンソン先生がやや前かがみになりながらロープとロープのあいだから鋭い眼光を放っていて、反対側のコーナーポストの向こうでは宮戸優光コーチがたえず大きな声を出している。リングの上ではキャッチ・アズ・キャッチ・キャンの試合がおこなわれていた。闘っているのは、上半身は裸で、下は黒の無地のハーフスパッツをはいた若者たちだ。

試合は5分1ラウンドの2ラウンド制。勝敗は関節技の〝一本〟か両肩がキャンバスについた状態での3カウントのフォール、および（関節技が決まった状態での）レフェリーストップ。いつもいっしょにケイコをしている道場生同士の練習試合だからなのだろう、打撃技（パンチ、キック、エルボー）は禁じ手。グラウンドでの攻防では下になっているほうの選手の両肩がキャンバスにつくたびにレフェリーがフォールカウントを数えるから、ディフェンス・ポジションの選手があおむけになったままずっとそこに寝そべっているというシチュエーションは起こらない。

ロビンソン先生と宮戸コーチの考案による〝高円寺キャッチ・アズ・キャッチ・キャン〟は、あくまでもレスリングの技術を競い合うスポーツである。2ラウンドを闘い終えて勝負がつかない場合はロビンソン先生と宮戸コーチが判定を下す。UWFスネークピット・ジャパンにはいつでも練習試合ができるレベルの道場生が40人くらいいる。〝幽霊会員〟を含めるとジムの会員は約150人。学生、社会人、そしてひそかにプロレスを志す若者たちが和気あいあいの空間をつくっている。

みんながきちっとレスリングの練習さえこなしていれば、ロビンソン先生はだいたいいつも上機嫌だ。ロビンソン先生自身も大好きなビールとワインとチーズの量をそこそこ控えてダイエット中。でも、ちょっとやそっと体重を減らしてもヒザのぐあいはあまりよくはならない。

宮戸コーチは、UWFインターナショナルのリングからなんとなくフェードアウトしてから5年近くの時間が経過しているが、現役時代よりもはるかにグッドシェイプで腹筋が6パックに割れている。ライフワークなんていったら大げさかもしれないけれど、ほんとうに一生の仕事になりそうなのがキャッチ・アズ・キャッチ・キャンの研究とそれを道場生たちに教えること。趣味らしい趣味といえば大好きなラーメンの研究。うまいラーメンがあると聞くとどんなに遠いところでもいちどは足を運び、メニューのいちばん最初に書いてあるなんでもないラーメンを食する。

探し求めているのは、やっぱり究極のしょうゆ味。ほんとうにおいしいラーメンに出逢えたら、チャーシューもメンマもいらないから硬めのメンとスープと薬味のネギだけでそれを味わいたい。このシンプルだけどいちばんファンダメンタル（根本的、基本的）なものへのこだわりがキャッチ・アズ・キャッチ・キャンへのあこがれにつながっている。うまいラーメンにはそうかんたんにはめぐり逢えないし、レスリングにもこれとこれをこうやって煮込めば最高のスープができるというレシピーはない。

リングの上で向かい合った選手と選手が視線と視線を交差させながら闘うのがプロレスだとしたら、腕と腕、手首と手首をひっぱり合ったり、タックルを狙う相手の脚をおたがいににらみ合いながら闘うのがキャッチ・アズ・キャッチ・キャン。ロビンソン先生はこの道場からプロレスラーを育てようとしているけれど、宮戸コーチはそれは本人たちの問題と考える。レスリングが好きで、レスリングを学びたい者だったらだれだってウェルカムなのがUWFスネークピット・ジャパン。大江慎コーチが担当している打撃系部門もすでにかなりの人数の選手たちを抱えている。

高円寺の環7沿いの雑居ビルの2階には〝人間風車〟ロビンソン先生がいて、宮戸コーチがいて、大江コーチがいる。宮戸コーチが探し求める究極のレスリングのスープづくりとは、レシピーをいろいろ考えることではなくて、いい素材を弱火でことことと煮つづけることである。

（00年4月）

ロビンソン先生と高円寺の〃蛇の穴〃とチャイニーズ・フード

プロレスラーとプロレスラーがロープとロープのあいだを走りはじめたのはいつごろですかとたずねてみたら、ビル・ロビンソン先生は「40年代、ニューヨークじゃないかと思うね」と答えた。1940年代のニューヨークには、もちろんWWEはまだなかった。第二次世界大戦直後のニューヨークのレスリング・シーンを牛耳っていたのは、選手とプロモーターの二足のわらじをはいたトゥーツ・モントという男だった。

ロビンソン先生は、上機嫌で紹興酒のオン・ザ・ロックを口に運んでいた。ロックグラスのすぐよこには飲みかけのビールがはいったコップが置かれていて、そのよこには牛肉とニンニクの芽の炒めものと酢豚が盛られた小皿が2枚、並んでいる。おはなしに夢中になっていたせいか、それとも割りばしを持つ手元がなんとなく震えるのか、ロビンソン先生は大きなニンジンのかけらを床に落とした。ニンジンのかけらが落下した場所にはすでに鳥のから揚げがころがっていた。よくみると割りばしも一本、そこに落ちていた。

高円寺のUWFスネークピット・ジャパンにとってはこれが2度めの忘年会になる。ロビンソン先生は2年つづけてクリスマスをこの街で迎えた。ジムの会員は200名を超えた。プロレスラー志望の若者もいるし、ロビンソン先生にレスリングが習いたくてただひたすら練習に打ち込んでいるコアなグループのお弟子さんたちもいる。仕事や学校の帰りに運動をしにくる人たちもたくさんいるし、毎月の月謝だけはちゃんと納めているのにほとんどジムには顔を出さない〝幽霊会員〃もいる。みんなプロレスが大好きで、プロレスの空気を共有しながらそれぞれがそれぞれのペースでいい汗をかくことができる心地いい道場である。

忘年会のまえには会員たちによる2回めの〝内部トーナメント〃が開かれた。種目はレスリングとキックボクシングの2部門。ロビンソン先生と宮戸優光コーチはピンフォールとサブミッションだけ（打撃技は禁止）で勝敗を決めるランカシャー・スタイルのキャッチ・アズ・キャッチ・キャンをみんなに教えている。

宮戸コーチが「食いきれないほど出てきますから」といったとおり、大皿に盛られた料理がこれでもかというくらいテーブルに並べられた。忘年会のロケーションは宮戸コーチの友人でUWFスネークピット・ジャパンのスポンサーでもある揚天福さんがオーナー・シェフの阿佐ヶ谷の中華料理店『福來飯店』。宮戸コーチにとってはレスリングも中華料理もプロフェッショナルとしての技術がとことん問われるジャンルということになる。

チャイニーズ・フードの円卓とは、みんながみんなの顔をながめながら料理と会話を楽しむ空間なのだという。テーブルがスクウェアじゃなくても、ロビンソン先生がでんと座っているところがやっぱり〝上座〟になる。30代後半から上の年齢層のプロレスファンにとって、ロビンソン先生はジャイアント馬場さんともアントニオ猪木とも闘った〝伝説の名レスラー〟。20代のファンにとっては活字でその名をおぼえた昭和史の登場人物である。

ロビンソン先生は、紹興酒をちびちびとやりながら本家・蛇の穴『ビリー・ライレー・ジム』のこと、元大英帝国ヘビー級チャンピオンのビリー・ジョイスのこと、〝岩石男〟ジョージ・ゴーディエンコのことなどを話してくれた。英国紳士のロビンソン先生は飲まない人にはお酒をすすめない。

ロビンソン先生を高円寺の住人にしてしまった張本人の宮戸コーチは、道場のそうじを生きがいにしているらしい。雑居ビルの2階のフロアをフルに使った広い道場スペースをすみずみまできれいにモップがけしようとするとたっぷり1時間半くらいかかってしまう。これが宮戸コーチの日課で、みんなが帰ったあとの深夜か次の日の午前中がメンテナンスの時間になっている。素足やくつ下で道場のなかを歩きまわっても足の裏が汚れないこと。これがUWFスネークピット・ジャパンの隠れたモットー。モップがけをしながらバケツの水が真っ黒になってくると「やったー」と叫びたいくらいうれしくなるのだという。

お酒が大好きなロビンソン先生は高円寺の〝丹下段平〟で、宮戸コーチと大江慎コーチはいつもそこにいるみんなの相談相手。道場はできるだけきれいにしておいたほうが気持ちいいに決まってる。（01年12月）

わーい、ロビンソン先生にヘッドロックかけてもらっちゃった

ビル・ロビンソン先生は毎日、夕方になると鼻歌をうたいながら道場にやって来る。トシをとってもふだん着はやっぱりトレーニング・ウェアの上下で、ジャージーの上に着ているアクリル地のウインドブレーカーを脱ぐとそのままケイコがはじめられるようになっている。鼻歌のメロディーはだいたいいつも60年代のポピュラー音楽だ。

高円寺にUWFスネークピット・ジャパンがオープンしてちょうど2年になる。ロビンソン先生のトーキョー生活ももう2年。ジムのそばにワンルーム・マンションを借りてひとり暮らしをしている。JR高円寺駅北口のすぐそばの〝ミスター・ドーナツ〟をちょっとのぞくと、買いもの帰りのロビンソン先生がひとりでコーヒーを飲んでいたりする。

1938年、イギリス・マンチェスター生まれで、こんどの誕生日がくると満63歳になるロビンソン先生は40年代から60年代後半までの約30年間をイングランドとヨーロッパ諸国で過ごし、70年代から90年代までの約30年間はアメリカを生活の場に選んだ。現役選手として初めて日本にやって来たのは68年（昭和43年）で、69年と70年の2年間は国際プロレスの専属契約選手としてトーキョーに定住したこともあった。だから、高円寺での新生活はそんなにみんなが驚くほどの冒険というわけではない。

「ボーン・アンド・ボーン（骨と骨）。スクイズ・タイト（きつく絞めろ）。ネバー・ルース（空間をつくるな）」

ロビンソン先生は親指の付け根のところの太い骨を指さして「ここでしっかりフックするんだ」といって、

こっちをにらんだ。左からのサイド・ヘッドロックは自分の左手の親指の付け根の骨と相手の左の頬骨をタイトに密着させてグイッと絞める。骨と骨。スクイズ・タイト。しっかりロックしたヘッドロックはそうかんたんには外れない。「痛くしないから」と安心させておいて、やっぱり飛び上がるくらい痛くするところがオールドファッションなプロレスラーなのだろう。カール・ゴッチ先生もそうだったし、藤原喜明組長もそうだった。

そんなことを質問したら怒られるだろうと思いつつ、ロープワークの基礎編を教えてくださいとおそるおそる頼んでみたら、ロビンソン先生は「いいだろう」といってうなずいた。

カラー・アンド・エルボー（ロックアップ）から左のサイド・ヘッドロックへのいちばん基本的なコンビネーション・ムーブの延長線上にロープワークがある。ロープに体をバウンドさせるときは必ず右腕のヒジから下（わきの下）でトップロープを支え、右手はいつでもロープを握れるポジションにしておく。両足は右向きのすり足。つま先が立った状態、シューズの底がみえる体勢はノー・グッドだ。

ロープに走っていく動作からロープに体をバウンドさせてその反動を利用して（リング中央の）相手にショルダー・ブロックでぶつかっていくところまでがオール・イン・ワン・モーション。ロープワークの基本はあくまでもカウンター・ムーブ。オフェンスとディフェンスが交錯する瞬間である。ロビンソン先生はロープワークのメカニズムをなんとか実演してくれようとするけれど、ヒザが悪いからどうしても体がいうことをきいてくれない。

サイド・ヘッドロックの次はフロント・ヘッドロックで、その次は変形ヘッドロックのチャンスリー。ぼくが実験台になってシメられるたびによこにいた宮戸コーチが大喜びでガッハッハと笑った。

外が暗くなってくるころになると練習生たちが道場に集まってくる。スネークピットの基本プログラムはロビンソン先生のレスリング教室と大江慎コーチの打撃技・立ち技教室の2本立て。実技の講義を受けない場合は〝踏み台昇降〟とウエートトレーニングだけで汗をかいてもいい。レスリング教室が終わると、ロビンソン先生はまた鼻歌をうたいながら夜の高円寺へと消えていく。宮戸コーチにとってもうひとつの大切な仕事は、みんなが帰ったあとの道場の大そうじなのだ。

（01年5月）

UWFスネークピット・ジャパンの夏合宿に参加

UWFスネークピット・ジャパンの夏合宿に参加した。日程は8月31日の金曜から9月2日の日曜午前までの2泊3日。場所は山梨県南都留郡山中湖村平野。ビル・ロビンソン先生、宮戸優光コーチ、大江慎コーチをはじめとする総勢25人のメンバーが山中湖畔の民宿『富士姫荘』に集った。

ジム会員250名のなかの20数人だから、やっぱり激しいトレーニングを熱望するハードコアな集団である。気が向いたときにしかジムに足を運ばない〝幽霊会員〟のぼくは練習についていけるかどうかちょっと心配だったけれど、たった1万9000円の参加費（宿泊代と食事付）で富士山のすぐそばで夏の終わりの週末を過ごせるなんてぜいたくなことだと思い、あまり深く考えずに参加を申し込んだ。

宮戸コーチがFAXで送ってきた予定表には6時＝起床、6時15分＝練習、8時＝朝食、10時30分＝練習、12時30分＝昼食、16時30分＝練習、19時＝夕食、20時30分＝ミーティング、23時＝消灯と記されていた。

宮戸コーチは声がデカい。山中湖畔のどこにいても聞こえるんじゃないかと思うくらいの大声でみんなを仕切ってくれる。20数人の参加メンバーは部屋ごとにA、B、C、D、Eの5班に分けられて配膳当番、片づけ当番、そうじ当番などを順番で担当していく。

民宿の食事はどんぶりメシ、みそ汁、焼き魚、野菜の煮物、海苔、お新香が基本。朝食は卵料理と納豆、夕食にはおかずが一品だけ増えるが、ブレックファストとディナーのメニューがそれほど変わらない。食事中はおハシの持ち方がおかしい人、片ヒザをついてごはんを食べている人などは「なんだ、それはっ!」と宮戸コーチから厳しい注意を受ける。宮戸コーチはここでは〝金八先生〟みたいな役もこなす。

午前6時15分からの朝練習は湖畔のランニング。先頭を走るのはやっぱり宮戸コーチで、ゆっくり走ったり、歩いたり、ジョギングをしたり、途中で何本かダッシュをはさんだりしながら約45分間のコンディショニング・トレーニングがつづく。ランニングのあとは民宿に隣接した体育館でたっぷりと時間をかけてストレッチ運動。ここでやっとロビンソン先生が眠たそうな顔で登場してくる。

朝食後の午前中の練習はまたしても入念なストレッチからはじまる。キャッチ・アズ・キャッチ・キャンは全身の筋肉と関節をいじめるレスリングだから、ストレッチだけはいくらやっておいてもやり過ぎということはない。UWFスネークピット式のストレッチ運動の号令をかけるのは宮戸コーチの一番弟子のスモウ佐藤くん。記録係の大江コーチはずっとビデオカメラをまわしつづけている。

ストレッチのあとはヒンズー・スクワット、ジャンピング・ジャック、プロレス式腕立て伏せをそれぞれ3セットずつ。それからやっとレスリングの技術練習がはじまる。両ヒザの状態がよくないロビンソン先生は立ったり座ったりしながらの指導があまりできないから、グラウンド・レスリングの練習になるとだいたいいつもロビンソン先生の私設世話係のサム・マツナミさんが関節技の実験台になる。

合宿2日めの昼食のスパゲティーときゅうりとツナの和えものがあまりにもマズかったため〝料理人・宮富徳〟の異名を持つ宮戸コーチが不満そうな顔をした。やっぱり、強化合宿中の食事は旅館のまかないではなくて自分たちで納得のいく食材を持ち込んでチャンコを作るのが理想なんだという。これは来年に向けての反省材料となった。

夕食のあとの全体ミーティングは25人全員が車座になってのゲーム&討論会。〝車座ゲーム〟の題目はプロレスラーとその必殺技、プロレスラーとそのニックネーム、ビートルズの曲名、エトセトラ、エトセトラ。途中で失敗した人、答えをまちがった人はビールのいっき飲みが罰ゲームになる。ロビンソン先生はサイモン&ガーファンクルの〝ミセス・ロビンソン〟を「ビートルズの曲だ」といい張った。

ロビンソン先生は〝プロレス近代史〟のレクチャーになるとすごく饒舌になるけれど、討論会の言語が日本語になるとたんにその場で居眠りをこいてしまう。この地球上で〝UWF〟と〝蛇の穴〟を名乗っているレスリング・ジムはUWFスネークピット・ジャパンだけである。ロビンソン先生と宮戸コーチは、高円寺で人類とレスリングの文化史づくりというとんでもない仕事に取り組んでいる。

(01年9月)

〝20世紀の鉄人〟ルー・テーズがちょこっと高円寺に遊びに来た

〝20世紀の鉄人〟ルー・テーズが約3年ぶりにトーキョーにやって来た。前回の来日はUWFスネークピット・ジャパンのオープニング・パーティーに出席するためだったが、今回もまたジムの招きで4泊4日のスケジュールで地球を半周してきた。もうすぐ86歳になるテーズさんはほんのちょっとだけおトシを召していた。宮戸優光代表はこれがおそらく最初で最後のテーズさんのトークショーを企画した。飛行機のトラブルで来日が一日遅れたテーズさんは成田空港から直接、高円寺の〝蛇の穴〟に移動してきた。

道場内の50畳敷きのブルーのレスリング・マットの上では80人を超す中級レベル以上のおとなのマニアたちが〝体育座り〟でテーズさんの到着を待っていた。「セブンティーン・ミリオン(1700万)マイルの旅をして、6000試合を闘いました」

まるで童話の書き出しみたいな、イマジネーションをくすぐる短いセンテンスだった。

テーズさんは1916年4月26日、ミズーリ州セントルイスのちいさな靴屋さんの息子として生まれた。父親がハンガリー人で、母親はドイツ人。父サンドア・マーティン・テーズは第一次世界大戦の数年まえにアメリカに移住した。テーズさんは17歳でプロレスラーとしてデビューし、37年12月29日、21歳の若さでエベレット・マーシャルを下して史上最年少の世界ヘビー級チャンピオンとなった。

テーズさんはプロレス史の生き証人である。いまでも背筋がピンとはっていて、いつも気をつけの姿勢になっている。グッドシェイプで長生きしたおかげで20世紀にこの地球で起こったことのほとんどをリアルタイムで目撃してきた。さまざまな学説があるためテーズさん自身も公式記録が〝6回〟なのか〝7回〟なのか、あるいは〝20数回〟なのかを決めかねているようだが、戦前の30年代から戦後の70年代までのあいだにテーズさんは世界ヘビー級王座のチャンピオンベルトを少なくとも20数回はその腰に巻いた。

戦前にテーズさんが獲得した世界王座は旧NWA（ナショナル・レスリング・アソシエーション＝全米ボクシング協会レスリング部門）認定で、戦後の48年7月以降に保持した世界王座は新NWA（ナショナル・レスリング・アライアンス＝サム・マソニック派）認定。ボストンのAWA。カナダ・モントリオールのAWA。オハイオのAWA。ロサンゼルスのWWA。そして、メキシコのUWA。テーズさんが歩いたあとに〝世界王座〟が誕生していった。

キャリア2年のルーキーだった力道山が53年に初めてハワイで世界王座に挑戦したとき、チャンピオンのテーズさんはまだ37歳だった。50歳でジャイアント馬場さんと闘い、59歳でアントニオ猪木と闘った。90年12月に新日本プロレスのリングで蝶野正洋とエキシビション・マッチをおこなったときのテーズさんは74歳になっていた。〝鉄人〟はやっぱり〝鉄人〟だった。

蝶野の代名詞になっているSTF（ステップオーバー・トーホールド・ウィズ・フェースロック）というきわめて古典的な絞め技のバリエーションは、テーズさんから〝最後の直弟子のひとり〟である蝶野へのプレゼントだった。蝶野がいまでもSTFをフィニッシュ・ホールドとして愛用していることをテーズさんに伝えると、〝鉄人〟は「それはほんとうかね」と驚いてから、うれしそうな顔をした。

初来日は57年（昭和32年）10月。東京（後楽園球場）と大阪で2試合、力道山とタイトルマッチをおこなった。2試合ともドローで王者テーズがNWA世界王座防衛に成功したが、後楽園球場での第1戦は2万7000人の大観衆を動員し、日本テレビの実況中継の視聴率は87パーセント（電通調べ）を記録した。

〝質問コーナー〟は、近代マット史研究の学会みたいな空間になった。必殺技バックドロップのルーツには〝柔道チャンピオン〟アド・サンテル説と〝日系レスラー〟沖識名説のふたつの学説がある。バックドロップをグレコローマン・バックドロップと呼称するテーズさんは「14歳で父親からレスリングを学んだ。20代のころはエド〝ストラングラー〟ルイスのコーチを受けた。バックドロップに関してはいろいろなレスラーのアドバイスを受けました。バックドロップがバックドロップらしくサマになってきたのは、わたしが40歳になったころでした」と語った。

66年1月7日、セントルイスでジン・キニスキーに敗れNWA世界王座を失った試合では、3本勝負のうちの1本が反則裁定であったにもかかわらずベルトが移動した。NWAルールでは反則勝ち、場外カウントアウトでは王座移動は認められない。もう30年以上もこの問題でずっと悩んでいるという40代前半とみられるそのアマチュア研究家は、すがるような顔でテーズさんにこのときの経緯について質問をぶつけた。〝鉄人〟のリアクションは「たしかにそんなこともありましたね」だった。

〝ニューヨークの帝王〟アントニオ・ロッカはほんとうに実力者だったのか。〝人間発電所〟ブルーノ・サンマルチノとのダブル・タイトルマッチが実現しなかったのはどうしてか。きっとテーズさんはこれまで何度も何度も同じ質問をぶつけられ、そのたびにセイム・オールド・クエスションに答えてきたのだろう。

「テーズさん、あなたにとってレスリングとは？」

そんな遠大なテーマをいきなりこの場所で語ってもらうのは時間がなさすぎる。

「オール・マイ・ライフ。わたしはレスリングだけをつづけてきました。まず、エンジョイすることです。毎日、なにかを学ぶこと。ゲット・ベター。キープ・ラーニング。このくり返しです」

スタニスラウス・ズビスコ。ディック・シカット。ジム・ロンドス。〝ワイルド〟ビル・ロンソン。学術的レベルでプロレス史を研究していなければピンとこない歴史上のレスラーの名がすいすいと空中を飛び交った。研究家たちは競い合うようにして〝鉄人〟に質問をぶつけた。テーズさんは「みなさん、ほんとうによく勉強してらっしゃる」といって目を細めた。

〝討論会〟が終わると、サイン会&記念撮影会がはじまった。それまで訴えかけるような目でテーズさんに質問を浴びせていたプロレス史研究家たちが、こんどは少年ファンの顔になった。ほとんどの人たちがテーズさんのために贈りものを持ってきた。〝鉄人〟はほがらかな笑みをたたえていた。（02年3月）

宮戸優光が考える〝それぞれのプロレス〟がたどり着くところ

宮戸優光が『UWF最強の真実』という本を書き下ろした。1ページめには「この本を故〝鉄人〟ルー・テーズ氏とチャーリー夫人に捧げる——」とある。

宮戸が〝第一次UWF〟でプロレスラーとしてデビューしたのは1985年9月6日、後楽園ホール大会の第1試合だった。それからわずか5日後の9月11日、UWFは活動を停止。事実上、倒産した。

現役選手としての最後の試合は96年6月18日、両国国技館でのトム・バートン戦。高田延彦対垣原賢人、田村潔司対ゲーリー・オブライトの2試合がダブル・メインイベントとしておこなわれ、高田が「きわめて近い将来の引退」を宣言した日だった。宮戸は引退試合をせずにリングを下りた。

宮戸は11年間の現役生活で旧UWF、新日本プロレス、第二次UWF、UWFインターナショナルと4団体のリングに上がった。20代前半から30代前半までの〝プロレスの青春時代〟をともに過ごした高田が引退したことで、宮戸は〝UWF＝自分史〟を一冊の本にまとめてみることにした。

「それぞれのプロレスの〝最終形〟っていったらいいんですかね。突きつめていったら、どこにたどり着くかってことじゃないですか？」

宮戸は小学6年生のときにアントニオ猪木対ビル・ロビンソンのNWFヘビー級選手権（75年12月11日＝蔵前国技館）を観て、プロレスラーになる決心をした。中学2年生の夏休みに世田谷の新日本道場を見学にいって、新弟子時代の前田日明と出逢った。中学を卒業したらすぐに新日本に入門するつもりだったが、前田からは「お前、高校へ行ってスポーツをやれ」とアドバイスされた。宮戸の両親も宮戸がプロレスラーになることに大反対だった。

気がついたらなんとなく大学に通っていた。兄のように慕っていた前田から佐山聡を紹介され、オープンしたばかりの格闘技道場『タイガー・ジム』のインストラクターになった。両親に反対され、佐山からも「よく考えたほうがいい」といわれたけれど、大学は2年でやめてしまった。宮戸のなかでプロレスが実体のあるものとして動きはじめたのはこのころだった。

「いまは〝格闘フリーター〟の時代でしょ。ウチみたいなジムがたくさんあって、プロもアマも入り口が広くなった。ちょっと練習すれば上がれるリングはけっこうあるし、若い人たちの意識がそうだし。まあ、世の中全体がそうなのかもしれないけれど」といいかけてから、宮戸は「原点は」とつづけた。

UWFスネークピット・ジャパンの公式サイトのホーム画面には〝地球上で唯一、本物のプロレスリングを教えているジムです〟という文字が躍っている。ジムのロゴのいちばん上のところには〝キャッチ・アズ・キャッチ・キャン〟と記されている。

猪木—ロビンソン戦を観てプロレスラーになることを決めた宮戸は、前田—佐山—UWFを経て、プロレスの源流とされるヨーロッパ式のキャッチ・アズ・キャッチ・キャンにたどり着いた。たどり着いたというよりは、ロビンソンでプロレスにめざめ、ぐるっと一周してロビンソンに戻ってきたといったほうがより正確かもしれない。

「プロレスラーがプロレスってなんなのか、レスラーってなんなのか、なにをもってプロレスなのかがわからなくなってる時代ですよ」

宮戸は、東京・高円寺の道場で宮戸自身が〝本物のプロレスリング〟と信じるものを道場生たちに教えている。持病のヒザの治療のためアメリカに帰っているヘッド・コーチのロビンソン先生は、1週間か2週間にいちどずつメールで近況を報告してくる。64歳のロビンソン先生は、高円寺の道場を〝マイホーム〟と呼び、道場生たちを〝マイファミリー〟と考えてくれている。

引退試合も引退式もせずに現役生活にピリオドを打った宮戸は、6月4日の誕生日で満40歳になった。

「いま20歳のやつらとも20歳ちがいだし、60歳の猪木さんとも20歳ちがい。どっちが近いかといえば、猪木さんのほうですかね」

宮戸は、自分がほんとうに40歳になってしまったことをまだなんとなく信じられないでいる。ひとつだけ変わったことがあるとしたら、それは〝身軽〟に生きること、ものに執着しないことのすばらしさがやっとわかってきたことかもしれない。いまの宮戸は自動車も持たず、買い物カゴ付きの自転車で高円寺の街をすいすい走っている。

(03年7月)

武藤敬司とビル・ロビンソンのアフタヌーン・ティータイム

空が青くて気持ちのいい午後だった。武藤敬司は、左手でつえをつきながらゆっくりゆっくり歩いてきたビル・ロビンソンをみて「あ、オレの未来の姿かもな」と日本語でつぶやいた。武藤の英語力はリスニングとスピーキングのスキルに大きなギャップがある。相手のいっていることはほとんどわかるのに、自分からはなかなかコンプリート・センテンスを話そうとしない。

ぶっきらぼうな感じで〝I know（知ってる）〟とか〝Really（マジ）?〟とか〝I see（わかった）〟とか、きわめて短いフレーズだけで会話を成立させてしまう。よく考えてみれば、日本語の会話でもそうなのだから、これが武藤のコミュニケーション術ということになるのかもしれない。

ロビンソン先生も、ガンコなまでに日本語をおぼえようとしない。ふたりは武藤がホスト役をつとめるテレビ番組『プロレスの砦』（ファイティングTVサムライ！＝スカイパーフェクTV）の対談で顔を合わせた。ロケーションは東京・三田のPホテルの中庭。きれいな芝生のガーデンでの午後のティータイムに英国紳士のロビンソン先生は上機嫌だった。

「ヒザが悪いんですかBad knees?」が武藤からロビンソン先生へのグリーティングの言葉だった。ロビンソン先生の両ヒザにはお皿の代わりに鉄のプレートが埋め込まれている。ある一定の角度までしか曲げることができないから、立ったり座ったりするのに時間がかかる。ロビンソン先生はヒザも腰も首も悪い。ケイ椎の手術の影響で声帯もやられて、あまり大きな声で話せない。

ロビンソン先生はなんだか楽しい思い出ばなしでもするかのように動かなくなったヒザのぐあいについて語り、武藤はそのはなしに耳を傾けながら「やだなぁー、オレもそうなっちゃうのかなー」といって、空を見上げて屈託なく笑った。武藤はにっこり笑うと目のよこにやさしいしわが寄る。

対談は武藤がロビンソン先生にさまざまな質問をぶつける形でつづいた。イングランド・ウィガンの〝蛇の穴〟ビリー・ライレー・ジムのこと。イギリスのプロレス。ヨーロッパのプロレス。インドのプロレス。ロビンソン先生が体験したアントニオ猪木のプロレスとジャイアント馬場のプロレス。

武藤はロビンソン先生に「よく引退できましたね」とたずねた。どんなに体がボロボロになっても、やっぱりレスラーにとっていちばんつらいことはリングを下りることなのだろう。ロビンソン先生は「わたしにはコーチという仕事がある」と答えた。武藤は「でも、しょっぱいヤツらに教えたってつまんないでしょ」といいかけてから「ロビンソンさんご自身のようなレスラーにはなってくれないだろうし」とつけ加えた。

レスリング・ビジネスのこれからについて討論がはじまると、にわかに武藤の感性のエンジンがものすごい回転でうなりを上げはじめた。プロレスはありとあらゆる進化の過程をへて現在のスタイルにたどり着いた。選手たちが勝手に自分たちにしかわからない言葉っかりやっていたら、それはマスターベーションになってしまう。

「ロビンソンさんはどう思われます?」

ロビンソン先生はひと言だけ〝United We Stand, Divided We Fall（団結すれば栄え、分裂すれば倒れる）〟と答えた。

「オレもそう思う。オレもプロレスはチームワークだと思ってる」

武藤は深くうなずき、だいぶ白髪まじりになったアゴひげにそっと手をあてた。ロビンソン先生は、高円寺のUWFスネークピット・ジャパンでプロの選手を育てるのが現在の夢と語り、武藤は「じゃあ、そのときはぜひ全日本プロレスのリングに」といってロビンソン先生に握手を求めた。ロビンソン先生はロビンソン先生で「それから、ミセス・ババにもよろしく」とジェントルマンのマナーを忘れなかった。

ロビンソン先生がゆっくりとイスから立ち上がると、ふたりはまた握手を交わした。

「哲学がある人はやっぱ楽しいよ。哲学がない人としゃべってもつまんねーもん」

これはどうやら武藤の独り言だった。ロビンソン先生は、身体検査を受けるような格好でシャツの下からラインを通したワイヤレス・マイクをアシスタント・ディレクターに外してもらっていた。ロビンソン先生がちょっとヒザを気にすると、武藤は〝Me, too（オレも）〟といってまた笑った。

（04年6月）

宮戸優光コーチが「ホッジさんしかいねえよ」と力こぶを握りしめた

宮戸優光がキャッチ・アズ・キャッチ・キャンを語りはじめると止まらなくなる。宮戸とビル・ロビンソンが東京・高円寺のUWFスネークピット・ジャパンで道場生たちに教えているのはキャッチ・アズ・キャッチ・キャンと呼ばれるレスリングである。ロビンソン先生は「キャッチ・アズ・キャッチ・キャンこそすべてのレスリングのたどり着くところ」と結論づける。キャッチ・アズ・キャッチ・キャンという熟語そのものはプロレス用語、レスリングの専門用語ではなくて、英和辞典にもちゃんと載っている〝なにがなんでも〟〝がむしゃらに〟という意味の慣用表現だ。キャッチ・アズ・キャッチ・キャンは競技名ではなくレスリング＝グラップリングのひとつの様式だが、図解入りのマニュアル本のようなものは存在しない。

「キャッチ・アズ・キャッチ・キャンとはオール・イン・レスリングである」とロビンソン先生は力説するが、言葉による定義づけはここで終わってしまう。「レスラーからレスラーへ、世代から世代へと引き継がれていくもの」だから、写真や文字で説明することはできないのだという。

〝レスリングの神様〟カール・ゴッチもこのオール・イン・レスリングという表現をよく使っていた。スタンディングでのグラップリング、グラウンドでのグラップリングがあって、ピンフォールがあってサブミッション（関節技）がある。闘いの局面によってはこれにストライキング＝打撃が加わる。これらがひとつになったものがキャッチ・アズ・キャッチ・キャンでありオール・イン・レスリングということになる。

「ヒジを使えっていうんですよ。ヒジを。グラウンドで相手の顔にヒジなんかぶち込んだら、ケンカになっちゃいますよね」

ロビンソン先生のレスリングをいちばんそばでみている宮戸でさえ毎日のように率直な驚きにぶつかる。スタンディングからグラウンドへの移行、テイクダウンと重心移動、下になった相手への体重の乗せ方といった実戦のシチュエーションでは「こんなの初めて」という奥義に出くわす。ロビンソン先生はレクチャーではなく、あくまでもスパーリングでそれを教える。

宮戸が探し求めているのは、プロレスはいったいどのようにして現在のプロレスに変化・進化（あるいは変形）していったのかという、だれもが知りたがっているのにだれも答えることのできない素朴な疑問へのヒントである。ロビンソン先生は〝100年のループ〟という理論でこれを論じる。

1820年代にヨーロッパで競技として完成されたプロフェッショナル・レスリングは、1920年代にアメリカでショービジネスとしてもうひとつの完成をとげた。プロレスが純粋な競技に回帰するのはそれから100年後の2020年ごろ。PRIDEもパンクラスもほんのひとつの枝、というのがロビンソン先生の〝レスリング論〟だ。宮戸にとっては、それはあまりにも気の長いおはなしということになる。

「テーズさんは死んじゃったし、ゴッチさんはもう飛行機には乗りたくないって。だったら、ホッジさんしかいないでしょ」

宮戸は、ロビンソン先生と同時代を生きたプロレスラーのダニー・ホッジを特別講師としてUWFスネークピット・ジャパンに呼ぶことにした。ホッジが考えるところの〝プロレスの定義〟をホッジ自身の言葉で聞いておきたいからだ。

ホッジは学生時代、アマチュア・レスリングでAAU全米選手権4回優勝、NCAA選手権3回優勝の実力者で、ヘルシンキ五輪（52年）、メルボルン五輪（56年＝銀メダル）にも出場。プロボクサーとして活躍後、59年に27歳でプロレスに転向した人物で、現役時代は通算15年間にわたりNWA世界ジュニアヘビー級王者として活躍した。

プロレスラーになるまえにプロボクシングを経験したのは、人間ばなれした握力の強さを買われてのものだった。ホッジは学生時代からリンゴを素手で握りつぶしたり、プライヤー（ペンチ）を片手で曲げたりしてクラスメートを楽しませていたのだという。

ロビンソンとホッジには共通点がある。ロビンソンも少年時代はボクシングに熱中したが、レスリングのほうがおもしろくなって14歳のときに地元ウィガンの〝スネークピット＝蛇の穴〟に入門した。宮戸は「ホッジさんしかいない」といって力こぶを握りしめ、大きくうなずいた。

（05年10月）

67歳のビル・ロビンソンと73歳のダニー・ホッジのスパーリング

ビル・ロビンソンとダニー・ホッジのふたりにプロレス論をとことん語ってもらいたい。ＵＷＦスネークピット・ジャパンの道場で来る日も来る日もロビンソン先生といっしょにいるうちに宮戸優光はプロレス史にすっかりくわしくなってしまった。

アマチュア・レスリングはあくまでもアマチュアのためのもので、ほんとうにレスリングを身につけたければキャッチ・アズ・キャッチ・キャンを学ばなければならないというのがロビンソン先生の持論だ。グレコローマンとフリースタイルは、キャッチ・アズ・キャッチ・キャンを上半身のレスリングと下半身のレスリングに〝分解〟したものでしかない。アマレスよりもキャッチ・アズ・キャッチ・キャンのほうがはるかに奥が深い。ロビンソン先生はレスリングの技術面だけでなく、その歴史についてもかなりうるさい。

プロレスとアマレスのどちらが古いかといえば、ロビンソン先生はプロレスの起源のほうがずっと古いと断言する。アマレスは１８９６年の第１回アテネ大会からオリンピック競技だが、ベルギーのアントワープに国際レスリング連盟（ＦＩＬＡ）が誕生したのは１９１２年。しかし、この〝第一次〟ＦＩＬＡはドイツとハンガリーの造反で分裂現象を起こし、第一次世界大戦後の１９２０年にスイスに現在のＦＩＬＡが発足した。

ロビンソン先生の生まれ故郷のイングランドにはアマレスの誕生よりもはるか昔からカンバーランド、ウエストモーランド、コーニッシュ、ランカシャーというスタイルもルールも異なる4つのレスリングが存在していた。ロビンソン先生が少年時代にウィガン〝スネークピット＝蛇の穴〟で学んだキャッチ・アズ・キャッチ・キャンはランカシャー・スタイルの流れをくむもので、このスタイルがヨーロッパのプロレスの源流とされる。プロレスのルーツとは、いうまでもなく〝賞金マッチ〟である。

歴史の勉強もたしかに大切だけれど、宮戸はもっとシンプルにプロレスがどうやって現在のプロレスにたどり着いたかを知りたいと考える。だから、アマレスからプロレスに転向したアメリカ人のホッジのはなしがどうしても聞いてみたいのだ。

ホッジはハイスクールを卒業した52年、19歳でヘルシンキ・オリンピック代表選手（フリースタイル＝174ポンド級）に選ばれた。オクラホマ大レスリング部時代はフリースタイルとグレコローマンの2種目で公式戦46戦全勝（36フォール勝ち）。AAU全米選手権4年連続優勝。NCAA選手権3回優勝。メルボルン・オリンピック（56年）では銀メダルを獲得した。とにかくケタはずれに強いアマチュア・レスラーだった。

ロビンソン先生は67歳で、1932年生まれのホッジは現在73歳。ロビンソン先生はキャッチ・アズ・キャッチ・キャンこそがすべての格闘技のたどり着くところであると考え、ロビンソン先生よりもちょっとだけ年上のホッジは近代スポーツとして完成形になったアマレスで頂点をきわめたあと、その延長線上にあるサムシングとしてプロレスを選択した。

宮戸自身は新人だった第一次UWF時代、カール・ゴッチからレスリングを学んだが「ほんの数カ月間、ケイコをみてもらっただけではなにも習ったことにならない」と当時をふり返り「たぶん、ゴッチさんはその技術のうちのほんの一部しかみんなに教えなかった」と分析する。ロビンソン、ホッジ、そしてゴッチの3人のなかでアメリカのプロレス界でいちばん成功したプロレスラーはまぎれもなくホッジである。

「ホッジさんもけっこう元気みたいだし、先生（ロビンソン）とちょっとだけスパーリングをやってもらおうと思うんですよ」といって宮戸は目を輝かせた。

「そのあとはいっしょに温泉にでも行って、一杯やりながらおいしいもんでも食べればいいでしょ」

東京・高円寺のUWFスネークピット・ジャパンでは、ロビンソン先生の最後のまな弟子が何人か育ちつつある。ロビンソン先生に〝魔法〟をかけられると、グラウンドの体勢から相手の両わきにリバース・フルネルソンをねじ込んで両脚とブリッジの力でダブルアーム・スープレックスが投げられるようになる。ロビンソン先生が元気なうちに学んでおかないと、その〝魔法〟もこの世から消えてなくなってしまう。宮戸にとってキャッチ・アズ・キャッチ・キャンの伝承は一生の仕事なのである。

（05年10月）

キャッチ・アズ・キャッチ・キャンとアマチュア・レスリングの交わり

ダニー・ホッジは、ほがらかな笑みをたたえてそこに立っていた。宮戸優光が「ぼくがレフェリーをやりますから」といってビル・ロビンソンのほうをみると、ロビンソンはちょっとだけきょとんとした顔をして、それから「はじめからそのつもりだったんだな」といって笑いだした。

ホッジはスーツを脱ぎ、スラックスのポケットにはいっていたサイフ、小銭、キーホルダーを床において、ファイティング・ポーズをとった。ロビンソンもメガネをとり、腕時計を外し、さっと立ち上がった。

トーク・ショーの最後の最後のところで、宮戸は「せっかくこういう機会ですし、もうこういうチャンスはないと思うので」と前置きしてから「ウチの先生（ロビンソン）とホッジさんにスパーリングをやってもらおうと思うんですが、みなさん、どうでしょう」と切り出した。東京・高円寺のUWFスネークピット・ジャパンの道場に集まった約80名のおとなのプロレスファンはいっせいに驚きの声をあげた。

状況がわからないホッジとロビンソンは無言のままそこに座っていたが、宮戸のコメントにみんなが大喜びしていることは理解したようだった。〝スパーリング〟という単語を耳にしたロビンソンは「わたしのことか？」という感じで胸に人さし指をあてた。ロビンソンはマイクをつかむと「わたしはだれの挑戦からも逃げたことはない」と力強くコメントし、ホッジもマイクを手に「それはわたしも同じこと」と語った。

73歳のホッジと67歳のロビンソンがリングのまんなかで向かい合い、いきなりロックアップした。プロレスの基本形、カラー・アンド・エルボーの型だった。ホッジがロビンソンの左手首をまるめ込んで両手でトップ・リストロックを決めた。ロビンソンは流れにまかせるようにしてホッジの左腕をひっぱり込み、カウンターのハンマーロックをとった。

ホッジの上半身がロープサイドにかかったため、ここでいったんブレーク。ふたりは再びリングのまんなかで向かい合い、またカラー・アンド・エルボーで組み合った。ロビンソンが左からのサイド・ヘッドロックをとった。ホッジがヘッドロックから首を抜き、ロビンソンの左腕を背後からのハンマーロックにとろうとすると、ロビンソンがこれを嫌い、正面を向き直してホッジの両腕をかんぬきのような体勢で抱きかかえた。このままのポジションで両者がロープに接触した。ここで宮戸が試合を止めた。約3分間のスパーリングが終わった。

ホッジはうれしそうな顔でロビンソンに抱きつき、ロビンソンもほてった顔でホッジの両肩に手を置いた。レフェリー役の宮戸は感激のあまり涙を流しながらホッジとロビンソンの手をあげた。ホッジは「引退試合ができた」といって子どものような顔をして喜び、「まだ動けるぞ」とでもいいたげにリングの上でぴょんぴょん飛び跳ねてみせた。

3時間にわたるトーク・イベントは、ホッジとロビンソンのスパーリングというとんでもないボーナス・トラックで幕を閉じた。ロビンソンの指摘どおり、宮戸ははじめからふたりの〝闘い〟を予定していた。

トーク・イベントから2日後の月曜の夜、ホッジは白いTシャツとサウナパンツのトレーニング着で道場にやって来た。〝プロ練〟と呼ばれるプロとプロ志望の練習生たちのためのアドバンス・トレーニングがはじまろうとしていた。

道場いっぱいに敷きつめられたブルーのアマチュア・レスリング用マットの上で10数人の練習生たちがふたりずつペアを組んでのスパーリング練習をおこない、ロビンソンがそのなかをくねくねと歩きながら注意を与えていく。高円寺の〝スネークピット＝蛇の穴〟でロビンソンが教えているのは、ランカシャー・スタイルのキャッチ・アズ・キャッチ・キャン。現在のアマチュア・レスリングよりもはるかに古いイングランド式の実戦レスリングである。

ロビンソンは14歳からイングランド・ウィガンのビリー・ライレー・ジム〝スネークピット〟でキャッチ・アズ・キャッチ・キャンを学んだ。ハイスクール時代はフリースタイルのアマチュア・レスリングも経験したが、やはりレスラーとしてのバックボーンは〝なんでもあり〟のキャッチ・アズ・キャッチ・キャンということになる。そもそも、キャッチ・アズ・キャッチ・キャンという単語は〝なにがなんでも〟〝がむしゃらな〟という意味の古い熟語だ。

ホッジは、ロビンソンとは対照的に少年時代からアマチュア・レスリングを学んだ。ハイスクールを卒業と同時に入隊した海軍ではカレジエイト（カレッジ・スタイル）のレスリングの練習を積み、19歳でヘルシンキ・オリンピック（52年）に出場したときはルールをよく知らないままフリースタイルで試合をした。

フリースタイルとグレコローマンのふたつのスタイルを本格的に勉強したのはオクラホマ大に入学してからで、大学3年のときに出場したメルボルン・オリンピック（56年）ではフリースタイルの174ポンド級で銀メダルを獲得。大学時代の戦績は46戦無敗。とにかく、おそろしく強いアマチュア・レスラーだった。

ロビンソンにとってキャッチ・アズ・キャッチ・キャンのレスリングとはサブミッションで相手をタップアウトさせることで、ホッジにとってレスリングとは相手の両肩をマットにつけてピンフォールをとること。イギリス人のロビンソンはヨーロッパでプロレスの道へ進み、アメリカ人のホッジはプロボクシングを経験後、地元オクラホマでプロレスに転向した。年齢ではホッジのほうが6歳上だが、プロレスにおけるキャリアはほぼ同じくらいである。

アマチュア・レスリング出身のホッジは、練習生たちに「絶対に背中をつけてはいけない。どんなときでも腹ばいになってディフェンスのポジションをつくりなさい」と指導した。ホッジのコーチングをすぐそばでみていたロビンソンは、ホッジのコメントに大きくうなずいた。

「ダニー、わたしはヒザが悪いから、立ったり座ったりしながらの足技の指導ができない。そのへんをコーチしてやってください」

ホッジは「両足を手のように使いなさい。手のひらで包み込むようにして足の裏を使いなさい」と説明してから、グラウンドのポジションでの足の位置を道場生たちにデモンストレーションしてみせた。ホッジが軽くつま先を相手のかかとにひっかけただけで、下になった道場生の上半身の動きがピタリと止まった。

「これはすごいですねー」と宮戸が目を輝かせた。

「これはちゃんと教わっておきたいですね。すごいや」

宮戸は練習生をマットに寝かせて、グラウンドのポジションでのつま先のフックを練習しはじめた。ホッジは「両手で包み込むように両足で包み込むこと。レスリングでは両手と両足が同じ働きをするのです」とつづけた。宮戸はムキになってホッジ式の足技をおぼえようとした。ロビンソンは楽しそうに鼻歌をうたいながらその光景をながめていた。

「ダニー、この子たちはレスリングを勉強中なんです。だから、背中をマットにつけることがどういうことなのかをまだよく理解していない」

「背中をマットにつけたら負け。アマチュア・ルールなら、いま彼らがいるポジションから体がローリングしただけでポイントをとられます。とにかく、なにがあっても下から空を見上げてはいけないんです」

ホッジはロビンソンの顔をみた。

「ダニー、この子たちはレスリングを知るまえにグレイシー柔術なんてものをビデオで観てしまった。だから、下になって背中をつけて闘うことがどんなに馬鹿げているかがいまひとつわかっていない。レスリングの試合なら、グレイシー柔術なんてひとり残らずフォール負けですよ」

ホッジは、なるほどという顔をして「アルティメット・ファイティング?」といっておどけながら、グラウンドで相手に密着したままの体勢でパンチ攻撃のマネをした。ホッジはテレビではUFCを観たことがあるというが、MMA(ミックスト・マーシャルアーツ)はレスリングではないサムシングととらえている。

プロボクシングの経験もあるホッジは、MMAについて「わたしの若いころはああいうものはなかった」と語り、それから「若かったら、わたしもやっていたかもしれないが」とだけつけ加えた。やはり、ホッジにとって〝ファースト・ラブ=初恋〟はあくまでもレスリングなのだ。

27歳でプロレスを志したホッジは、〝絞め殺し〟エド・ストラングラー・ルイスに弟子入りして関節技を学んだのだという。ルイスは1920年代から40年代まで世界ヘビー級チャンピオンとして一世を風びし、引退後は〝鉄人〟ルー・テーズのマネジャーをつとめた人物である。ホッジがルイスから最初に教えてもらった関節技は、ルイスの必殺技であり、プロレス技の基本中の基本であるサイド・ヘッドロックだった。

ホッジはプロ志望の練習生たちを実験台にオールドファッションなサブミッションのいくつかをデモンストレーションした。それはロビンソンが教えるランカシャー・スタイルのキャッチ・アズ・キャッチ・キャンのサブミッションとはややフォームの異なる技だった。アメリカのプロフェッショナル・レスリングにはアメリカン・スタイルのサブミッションがあるということなのだろう。

「変わったはいり方ですね。ロビンソン先生のやり方とちょっとちがう。時間があればもっとちゃんと習いたいですね」

宮戸がまた目を輝かせた。ホッジは、そこに立っている練習生たちを寝かせては、ディフェンスのポジションをていねいに指導した。このままずっといつまでもレスリングをしていたい。そんな顔をしていた。

練習後、ホッジはトレードマークの〝リンゴつぶし〟を披露してくれた。「もったいない。終わったら食べなさい」といいながら、ホッジは有名なブロマイド写真と同じ顔で気合もろとも右手でリンゴを握りつぶした。

（05年11月）

ダニー・ホッジ夫妻のちょっと遅い金婚式ハネムーン in Japan

金婚式は日本の文化ではなくて、ゴールデン・ウェディング golden wedding というイングランドのお祝い事の訳語である。ダニーとドロシーのホッジ夫妻は、4年まえに金婚式にあたる結婚50周年を迎えた。ホッジが19歳、ドロシーさんが16歳のときにふたりはオクラホマの教会で結婚式をあげ、それから半世紀、ずっと仲よくいっしょに暮らしてきた。73歳と70歳のシニア・シチズンになったホッジ夫妻にはひ孫がいる。


ホッジはハイスクールを卒業と同時に徴兵を待たずに海軍に志願し、海軍士官学校でレスリングを学び、19歳でヘルシンキ・オリンピック（52年）に出場した。あと数週間で出征というところで朝鮮戦争が終結し、2年間の軍隊生活で奨学金が支給され、オクラホマ大学に入学。大学3年のときにメルボルン・オリンピック（56年）に出場し、大学を4年で中退してカンザス州ウィチタの石油会社に就職後、ボクシングに転向したが、27歳でプロレスを選択した。

ドロシーさんは、やさしい顔でホッジのはなしに耳を傾けながらところどころで「そうね、そう、そう」と相づちを打つ。ホッジのことはなんでもわかっているけれど、ホッジ自身がファースト・ラブ＝初恋と形容するレスリングにはあまり興味がない。ホッジが「スリー・ワード＝3つの単語」というと、ドロシーさんはまた大きくうなずいた。

それは〝天の声〟だった。3つの単語とは〝ホールド・ユア・ネック hold your neck（首を支えろ）〟。耳をすますと、いまでもはっきりと〝ホールド・ユア・

ネック〟というメッセージが聞こえてくる。

寒い夜だった。ヒーターの温度を上げて自動車を運転していたホッジは、知らないうちに居眠りをしていた。気がついたとき、車は橋に激突し、そのまま車体が180度回転してまっ逆さまにひっくり返った。

車のルーフが川べりのコンクリートの壁の上を滑りながら、斜めになって川のなかに落ちていった。ホッジはハンドルを握ったまま下になった車の天井に何度も頭をぶつけた。奥歯が1本残らず折れた。首の骨が折れた瞬間がはっきりとわかった。車体が川の底にぶつかると、ヒビがはいったフロントガラスから車内に水がはいってきた。

「そのとき、聞こえてきたんだ」とホッジはふり返る。「〝ホールド・ユア・ネック〟という声がね。わたしは左手で首を押さえ、車から抜け出すことを考えた。左右のウインドーは水圧で開けることができない。割れたフロントガラスの隙間から脱出しようと必死にもがき、わたしは車の外に出た」

ホッジは左手で首を支えながら右手だけで川を泳ぎ、岸までたどり着いた。土手の上のハイウェイまでなんとか歩いていくと、トラックが停まってくれた。トラック・ドライバーがCB無線で仲間のドライバーに連絡をとってくれ、無線から無線へのリレーでそれから20分後に救急車がやって来た。そのあいだ、ホッジはずっと左手でしっかりと首をホールドしていた。

「そう、ホールド・ユア・ネック……」とくり返しながら、ドロシーさんはにっこり笑ってホッジの顔をのぞき込んだ。事故から約30年が経過したいまでも、この〝ホールド・ユア・ネック〟という不思議なフレーズはふたりだけが共有するおまじないの言葉になっている。43歳だったホッジはこのときのケガでプロレスをあきらめた。

アクシデントから数日後、川から引き上げられた車の写真をみたホッジは、もういちど驚いた。破損したフロントガラスにできた割れめはほんの数インチの隙間で、とても人間が抜け出せるような幅ではなかった。首を骨折した瞬間はちゃんと記憶しているのに、それからどうやって車から外に脱出したかが思い出せない。

「いまは死ぬときではない」と感じたことだけはおぼえている。

ホッジは、やっとドロシーさんを日本に連れてきた。オクラホマ生まれでオクラホマ育ちのドロシーさんにとって、ジャパンは遠い遠い国。プロレスをやめてから30年が経とうとしているのに、いまでも〝ダニー・ホッジ〟に会いたいというファンがたくさんいるジャパンという国にドロシーさんは親しみをおぼえた。

ホッジ夫妻は高円寺の商店街を歩き、浅草でおみやげを買い、旧友ビル・ロビンソン、宮戸優光らといっしょに河口湖畔まで温泉旅行に出かけた。ホッジが旅館の窓から「あそこだ」と指をさすと、小雨のなか、雲と雲のあいだから富士山が顔を出した。（05年11月）

V—2

Minority

“少数派”のプロレス

みちのくプロレス

Michinoku Pro Wrestling

新崎人生・みちのくプロレス社長の〝地方から考える日本のプロレス〟

大げさにいっちゃえば、テーマは〝ディスカバー・ジャパン Discover Japan〟。わかりやすくいえば〝地方から考えるニッポンのプロレス〟ということになるのだろう。

みちのくプロレスが創立10周年を迎えた。いつのまにか全日本女子プロレス、新日本プロレス、全日本プロレスに次ぐ〝老舗団体〟になっていた。創業者で先代社長のザ・グレート・サスケが岩手県議選に立候補し当選。世界初の〝覆面議員〟になった。

サスケは①緊急医療の整備と小児科の改善②教育改革による教育県・岩手の確立③DV（ドメスティック・バイオレンス＝家庭内暴力）と幼児虐待に関する相談窓口の開設④ベンチャー企業の育成という4つの公約をかかげ、県議会にデビューした。

緊急医療の整備も、教育県・岩手の確立も、DV問題も、ベンチャー企業の育成もプロレスとあまり関係ないようにみえて、じつはみちのくプロレスのビジョンとちゃんとリンクしている。サスケは岩手県内でも屈指の進学校に通いながら、あえて大学には進学せず、高校卒業と同時にプロレスラーを志し上京。23歳の若さでベンチャー企業、みちのくプロレスを設立した。

創立10周年を迎えた株式会社みちのくプロレスの経営は、サスケ前社長から新崎人生新社長にバトンタッチされた。新崎は四国・徳島から東京を経由して東北にたどり着き、団体発足時から〝新崎人生〟としてみちのくプロレスを支えてきた。途中、94年11月から96年までの約2年間、WWEに在籍したこともあったが、契約満了と同時にニューヨークからまっすぐ東北に帰ってきた。みちのくプロレスの10年の歴史は〝サスケ史〟であったと同時に、人生の〝素顔のマスクマン〟としての大河ドラマの舞台にもなっていた。

サスケが磐城・岩代・陸前・陸中・陸奥の東北五カ国の古称である陸奥（ミチノオク、ミチノクニの略）をひらがなの〝みちのく〟に変えて現代用語として定着させたように、人生もまたプロレスを通じて〝お遍路さん〟〝四国八十八ヵ所巡拝〟〝空海〟〝弘法大師〟といったネイティブ・ジャパニーズの単語の数かずをフツーの日本語に変換してきた。

みちのくプロレス社長に就任した人生は、プロレスを志してから13年めにして〝修行の身〟から〝職業人〟としての道を歩みはじめた。議員になったサスケはスケジュールが許す範囲内でいままでどおり試合には出場するというが、団体の経営にはいっさいタッチしない。盛岡市材木町の事務所は、人生社長がテイクオーバーすることになった。

いままでもずっとそうだったし、きっとこれからだってサスケは荒唐無稽、誇大妄想、支離滅裂な言動でみんなを困らせるかもしれない。しかし、サスケが戦後半世紀の日本プロレス史のなかで初めての地方発信型のプロレス団体をつくった歴史上の人物であることに変わりはない。

サスケと人生の関係は、参議院議員時代のアントニオ猪木と坂口征二・新日本プロレス社長（当時）のパートナーシップに近いものになるだろう。サスケ自身も「私よりも人望があるから」を人生の新社長就任のモチベーションとしている。

人生社長は新体制の指針を「地方密着型プロレスと〝共生〟」と語る。みちのくプロレス発足当時からつづけてきた村おこし、町おこしのプロレスがもういちどゼロからスタートする。東北の文化を考える。東北の経済を考える。東北の環境問題を考える。近い将来はＩＳＯ（国際標準化機構）に加盟し、地方の中小企業としてのプロレス団体の国際規格を考える。東北から日本と世界をながめる。そういう発想らしい。

　よほど大きな地図じゃないと地名と場所が発見できないような、だれも知らない東北のスモールタウンで毎月15試合のシリーズ興行がはじまる。入場料はいままでと同じ〝大人3000円、子供1000円〟。一日の興行に有料入場者が300人で立派に〝黒字〟になるようなシステムを算出していかなければならない。

　人生社長は、徳島から東京を経由して東北にやって来た〝お遍路さん〟。〝八十八ヵ所〟の札所を巡る旅はずっとリングの上でつづいていく。トレードマークの作務衣《さむえ》はふだん着だから、これからは社長らしいワードローブを考えなければならない。人生の師・弘法大師は京都の東寺・高野山金剛峯寺の経営もしたし、学校もつくった。

（03年7月）

新崎人生だけが知っている〝みんなが知らないザ・グレート・サスケ〟

新崎人生は、ミルク・ティーのホットを注文してから「やっぱり、ケーキ・セットにしよう」とぶつぶつ独り言をつぶやいて、ちょっと場ちがいみたいな神妙な顔つきで「プリン・アラモード」。ケーキ・セットになりますか？」とウエーターさんにたずねた。

　株式会社みちのくプロレス代表取締役社長になった人生は、東京・六本木のＡホテルの喫茶店でお茶を飲みながら大学ノートとにらめっこをしていた。テーブルの上にのっかっているのは黒のボールペン、Ｂ５の打ち合わせ用ノート、携帯電話。ショルダーストラップのついた黒い重そうなキャンバス地のブリーフ・ケースが足元に置いてある。

　人生は、きれいに四角く折りたたんだハンカチで何度も額の汗をぬぐった。マオカラーのダーク・グレーのジャケットを脱ぐと、下には無地の黒のＴシャツを着ていた。「これだったら、下がTシャツでいいんで」と説明しながら、人生は自信のなさそうな顔をした。

社長になったら、とりあえず社長らしい格好をして歩かなければならなくなった。作務衣はふだん着だし、いきなりふつうのスーツとネクタイというのもなんだかいやだ。和服だと落語家さんや演歌歌手っぽいイメージだし、着こなしをまちがえるとふまじめな感じになってしまう。もちろん、〝新崎人生〟のキャラクターを変えることはできない。

上着を脱いでTシャツ一枚になってそこに座っていると、やっぱり人生はどこからどうみてもプロレスラーだ。首が太い。Tシャツの胸、上腕、肩のあたりがはち切れんばかりにピチピチになっている。いちばん気持ちいい傾斜の坊主頭をキープするためには、1週間から10日にいちどずつ散髪にいかなければならない。左腕の手首には、ふだんから太い木の数珠《じゅず》を巻いている。

黒い合革カバーのついた打ち合わせ用ノートの1ページめには、項目ごとに〝0〟がいくつも並んだ数字がびっしり記してあった。みちのくプロレスの経営状況がメモってあるのだろうか。人生はノートをぺらぺらとめくりながら「ふんふん」とうなずいたり、メモ書きにマルをつけたりバツをつけたりした。おろしたてのノートにしては、ずいぶんたくさんの書き込みがしてある。

まさかプロレス団体の社長になるなんて夢にも思わなかった。人生は、みちのくプロレス発足から3カ月めに〝新崎人生〟に変身した。10年まえに岩手・矢巾町総合体育館のリングに立っていたメンバーは、もうほとんどだれもみちのくプロレスにはいない。

気がついたら、人生はザ・グレート・サスケといちばん長い時間を過ごしたレスラーになっていた。サスケは素顔の上に何枚も何枚もマスクをかぶっている。いい人のマスクの向こう側にイヤなやつのマスクがあって、そのまた向こう側にいいやつのマスクがもう一枚隠れている。

〝3枚め〟のマスクの存在に気がつくまでに10年もかかってしまったけれど、どうやら人生だけはサスケのマスクのひもを捕まえた。サスケは人生と顔を合わせるたびに「よ、社長！」なんてからかうけれど、人生はサスケの気まぐれ、わがまま、思いつきにはもう一喜一憂しない。

社長になってみたら、いい意味でも悪い意味でもサスケがほんとうにマメで働き者だったこともわかってきた。〝ワンマン社長〟だからうまくいっていたこともあるし、そのせいで敵をつくらなくてもいいところで敵をつくってしまう場面もよくあった。

「サスケが〝陽〟で、人生は〝陰〟。ふたりがいて初めてみちのくはみちのくたりえる」

いつもお世話になっている偉いお坊さんから、人生はこんなお言葉をいただいた。イン・ヤンYin-Yangのシンボルにたとえると、陽のサスケのなかに陰の人生がいて、陰の人生のなかに陽のサスケがいる。人生だけが〝みんなの知らないグレート・サスケ〟を知っている。

人生がむずかしい顔をしてノートとにらめっこをしているあいだに、テーブルの上の携帯電話が何度も鳴った。そのたびに人生は「あ、ちょっとすみません」と軽く頭を下げてから「はい、新崎です」と低音の〝社長ボイス〟で電話に出た。東京にいる日は1時間刻みのスケジュールがつづく。

人生はまたノートを開いてメモをとった。営業。公式HP。新人発掘。なんかそんなキーワードが書いてあった。人生はそばを通ったウエーターさんに申しわけなさそうに「コーヒー、もらえますか」と頼んだ。

（03年7月）

岩手・安比高原〝電流爆破〟はみちのくのウッドストック

雪のないスキー場の風景にプロレスが溶け込んでいた。山のいちばん下にリングが設営され、ゲレンデの斜面に沿って下から上へ逆三角形に観客席が広がっていた。リングと観客席のコミュニケーションは〝劇場式〟の対面スタイル。これは新しい試みだった。

岩手県岩手郡安代町安比高原は、標高520メートルから1305メートル（標高差785メートル）、コース総延長45・8キロにリフト20基が稼動するスキー・リゾート。東京から岩手・盛岡までは東北新幹線で約2時間30分。盛岡から安比高原までのアクセスは自動車なら約40分、JR花輪線を利用すれば約1時間の距離だ。

東京から車を運転すると、首都高から川口ジャンクションを経由して東北自動車道で約550キロ。7時間ほどの移動になる。松尾八幡平インターチェンジで高速を降りたあとは、村道中沢前森線経由でさらに約13キロ北上。村道のあちこちに〝みちのくプロレス〜踊る大本会議戦〜〟のポスター看板と〝プロレス会場〟と書かれた道しるべが立っていた。安比高原スキー場がオープンしたのは1981年10月だというから、いままでいちどもここでプロレスの試合がおこなわれなかったのはちょっと意外な感じがする。

スキー場のゲレンデをアリーナにしたアウトドア・ショーだから、観客は野原に座ってプロレスを観戦することになる。まだ夏の香りが残る9月の終わりのそよ風のなかをトンボがすいすい飛んでいたりする。緑が深くて、空が広い。こういうところで〝体育座り〟なんかしていると、なんだか心が豊かになったような気がしてくる。

東北は東京よりも〝クルマ社会〟なのだろう。安比高原の駐車場は9000台収容の巨大スペースで、自家用車で子どもたちをスキー場のまえまで連れてきたお父さん、お母さんたちが会場入り口でみちのくプロレスのスタッフに「なんじに終わるんですか？」なんてたずねたりしていた。

みちのくプロレスの会場には子どもとお年寄りがたくさんいる。グレート・サスケやタイガーマスクのマスクをかぶった少年ファンがそのへんを走りまわっている。腰の曲がったおばあちゃんが売店をのぞいたりしている。ピースフルな時間が過ぎていく。

第1試合がはじまるまえに、気仙沼二郎の歌のコーナーがあった。会場のあちこちから〝ぬまちゃん！〟と声がかかる。プロレス団体専属の演歌歌手は、この世で沼二郎だけだ。

『海の魂』は、デビュー曲であると同時に気仙沼出身の沼二郎が一生歌いつづけるであろう魂の歌。リフレインの〝よーいとこらさ〟は、沖に向かって船をこぐときのかけ声であり、沼二郎の自分自身へのかけ声。演歌にはやっぱり手拍子がよく似合う。液晶ビジョンに映った〝カラオケ用歌詞〟をよく読んでみたら、『海の魂』は失恋の歌だった。

タイガーマスク対ディック東郷のIGWPジュニアヘビー級選手権がおこなわれているあいだに、だんだんと日が沈んできた。ナイター照明がともると、アウトドアののどかな空間はお祭りのムードに変わった。

新崎人生&西村修対安田忠夫&魔界1号のタッグマッチでは、ヒール・モードの安田が「この田舎モンがーっ」とみちのくの観客をさかんに罵倒した。全国ネット系民放テレビの登場人物である新日本プロレスのレスラーは、東京から来た有名なタレントさんだった。今大会のプロデューサーの人生は、リングの上では一歩も二歩もひいた奥ゆかしいふるまいを心がけていた。

〝ノーロープ有刺鉄線電流爆破地雷ボード・デスマッチ〟のリングが組み立てられていくあいだに安比高原は夜を迎えた。ナイター照明が有刺鉄線をはりめぐらせたリングのまわりだけを明るく映し出していた。

大仁田厚が有刺鉄線に突っ込んでいくと、爆音とともに暗闇に電流が走った。サスケが有刺鉄線にからまり、爆音と閃光のなかに消えた。大仁田がサスケを場外の地雷ボードに突き落とした。いつのまにか、サスケのマスクがブルーのSASUKE仕様に変わっていた。観客席のあちこちから「あ、青だ、青だ」と声があがった。

ブルーのふちどりのマスクは、サスケの〝怒りの顔〟。地元ファンが「やっぱり青でなくちゃー」とつぶやいた。試合が終わると、サスケのマスクはまた〝正義の赤〟に戻っていた。大仁田がマイクをつかんで「サスケ、国会に来い」と叫ぶと、サスケは「オレはこの岩手でやることがある。なあ、みんな」と答え、安比高原に向かって同意を求めた。

（03年10月）

西村修

Osamu Nishimura

〝現代社会において〟のひと言で両国国技館にどよめきを起こす

西村修がマイクを手に沈着冷静な声で「現代社会において……」とひと言しゃべっただけで1万人の観衆がどっとどよめき、両国国技館がぐらぐらと揺れた。それはマイク・アピールといったたぐいのものではなくて〝無我〟のマニュフェストの一節のようだった。

〝無我〟は、西村のすべてである。無我とは、我意のないこと、無心なこと、私心のないこと。無我とは、〝我〟の存在を否定すること。仏教ではその根本的な教えである諸行無常・諸法無我・涅槃寂静の三法印のひとつで、いかなる存在も永遠不変の実体を有しないということ。

もっとわかりやすい日本語でいえば、無我とは、われを忘れてなにかにとり組むこと。無我夢中。無我の境地。西村自身がいつも訴えているように、〝無我〟とは宗教でもなんでもなくて、生きていくためのいちばん身近なキーワードということになるのだろう。

西村は、東京っ子だ。文京区出身だから、東京23区のなかでもかなり都心のほうで育った。昭和46年生まれの西村にとって70年代は幼少期から少年時代・前期で、80年代はティーンエイジの時代。グループサウンズとかフォークソングとかはほとんど記憶になくて、YMOやサザン・オールスターズを無意識に耳にして育った世代の日本人だ。

小学1年生で『ザ・ベストテン』を観て、中学1年のときに東京ディズニーランドがオープンし、高校1年の春に国鉄民営化でJRが誕生した。スティーブ・マックイーンとロジャー・ムーアが大好きなのは、もうちょっとだけ早く生まれていたら『タワーリング・インフェルノ』や『007私を愛したスパイ』を映画館で観ることができたかもしれないという、十代のころの〝背伸び感覚〟。西村にとって〝ジェームズ・ボンド〟は、ショーン・コネリーでもピアース・ブロスナンでもなく、やっぱりロジャー・ムーアなのだろう。

高校を卒業するときには、もうプロレスラーになることを決めていた。山本小鉄の『プロレス教室』で基礎トレーニングを積み、19歳で新日本プロレスに入門した。ここまでは、スポーツが得意でプロレスが大好きな男の子としては順調な道のりだった。

西村が〝無我〟にめざめたのは、生まれて初めて死を意識したときだった。プロレスラーとしてデビューして8年めの秋に、体のなかにガン（悪性リンパ腫）があることを知った。27歳だった西村は、病気がそれまでの奔放な生活の consequence（結果として生じる責任）ではなかったかと自分を責めた。

リングに戻るまでの約2年間の〝浪人生活〟で、西村はとことん自分と向かい合った。プロレスだけに集中できる環境をつくろうと思って、フロリダ州タンパに生活の場を移した。タンパは、西村が新日本の〝群れ〟を離れて初めて独り歩きをはじめたアメリカ武者修行時代のスタート地点だ。

一年じゅう太陽が照りつけていて、空は青く、海があって、水平線がみえる場所。ここは地球で、自分は地球に住んでいるんだとはっきりと実感できる場所。人間としてあたりまえのことをあたりまえにすることがじつはいちばんたいへんなのではないか、と西村は考えるようになった。

プロレスラーとしてあたりまえのこととはいったいなにかといえば、それはみずからのプロレスを磨き、プロレスを探求すること、偉大なる先人たちが創りあげたプロレスを次世代に伝えることだ。

タンパには〝レスリングの神様〟カール・ゴッチ先生がいて、タンパから車で2時間のオカーラにはドリー・ファンクJrもいる。77歳のゴッチ先生、62歳のドリーさんとくらべたら、西村はまだ少年みたいなものだ。ゴッチ先生もドリーさんも、西村とはレスリングのことしかしゃべらない。

西村にとって、プロレスとは〝無我〟であり、〝無我〟とはプロレスである。伝えたいことはたくさんあるけれど、それがリングの上からどのくらい観客に伝えることができているのかがまだちょっとわからない。

レスリングだけではどうしても伝えきれないところは、いまのところ言語でフォローする作業がつづいている。言葉が体のなかから自然にあふれ出てくる。

無我夢中にやるだけでは無我の境地にはたどり着けないし、無我を意識しすぎると、それが〝我〟になって無我が逃げていく。西村と観客の対話は、いまやっとはじまったばかり。西村はまだ修行の身である。


（03年9月）

プロレス史の〝年表〟のうえをリアルタイムで歩きまわる

西村修は、ぶ厚い黒のバインダーを大切そうに抱えて約束の時間ちょうどに待ち合わせ場所にやって来た。左開きのバインダーのトビラ頁を開けると〝サムライ・スピリット・ザ・ヒロ・マツダ・ストーリーズ The Samurai Spirit: The Hiro Matsuda Stories〟とあった。タイトルのすぐ下には、ステファニー・コジマと作者の名が記されていた。

ヒロ・マツダ（本名・小島泰弘）さんは団体に所属しない日本人フリーエージェントの草分け的存在で、1956年（昭和31年）に力道山道場に入門後、60年に単身ペルーに渡り、メキシコを経由してアメリカに移住。60年代から80年代前半までアメリカを本拠地に活躍した名レスラーだった。

ダニー・ホッジを下し、日本人として初めてＮＷＡ世界ジュニアヘビー級王座を獲得し（64年11月11日）、66年には〝新団体〟国際プロレスの設立にもかかわった。その後、旧日本プロレス、全日本プロレス、新日本プロレスのリングにも上がり、70年代にはハルク・ホーガンにレスリングの手ほどきをしたことで広く知られている。80年代から90年代にかけては新日本の在米エージェント的な立場にあった。

全285頁の〝自伝〟をつづったのはマツダさんの次女ステファニーさんで、マツダさんがこの世を去る約半年まえから父親との対話をテープに収め、口述筆記をすすめた。マツダさんが結腸ガンで亡くなったのは99年11月だから、ステファニーさんは5年がかりでこれを一冊の本にまとめたことになる。

マツダさんの家族は、パソコンでプリントアウトしたお手製の本を西村に渡した。93年に初めてアメリカ武者修行の旅に出た西村は、まずフロリダでマツダさんからアメリカン・スタイルのレスリングのコーチを受けた。おそらく、マツダさんにとっては西村が最後の直弟子ということになる。

西村はマツダさんとじっさいに肌を合わせたことで、プロレス史の年表のうえをリアルタイムで歩くことになった。マツダさんのまえには、マツダというリングネームのヒントになったマティー〝ザ・マイティ〟マツダがいて、そのまえには〝日本人プロレスラー第1号〟として1880年代にアメリカに渡ったソラキチ・マツダがいる。

西村が暮らすフロリダには、プロレス史年表上の重要な登場人物がたくさん住んでいる。〝プロレスの神様〟カール・ゴッチさんもそのなかのひとりだ。マツダさんと西村が親子ほどトシのはなれた師弟だったとすると、ゴッチさんと西村はおじいちゃんと孫ほどトシのはなれたお茶飲み友だちということになるのかもしれない。西村はフロリダに帰ると、月にいちどくらいのペースでゴッチさんの住むタンパのアパートメントを訪ねる。

80歳になったゴッチさんは、いまでも毎朝のケイコをつづけている。アメリカのレスリング・ビジネスの関係者とはもうほとんど付き合いがないから、ゴッチさんにとっても西村との会話が現在進行形のプロレスとのただひとつの接点になっている。

ゴッチさんはアントニオ猪木と藤波辰爾のレスリングの師匠であり、藤原喜明、佐山聡、前田日明、高田延彦ら80年代のUWF世代の心の支えだった。90年代には船木誠勝と鈴木みのるにパンクラスという団体名を授けた。日本人レスラーとのリンクは石川雄規あたりまでつづいている。

マツダさんの家族は西村のことを〝ヒロ・マツダ〟と同じように海を渡ってきたジャパニーズ・サムライととらえ、ゴッチさんはゴッチさんでそんな西村を、たまに様子をうかがいに来てくれる礼儀正しいヤングボーイと考えている。西村自身はフロリダが好きで、マツダさんやゴッチさんを心から尊敬し、すぐそばにいたいと思っているだけだ。

タンパの自宅から2時間ほどドライブすると、ドリー・ファンクJrの〝ファンキング・ドージョー〟がある。ドリーさんは、西村が生まれたころのNWA世界ヘビー級チャンピオンである。フロリダ州オカーラの道場には、西村よりももっと若いレスラー志望の若者たちがドリーさんのコーチのもとでレスリングを学んでいる。

西村のレスリングは、ドリーさんに代表されるオールドファッションなアメリカン・スタイルの祖型の反復。カール・ゴッチも、ヒロ・マツダも、ドリー・ファンクJrも、ほんとうにいいものは古くならない。西村は偉大なる先人たちがつくってくれた大きな道を、地に足をつけて、ゆっくりゆっくりと歩んでいる。

（04年11月）

石川雄規
Yuki Ishikawa

格闘探偵団バトラーツの〝再誕《リバース》〟はバチバチ・プロレス入門編から

格闘探偵団バトラーツの〝バ〟は、やっぱりバチバチ・プロレスの〝バ〟だった。ハートとハートが火花を散らすプロレス。関節と関節、骨と骨とがバチバチとぶつかり合うプロレス。石川雄規とその仲間たちが考えるところのいちばんベーシックな様式のプロフェッショナル・レスリング。石川は体と体、心と心のバチバチ現象を〝情念のプロレス〟と位置づけてきた。

団体所属メンバーは石川、臼田勝美、カール・マレンコ改めカール・コンティニー、新人の原学の4選手だけになってしまったけれど、そういうレスリングがやりたいというボーイズが集まってくればすぐにでもバチバチ・プロレスはできる。6・9〝REBIRTH〜第2章開幕〜〟後楽園ホール大会の〝6〟と〝9〟を重ね合わせると陰陽《インヤン》のシンボルになる。石川自身はそんなつもりはないかもしれないが、石川が奏でるプロレスにはニューエイジ・サイエンスっぽいなぞかけがいつもくっついてくる。

後楽園ホールのリングにはバチバチ感覚に餓えた男たちが集まってきた。中野巽耀《たつあき》は80年代のUWFスタイルをかたくなに守りつづけている日本でただひとりのプロレスラーで、その中野と闘った倉島信行は無我〝予備軍〟。プロレスとプロ格闘技がリンクする不確実な場所に立っている松井大二郎（高田道場）はこの日、バトラーツ・ルールのプロレスを体感した。

K－DOJOのルーキー、サンボ大石と真霜拳號《ましもけんご》の2選手をバトラーツにブッキングしたTAKAみちのくは「オレも久しぶりにバチバチがやりたくなった」とつぶやいた。ホーム・アリーナ、千葉のブルーフィールドでスタートしたばかりの週3回のハウスショーは「火、木が〝メタル〟で土曜が〝スマックダウン〟」なのだという。WWEスタイルもバチバチもレスリングの基本はそれほど変わらないというのがTAKAの感覚なのかもしれない。

石川の〝情念劇場〟にゲスト出演はしなかったが、大谷晋二郎もこの日、後楽園ホールのバックステージに顔をみせた。第1試合に出場したZERO－ONEの星川尚浩は、詰め襟風のガウンと近藤真彦ナンバーの入場テーマ曲でお客さんを温めた。

トーキョー・ガイジンならぬ埼玉ガイジンのカールは、リングネームの〝マレンコ〟を本名のコンティニーに変更した。遠い親せきのカールがマレンコ姓を名乗ることに関してジョーとディーンのマレンコ兄弟の意見が分かれたらしい。藤原組の道場でレスリングの練習をはじめてから10年がたった。カールは中級レベルの日本語で「バチバチがいい」と自己分析した。

石川が「シンプル・イズ・ベストでしょ」といっていたのは臼田とのシングルマッチのことだった。石川は〝アントニオ猪木仕様〟の無地の黒タイツと黒いリングシューズを封印し、MMAスタイルのスパッツにキャンバス地のレスリング・シューズといういでたちでリングに上がってきた。

首相撲からの〝密着スープレックス〟はグレコローマンの動きをプロレス技に改良したもので、〝へそ投げスープレックス〟はルー・テーズへのトリビュートということになるのだろう。グラウンドの体勢で下から相手の腕をキメるアームロックは、石川の師匠であるカール・ゴッチ先生と藤原喜明組長がいちばん得意とするサブミッションである。

メインイベントの石川—臼田戦が終わったのは午後7時45分で、出場選手たちがもういちどリングに上がってフィナーレのあいさつをしたのが午後8時過ぎ。都内、近県在住の観客だったら、急いで家に帰ればサッカーの日本—ロシア戦が観戦できそうな微妙な時間だった。カールは「日本じゅうがワールドカップで大騒ぎしている夜によく来てくれた」と後楽園ホールの北側の観客席をながめながら胸に手をあてた。

2002年6月9日は、FIFAワールドカップで日本代表チームがロシアから歴史的初勝利を飾り、よれよれのマイク・タイソンがWBC・IBF統一世界ヘビー級王者レノックス・ルイスにKO負けを食らった日として人びとの記憶に残るだろう。石川とその仲間たちは、満員にならなかった後楽園ホールで自分たちにしかできないバチバチ・プロレスの未来形を探った。試合終了後、石川はシャワーも浴びずホール5階正面の売店に立ち、〝情念のプロレス〟の目撃者たちとバチバチの余韻をシェアした。（02年6月）

バチバチはミクロの空間からマクロな発想

生まれて初めて観るプロレスがバチバチだったら、その人はきっとプロレスが大好きになる。大好きになって、ずっとプロレスを観つづける。東武伊勢崎線・越谷駅西口から徒歩30秒のB－CLUBは、子どもから大人までだれでも参加できる〝駅前格闘技道場〟。道場をのぞくと、汗びっしょりのTシャツを着た石川雄規が必ずそこにいる。

午前中は自分たちの練習の時間で、午後はジムの受付のちいさなデスクのまえでこつこつとオフィスワーク。夕方からB－CLUBの授業がはじまる。ジムの入り口のすぐよこの大きなホワイトボードには各クラスの時間割が掲示されている。

〝情念クラブ〟はチビッ子アマレス教室で、〝情念クラス〟は高校生以上を対象としたアマレスのクラス。〝BC〟はベーシック・コンディショニング。〝BS〟

はベーシック・サブミッション。〝打撃〟はキックボクシングで〝総合〟は総合格闘技。〝カーディオ〟はダイエットのためのボクササイズのクラスだ。「流す汗の尊さは同じ」だから、プロ志向の練習生も学生も仕事帰りの若いサラリーマンもふつうのおじさんもいっしょに練習する。

夜になると居酒屋『石川屋』のオーナーとしての石川の仕事がはじまる。道場の2階の『石川屋』本店は串焼きと大根おろしと日本酒と焼酎のお店。3年まえにオープンした『石川屋』春日部店がふたつめの店舗で、道場1階の裏口を改造してつくった『石川屋じゃんじゃん』は串揚げ専門店（3号店）。つい1カ月まえに東武伊勢崎線・大袋の駅前に立ち飲み酒場『石川屋』4号店が開店した。

いろいろあったけれど、格闘探偵団バトラーツは創立10周年を迎えた。道場に通ってくる練習生、ジム会員は練習が終わると外に食事に出るし、お酒が好きな人たちは仲間といっしょに飲みに出かける。だったら、みんなが集まれる場所をつくろうと思ったのが居酒屋をはじめたきっかけだった。プロレス団体をつづけていくにはお金がかかる。スポンサーがいないから、自分がスポンサーになろうと考えた。

石川はカウンターのなかで焼き鳥を焼き、お盆を持って飲みものを運び、ちゃんとスケジュールを決めて一軒ずつお店をまわる。

「流行は関係ないですよ。オレはオレの信じるプロレスを淡々とつづけるだけ」と石川はほほ笑む。バトラーツがやってきたバチバチのプロレスにはゆるぎない自信があるから、雑誌や新聞が取り上げてくれなくたってかまわない。興行ポスターを電信柱に貼って歩くのもやめた。それでも越谷・桂スタジオの定期戦は300人の固定ファンを動員できるようになった。「プロレスの輪は人の輪である」が石川の持論だ。

『石川屋』ではバトラーツの練習生たちが働いている。昼間は道場で汗を流し、夜はお店に出てきて社会勉強。レスリングが強くなることだけがプロレスラーの仕事ではない。人と知り合うこと。たくさんの人たちと出逢うこと。人としての魅力とはなにかを学ぶこと。人が人を呼び、ネットワークができあがる。こっちは向こうのことを知らなくても、向こうはこっちのことを知っていて、やがてそれが不特定多数のファンづくりへとつながっていく。

バチバチのプロレスとは、ものすごいスピードで走る車がブレーキを踏まずにカーブを切るようなプロレス。〝レッドゾーン〟に突入してもそのまま突っ走るプロレス。それを目撃した人たちに「プロレスってすげえんだな。プロレスラーってすげえんだな」と思わせるプロレスである。バトラーツを信じ、バチバチを信じてもらうこと。だから、石川は「そのために命を削っている」。

石川は「これはオレのリベンジなんです」と鼻の穴をふくらませる。B－CLUBはバトラーツの道場であり、地域に根ざした会員制ジム。『石川屋』は地元の人たちが集う居酒屋であり、プロレスとプロレスを知らない人たち＝社会の接点をつくる場所。バトラーツとB－CLUBと『石川屋』のトライアングルは〝貧乏プロレス団体〟のいちばん新しいビジネスモデルといっていい。

「人間って、単純なことに感動するでしょ。単純にすごいことって、飽きないでしょ」

気持ちが伝わるとか、熱い想いとか、そんな安っぽいいいまわしで片づけられてしまうプロレスはやりたくない。そんなことがいつまでできるかはわからないけれど、生まれて初めてプロレスを観る人たちのために石川はバチバチをつづけていくのだ。（06年5月）

障害者プロレス

Super Handicapped Pro Wrestling Doglegs

〝ドッグレッグス〟はできることとできないことのコラボレーション

それほど広くない北沢タウンホールはあたりまえのように満員になっていた。障害者プロレス『ドッグレッグス』第56回自主興行。イベント名は〝1ON1セカンド〟。入場料は3500円（全席指定）。このジャンルがプロレスとカテゴライズできるサムシングかどうかはいささかの議論の余地を残すところではあるが、チケットの料金設定はアマチュアではなくプロのそれになっている。観客は選手や関係者の家族、友人、知人ではなくて、どうやら固定層のファンだ。

会場入り口で配られていた〝本日の対戦カード〟には第0試合から第7試合まで全8試合のラインナップがプリントされていた。ドッグレッグス認定世界障害者プロレスヘビー級選手権。同ミラクルヘビー級選手権。〝ヒザ立ちマッチ〟。サンボ慎太郎。菓子パンマン。〝障害宇宙人〟ET。愛人（ラ・マン）。選手たちはほとんど全員、リングネームを名乗っている。

ドッグレッグスが誕生したのは1990年4月。脳性マヒの障害者とボランティア・グループを中心としたパフォーマンス集団として誕生したが、ドッグレッグス所属のふたりの障害者の殴り合いのケンカがきっかけとなり障害者プロレスのコンセプトが生まれ、その興行活動の基礎が形づくられた。テーマは〝障害者の新しい自己表現の場〟と〝障害者に無関心な人びとを振り向かせよう〟だった。

94年にはこの団体の活動を追ったドキュメンタリー映画が製作され、97年には北島行徳ドッグレッグス代表が書いた『無敵のハンディキャップ』が第20回講談社ノンフィクション大賞を受賞した。しかし、プロレス・マスコミは障害者プロレスとのコンタクトをこれまでなんとなく避けて通ってきた。

脳性マヒは胎生期・周産期・新生児期に生じた脳の非可逆的障害の後遺症のことで、先天異常、妊娠中の母体の疾患、出産時の低酸素症、脳炎、頭部外傷などが原因で四肢にマヒを残す。わかりやすくいえば、体の障害と精神の障害（視聴覚障害、精神遅滞など）のどちらもこの脳性マヒから起こる。ドッグレッグス所属レスラーたちは、それぞれに障害のレベルが異なる。

そこに3本のロープのリングがあって、選手たちが入場テーマに乗ってリングに上がってくる。各選手のオリジナルのプロモーション映像がスクリーンに映し出される。車イスのまま花道に入場してくる選手もいれば、体をひきずりながら花道をはって出てくる選手もいる。会場のムードはとにかく明るい。試合中は〝女社長〟新垣多恵さんによる、ときと場合によって笑えるような笑えないようなユーモアたっぷりの実況アナウンスとコメントの数かずがスピーカーを通じてホール全体に響き渡る。新垣さんの声はどうやら試合の一部ととらえたほうがいいのだろう。

試合そのものは、プロレスというよりは〝なんでもあり系〟の総合格闘技のそれに近いものにもなっている。障害者と障害者のぶつかり合いはプロレスの技を使ったプロレスの試合にはならず、どうしてもバーリトゥード的なものになってしまうというパラドックスがあるようだ。障害のとくに重い部分には〝攻撃禁止個所〟としてリストバンドのような色つきのテーピングが巻かれている。

特別ルール〝ヒザ立ちマッチ〟は、なんと障害者と健常者が闘う総合格闘技だった。健常者は両足首、両ヒザ、大腿部、腰を〝ドッグレッグス公認拘束具〟で縛りつけ、ちょうど体育座りのような格好になって闘う。こうすることで障害者と健常者の肉体的コンディションがほぼ対等になる。アンチテーゼ北島のリングネームで〝ヒザ立ちマッチ〟をおこなった北島代表はこの日、〝障害者パワーリフティング日本王者〟高橋省吾選手に肩固めで敗れた。

下北沢の北沢タウンホールはドッグレッグスの〝後楽園ホール〟なのだろう。ホンモノの後楽園ホールを借りようとしたこともあったが、ホール・サイドから遠まわしな〝NO〟の返事が来て、その計画は実現しなかった。東京以外ではこれまで熊本県水俣市、鳥取、大阪、北海道などで地方公演をおこなってきた。ドッグレッグスではない障害者プロレス団体が九州と北海道にもある。

選手グループを含めたスタッフは脳性マヒの障害者が20数人、健常者が10数人。もちろん、プロレスが大好きでプロレス（みたいなこと）がやりたい人たちの集団。スーパー・ハンディキャップト・プロレスリング〝ドッグレッグス〟とは、プロレスのリングを使って、闘いたい者と闘いたい者がだれにも邪魔されずに自己表現としての闘いを模索する、できることとできないことのきわめてフェアなコラボレーションである。

（02年10月）

ハヤブサ
Hayabusa

〝お楽しみはこれから〟が歌う理由

ハヤブサは車イスではなくて、大きめのリクライニング・チェアに腰かけていた。目のまえにはマイク・スタンドと楽譜スタンドが置かれていて、それが客席からステージの奥までの視界をちょっとだけさえぎっていた。ハヤブサは1曲歌い終えるたびに、ほてったような顔でぽつりぽつりとしゃべった。

「ありがとう。あたりまえのことに対してありがとう。漢字の〝漢〟と書いてオトコと読む。ぼくもそうなりたいんです」

〝だれかと同じにただ生きるより、自分らしさを捨てずに生きる。見知らぬ土地で倒れこみ、野垂れ死ぬかもしれないけれど。だがそれがいい。それがいい。自分で選んだ自由なら。流れる雲や野に咲く花。風流に盃傾け。それでいい。それでいい。漢だから〟『だがそれがいい〜傾奇者の唄〜』

「自由に生きる。自由に生きていると、いまのぼくみたいに痛いめにあうこともあるけれど、ぼくは後悔していない。プロレスラーになれてよかった。47都道府県をすべて歩いたし、アメリカにもメキシコにも行けた」

ハヤブサはケガをしたときのことをはっきりと記憶

している。3カ月間の入院生活のうちの2カ月をＩＣＵ（集中治療室）のベッドで過ごした。肺炎を併発していたため「頼んでもいないのに心臓まで手術されてました」。40度を超す高熱がつづき、起きているのか眠っているのかわからないようなかすかな意識のなかで何日も過ごした。ベッドによこになったまま海の底に沈んでいって、自分の体が液体になって熔けていく場面をはっきりと目撃した。そうかと思えば、知らない土地の知らない場所をあてもなく歩きまわる夢を何度もみた。

〝あたりまえのように流れていく日々の暮らしのなか、現実を押しつけられて、もがいてる自分がいた。いまはじまりの場所に降り立ち、再びこの胸に誓おう。かなわぬ夢でもかまわない。前だけを向いて歩きだそう。いまはじまりの場所に降り立ち、再びこの胸に誓おう〟『リ・バース』

ハヤブサは独り言のようにつぶやいた。

「いまはフツーのことが、フツーにうれしい。ぼくはプロレスラーとしてもういちどリングに立とうと思っている。オレのなかではそれはもう決まったことだから」

シンガーソングライターのハヤブサではなくて、プロレスラーのハヤブサがハヤブサを歌っている。作詞も作曲もハヤブサ。楽器が使えないから、アカペラで歌ってテープに吹き込んだ楽曲を知人のギター・プレーヤーに楽譜にしてもらっている。歌いつづけているうちに歌詞が変わってくることもある。

〝迷い込んだ暗闇で光を見失って。君の強さゆえに流れる涙。それにさえ戸惑い。同じ涙の味を知ってる。僕の声は聞こえているか。君に届け、僕のエール。ちいさな光になれ。君よ闘え、いまはまだ届かずとも、その命燃やしながら前へと進めばいい。君よ、痛みや悲しみや涙さえも遠い夢に向かうための道しるべに変えて〟『ＹＥＬＬ』

ハヤブサが歌っているのは、ハヤブサ自身とどこかでがんばっているだれかのための応援歌。がんばっている人たちには「がんばって」と伝えたいし、自分ががんばっているときは「がんばって」と応援されるのがやっぱりいちばんうれしい。
「字を書くのはあまり得意じゃないので、ぼくが作る歌って、どうしても歌詞が似てるんです」といってハヤブサは静かに笑った。
〝強い君はせつなささえも胸にしまい込んで、重い足をひきずるようにひとり歩いてる。僕はなにもできないけれど、いつも君のそばで。ありったけの笑顔しかないけれど、ずっと見守ってあげる。ありがとう、そばにいてくれて。たとえ暗闇のなかだとしても、ひとりじゃないと教えてくれて、ただそれが無性にうれしい。心の輪をつなごう。ともに歩いていこう〟『心の輪』
〝その涙さえ力に変えて、がんばってるあなたに。僕は心から叫んでいるよ。がんばって！　がんばって！　がんばって！　不安で眠れぬ夜を過ごした。夜空見上げてた。またたく星たちに強い願いこめて。つらい夜が過ぎ去ってしまうよう。涙がこぼれぬよう。やがて来る夜明けを信じて。切り開く未来を信じて〟『がんばってるあなたに』
素直に笑える男でいたい。痛みがわかる男でいたい。本気で怒れる男でいたい。時には泣ける男でいたい。試合ができなくても、プロレスラーはプロレスラー。ハヤブサの〝お楽しみはこれから〟だから、ハヤブサはハヤブサとして舞いつづける。（06年3月）

ビンス・マクマホンに会えた

ペンシルベニア州フィラデルフィアは、インディペンデント団体10数グループがひしめき合う〝インディーの聖地〟である。かつてECWのホームリングだったECWアリーナは数年まえにオーナーが代わり、改築工事がおこなわれ、ニュー・アルハンブラという新しい名称の多目的ホールに姿を変えた。

ニュー・アルハンブラでは毎週、金曜から日曜までの3日間、インディー各派のハウスショーがおこなわれている。地元のレスラーたち、関係者、常連層のファンはいまでもこの建物を〝ECWアリーナ〟あるいは〝アリーナ〟と呼び、いまそこにあるいちばん新しいプロレスをいまそこにいるみんなの手で育んでいる。

成田―デトロイト経由―フィラデルフィアまでは約14時間のフライト。ハヤブサは「飛行機が嫌いなんです」と困ったような顔をしてから「でも、行けば、楽しいんですよね」といって笑った。ハヤブサの知らないところにハヤブサを心からリスペクトしている人たちがたくさんいる。ECWアリーナは〝伝説のレスラー〟ハヤブサの来訪を心待ちにしていた。

デトロイト発のNW1758便がフィラデルフィアに到着したのは夜7時過ぎだった。空港からリムジンでダウンタウンのホテルへ向かい、チェックインをすませ、すぐにサウス・フィラデルフィアのECWアリーナへ急いだ。サーキット初日はWEW（ウィメンズ・エクストリーム・レスリング）のPPV収録の観戦。プロモーターが日本からの来賓のためにリングサイド最前列の席を用意してくれた。

WEWはアダルト路線を展開している女子プロレス団体で、〝21歳以下入場お断り〟のプロレスはたしかにプロレスではあるけれど、プロレスではないなにかだといわれれば、そういうことにもなりそうな不思議な空間だった。東海岸エリアのインディー・シーンを放浪している日本人レスラー、坂井澄江は日本式の浴衣を着て〝金魚マッチ〟に出場した。

PPV3本撮りのため試合終了は午前2時ということだったので、長旅の疲れと時差ボケが出てきたツアー・クルーは12時をまわったところで解散。ハヤブサは、アリーナ席の後ろのほうで車イスに座ったままうとうとしていた。

翌朝、午前10時からRFビデオというローカルのプロダクション会社がハヤブサの取材にやって来た。インタビュー収録は約2時間。〝シュート・インタビュー〟というシリーズものの企画で、ハヤブサはデビューから現在までの15年間を日本語と英語でふり返った。DVDのリリースは9月第1週だという。

午後5時からはサウス・フィラデルフィアのスポーツ・バー『トニー・ルークス』でPWU（プロレスリ

ング・アンプラグド）の主力メンバーとブランチ。PWUのオーナー・プロモーターはECWの初代社長だったタッド・ゴードンだ。ゴードンは「ECWよりもすごい団体をつくる」と鼻の穴をふくらませた。

ブランチには2・コールド・スコーピオ、ピットブル1号（ゲーリー・ウルフ）、ホセ&ジョエルのマキシモ・ブラザースらとともに、すぐ近くに住んでいるサンドマンが顔をみせた。ECWブランド所属としてWWEと契約したサンドマンは、WWEのドレスコードを厳守して純白のドレスシャツ、黒地に細いシルバーのストライプ入りのドレスパンツ、ブランドものの黒の革靴を身につけていた。

スコーピオは「まるでマフィアだ」といってドレスアップしたサンドマンをからかった。試合まえに缶ビールをいっき飲みし、空き缶を額でつぶす定番シーンは昔のままだけど、いまはプライベートではまったくアルコールを口にしていないという。しらふのサンドマンは、大物っぽいムードをぷんぷん漂わせていた。

PWUはアンプラグドというコンセプトどおり、90年代なかばごろのカルトな時代のECWのような雰囲気の団体だった。サンドマンがリング下から若手選手たちの練習をみていた。スコーピオもこの団体のコーチ補佐をつとめているらしい。プロモーターのゴードンが忙しそうにアリーナのなかを走りまわっていた。

「第1試合のあとで登場してもらいます」

ゴードンが音響・映像担当、照明担当のクルーを集めて打ち合わせをはじめていた。ハヤブサのビデオクリップを編集したプロモーション映像をアリーナ内の2カ所のスクリーンで流し、場内暗転からハヤブサが入場ゲートに登場。かんたんなスピーチがあって、それから歌の時間。ハヤブサをエスコートするのはスコーピオ、ピットブル1号、マキシモ兄弟のベビーフェース4人。ゴードンは、ハヤブサのゲスト出演を〝本日のメインイベント〟ととらえていた。

音響担当のスタッフがハヤブサのところに来て「歌のリハーサルは必要ですか」とたずねると、ハヤブサは「それは大丈夫です」と答えた。

第1試合終了後、ビデオ・スクリーンにハヤブサのプロモーション映像が映し出された。リング・アナウンサーが「ジャパニーズ・レスリング・レジェンド、ハーヤーブーサ！」とコールすると、ECWアリーナは大ハヤブサ・コールに包まれた。入場ゲートの黒いカーテンのなかからハヤブサが現れた。1200人の観客が大きな拍手とスタンディング・オベーションでハヤブサを出迎えた。

ハヤブサは聞きとりやすい英語で〝I will sing a song for you〟と観客に語りかけ、それから〝エールYELL〟を熱唱した。シーンと静まり返ったECWアリーナにハヤブサの歌声だけが響き渡った。

1曲歌い終えると、ハヤブサは大きく肩でため息をついた。アリーナのなかが再び大きな拍手に包まれ、もういちど大きなハヤブサ・コールが起きた。それから、ハヤブサがゆっくりと車イスから立ち上がった。よこに立っていたスコーピオがハヤブサの肩にそっと手をまわした。

バックステージに戻ってきたハヤブサは「オレって人気あるのかなって、錯覚しちゃいましたよ」といってホッとしたような顔をした。

「心の奥から声を出して歌わないとみなさんに伝わらないでしょ。気を失うかと思いましたよ」

ゴードンは「ここ（ECWアリーナ）には意地の悪いファンもたくさんいますからねえ。ちょっと心配だったんですが、お客さんがミスター・ハヤブサをリスペクトしていた」と天を仰ぎながら胸に手をあてた。

サンドマンは、バックステージのカーテンの隙間からハヤブサの登場シーンを見届けて、それから「じゃあ、オレはもう行くわ」とだけいい残してアリーナのバックドアから出ていった。「これからボストンへ？」と声をかけると、サンドマンは「あしたの朝の便で行く」と答えた。

ハヤブサは「かぶりますか？」とつぶやいた。

WWEの夏のスーパーイベント、8・20〝サマースラム〟はボストンのTDバンクノース・ガーデンに1万6168人の大観衆を動員した。バックステージでは中継機材、コンテナの撤収作業がはじまっていた。

第3試合でビッグショーと対戦したサブゥーは、すでにシャワーを浴びてふだん着に着替えていた。サブゥーが「ここにいよう」と機材用ボックスの上に荷物を置いて〝陣地〟をつくった。ジョニー・エースもすぐそばに立っていた。サブゥーとエースはあまり仲がよくないというはなしだったけれど、わりとなごやかにおしゃべりをしていた。

ビンスとシェーンのマクマホン親子が試合用のコスチュームを着たまま、汗だくでそのへんを歩きまわっていた。試合を終えたばかりだから異様なほどテンションが高い。サブゥーがビンスを呼び止めて「ぼくの友だちのハヤブサを紹介します」と話しかけた。ビンスは「ハヤブーサー!」と低くうなり声をあげてから、ハヤブサに握手を求めた。

ハヤブサが「初めまして。ハヤブサです」とあいさつすると、ビンスは「知ってるI know」と答えた。シェーンは、上機嫌ではしゃぐ父親のよこでにこにこしていた。ビンスはゴリラのような歩き方でまたバックステージの奥へ消えていった。

メインイベントの試合を終えたばかりのエッジとリタ、ジョン・シーナが〝時間差〟ですぐそばを通った。こんどはエースが「ちょっと来て」とエッジとリタに声をかけた。リタはハヤブサに「あなたのビデオをいつも観ていました」と伝え、それからにっこり笑って握手を求めてきた。エッジもジャパニーズ・レスリングの〝海賊版ビデオ〟をさんざん観て育った世代だからハヤブサには最大級のリスペクトを表した。

シーナは、ハヤブサのまえにひざまずいた。これにはハヤブサもちょっと驚いた様子だった。サブゥーが「彼はマイ・ベスト・フレンド」とつけ加えると、シーナは納得したような顔でうなずいた。ターバンとマスクのちがいはあるけれど、じつはサブゥーとハヤブサのリングコスチュームはおそろいだった。

エースは「じゃ、またあした」といって軽く右手を上げ、迷路のような通路を足早に歩いていった。これからビンスのプライベート・ジェットに乗ってコネティカットまで戻り、あしたの朝、〝マンデーナイト・

ロウ〟の収録がおこなわれるブリッジポートに向かうのだという。

ECWブランド所属のサブゥーは〝ロウ〟の会場には行かず、月曜の夜はペンシルベニア州アルトゥーナでECWのハウスショーに出場し、火曜は〝ECW〟の生中継のためウィルキスベアに移動する。インディー・シーンを渡り歩いてきたサブゥーにとって、WWEのスケジュールは「こんなにラクしていいのか」というほど快適なのだという。

エレベーターのまえにHHHが立っていた。試合を終えたままシャワーも浴びず、裸の上にTシャツを着てそのまま会場を出ようとしていた。ホテルにステファニー夫人と赤ちゃんが待っているのだという。HHHは「このエレベーター、日本人専用か?」とジョークを飛ばしてから、DXらしくイタズラっぽくほほ笑んだ。

（06年9月）

旧友たちとの再会

〝マンデーナイト・ロウ〟のバックステージはあわただしい。夏のスーパーイベント〝サマースラム〟の翌日、WWEのツアー・クルーはボストンからコネティカット州ブリッジポートに〝瞬間移動〟していた。

ハヤブサが「エディ!」と声をかけると、ウマガがちょっとびっくりしたような顔でふり返った。ウマガはルーキー時代、アルマゲドン、サモアン・スワット・チームといったリングネームで何度かFMWのリングに上がったことがある。

HHHや〝HBK〟ショーン・マイケルズにフォール勝ちするほどのスーパースターに変身したウマガは「ウーッす」と日本語であいさつをして、それからハヤブサの右手を両手で握って最敬礼のおじぎをした。

「なにか飲みますか? ミネラルウォーター、持ってきますすか」

ハヤブサが「じゃあ、水」と答えると、ウマガはケータリング・ルームまで走っていって、ミネラルウォーターのペットボトルを3本持ってきた。〝ロウ〟の連続ドラマで怪物キャラクターを演じているウマガがまるで新弟子みたいに動きまわる光景はなんだかユーモラスだった。

　ハヤブサが話しかけるたびにウマガは「ウッす」と日本語で返事をした。ウマガはほんとうになつかしそうな目でハヤブサをみていた。直立不動の姿勢がまたおかしかった。

「これから顔にペイントを描いてきます。ちょっと時間がかかりますから、ここで失礼します。ウッす」

　ウマガはハヤブサに深ぶかとおじぎをすると、バックステージの迷路のなかに消えていった。ウマガの後ろ姿をみながら、ハヤブサは「あのエディがこんなに出世して」とうれしそうな顔をした。

　ジェフ・ハーディーがすぐそばを通った。ジェフとハヤブサは初対面だったが、ハヤブサが「ハヤブサです」と握手の手を差し出すと、ジェフは驚いたような顔をして「ミスター・ハヤブサ？　お会いできて光栄です」といってハヤブサの右手を両手で握り、それから一歩下がって拝むように両手を合わせ、ジャパニーズ・スタイルのおじぎをした。

　ジェフと兄マットのハーディー・ボーイズ、リタ、シャノン・ムーア、グレゴリー・ヘルムスらノースカロライナ派閥が無名時代に日本のプロレスのビデオを穴が開くほど観て空中殺法の研究をしていたというのはひじょうに有名なエピソードだ。ジェフにとって、ハヤブサは映像のなかのヒーローということになる。

ハヤブサは「あの世代のレスラーにはあまり興味ないんですけど」と前置きしてから「でも、そうやってリスペクトしてくれてるのはうれしい」といってにっこりした。ハヤブサの十八番だったファイアーバード・スプラッシュも、じつは2・コールド・スコーピオの450スプラッシュを拝借したものだった。両腕、両ヒザからキャンバスに落下するスプラッシュの使いすぎで、ハヤブサの両肩はいまでも脱臼グセがついたままなのだという。

〝ロウ〟はこの日がポスト〝サマースラム〟の新シーズンの第1話。バックステージでドラマ・シーンの撮影がはじまると警備員たちが「お静かにお願いしまーす」と大声をあげた。ハヤブサはボディービルダーのような体をしたセキュリティーをみて「あんなゴツイ腕、ほかに仕事ないでしょ」と笑った。

ブリッジポートから〝フライデーナイト・スマックダウン〟と〝ＥＣＷ〟の録画撮りがおこなわれるペンシルベニア州ウィルキスベアまではバスで約5時間の移動。ハヤブサは午前中、コネティカット州スタンフォードに立ち寄ってＷＷＥ本社ビルを見学した。前夜の〝ロウ〟のドラマ・シーンでＨＨＨとＨＢＫがイタズラ描きしたとおり、ＷＷＥ本社ビルの外壁にはグリーンのスプレーで〝ＤＸ〟の2文字が書き殴られていた。ちょうどスタッフの通勤時間だったのだろう。カメラマンがビルのまえにハヤブサを立たせて記念撮影をしていると、駐車場に入庫していく自動車のうちの何台かがフレンドリーなリズムでクラクションを鳴らしていった。

サーキット5日めのボーナス・トラックはニューヨーク・ニューヨークの〝半日観光〟。ウォール街、グラウンド・ゼロ、五番街、セントラルパークをぐるっとまわったあと、タイムズ・スクウェアでいったん解散。バスを降りたところで山崎五紀さん一家がハヤブサを待っていた。

五紀さんが立野記代との伝説のタッグチーム、ＪＢエンジェルスとしてＷＷＥのリングで一世を風びしたのはもう19年もまえのことだ。五紀さんは引退後、92年にニューヨークで日本人実業家の永井勇巳さんと結婚し、現在はマンハッタンで日本料理店を2店舗、経営している。

五紀さんは3人の子どもたちをランチに連れてきた。長女・瑠夏《るか》ちゃんは12歳、長男・武蔵くんは10歳。同時多発テロ〝9・11〟が起きたときはまだ赤ちゃんだった次男・飛佑磨《ひゅうま》くんは5歳になっていた。

飛佑磨くんは昨年、小橋建太対サモア・ジョーの試合をライブで観て以来すっかりプロレスファンになり、家のなかでお母さんに〝小橋チョップ〟をお見舞いするようになった。いまはＷＷＥに夢中で、将来はプロレスラーになりたいのだという。五紀さんは「それが痛いのよ」といって〝小橋チョップ〟のマネをした。

プロ格闘技の試合のためアメリカに来ていて、ニュージャージー州リバーエッジの五紀さんの家にホームステイしているという藪下《やぶした》めぐみ、たま☆ちゃんの2選手も昼食会に合流した。ニューヨーカーの五紀さんは映画『フォレスト・ガンプ一期一会』に出てきた有名なシーフード・レストラン〝ババ・ガンプ〟にみんなを案内してくれた。

五紀さんは「このお兄さんたちにプロレスのこと、なんでも聞きな。なんでも知ってるから」と飛佑磨くんに話しかけた。飛佑磨くんはきのうの夜、テレビで観たジョン・シーナがエッジを川に突き落とした乱闘シーンを思い出しながら「エッジは泳げないの？」と首をかしげた。

小学5年生の武蔵くんはどちらかといえばプロレスよりもフットボールとベースボールのほうに興味があるらしく、中学1年生の瑠夏ちゃんは日本語と英語を半分ずつ話しながらお母さんのすぐよこでいちばん上のお姉さんらしくふるまっていた。

3人の子どもたちは〝居候〟の藪下にずいぶんなついている様子だったが、藪下は「わたしはダメですよ。子ども相手に本気でケンカしちゃうから」と謙遜した。試合中に前腕部を骨折したという藪下は、右腕をギプスで固定していた。五紀さんはアメリカにやって来るかわいい後輩たちの〝お母さん役〟でもあるのだ。

ウィルキスベアのワコービア・センターは、ボストンのTDバンクノース・ガーデン、ブリッジポートのコンベンション・センターと比較するとひとまわりちいさいアリーナだった。エージェントのディーン・マレンコからバックステージ用のステッカーをもらおうと思ってアリーナのバックゲート付近をうろうろしていると、ハヤブサの姿をみつけたレイ・ミステリオが遠くから走ってきて、ハヤブサに抱きついた。

ハヤブサとミステリオはいまから13年まえ、ハヤブサがメキシコ武者修行時代にティワナの道場でいっしょにトレーニングをしたケイコ仲間だった。ハヤブサはまだルーキーだったミステリオをチャンゴ（猿）というニックネームで呼んでいた。

いっしょに写真を撮るときはマスクをかぶるのがルチャドールの礼儀ということになるのだろう。ハヤブサがバッグのなかからハヤブサのマスクを取り出すと、素顔のミステリオもすぐにマスクをかぶった。

記念撮影のあとはミステリオがハヤブサにミステリオのマスクを渡し、ハヤブサがミステリオにハヤブサのマスクを渡した。ほんとうだったら再会のしるしにマスクを交換したいところだったけれど、ミステリオが手に持っていたのはその日、試合で使うマスクで、ハヤブサも一枚しかマスクを持っていなかった。ふたりは、名残惜しそうにおたがいのマスクをなでたりさすったりした。

ロブ・ヴァン・ダムがやって来た。大麻所持で30日間の出場停止処分を食らったばかりのRVDに「4／20（フォー・トゥエンティー＝マリファナの暗号）？」と声をかけると、「医療目的だったらカリフォルニアでは合法だよ。RVDは、ネバダ州の一部ではすでに合法。ぼくはマリファナ合法化運動のスポークス・パースンになりたいんだ」とまくし立ててから「でも、この会社にいるうちはムリだけどだね」と声をひそめた。

トミー・ドリーマーがハヤブサに「ハロー」をいいに来た。ブライアン・ケンドリックがおそるおそる近づいてきて、自己紹介をしてからハヤブサに握手を求めた。しらふのサンドマンがケンドー・スティックを手にこちらに向かってのしのしと歩いてきた。この日、トライアウトを受けにきた2・コールド・スコーピオがリング・アナウンサーのトニー・キンメルに「2・コールドの2は数字の2」と説明していた。

バックステージの壁には〝ECWゴリラ〟と記されたA4サイズの紙が張り出されていた。〝ゴリラ〟はヘッドセットをつけたビンス・マクマホンが〝天の声〟を出す場所で、〝ECWゴリラ〟はポール・ヘイメンが陣どっている部屋なのだろう。

スタッフ用の黒板に書き入れられた〝本日の進行表〟を読んでみると、メインイベントのところにはビッグショー対サブゥーと記されていた。RVD、ドリーマー、サンドマンらはバックステージをほっつき歩いているけれど、サブゥーはドレッシングルームの奥のほうでビンスとミーティングをしているらしい。
マスクを脱いだハヤブサは「ちょっと一服」といってアリーナ裏口から駐車場に出て、一本だけタバコを吸った。ダーク・マッチに出場するスコーピオは「じゃあ、日本でまた会おうぜー」といって手を振り、スマックダウンの銀色の握りコブシの入場ランプのほうに走っていった。

（06年9月）

レザーフェース
Leatherface

〝レザー死去〟の誤報から学習する情報のディレーと信ぴょう性

受話器の向こう側から聞こえてきたのは、たしかにマイク・カーシュナーのしゃがれ声だった。マイクは突然の電話の理由をちゃんとわかっていた。うんざりした感じではなくて、どちらかといえば声は弾んでいた。何年も音信不通だった友人、知人からいきなり電話がかかってきて、そのたびにまったく同じ内容の会話のくり返しだった。１週間くらいそういうことがつづいた。

「マイク？　生きてるの？　元気なの？」

「ああ、生きてるよ。元気だよ」

電話の相手はどんなに心配したかをとくとくと語り、この電話番号を手に入れるのがどんなにたいへんだったかを説明した。それから先は「あの人はいまどうしてる？　あの人は？」というやりとりになった。

〝マイク・カーシュナー死去〟の誤報がWWEの公式ウェブサイトにアップされたのは２００６年10月19日（アメリカ時間）のことだった。「レザーフェースが死んだ」というニュースが日本のネット・コミュニティーをかけめぐったのは20日（日本時間）の午前中。情報を発信したのはWWEだから、オフィシャル・リリースであることはまちがいなかった。

死亡記事は「〝コーポラル〟マイク・カーシュナー（本名トーマス・スピア）が先週の日曜（15日）、メアリーランド州ホワイトマーシュの自宅で死去」となっていたが、なぜか享年、現在の職業といった基本的なデータが記載されていなかった。マイクの本名はマイケル・ペンゼル・カーシュナー。〝トーマス・スピア〟は初めて耳にする名前だった。WWEの公式サイトにこのニュースがアップされた時点ですでに一部ではこの情報を疑問視する声があがった。

マイクの母ジーン・カーシュナーさんは親せきからの電話でこの怪情報を知った。ジーンさんは20日の午後、WWEに電話を入れて「私はカーシュナーの母親です。息子は死んでいません」と正しい情報を伝えた。WWEの公式サイトが〝カーシュナー死去〟のニュースを削除したのは20日の夜。写真入りの死亡記事そのものは削除されたが、〝訂正とおわび〟はアップされなかった。サイト内で〝マイク・カーシュナー〟という単語を検索しても、現時点ではファイル自体が存在しない状態になっている。

カナダの巨大プロレス・サイト〝スラム・レスリング〟に「〝コーポラル〟マイク・カーシュナーは語る。オレは死んでない」というニュースがアップされたのは、WWEの公式サイトがマイクの死亡記事をアップした翌日の20日だった。この記事には死んだことになっているマイク本人が登場し「トーマス・スピアなんてやつは知らん。オレはちゃんと生きてる。病気もしてない。仕事はトラック・ドライバーだ」とコメントしていた。

これにて一件落着かと思ったら、こんどは日本国内のネット・コミュニティーでこの〝スラム・レスリング〟の記事が「愉快犯によるイタズラではないか」とのウワサが広まった。誤報と怪情報と憶測がねじれにねじれていびつな未確認情報が独り歩きしはじめていた。アメリカから発信される情報と日本語に変換される情報とのあいだに微妙なディレーが生じていた。WWEの公式サイトとカナダのプロレス・サイトのどちらを信じるかといえば、たいていのプロレスファンはWWEのほうを信じる。

マイクの電話番号を調べるのにさらに数日の時間を要した。マイクとふつうに友だち付き合いをしているかもしれないフロリダの知人に連絡を入れ、その知り合いがカリフォルニアに住んでいるそのまた知り合いの電話番号を教えてくれた。〝マイク探し〟の連絡網はカリフォルニアからフィラデルフィア、フィラデルフィアから海を渡ってロンドンへとつながり、イングランド在住のマイクの旧友から「これがケータイ、こっちが自宅の番号です」というメールをもらったのは〝死亡説〟が流れてから約1週間後の26日（日本時間）の朝のことだった。

ケータイに電話をしてみると、いきなりマイクが出てきた。マイク、というよりもレザーフェース（またはスーパーレザー）の声を聞くのは7年ぶりだった。「金村キンタローとアパッチ・プロレスが10カウントの追悼セレモニーをやりました」と伝えると、マイクはちょっとビックリして「みんな、オレのことをおぼえていてくれたんだ。カネミューラにも会いてえな。よろしく伝えてくれ」となつかしがった。「たまには日本に来ませんか」というと、マイクは「I love to」と声を弾ませた。

（06年11月）

〝カーシュナー死去〟の怪談にはもっとディープなつづきがあった

〝コーポラル・カーシュナー死去〟のニュースは誤報だった。マイク・カーシュナー、というよりもレザーフェースはちゃんと生きていて、ノースカロライナ州グリーンズボロ郊外に住んでいる。もうプロレスはやめて、いまは大型トラックのドライバーをしている。

ほんとうだったら、このおはなしはこれでジ・エンドということになるのだろう。ところが〝怪談〟にはつづきがあった。「10月15日、メアリーランド州ホワイトマーシュの自宅でコーポラル・カーシュナーが死去。本名トーマス・スピア」というWWE公式ウェブサイトのオフィシャル・リリースに登場したトーマス・スピア氏は実在の人物だった。

スピア氏は、リリースに記載されていたとおり10月15日に死去した。どうやら、これも事実らしい。スピア氏は生前、「オレは昔、プロレスラーだった。リングネームはコーポラル・カーシュナー。ボブ・バックランドとの試合で腰を負傷して引退した」と語っていたという。

コーポラル・カーシュナーは元海兵隊のベトナム戦争帰還兵というキャラクターだった。スピア氏はそのキャラクター設定に忠実に「ベトナムの最前線でエージェント・オレンジ（枯れ葉剤）を吸い込み、心臓病になった」と夫人に語り、夫人もその家族もこのストーリーを信じていた。ホンモノのマイク・カーシュナーは海兵隊に入隊したことはないし、ベトナム戦争も経験していない。

おそらく、スピア氏はかなり長いあいだ〝ベトナム帰りのカーシュナー伍長〟を演じていたのだろう。〝自称カーシュナー〟はアメリカ国内のあちこちのプロレス・サイトの掲示板に登場して現役時代のエピソードを語り、ときにはファンメールをもらい、何人かのファンとメール文通をしていたようだ。

ホンモノのマイクは、バックランドとの対戦経験はない。ベトナム帰りの元海兵隊、枯れ葉剤の犠牲者、バックランドとの試合といった〝カーシュナー伍長〟としてプロフィルがすべてスピア氏の妄想だったことはいうまでもない。もっと驚くべきことは、スピア氏の家族がこのフィクションの半生記をずっと信じて疑わなかったという事実だろう。

インターネット・コミュニティーで〝カーシュナー伍長〟になりすましたスピア氏は、バーチャルな空間でそれなりの名声を手に入れていた。スピア氏死去のニュースはスピア氏の家族によってWWE公式サイトにもたらされたものではなくて、これもまた掲示板から掲示板への伝言ゲームが生んだ電脳的エラーだった。

プロレスファンではないスピア氏の家族は、ホンモノのコーポラル・カーシュナーの存在を知らなかった。〝誤報〟が明らかになると、こんどはアメリカじゅうのプロレス・サイトがスピア氏の正体に関心を示した。「トーマス・スピアなる人物は存在しない」というウワサがやがて「トーマス・スピアは実在した」という情報に変換され、最後はスピア氏の家族をインタビュー取材するサイトも出現した。

スピア氏の家族は「おかしなウワサを流したのはわたしたちではない」とコメントし、「カーシュナー伍長を演じた役者さんがもうひとりいたのでは？」と〝誤報説〟を否定した。

有名なプロレスラーのニセモノが現れたのは、もちろんこれが初めてではない。第二次世界大戦後の40年代後半から50年代にかけて〝ミスター・テレビジョン〟のニックネームで一世を風びしたゴージャス・ジョージ（本名ジョージ・ワグナー）には生前から何人ものコピー版が存在していた。

G・ジョージは引退直後の63年、48歳でこの世を去ったが、ジョージの死から10年、20年が経過してから「元プロレスラー。現役時代のリングネームはゴージャス・ジョージ。戦後、テレビの一般家庭への普及に寄与」といったそれらしい死亡記事が地方都市のローカル新聞に掲載されたことが何度かあった。いずれもニセモノたちのホンモノの死亡記事だった。

ジョージのニセモノたちは、いずれも死ぬまで〝豪華なジョージ〟としての日常を演じつづけ、ほとんどのケースにおいて夫人、家族、友人たちもその人物がジョージであることを疑わなかった。〝愉快犯〟といってしまえばそれまでのことだけれど、ニセモノはニセモノなりに最後の最後まで〝豪華なジョージ〟としての人生を歩もうとしたのだろう。

アメリカのレスリング・ビジネスには公式レコードブックというものが存在しない。ゴージャス・ジョージもコーポラル・カーシュナーも、プロレスファンの記憶のなかのアーカイブ映像である。マイクの知らないところにマイクにあこがれた人物がいた、ということなのかもしれない。

（06年11月）

マイクは成田空港の到着ロビーでレザーフェースに変身した

スーパー・レザーフェースはプロレスのリングにしか存在しない、とびきり非現実的な架空のキャラクターだ。レザーを演じるマイクは、もちろん架空の人物ではない。レザーに変身するまえはアメリカ陸軍特殊部隊出身のコーポラル・マイク・カーシュナーを名乗っていた。このコーポラル＝伍長もカーシュナーという姓ももう戻ることのない過去のアイデンティティーで、ほんとうにほんとうのマイクはマイケル・ジェームス・ペンゼルというトラック・ドライバーである。

レザーフェースのマスクも、血だらけのエプロンも、黒のデニムも、刃が欠けたチェーンソーも自宅のクローゼットの奥のほうにしまってある。フロリダからノースカロライナに引っ越したときに荷物を整理して、いらなくなったものはずいぶん捨てたつもりだけれど、やっぱりスーパー・レザーフェースのコスチュームだけは大切にとっておいた。

アメリカと日本を一年じゅう往復しながらレザーフェースを演じる生活が終わってしまったとき、マイクのプロレスラーとしてのキャリアもやや不本意な形でエンディングを迎えた。レスラー仲間からたまに電話があるときはたいてい「○○が死んだよ」という悪い知らせだった。

マイク・カーシュナーが死んだという誤報が流れたときはマイク本人がいちばん驚いた。でも、そのせいで音信不通になっていた友人、知人たちとまた連絡をとれるようになった。金村キンタローが「自分のカンパニーをつくりました。また日本に来て試合をしてくださいといってきたので、9年ぶりにレザーフェースに変身することにした。家でレザーのマスクをいじっていると、ふたりの孫たちがものすごく怖がった。

金村からのメールには「8月4日（月）出発―8月5日（火）成田到着。6日（水）試合。チケットには7日（木）東京―シカゴとありますが、こちらで変更しますので1週間くらいゆっくりしていってください」と書かれていた。

現地入りが試合の前日というスケジュールはちょっとタイトかもしれないと思っていたら、イヤな予感は的中した。ノースカロライナ州ラーリーからシカゴまでの国内線が悪天候で2時間の遅延になったため、午前11時45分発のシカゴ―東京のJAL9便に乗り遅れた。次のフライトは24時間後の同フライトだというから、成田到着もまる一日遅れて試合当日の午後3時になる。マイクはワイフのティーナに電話を入れて状況を説明し、ティーナのパソコンから金村にメールを送り、すぐに事情を伝えてもらった。

マイクはオヘア空港のすぐそばのホテルにチェックインし、予定になかった一夜をシカゴのホテルで過ごした。マイクがレザーフェースのマスクに向かって「心配するな。すべてうまくいく」と語りかけると窓の外でいきなり雷が鳴り響き、大雨が降ってきて、数分後、ホテル全体が停電になった。顔と首筋がしっとりと汗で濡れてくると、マイクはレザーフェースの体温を思い出した。

シカゴ―東京の直行便は約45分の遅れで午後4時ちょっとまえに成田に到着した。通関に1時間半以上かかったため、空港第2ビルディングの到着ロビーに出てきたときはすでに午後5時30分をまわっていた。成田から都内まではどんなに車を飛ばしても1時間はかかる。いよいよヤバくなってきた。

マイクは後部座席でスーツケースを広げ、レザーフ

大仁田厚
Atsushi Onita

エースに変身する準備をはじめた。マスクと衣装さえ身につければレザーフェースになれるというわけではない。久しぶりのロード・トリップなのでスーツケースのつくり方がヘタクソになっていて、いらないものをたくさん持ってきてしまった。

素顔のマイクは「プロレスラーになるんだ。プロレスラーのメンタリティーだ。心も体もプロレスラーになるんだ」と自分で自分にいいきかせ、それから目をつぶり静かに深呼吸した。ヒザの上に置いたレザーフェースのマスクが「心配するな。すべてうまくいく」とマイクを励ました。

水道橋に向かう途中、白山通りでいったん車を停めてもらい、黄色い看板のドラッグストアにかけ込んで2000円の栄養ドリンクとレッドブルを1本ずつ買ってきて、それをいっきに流し込んだ。

レザーフェースのリストのテーピングの色は白だけれど、きょうは友だちのグラジエーターにもいっしょにいてもらうため、グラジエーター＝マイク・アルフォンソが愛用していたものと同じ黒のテーピングを手首に巻くことにした。マイクはレザーフェースに変身して東京ドーム第2駐車場から後楽園ホールの〝裏エレベーター〟に乗り込んでいった。

（08年8月）

〝オレらまだガキたれだから in ニューヨーク〟

大仁田厚はあまり眠らない人なんだろう。ニューヨークに来るのは、数えたことはないけれど、たぶん20回めくらいになる。食事はどこでしょうか。いつか食べたイタリアンがとてもおいしかったことは記憶しているが、あれは街のどのへんだったのだろう。ちょっと遅めのランチはチャイニーズでもいいし、なんか怪しい感じのタイ料理でも発見できるとおもしろいかもしれない。遊びにきたわけではないけれど。大仁田はまるでお芝居の台詞みたいに、ひとりでしゃべりつづけた。

「時間があったら、この〝通り〟の芝居、片っぱしから観たいんですけどね」

ブロードウェイは、看板だけながめて歩いてもブロードウェイである。大仁田はわりとたくさんタバコを吸う。でも、お酒はまったく飲めない。ドラマの仕事が一段落したらすぐに映画『モスラ3』の撮影がはじまった。シングルCDのレコーディングもある。リングの上で歌をうたったら、やっぱりひんしゅくもんだろうか。振り付けもちゃんとあるんだ。そういう問題じゃないか。ほんとうはプロレスがやりたい。

「ハチャメチャじゃないプロレスなんて、つまらないですよね」

大仁田の人なつこい笑顔は同意を求めていた。優等生みたいな人間はプロレスをやってはいけない、というのが大仁田の〝持論その一〟なのだ。ニューヨークからフィラデルフィアまでの移動はフリーウェイばかりの退屈な2時間のドライブ。昨晩はタイ料理を食べて、ちょっと散歩して、ワシントンスクウェアのそばのナイトクラブをのぞいて、お寿司をつまんで、それから知り合いの日本人ニューヨーカーとお茶を飲んだ。ホテルへ戻ってからは朝まで長電話をした。

「プロレスってさ、プロレスラーってさ、闘うことって、宿命じゃない……」

さっきまで後部座席でニコニコしていた大仁田の眼

光は、いつのまにか〝星飛雄馬〟になっていた。やっぱりジャパニーズをアピールしたほうがいいだろうと思って〝衣装さん〟から羽織、袴、ゲタを借りてきた。あとはなにも決めていない。

ECWアリーナのドレッシングルームは、ハードコア・スタイルの〝教祖オーニタ〟をあけっぴろげの畏敬の念をもって出迎えた。それが最大級のリスペクトの気持ちをこめたハンドシェイクの仕方なのだろう。エグゼクティブ・プロデューサーのポール・E・デンジャラスリーことポール・ヘイメンが大仁田の右手を両手で握り、それからうやうやしくジャパニーズ・スタイルのお辞儀をした。バンバン・ビガロがミネラルウォーターのボトルを差し入れてくれて「おしゃべりでもしようや」とでもいいたげに折りたたみ式のイスを引きずってきて、大仁田の陣地のすぐそばにドカンと腰を下ろした。

アメリカでいまいちばんおもしろいインディーって聞いてたけど、けっこうレスラーの数もいるみたいじゃん。なんか向こうのほうでベースボールバットに有刺鉄線を巻いてるやつがいたし、あっちのほうで角材かなにか持って歩いてるやつもいたし。あれって、凶器、作ってるんでしょ。アメリカにもやっぱりいるんだ、そういうやつら。大仁田は、ビガロの脳天のタトゥーをながめながら、このドレッシングルームの〝番長〟らしいビガロとの不良の会話を楽しんだ。

「エスプレッソみたいな、濃度、濃さを感じましたね」

よそいきの単語でまとめようとすると、大仁田のコメントはとたんにしらじらしいものになる。ハードコア・スタイルの教祖がそこで目撃したのは、ものすごく濃いプロレス。根っからのプロレス少年たちがそのまんま大人になって、似た者同士が集まって、みんなでわいわいがやがやプロレスをこしらえている心地よい空間だった。

「ハードコアってなんなんだろう。ハードロックでしょ。まあ、ハードロックなんだろうけど、そこにいるやつらは演歌だもんなあ。なんか、みんな、ウェットでさ、家族っぽくてさ」

ニューヨークに戻る車のなかで、やっと大仁田はくーくーといびきをかいた。そろそろ休みなさいというシグナルを体が発信すると、この人は眠るのだろう。眠っていると思うと、いきなり起きてタバコを吸いはじめたりする。

「オレら、まだガキたれだからさ」

大仁田が定義するところの〝ガキたれ〟とは、やったことよりもやってないことのほうがまだまだはるかに多いという現実。大仁田は40歳のガキたれである。

（98年7月）

「ケース・スタディなんだよ、オレは、プロレスの」

西麻布の交差点の六本木寄りの角のちいさな花屋さんのまえで、大仁田厚は両手をジーンズのポケットに突っ込んでこっちをじっとにらんでいた。〝衣装〟は薄手の黒のジャケットと黒のデニムのパンツ。ジャケットの下は黒の無地のTシャツ。靴もやっぱり黒。

ジャケットとTシャツとジーンズの組み合わせは、大仁田がいちばん安心できるワードローブの基本形。ジャケットの袖をまくりあげちゃうクセがあるから、全体的な印象はコンサバティブにはならない。よくみると、髪が部分的に茶色になっている。行きつけのパーマ屋さんかどこかで世間ばなしでもしながらいまっぽく染めてもらったのだろう。ジャケットの左胸のポケットからは黒のサングラスがぶら下がっていた。大仁田のあいさつの言葉は「なんだよー、あれ」だった。

口がとんがっていた。ちょっとだけいいたいことがあって、いいたいことだけをさっさといって、それじゃまた、と右手を上げて（足早に）その場を去っていく。そんなワンシーンになるはずだった。大仁田はムカついていた。

「オレが（自主興行を）やるときは（取材に）来なくていいよ。もう（雑誌に）載っけなくていいよ」

「試合のページはよかったよ。でも、なんだよ、ほか（のページ）は。ひでえこと書いてあるじゃねえ」

「オレがせっかく楽しくやってんのに。バカヤロー。やる気なくすよな。ふんっ」

「嫌いだよ。あー、つまんねえー」

やっぱり、大仁田はひとりで一方的にしゃべりつづけた。なにがそんなにお気に召さなかったかは、なんとなくわかった。いいたいことはほんとうにそれだけだったらしく、それほど長くないセンテンスの終止符は数秒間の沈黙をつくった。大仁田はここで、それじゃまた、と右手をさっと上げてその場から去っていくはずだった。過ぎゆく夏の夕暮れどきのトーキョーのとある交差点での一場面は、シナリオどおりには終わらなかった。主人公はわりとすぐに気が変わる。

「そういえばさー」

大仁田がみせてくれたのは〝なんじゃ！（大仁田厚とその一派）〟のデビュー・シングルの宣伝用ミニポスターだった。〝なんじゃ！〟は大仁田がつくったボーカル・グループのアーティスト名。デビュー曲のタイトルは〝ロンリーバス〟で、作詞・作曲は秋元康＆後藤次利のコンビ。チラシの右上コーナーには〝9／23発売！〟とある。CDのジャケット写真の大仁田は黒のスーツを着て、黒のドレスシャツにライトブルーのネクタイを締め、黒のサングラスをかけ、黒のハットを深めにかぶっている。ビジュアル的には映画『ブルース・ブラザース』の〝エルウッド〟に近い。

大仁田は〝なんじゃ！〟が断じてギャグではないことをわかってほしそうな顔をしていた。いくらなんでもリングでは歌わないよ。わかってるよ。札幌中島体育センターだったら舞台があるだろ、花道のこっちかわに。熱く語る大仁田の後ろのほうで、交差点を通過していく車のクラクションのまとまりのないコーラスが聴こえた。

「オレはケース・スタディなんだよ。プロレスラーがトシを食ってさ、どうやって生きていったらいいのかのさ、ケース・スタディなんだよ。なあ」

プロレスラーは一生プロレスラーである。リングを離れることがあったって、どこか遠くの知らないところへ行ってみたくなるときがあったって、プロレスラーはプロレスラーのままだ。役者としてスクリーンのなかを動きまわるのも、テレビのクイズ番組でおもしろい〝解答者〟になるのも、歌をうたっちゃうのも、大仁田にとってはみんなプロレスだ。

　すべてがプロレスなんだから、あのプロレスとこのプロレスを区別して考えることなんてできない。大切なのは、あきらめないこと、投げ出さないこと、なにかおもしろいことはないかとあてもなくほっつき歩くのをやめないこと。

「オレ、怒ってねえよ、べつに」

　大仁田はちょっとだけ笑い、それじゃまたと右手を上げ、ゆっくりと雑踏のなかに消えていった。

（98年8月）

V—3

Outside

プロレスの外側

ジェシー・ベンチュラ

Jesse Ventura

〝キワモノ政治家〟ではありません

ジェシー〝ザ・ボディー〟ベンチュラを名レスラーとして記憶しているプロレスファンはあまりいないだろう。じっさい、お世辞にも〝いいレスラー〟とはいえなかった。いわゆる80年代モードの筋肉マンで、ブリーチ・ブロンドの髪、羽ボアのド派手な襟巻き、タイダイ（絞り染め）のTシャツ、サイケデリック調の原色のロングタイツ、おもちゃみたいなサングラス、そしてちょっと薄くなった頭のてっぺんを隠すためのありとあらゆる帽子類をトレードマークにしていた。

〝ザ・ボディー〟が現役選手として活躍したのは約11年間だから、プロレスのキャリアはそれほど長くなかった。実費でレスリングをコーチしてもらった〝先生〟はエディ・シャーキーだから、ベンチュラはロード・ウォリアーズの兄弟子ということになる。現役時代のただひとつの勲章は故エイドリアン・アドニスとのコンビ〝イースト・ウエスト・コネクション〟で獲得したAWA世界タッグ王座。マサ斎藤とタッグを組んで〝ファーイースト・ウエスト・コネクション〟を名乗ったこともあった。

本名はジェームス・ジョージ・ジャノス。1951年7月、ミネソタ州ミネアポリス生まれ。ハイスクールを卒業と同時に海軍に志願し、特殊部隊〝シールズ〟に入隊。爆発物を専門に扱う潜水チームのメンバーとしてベトナムとフィリピンに駐屯した。73年に除隊後、地元ミネアポリスのノース・ヘネピン・コミュニティー・カレッジに一年だけ通ったが、大学と名のつくところに籍を置いたのはこのときだけだった。

ベンチュラの知名度をいっきに全米レベルのステータスに押し上げたのは、テレビ番組のカラー・コメンテーターとしてWWEに在籍した数年間だった。もともとレスリングそのものよりもTVインタビューでのおしゃべりのほうが得意だったベンチュラは、ありそうでなかった〝ヒールの解説者〟というコンセプトを実況中継の〝音〟として使った。アナウンサーとしての仕事は、プロレスをやめたベンチュラをAMラジオのトーク番組の司会者に変身させた。

プロレス的な表現を用いれば〝3ウェイ・ダンス〟とか〝トリプル・スレット〟とかそういう試合形式になるのだろう。ミネソタ州知事選におけるベンチュラのライバルは、ヒューバート・ハンフリー氏（民主党）とノーム・コールマン氏（共和党）のふたりだった。ハンフリー氏は元アメリカ合衆国副大統領の息子で、自身もミネソタ州の法務長官。コールマン氏は現職のセントポール市長。どちらもプロの政治家である。

ベンチュラが政治に関してまったくのシロウトだったかといえば、それもちがう。90年から94年までの4年間、ミネアポリス郊外の人口6万人のブルックリンパーク市の市長をつとめたときのフラストレーションがベンチュラをより大きなリングへと導いた。選挙キャンペーンのスローガンは〝リタリエイト・イン・98（報復の98年）〟。そのままプロレスのPPVイベントのタイトルにでもなりそうなコピーがアメリカじゅうのメディアをかけめぐった。

試合結果はベンチュラ＝57万6973票（37パーセント）、コールマン氏＝53万3010票（34パーセント）、ハンフリー氏＝43万5550票（28パーセント）でベンチュラのギブアップ勝ち、ではなくて逆転勝ち。どうして逆転勝ちなのかというと、それは投票日の1週間まえまでベンチュラの当選を予想した専門家、政治ジャーナリストはひとりもいなかったからだ。

ベンチュラのポピュラー・ネームをそれなりに警戒した民主党と共和党は、タレント候補のベンチュラをテレビの〝公開ディベート番組〟に何度もひっぱり出した。いわゆる時事ネタと政策のビジョンを視聴者のまえで論じさせて元プロレスラーからボロを出させることが目的であったことはいうまでもない。

「なあ、もっとわかりやすい言語でしゃべってくれないか。テレビを観ている有権者だってみんなそう思ってるよ」

コンピュータによる即日開票データで僅差の勝利を確認したベンチュラは、翌朝には本業であるAMラジオのDJブースに座っていた。

（98年11月）

ベンチュラ知事はやっぱり〝世論〟と闘うプロレスラー

ジェシー〝ザ・ボディー〟ベンチュラが大暴れ、なんていっても若いプロレスファンにはあまりピンとこないかもしれない。ちょっとばかりヘビーになった〝ザ・ボディー〟を白と黒のピンストライプのレフェリー・ジャージーの下に隠し、第38代ミネソタ州知事のジェシー・ベンチュラは〝サマースラム〟のリングに立っていた。アメリカ合衆国でいちばん人気のある政治家といわれるベンチュラ知事のプロレスのイベントへのゲスト出演は、やっぱりマスメディアの総攻撃のターゲットにされた。

〝聖職〟にある者が有名人としてのステータスを利用してショーに出演するなんてけしからん。ファイトマネーをもらうことがけしからん。プロレスそのものがけしからん。けしからん、けしからん。なにがなんでもけしからん。ケーブルTVの怪物番組〝ロウ・イズ・ウォー〟には「視聴率の高い低俗ショー」というレッテルが貼られている。インディアナ大学の特別調査委員会が発表した統計データによれば、ここ一年間の〝ロウ〟番組内で①出演者が画面上で中指を突き立てたシーン＝全157回②出演者が〝サック・イット

(しゃぶれ)〟と叫んだシーン＝全434回③出演者が生殖器に手を押しあてたシーン＝全1658回。〝ストーンコールド〟スティーブ・オースチンがふた言めには発する〝アス(ケツ)〟、ビンス・マクマホンがリングに上がると観客が大合唱する〝アスホール(ゲス野郎・ケツの穴野郎)〟は、いずれもテレビの画面上ではピー音で消される放送禁止用語のたぐいだ。

ベンチュラ知事の公式プロフィルのなかではプロレスラーだった11年間がことのほかちいさなチャプターとしてまとめられている。ネイビー・シールズ(海軍特殊部隊)出身。元プロレスラー。元俳優。この3つのアイテムが時系列で結ばれていて、プロレスの部分はベンチュラ知事が若いころに経験した〝変わった仕事〟というさしさわりのない扱いになっている。

もちろん、プロレスをやっていなかったら〝ジェシー・ベンチュラ〟なんて人物は存在しなかった。海軍特殊部隊時代のジェームス・ジョージ・ジャノスは、そのおかげで死ななくてすんだのではあるけれど、ベトナム戦争にはギリギリで間に合わなかった世代のアメリカ人兵士である。70年代前半は〝スーパースター〟ビリー・グラハムにあこがれ、プロレスラーになったときはサーファーの町、カリフォルニア州ベンチュラをリングネームとしてアダプトした。

「メディアはオレを(政界の)ツラ汚しというが、オレはプロレスラーなんだ。プロレスに誇りを持っている。誇りを持って、きょうここに立っている」

リング・アナウンサーからマイクを奪ったベンチュラは、リング上でこう叫んでいた。試合会場のターゲットセンターの外ではベンチュラ知事の〝プロレス活動〟に反対する市民グループが大規模な抗議デモをおこなっていた。プロレスの資本主義的市場価値と民主主義の基本である自由と平等の精神とのあいだにギャップが生じている。

ベンチュラ知事は、アメリカじゅうのマスメディアが機関銃を構えて待機しているシチュエーションのなかで、あえて〝プロレス〟と〝ベンチュラ〟の関係を明らかにした。ジェシー〝ザ・ボディー〟ベンチュラが稼いだファイトマネー10万ドルは、ベンチュラ知事の手で全額、チャリティーに寄付される。

「州知事だって日曜は休みなんだぜ」

アメリカでいちばん物議を醸すポリティシャンになったベンチュラ知事は、久しぶりのリングの空気を十分に満喫したのだった。

（99年8月）

すっかりお行儀よくなっちゃったベンチュラ知事

〝文化の日〟。場所は港区広尾のアートギャラリー『旬』。シチュエーションは、陶芸家でミネソタ大学教授のウォーレン・マッケンジー先生の個展のオープニング・パーティー。ミネソタ州知事がミネソタの文化人をトーキョーのギャラリーに訪ねる、というい かにも〝カルチャーの日〟っぽいシナリオになっていた。芸術家のマッケンジー先生は「プロレスラーが陶器に興味があるのか」とちょっぴりご機嫌ななめだった。

州知事ともなればいつもコンサバ系のスーツかなにかを着せられているのかと思ったら、ジェシー・ベンチュラ知事はよくはき古したジーンズとスニーカーで『旬』に現れた。スーツの代わりというわけではないだろうけれど、紺色のTシャツの上にNBAのミネソタ・ティンバーウルブスのオーセンティック・ジャケットを羽織っていた。

ベンチュラ知事は〝お騒がせ政治家〟というあまりありがたくないニックネームをちょうだいしている。ベンチュラ知事本人はそのつもりじゃなくても、どこでどんなおしゃべりをしてもそれがミネソタ州知事の公式コメントになってしまう。プロレスラーだったころと同じリズムでいいたいことをいいたいように口にしていたら、それがすべて暴言、失言のたぐいになる。アメリカのマスメディアはこういう状況をとことんおもしろがっている。

「宗教は意志の弱い人間のごまかし」

「売春を合法化すべきだ。できないのは宗教のせい」

『PLAYBOY』誌に掲載されたインタビュー記事での発言がアメリカじゅうで論議を呼んでいる。ベンチュラ知事の支持母体である改革党の創始者ロス・ペロー氏からは〝離党勧告〟を突きつけられた。『PLAYBOY』誌のインタビュー記事のあらましは『朝日新聞』でもタテ6センチ、ヨコ10センチの囲み記事で紹介された。メジャーな活字メディアがハンドリングする日本語では〝脱線発言連発〟という表現になる。

ジムに通う時間なんてなかなかつくれないのだろう。ベンチュラ知事はちょっとだけおなかが出ていた。ギャラリーのなかの人ごみをかき分けていってミネソタ州知事の背中を軽くポンポンとたたいてみたら、次の瞬間、ぼくは3人のシークレットサービスの大男たちに両サイドをぴったりとマークされていた。

「おー、こいつはミネソタの学校に通ってたんだ。いまはレスリング・マガジンのエディターなんだ」

ベンチュラ知事が公式コメントを出すと、メン・イン・ブラックみたいなヘビー級の男たちは「ほーっ」といって一歩だけ下がった。ぼくが危険人物ではないことがわかっても、彼らの目つきの悪さは変わらない。ベンチュラ知事とのとりとめのない会話が句読点にきたところでシークレットサービスのうちのひとりがぼくを廊下のほうに呼び出して「キミのビジネスカードを一枚もらえないか」といってきた。

ベンチュラ知事は、大きな体をすぼめるようにしながらマッケンジー先生とおしゃべりをしていた。〝お騒がせ男〟がまた暴言、失言、脱線発言のオンパレードをおっぱじめるのを期待してか、バス2台分の報道陣がミネソタ州知事一行のあとをついてきた。TVカメラ、スチールカメラがこんどはマッケンジー先生のまわりをどどっととり囲んだ。

アメリカのニュースメディアは〝プロレス〟をベンチュラ知事の華麗なるプロフィルのなかのひとつというふうにとらえているようだが、それはちょっとちがう。ミネソタ州の有権者はベンチュラにベンチュラらしさを求めた。

「またどこかで会えますかね」と声をかけると、ベンチュラ知事は「土曜の昼、東京ドームでティンバーウルブスのゲームがある。そこに来てくれ」と答えた。

そういえば、プロレスラーだったころのベンチュラは噛みタバコをほっぺたに詰め込んで、単語と単語のあいだに口ぐせのように〝ファッキン〟をサンドウィッチして、ツバを吐き出しながらしゃべっていた。〝暴言男〟はこれでもずいぶんお行儀よくなったほうなのである。

（99年11月）

〝セレブ言論人〟ベンチュラの怪説「9・11はアメリカの陰謀」

ジェシー・ベンチュラはいわゆるセレブリティー言論人である。パブリック＝大衆のフェイバリットであるか、それともナット・ソー・フェイバリットであるかはいささかの議論の余地を残すところではあるけれど、元プロレスラーのベンチュラは、メディアというリングでプロレス・テイストのおしゃべりをすることを仕事としている。

元海軍特殊部隊。元映画俳優。元ミネソタ州知事。ベンチュラのプロフィルにはたくさんの〝元〟がつくが、マスメディアがベンチュラを元プロレスラーとして紹介することはあまりなくなった。ベンチュラがプロレスラーだったのは75年から86年までの約11年間だから、そのキャリアは比較的短かった。

もちろん、プロレスラーとして有名にならなかったらアーノルド・シュワルツェネッガーと友だちになることはなかったし、シュワルツェネッガーと出逢わなかったら映画俳優になることもなかった。政治への関心、政治家になるという野心のようなものはもともとあったのかもしれないけれど、プロレスラーや映画俳優としてのポピュラー・ネームがなかったらおそらく選挙に勝つことはできなかっただろう。

意図的にそうしているのか、あるいは優先順位のつけ方でそうなってしまうのか、アメリカのメディアはベンチュラのプロレス時代のプロフィルにはあまり触れようとしない。

ミネソタ州知事としての4年間はアップダウンの連続で、ベンチュラは議会や記者会見で〝失言〟をくり返してはメディアにとことんたたかれた。報道陣に配布するプレス・パスに〝メディア・ジャッカルス（メディアの下働き、お先棒かつぎ、手下、げす野郎）〟と記載し、物議を醸したこともあった。ベンチュラとメディアとの因縁ドラマは長編化し、それが政治家としてのベンチュラのイメージを決定づけた。

ベンチュラは02年の知事選には立候補せず政界から引退。ミネソタ州の地元メディアではなく東海岸エリアの『ボストン・グローブ』紙のインタビュー取材に応じ、不出馬の理由を「メディアにプライバシーを侵害された。メディアがわたしの家族に精神的な苦痛を与えたため」と説明した。それがメディアのせいかどうかはわからないが、その直後、肺に血栓が発見された。

気が変わりやすいところがあるのかもしれない。政界から引退宣言したはずなのに、04年には「4年後の大統領選に立候補する」と非公式に発言し、またしばらくするとそのコメントを撤回した。

08年4月に出版された自著『ドント・スタート・ザ・レボルーション・ウィザウト・ミー Don't Start the Revolution Without Me』では大統領候補としてキャンペーンを展開する自分を〝仮定法〟で描き、その後はベンチュラ自身が出演したCNNの討論番組でも上院選への出馬をにおわせたが、立候補受付の締め切りの前日に出演した〝ラリー・キング・ライブ〟（CNN）では「ワイフとの話し合いの結果」（ベンチュラ）またしても立候補をとりやめた。

ポリティシャンでなくなったベンチュラはアゴひげをたくわえ、たくさん開いている両耳のピアスの穴からジュエリーをぶら下げ、髪も後ろのほうを伸ばした。言論人としてのフェイバリット・トピックは〝テロの脅威に敗れたアメリカ〟だという。

アメリカ人が毎日の生活のなかで自由を失った時点ですでにアメリカはテロとの闘いに敗れた、というのがベンチュラの持論だ。〝9・11〟についてはアメリカ側による陰謀説を主張し、世界貿易センタービルの崩壊は「周到に計画された爆破解体作業」という怪説を展開している。

57歳になったベンチュラは現在、メキシコ在住。

「外国に住んでみるとアメリカのごう慢さがよくわかる」のだという。（08年8月）

ミック・フォーリー
Mick Foley

ミック・フォーリーに〝ハブ・ア・ナイス・デー〟はやって来るか

ミック・フォーリーはカクタス・ジャックの本名である。カクタス・ジャック、マンカインド、ドゥード・ラブはフォーリーの3人の分身たち。スピリチュアルな部分で本物のフォーリーにいちばん近いのはやっぱりカクタス・ジャックということになる。〝サボテンのジャック〟はフォーリーのハイスクール時代のフットボール部の鬼コーチで、ガンコ者でいつも頭から湯気を立てていた父親ジャック・フォーリーのニックネームだった。

フォーリーは15年間のプロレスラー生活に終止符を打とうとしている。脳しんとうによる入院が8回。椎間板ヘルニアは2カ所。右ヒザ半月板損傷。右腹筋損傷。右肩完全脱臼。左肩挫傷（骨折）。アバラ骨骨折、5カ所。左足つま先（5本）骨折。右手首骨折。左手親指骨折。アゴ骨骨折。ほお骨骨折。鼻骨骨折、2回、全身325針縫合。前歯4本が折れて、左耳の3分の2がちぎれて落ちた。これがフォーリーの名誉の負傷のごく一部である。

立って歩けるうちにリングを下りたい、というのが引退を決意した理由だ。これはフォーリー自身の選択というよりはカミさんのコーレットさんのたっての願いだった。ふたりの子どもたち、長女ノエルちゃんも長男デューイくんもテレビの画面のなかで父親の身になにが起こっているかをそれなりに理解できるくらいの年齢になった。フォーリーは、家族と親しい友人たちのためにビデオテープ以外のなにかを残したいと考え、カクタス・ジャックのライフストーリーを一冊の本にまとめておくことにした。

パソコンがあまり得意でないフォーリーは、手動式のごついタイプライターをスポーツバッグに押し込んでサーキットに出るようになった。ドレッシングルームのなかでも、空港の搭乗ゲートでも、ホテルの部屋でもタイプライターのキーをカタカタとたたく毎日がはじまった。タイプライターがいうことをきかなくなると、こんどはそのへんの紙切れに思いつくままを書きなぐっていった。

黄色いリポート用紙。ホテルの便せん。ブッキングシート（日程表）の裏側。なんでもいいから白いスペースがあるところに手書きでしたためた原稿の山を整理整とんすると760ページの大長編になっていた。ビンス・マクマホンからは「ゴーストライターを使え」と指示されたけれど、フォーリーは意地になって執筆活動をつづけた。

できあがった本のタイトルは『マンカインド・ハブ・ア・ナイス・デー MANKIND HAVE A NICE DAY』。〝ハブ・ア・ナイス・デー〟のすぐ下には〝ア・テール・オブ・ブラッド・アンド・スウェットソックス（血と汗臭いソックスの物語）〟なんてサブタイトルがついている。これは〝ブラッド・スウェット・アンド・ティアーズ（血と汗と涙）〟というお決まりのフレーズのパロディ。スウェットソックスとは、マンカインドがマンダブル・クローを決めるときに相手レスラーの口のなかに突っ込む臭いソックスのことである。

フォーリーのハードカバーの自叙伝は、あっというまにベストセラーになった。『ニューヨーク・タイムス』紙のベストセラー・チャートでも『ウォールストリート・ジャーナル』紙のブックチャートでも〝ハブ・ア・ナイス・デー〟は発売からたった1カ月でノンフィクション部門の第1位にランクされた。アメリカでプロレスが何度めかのブームだといっても、プロレスものの書籍が、しかもノンフィクション部門でこれほどのヒット作になるとはだれも予想していなかった。いちばん驚いたのはフォーリー自身だった。

〝ハブ・ア・ナイス・デー〟は、いくつかの候補のなかから残った、どちらかといえば苦肉のネーミングだった。ここでいう〝マンカインド〟はフォーリーのリングネームではなくて〝人類〟〝人間〟。〝ハブ・ア――〟は〝ごきげんよう〟とか〝よい一日を〟とか、そういうグリーティングのメッセージ。フォーリーは、みずからが流した血と汗と涙の意味をすべてのマンカインドに伝えようとしたのだった。

（00年3月）

レスラー／ライターの〝スラッシュ〟はミック・フォーリーの必殺技

ミック・フォーリーの名がカタい活字でメディアに登場するときの肩書はレスラー／ライター。プロレスラーであると同時に作家であり、作家であると同時にプロレスラー。まんなかには必ず〝スラッシュ〟がはいっている。それがポジティブなイメージなのかネガティブなイメージなのかをあれこれ論じてみてもあまり意味がない。ただ、現実はそうなっているというだけのことである。

フォーリーのいちばん新しい小説『スクーターズ』は、デビュー作となった自伝『ハブ・ア・ナイス・デー』（99年）から数えて7作めの作品。これまでの7

作品のうち3作は子ども向けのフィクションで、カミング・オブ・エイジ（成人向け）の小説は前作『タイタム・ブラウン』につづいて2作めとなる。フォーリーは今回の作品にプロレスラーをいっさい登場させていない。そういう意味では新人作家としての野心作ということになるのかもしれない。

『スクーター』は、ニューヨークのヤンキー・スタジアムのすぐそばで育ったスクーター・ライリー少年のおはなし。時代設定はフォーリー自身が少年だった60年代後半から70年代で、ロケーションはニューヨークのブロンクス地区。警官でアルコール依存症の父親は大のヤンキース・ファンで、スクーターという恥ずかしいファーストネームは、ヤンキースの名ショート、フィル・リズートのニックネームからちょうだいした。

スクーターは8歳のときに酔っぱらった父親が振りまわしたリボルバーの流れ弾を足に受け、幼くして障害を負った。バックグラウンドには、69年のニューヨーク・メッツ対ボルティモア・オリオールズのワールド・シリーズの様子が描写されている。

同僚の警官が殺され、酒びたりになった父親が娘パティーに暴力をふるい、パティーが脳に障害を負ったのはスクーターが13歳のときのことだった。怒ったスクーターはベースボール・バットで父親に殴りかかり、父親も足に障害を負う。

物語はスクーターと妹のパティー、元消防士のやさしい祖父を中心に動いていく。家族がブロンクスを離れてロングアイランドに引っ越すシーンは、フォーリーの少年時代の情景とかさなっているのだろう。

フォーリーは、この作品をスクーター少年が語る一人称のドラマとしてつづっている。60年代後半から70年代前半のブロンクスがまるでタウンペーパーのようなディテールで描かれている。足をひきずって歩くスクーター少年の宿命のライバルは、町の〝剛速球ピッチャー〟フィラーゴ。フィラーゴは学校で妹パティーをいじめる許せないヤツだけれど、フィラーゴの妹はスクーターに好意をよせている。少年野球の競争原理がアメリカの社会の断面を映し出している。

アルコール依存症の父親が暴れまわるシーンは、フォーリーのなかの暴力の定義なのだろう。暴力によってスクーター、妹パティー、父親の3人が傷ついた。フォーリーのブラック・ユーモアのセンスが悲惨な状況を笑いのオブラートに包んでいる。フォーリーは、ベースボールへの愛のようなものを主人公スクーターとその家族の救いのプロセスに設定した。

〝作家〟フォーリーは、ノンフィクションでもスポーツ・ドキュメンタリーでもなくあくまでも文学をめざしている。ノーマン・メイラーのようにケープ・コッドの崖の上のサマーハウスでタイプライターと格闘する姿がニューヨーカーの考えるところの大作家のイメージだとすると、ロングアイランドの自宅でぼさぼさの頭をかきながらパソコンのキーボードをたたくフォーリーも作家のはしくれとしてはけっこうイケている。

フォーリーが机に向かうのは、子どもたちを寝かせたあとの夜9時過ぎから午前4時あたりまでの暗闇の時間。処女作『ハブ・ア・ナイス・デー』は黄色のノート・パッドに書きなぐった手書きの原稿をまとめたものだったが、いまはなんとかパソコンが使いこなせるようになった。書斎のデスクの上にはこれから書く3作分くらいのプロットのメモが散らばっている。

『スクーター』の評価は専門家によってばらつきがある。傷ついた主人公とその父親との関係は前作『タイタム・ブラウン』との類似性が指摘されるが、この父と子の対決と和解こそが作家フォーリーの永遠のテーマ。レスラー／ライターのスラッシュの部分は、フォーリーにとっては弱点ではなくてオリジナルの必殺技なのである。

（05年11月）

クリス・ジェリコ

Chris Jericho

FOZZYの〝地下ライブ〟に潜入

ムーングース・マックィーンに変身したクリス・ジェリコが薄暗いステージにかけ上がってきて「ファッキン・エナジーを出そうぜ！」と叫んだ。シークレット・ライブの1曲めは、FOZZYのオリジナル曲〝トゥ・キル・ア・ストレンジャー〟だった。

イベント名は〝メタル・メルトダウン〟。20バンドが出演するオールナイトのヘヴィーメタル・フェスティバルである。FOZZYがステージに上がるのは午後9時過ぎらしいということだけがわかっていた。〝レッスルマニア20〟が48時間後に迫った金曜の夜、WWEスーパースターのジェリコはほんの一瞬だけヘヴィメタ・バンド、FOZZYのボーカルに化けていた。

ロケーションはニュージャージー州アーヴィントンの〝クリケット・クラブ〟というライブハウスで、途中で道に迷わなければマンハッタンからは車でだいたい30分くらいの距離ということだったが、アンダーグラウンド系のライブハウスなんてそうかんたんには発見できない。

〝クリケット・クラブ〟は、インターステート・フリーウェイI280のフェンス沿いのいかにも治安の悪そうなバック・ストリートにちいさな看板を出していた。ガス・ステーションもコンビニエンス・ストアもないさびしい路地に唐突な感じでたくさんの車が路上駐車していたので、そのあたりでなにかが起きていることはすぐにわかった。

内側から黒いボードが貼られていてなかの様子がみえないようになっているガラス・ドアをおそるおそる開けると、いきなり重低音のメタル音がこぼれてきた。入り口をガードしていたヘビー級のバウンサーが「Are you playing? お前らはバンドか」とたずねてきたので「ノー、ＦＯＺＺＹを観にきました」と答えると、バウンサーはきわめて事務的に「35ドルだ」といって、こちらをにらみながらボール紙のチケットを乱暴な手つきで半分にちぎった。

アンダーグラウンドのメタル・ギグの入場料が35ドルというのはちょっと驚いたけれど、バンドくんにまちがわれたのは、なんとなくうれしかった。ヘビー級のバウンサーは「それから」といって「酒を飲むなら運転免許証をみせな」とつけ加えた。

「『ローリングストーン』誌を読んだかい？　メタルは死んだ、過去の遺物だって書いてあったぜ」とジェリコがオーディエンスに語りかけた。『ローリングストーン』誌の権威主義に対してブーイングが起きた。ジェリコは「メタルを発明したのはオレたちだぜ」とつづけた。大きな拍手が起きた。

ＦＯＺＺＹは〝架空のバンド〟である。20年間、日本のレコード会社に幽閉されているあいだにアイアン・メイデン、ジューダス・プリースト、ツイステッド・シスターといったメジャー・バンドがＦＯＺＺＹの曲を盗んだ。ヘヴィメタもパワーメタルもグランジもすべてＦＯＺＺＹの発明。いままさに音楽シーンへのリベンジがはじまる。これがＦＯＺＺＹの悲しい物語ということになるらしい。このフィクションのストーリーを考えたのはジェリコ自身だという。

ＦＯＺＺＹというバンドの存在理由あるいは本質を理解するためのキーワードはリディキュラスridiculous（おかしい、ばかげた、けしからん）だ。おかしいこと、ばかげたこと、けしからんことにとことん本気でとり組む姿勢。だれがなんといおうとクソまじめにロックの王道を追求するアテテュード。これがFOZZYであり、ジェリコ演じるムーングース・マックィーンである。

FOZZYのスローガンの〝オレたちは巨大なロックスターだぜ We Are Huge Rock Stars!〟は、笑いを誘うギャグのようでいてほんとうはギャグではない。おかしいこと、ばかげたこと、けしからんことにとことん本気でとり組む姿勢は、じつはプロレスラーの生き方にもちゃんと通じる。

ジェリコは、汗だくになりながら約45分間のステージを闘いぬいた。〝覆面バンド〟FOZZYのメンバーはみんなプロのミュージシャンたちで、ムーングースだけが〝空想のボーカル〟。ロックが大好きで、バンドがやりたいから、どんなにリディキュラスだってかまわない。プロレスが大好きで、リングの上では思いっきり〝クリス・ジェリコ〟を演じたいから、いくらだってリディキュラスになれる。

プロレスもロックも、こういう自分になりたい自分の選択。ジェリコは満足そうな顔でバックステージの奥へ消えていった。


（04年4月）

〝自分〟よりもFOZZYのことを話そうとしたクリス・ジェリコ

それがいいことなのか悪いことなのかはじっくり考えてみる必要があるかもしれないけれど、クリス・ジェリコはプロレスラーというよりもロック・アーティストみたいな顔つきでニュー・アルバム〝オール・ザット・リメインズ〟について語りはじめた。

〝オール・ザット・リメインズ〟はジェリコがリード・ボーカルをつとめるバンド、FOZZYの3作めのアルバムである。デビュー作の〝FOZZY〟は名曲のカバーだけでつくったアルバムで、2枚めの〝ハプンスタンス〟は収録11曲のうち6曲がカバーで、5曲がオリジナル。3枚めのCD〝オール・ザット・リメインズ〟は初めてFOZZYのオリジナル・マテリアルだけを収録したアルバムになった。

〝オール・ザット・リメインズ〟に収録されている全10曲を歌っているのはもちろんジェリコで、そのうち7曲はジェリコ自身が作詞を担当した。はじめは9曲めの〝ラザラス〟をアルバムのタイトルにするつもりだったけれど、みんなでよく話し合って4曲めの〝オール・ザット・リメインズ〟をタイトルにすることにした。

ここでいう〝みんな〟とは、FOZZYのメンバーのみんなのことである。プロレスラーのジェリコにとっての〝みんな〟はWWEスーパースターズのみんな、ロウ・ブランドのみんな、日本のファンのみんなだけれど、音楽のことをしゃべろうとすると、ジェリコのなかの〝みんな〟はいっしょにバンドをやっているみんな、FOZZYにかかわっているみんなということになる。

ジェリコとFOZZYは、いまどきはやらないヘヴィーメタルの王道みたいなものを追求している。70年生まれのジェリコがティーンエイジのころにいちばんよく聴いていたのがヘヴィメタだから、自分がやりたい音もやっぱりそういう方向に向かう。ジェリコのなかではメタルは古いものではなくて、スタンダードなサムシングなのだ。

「プロレスもそうでしょ」

ジェリコは鼻の穴をふくらませて「リッキー・スティムボートでもいいし、ジェーク〝ザ・スネーク〟ロバーツでもいいけど、自分がファンのころに大好きだったレスラーの影響を受けちゃうでしょ」と熱く語る。

プロレスラーとしてのシンシアな目標みたいなものがなくなってしまったことは事実なのだろう。ストーンコールドとロックをやっつけて2本のチャンピオンベルトをいちどに手に入れたこともあるし、〝レッスルマニア〟でもメインイベントのリングに立った。あんなふうになれたらいいなとずっと思いつづけていたショーン・マイケルズともシングルマッチで闘ってしまった。

それは大昔からあった〝逆エビ固め〟にはちがいはないけれど、プロレスの技にウォールズ・オブ・ジェリコと自分の名が刻まれた。Y2J。ネバー、エ、エ、エバー。アヤトラ・オブ・ロックンローラー。セクシー・ビースト。オリジナルのフレーズもいくつか発明して、それをちゃんとファンのみんなにおぼえてもらった。そして、クリス自身がなによりもいちばん自信をもっていることは、プロレスもロックも同じくらい好きで、いつも観客のまえでドキドキしていたクリス・アーバインが〝クリス・ジェリコ〟を自然に演じることができるようになったことだという。

ジェリコにとって、いまのFOZZYは〝クリス・ジェリコ〟に変身しようとしていたころの自分とよく似たなにかなのだろう。プロレスラーになるのもたいへんだったけれど、プロレスラーがロックバンドをつくり、アルバムをプロデュースして、それをプロレスファンではない人びとにも聴いてもらうことはもっとむずかしいかもしれない。

1週間のうち4日間はWWEスーパースターのジェリコで、あとの3日間はFOZZYのジェリコ。しばらくはそういう〝二重生活〟のシフトがつづくことになるだろう。月曜夜の〝マンデーナイト・ロウ〟を終えて火曜の午後に家に帰ると、水曜からはバンドのリード・ボーカルとしての日常みたいな非日常みたいな数日間がスタートする。ロックシンガーとしてはまだまだグリーンボーイだということは、ジェリコ自身がいちばんよく知っている。

「パーソナリティー＝個性、オリジナリティー＝独創性はだれかから教えてもらうものではなくて自分で身につけるものでしょ」

ジェリコは、にっこり笑いながら「だって、そうでしょ？」と目をキラキラさせた。

（05年2月）

クリス・ジェリコと小雨ぱらつく新宿・小滝橋通りをお散歩

小雨がぱらつく2月のトーキョーと真っ黒なサングラスの組み合わせがちっともおかしくないのがスーパースターのクオリティーというものなのだろう。クリス・ジェリコは大きなシェードの内側からにっこりとほほ笑んだ。サングラスのせいでブルーの瞳はみえないけれど、向こうの視線とこちらの視線がコンタクトしたことだけはわかった。

ジェリコは新宿の小滝橋通りにある音楽DVD専門店〝エアーズ〟で午後のひとときを過ごした。ジェリコはWWEスーパースターであると同時にロックスターであり、ロックスターであると同時にWWEスーパースターである。ジェリコのなかではプロレスとロックは振り子の関係になっていて、ちゃんとコミットしないとどちらもうまくいかないようにできているらしい。

〝エアーズ〟には何年かまえにも来たことがある。そのときはショップの場所はメインストリートから1ブロック、細い通りにはいったところで、お店の棚にはいかにもアンダーグラウンドな感じの白箱のVHSのビデオテープが無造作に並べられていた。

小滝橋通り沿いの新しい店舗は、ビデオ屋さんからDVD屋さんに模様替えされていた。ジャンルでいうと1階がロック、ポップ、パンク、ニューウエーブ、ブラックで、2階がハードロック、ヘヴィーメタル、プログレシブ系。ジェリコは「ぼくの家もCDとDVDをきれいにアルファベット順に整理してあるんだ」といって子どもみたいに喜んだ。

ハイスクール時代からずっとロングヘアだったから、髪を短くしてしまうことにはちょっとだけ抵抗があった。でも、いちど思いっきり短く切って、それからまたゆっくり伸ばしていくのもロックなのではないかという気もする。

バックステージですれ違うたびにリック・フレアーに「やあ、ボン・ジョヴィくん」とからかわれる。59歳のフレアーの目にはほんとうにジェリコとジョン・ボン・ジョヴィがよく似ているように映るのだろう。ジェリコもボン・ジョヴィは嫌いではないけれど、あこがれる対象の世代のロッカーというわけではない。

ジェリコにとってのロック道の入り口はあくまでもビートルズである。ビートルズのCDは（解散後のソロ・アルバムを含めて）一枚残らずすべて持っているし、ファースト・アルバムはアメリカ版の〝ウィズ・ザ・ビートルズ〟とイギリス版の〝ミート・ザ・ビートルズ〟の2枚を別べつに聴き込んだ。

ジェリコが生まれた70年にビートルズは解散してしまったけれど、ジェリコは小学生のときにビートルズと出逢い、そのすべてを知ろうと決意した。〝基礎編〟のビートルズをしっかり勉強したからこそ〝応用編〟のローリング・ストーンズに移っていくことができたし、それ以降のロック―ハードロックを客観視できる目と耳を培うことができた。

ビートルズの10年間を同時代のレスリング・ビジネスに変換するとルー・テーズ時代の終わりからジン・キニスキー、キニスキーからドリー・ファンクJrまでのNWA世界王座の動きとぴったりと重なる。ドリーのプロレスは、じつは80年代と90年代の20年間のアメリカン・スタイルの基礎編になっている。ドリーの〝音〟がハーリー・レイスに引き継がれ、レイスがいちばん得意だったバンプの取り方がそのままリック・フレアーの独特のレフに継承された。HHHはフレアー・スタイルの正統な継承者ということになっているが、リング上でのじっさいの動きはレイスのそれと酷似している。オリジナリティーとかクリエイティビティーとか呼ばれるサムシングは、偉大なる先人たちとのほんの1ミリくらいのちがいでしかない。

ジェリコは〝エアーズ〟の1階と2階を何度も行ったり来たりしながらビートルズ、ポール・スタンレー、デビッド・リー・ロス、アイアン・メイデン、ハロウィンのブートレッグDVDを買い込んだ。ビートルズのDVDは64年から66年までのツアー映像のコンピレーション版。ジェリコはジャケットの写真を指さしながら「ジョン・レノンが髪を伸ばしはじめたころだ」とサングラスごしに目を輝かせた。

KISSの大ファンのジェリコはソロのポール・スタンレーも大好きで、ヴァン・ヘイレンもお気に入りの80年代の音だけどヴァン・ヘイレンを卒業してソロになったデビッド・リー・ロスもずっと聴いているシンガーなのだという。

お店のなかでもサングラスを外さなかった理由は

「きのう夜ふかししてひどい顔だから」。ジェリコは小雨の小滝橋通りから新宿駅まで歩き、トーキョーのまんなかをゆっくりとまわる東京メトロ丸ノ内線に乗ってホテルのある〝後楽園〟へ向かった。（08年2月）

あとがき Requiem

夏はすぐ終わってしまう。子どものころは、夏休みが永遠につづいてくれるような気がした。夏になればなにか楽しいことが待っていて、楽しいことと楽しいことがずっとつながっていると信じていた。でも、ほんとうはそういう時間はほんの一瞬でしかない。サザンオールスターズが『勝手にシンドバッド』でデビューしたのは1978年の夏。30年まえの夏、ぼくは高校2年生だった。

おとなになっても、夏には夏らしいことをひとつくらいしたほうがいい。ぼくはことしの夏、高校時代の友だちと久しぶりに連絡を取り合って、母校のそばの吉祥寺の居酒屋でぷちクラス会を開いた。そこで同級生のひとりから「O・淳子さん、亡くなったらしいね」というはなしを聞いた。

O・淳子さんはぼくよりも学年がひとつ上で、ニックネームは淳平。淳平にとってぼくは年下のボーイフレンドだったのか、それともかわいい弟分みたいなものだったのか、いまとなってはよくわからないし、それはどっちでもいい。淳平とぼくはあの夏、ほかの友だちには内緒でよく国鉄・吉祥寺駅の改札で待ち合わせをして、ふたりだけで喫茶店にはいって、何時間もおしゃべりをした。どこへ行っても『勝手にシンドバッド』がかかっていた。なぜか、淳平はいつもぼくにお説教ばかりした。淳平がぼくよりも一年早く高校を卒業したあと、ぼくたちはしばらく文通をつづけた。

たぶん無理だろうとは思ったけれど、ためしにグーグルで〝O・淳子〟を検索してみたら、同姓同名と思われる童話作家の先生のいくつかの項目のあとに「抗がん剤で延命に期待――東京都西東京市のO・淳子さんは……」というそれらしい情報にぶつかった。『読売新聞』のニュースサイト、ヨミウリ・オンラインの〝医療と介護〟というセクションの記事だった。「タンゴの練習をするOさん」とキャプションがつけられた写真にはおとなになった淳平が写っていた。

「哀愁漂うタンゴのメロディーに合わせ、ステップやターンの練習に励む」という書き出しからはじまるその記事には、淳平が内視鏡検査でガンを発見され、胃の3分の2とリンパ節を切除する手術を受けたこと、3カ月後のCT検査では大動脈近くの別のリンパ節にもガンが転移していたこと、ガンの進行ぐあいはもっとも悪い〝ステージ4〟だったこと、医師から〝余命5カ月〟と宣告されたあと抗ガン剤TS－1（ティーエスワン）を投与しながら3年以上も生きていることが書かれていた。

記事のなかには「いまも薬を飲みつづけるOさんは『もらった命だと思って、日々感謝しながら生きていきたい』とほほ笑む」という淳平自身のコメントも載っていた。元気になった淳平は、以前から興味のあったタンゴを習いはじめ、教室に通っていたのだという。このオンライン記事の日付は05年1月22日。淳平は〝もらった命〟をしばらくエンジョイして、それから旅立ったのだろう。

ぼくは07年8月、事実婚のカミさんといっしょに受けた〝日帰り人間ドック〟の内視鏡検査でガンを発見され、胃の3分の2と胆のうを切除する手術を受けた。手術後、リンパ節の組織検査でガンの転移が認められた場合は抗ガン剤TS－1を投与するはずだった。検査の結果、リンパ節への転移はなく、ガンの進行ぐあいももっとも軽い〝ステージ1〟。胃袋にできていたガンのサイズはけっこう大きかったけれど、デキものの根っこは浅かった。「大きくて浅くてふみちゃんらしいや」とカミさんは喜んだ。ぼくは、高齢の両親には病気のことはいわないことにした。

それは根拠のない、漠然としたフィーリングではあったけれど、ぼくは淳平がいつもどこかからぼくのことを見守っていてくれるような気がしていた。ずっとまえからそういう感覚はあった。だから、淳平がもうここにはいないとわかったときもなんとなく納得できた。きっと、淳平がぼくを助けてくれたのだろう。いつかは再会できるのかもしれないが、今生での再会は実現しなかった。

プロレスは〝生〟と〝死〟についてぼくたちにさまざまなことを考えさせる。いまぼくたちが生きているこの場所をかりに〝こっち〟として、ジャイアント馬場さんやブルーザー・ブロディ、ホークやテリー・ゴーディやバンバン・ビガロやクリス・ベンワーがいる場所を〝あっち〟とすると、プロレスというフィルターを通せば〝あっち〟と〝こっち〟はわりと自然につながっている。肉体は滅びても、魂は滅びることはない。プロレスはそういうごくあたりまえのことをぼくたちに教えてくれる。

この本に収録したおはなしは『週刊プロレス』（ベースボール・マガジン社）のぼくの連載コラム〝ボーイズはボーイズ〟に掲載した原稿に加筆、または修正・訂正を加え、再編集したものです。本文の最後のところのカッコ内の数字は、ぼくがそのコラムを書いた年と月を示すデータです。この本を企画したカミさん、なかなか原稿を整理しないぼくを根気よく待ってくれたミシマ社の三島邦弘さんと編集部のみなさん、装丁デザインを引き受けてくださった寄藤文平さん、イラストレーターの鈴木順幸さんに深く感謝いたします。

インディアンサマーの2008年9月

斎藤文彦

装幀　寄藤文平
篠塚基伸
イラスト　鈴木順幸

斎藤文彦（さいとう・ふみひこ）
1962年1月1日、東京都杉並区生まれ。オーガスバーグ大学教養学部卒業。スポーツライター。コラムニスト。専修大学、帝塚山学院大学、大正大学で非常勤講師として教壇に立つ。在米中からプロレス記者として活動。プロレスライター歴27年。
主な著書は『テイキング・バンプ』『デケード』『シーズンズ・グリーティングス』『レジェンド100』（以上、ベースボール・マガジン社）、『プロレス大事典』（小学館）、『ボーイズはボーイズ』（梅里書房）、『スポーツで楽しむアメリカ英語』（岩波書店）など。

みんなのプロレス
二〇〇八年十月二十五日　初版第一刷発行
著　者　斎藤文彦
発行者　三島邦弘
発行所　株式会社ミシマ社
郵便番号　一五二-〇〇三五
東京都目黒区自由が丘二-六-一三
電　話　〇三（三七二四）五六一六
FAX　〇三（三七二四）五六一八
e-mail hatena@mishimasha.com
URL　http://www.mishimasha.com/
振替　〇〇一六〇-一-三七二九七六
印刷・製本　藤原印刷株式会社
組版　（有）アトリエゼロ

ISBN978-4-903908-09-0

好評既刊

街場の中国論

内田 樹

反日デモも、文化大革命も、常識的に考えましょ。

予備知識なしで読み始めることができ、日中関係の
見方がまるで変わる、なるほど！の10講義。

ISBN978-4-903908-00-7　1600円

やる気！攻略本

自分と周りの「物語」を知り、モチベーションとうまくつきあう

金井壽宏

「働くすべての人」に贈る、愛と元気の実践書

やる気のメカニズムを理解して、「働く意欲」を自由自在に
コントロール！　毎日読みたい「やる気！語録」付。

ISBN978-4-903908-04-5　1500円

謎の会社、世界を変える。~エニグモの挑戦

須田将啓・田中禎人

最注目ベンチャーの起業物語

「世界初」のサービスを連発するエニグモの
共同経営者が語る、感動と興奮のリアルストーリー。

ISBN978-4-903908-05-2　1600円

ナンバ式！元気生活

疲れをしらない生活術

矢野龍彦・長谷川智

「健康」よりも大切なもの、忘れていませんか？

ストレス多い日常も、ダイエットも、無理なくひたすら
楽しくなる！　元気を育て、伸ばす技術。

ISBN978-4-903908-07-6　1500円

（価格税別）